Rotterdam is vele steden Rotterdam is many cities

Beschermvrouwe: Hare Majesteit de Koningin Patron: Her Majesty the Queen of the Netherlands

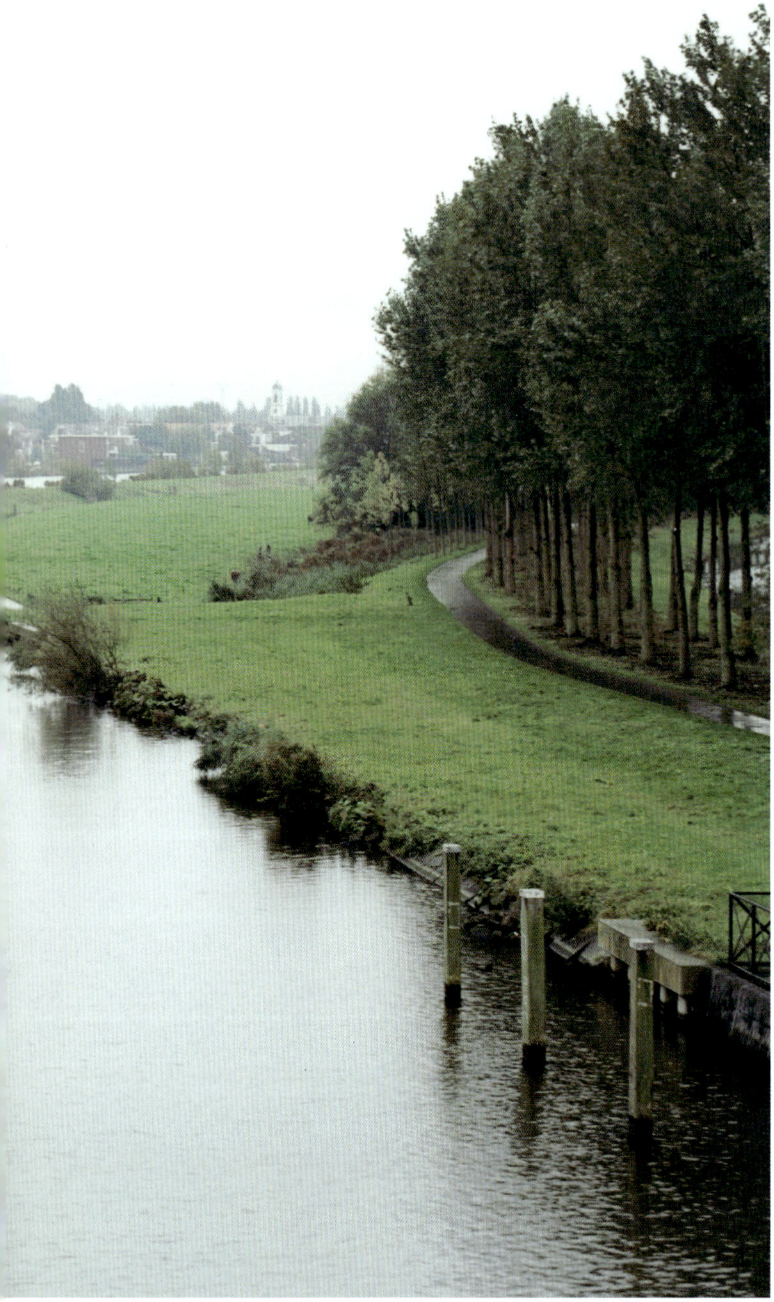

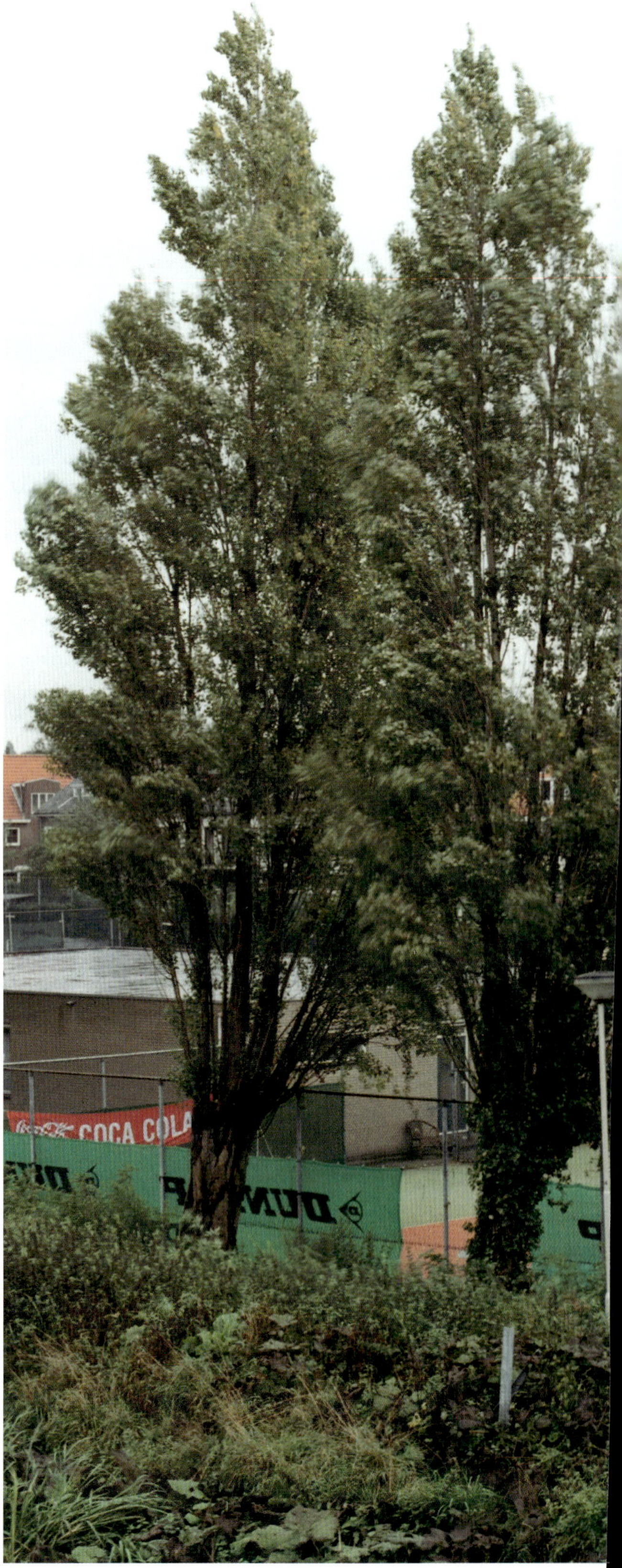
COCA COLA

Rotterdam 2001 Culturele Hoofdstad van Europa

Een meer dan hartelijk welkom.
Oftewel, Rotterdam 2001, gastvrije stad

Lange tijd een mondiaal knooppunt en de grootste havenstad van de wereld, althans de stad met de grootste haven van de wereld, zo is Rotterdam bekend. En terecht, want dat is Rotterdam ook. Maar Rotterdam is veel meer en dat is veel minder bekend. Het is een stad met een ongekende culturele vitaliteit. Dat is ook de reden voor de uitverkiezing tot culturele hoofdstad van Europa in 2001. Rotterdam is de stad van de ontdekker en de reiziger, de avonturier, de ontdekkingsreiziger. Het is de poort naar Europa en naar de wereld. De stad van meer dan honderd talen en met meer dan honderdvijftig culturen. Rotterdam is een cultuurstad. Maar vooral is Rotterdam als stad een gastvrije haven, een thuis voor velen. Gastvrijheid ten opzichte van de eigen bewoners en de gasten is het belangrijkste kenmerk van de stad.

Rotterdam laat zich echter niet zomaar op het eerste gezicht doorgronden. Het is een stad met vele gezichten, met veel dimensies. Rijk en arm, vrolijk en somber, vol ambities en toch te langzaam, veilig en toch gevreesd, mooi en lelijk. Maar de stad is altijd vol vitaliteit en leven, ze is een op de toekomst gerichte stad, vol dynamiek en aantrekkingskracht voor diegenen die de nieuwe ontwikkelingen op het gebied van economie en cultuur willen realiseren. Ze is zo gewoon als maar zijn kan en tegelijkertijd avontuurlijk als geen andere stad.

De organisatie van culturele hoofdstad heeft een programma gemaakt dat hoort bij deze stad. Een stad die zowel stad van plezier als werkstad is, zowel laboratorium van het wonen als stad van het beste theater in Europa, laboratorium van het samenwonen van vele culturen en het samenklinken van vele talen.

Het in dit boek gepresenteerde programma toont u de vele gezichten die Rotterdam rijk is en laat zien dat Rotterdam vele steden is. Ik nodig u uit de verschillende culturele gezichten die Rotterdam rijk is te leren kennen, de programma's te ondergaan en de ongemene culturele vitaliteit van Rotterdam mee te beleven.

Ivo Opstelten
Burgemeester van Rotterdam

A more than cordial welcome.
In other words, Rotterdam 2001, the hospitable city

A global junction and the largest port in the world for many years, or the city with the largest port in the world, these are the things Rotterdam is well-known for. And with justification, as the city is all of these things. There is much more to this city, however, and that is much less well-known. It is a city with an unequalled cultural vitality. And that is the reason the city was selected to be Cultural Capital of Europe in 2001. It is a city of travellers and explorers, adventurers and discoverers. It is the gateway to Europe and to the world. More than a hundred languages and more than hundred and fifty cultures are to be found in this city of culture. But more than anything, it is a city that offers a hospitable haven and is home to many. Hospitality towards its own inhabitants as well as its guests is its most important hallmark.

However, it takes more than a first glance to fathom Rotterdam. It is a city of many faces, many dimensions. Rich yet poor, cheerful yet sombre, highly ambitious yet too plodding, safe but also feared, beautiful but also ugly – Rotterdam is all of these. Yet the city is always full of vitality and life, a city with an eye to the future, full of dynamic and attraction to those who are eager to translate the new economic and cultural developments into reality. As a city it is as ordinary as can be and yet, at the same time, it is adventurous like no other city.

The organizers of Rotterdam 2001, Cultural Capital of Europe, have created a programme that matches this city, that is a city of pleasure as well as a working city, a laboratory of housing as well as a city with the best theatre in Europe, a laboratoy of the coexistence of many cultures and the simultaneous sounds of many languages.

The programme presented in this book shows the many faces of Rotterdam and reveals that Rotterdam is many cities. I invite you to get familiar with the diverse cultural faces to be found in Rotterdam, to undergo the programme of events and to share the experience of the uncommon cultural vitality of Rotterdam.

Ivo Opstelten
Mayor of Rotterdam

Rotterdam 2001 Culturele Hoofdstad van Europa

Voorwoord

Niet zonder enige trots presenteren wij u dit programmaboek van Rotterdam 2001, Culturele Hoofdstad van Europa. Een aanstekelijk en aantrekkelijk programma voor de bewoners van de stad, van Nederland en voor de Europeanen die ons in 2001 komen bezoeken.

De totstandkoming van het programma was allerminst vanzelfsprekend of gemakkelijk. Het belang van het project moest op veel verschillende niveaus worden duidelijk gemaakt. Ook inhoudelijk wachtte ons een inspannende opdracht. Processen van globalisering, individualisering en heterogenisering van de stedelijke samenleving, maken het nodig dat de stad opnieuw wordt ontdekt en gedefinieerd. Ze maken nieuwe vormen van cohesie en betrokkenheid bij de stad denkbaar. Onze bijdrage daaraan is een programma dat Europese en mondiale thema's in culturele programma's omzet en Rotterdam door en door thematiseert. Het programma snijdt thema's aan die van belang zijn voor de urbane samenleving van de toekomst. Natuurlijk is het programma feestelijk. Een mens kan onmogelijk alles bijwonen. Maar het programma stelt ook een aantal vragen, over Europa, over deze stad: een vitale, interessante stad, overlopend van cultuur, nog te weinig bekend behalve via haar haven. Een stad die nog te weinig op de reizigers- en bezoekerskaart voorkomt.

Ons programma toont de mogelijkheden en kansen die kunst en cultuur aan het begin van het derde millennium in de Europese Delta kunnen bieden. Ook geeft het blijk van samenwerking en uitwisseling met de Portugese stad Porto, eveneens culturele hoofdstad in 2001.

Het programma zou nooit tot stand zijn gekomen zonder de medewerking van allen die deze stad een warm hart toedragen: de regering, het stadsbestuur, de Rotterdamse initiatieven en instellingen en natuurlijk de dienst Stedebouw & Volkshuisvesting, Gemeentewerken Rotterdam, het Gemeentelijk Havenbedrijf Rotterdam, het Ontwikkelingsbedrijf Rotterdam en de RET (regionaal vervoerbedrijf Rotterdam e.o). Zonder de genereuze steun van nationale en internationale bedrijven en fondsen zou een en ander een dode letter zijn gebleven.

Wees welkom in onze gastvrije en van cultuur stromende en ritselende stad. Wie eenmaal geweest is, is verkocht en verkocht ligt dichtbij verknocht.

Paul Nouwen
Voorzitter
Stichting Rotterdam 2001, Culturele Hoofdstad van Europa

Preface

It is not without pride that we present to you this programme for Rotterdam 2001, Cultural Capital of Europe. A catching and attractive programme for the inhabitants of this city, of the Netherlands and, in many respects, for the European people who will visit us in 2001.

Preparing this programme was far from a matter-of-course or easy. The significance of the project needed to be clarified on a number of different levels. Creating the content also turned out to be a task that required a great deal of effort. The processes involved in making a city's community more global, individual and heterogeneous require a rediscovery and redefinition of the city. New forms of cohesion and involvement in city life can be experienced. Our contribution to this is a programme which has transformed European and global themes into cultural events and at the same time has incorporated themes which also capture the essence of Rotterdam. The programme tackles themes that are important for the way we will live together in the urban society of the future.

Naturally, the programme is a festive one, for as many people as possible. There is too much for one person to be able to attend. It also asks questions, about Europe, about this city: a vital, interesting city, overflowing with culture, still not sufficiently well-known except for its port. A city that still figures too little on travellers' and visitors' maps.

Our programme shows the possibilities and opportunities art and culture have to offer at the start of the third millennium in the European Delta. It also shows the collaboration and exchange with the Portuguese city of Porto, also cultural capital in 2001.

This programme would never have been realized without the assistance from all those who have warm feelings for this city: the government, the city council, initiatives and organizations in Rotterdam, different funds, and, not to be forgotten, the Department for Urban Development and Public Housing, the Rotterdam Public Works Department, the Rotterdam Port Authority, the Rotterdam Development Corporation and the Rotterdam Transport Services. We welcome you to our hospitable city, flowing and bristling with culture. You will be charmed, even attached to it, once you have seen it.

Paul Nouwen
Chairman
Foundation Rotterdam 2001, Cultural Capital of Europe Foundation

Inhoud
Contents

014	Gebruikershandleiding		014	Users' manual
016	Inleiding door Bert van Meggelen, intendant		016	Introduction by Bert van Meggelen, intendant

Het programma

034	Plezierstad		034	Pleasure City
056	Steden van Erasmus		056	Cities of Erasmus
076	Jij De Stad		076	You, The City
096	Vitale Stad		096	Vital City
116	Young@Rotterdam		116	Young@Rotterdam
154	Thuisstad		154	Home Town
176	Werkstad		176	Working City
194	Perifere Stad: Havens & Heerlijkheden		194	Peripheral City: Harbours & Domains
212	Stad van de Toekomst		212	City of the Future
230	Stromende Stad		230	Flowing City

The programme

Indexen

277	Disciplinaire /alfabetische index		277	Disciplinary/alphabetical index
279	Chronologische index		279	Chronological index

Indexes

Adressenlijst

289	Podia		289	Stages
	Gezelschappen			Companies
290	Musea		290	Museums
	Galeries en Expositieruimten			Galleries and Exhibition venues
292	Toeristische attracties		292	Touristic attractions
	Overig			Other
293	Kaartverkoop en informatie		293	Ticket sale and information
295	Participanten		295	Participants

List of addresses

Rotterdam 2001 Culturele Hoofdstad van Europa

Gebruikershandleiding

Users' manual

Voor u ligt het jaarboek van Rotterdam 2001, Culturele Hoofdstad van Europa. Het bevat programma-informatie over het gehele culturele jaar: een overzicht van alles wat er in het kader van Rotterdam 2001 te doen, te zien en te beleven is. We hebben er naar gestreefd het programma zo overzichtelijk mogelijk aan u te presenteren.

This is the yearbook of Rotterdam 2001, Cultural Capital of Europe. It contains programme information about the whole cultural year: a summary of all that can be done, seen and experienced within the framework of Rotterdam 2001. We have made an effort to present the programme to you as clearly arranged as possible.

Gebruikershandleiding

Users' manual

Hoe kunt u dit boek het beste gebruiken?

Programma-informatie
Vanaf pagina 35 vindt u tien hoofdstukken met de programma-informatie. De programma's zijn in de hoofdstukken allereerst geordend naar grootte, vervolgens chronologisch. Zo vinden de eerste drie à vier programma's verspreid over het jaar plaats, en zijn de overige programma's chronologisch geordend.

Indexen
Op de pagina's 277 - 288 vindt u twee verschillende indexen. Allereerst een alfabetische index per discipline of categorie. Hierin zijn alleen de projecten opgenomen die daadwerkelijk in dit programmaboek worden beschreven. Uit praktische overwegingen zijn in deze index naast disciplines ook categorieën, zoals *jongeren of kinderprogrammering* gebruikt. Het kan voorkomen dat een project in meerdere disciplines of categorieën past en dus *verschillende* malen in de index wordt genoemd.

Vervolgens is er de chronologische index, waarin de projecten zijn gerangschikt op aanvangsdatum. Hierin zult u ook projecten tegenkomen die niet in dit boek beschreven staan. De aangegeven periodes – zowel in de chronologische index als in de programmahoofdstukken – zijn indicaties; voor de exacte gegevens verwijzen wij u naar de verschillende periodieke uitgaven en de website van Rotterdam 2001.

Zo heeft u twee directe manieren om te zoeken en een indirecte: lekker bladeren door het boek. U zult dan zien dat het geheel is geordend volgens het principe van *Rotterdam is vele steden*, zoals in de inleiding besproken.

Uitleg bij de disciplines
Hieronder vindt u een uitleg bij enkele van de gebruikte disciplines/categorieën:
Architectuur: omvat alle vormen van architectuur, d.w.z. interieurarchitectuur, bouwkunde, stedenbouw en landschapsarchitectuur.
Podiumkunsten: alle podiumkunsten die niet (alleen) onder dans, muziek of (muziek)theater vallen.
Audiovisuele kunsten: omvat tevens film (cinema) en video.
Debat & literatuur: omdat debat en literatuur vaak samengaan is ervoor gekozen deze te bundelen in een categorie. Projecten die slechts onder één van beide disciplines horen, vallen hier uiteraard ook onder.
Theater: hieronder valt met name toneel.
De andere disciplines/categorieën spreken voor zichzelf: beeldende kunst, nieuwe media, dans, muziek, muziektheater, cultuureducatie, interdisciplinair, jongeren, kinderprogrammering, fotografie, wetenschap, tentoonstelling.

Namen en adressen
Op de pagina's 289 - 292 vindt u een uitgebreide adressenlijst van Rotterdamse toeristische en culturele instellingen, podia etc.
Op pagina 295 is een opsomming gemaakt van de individuen en instellingen die wat betreft organisatie en productie betrokken zijn (geweest) bij de vele projecten en programma's die, samen met de stad zelf, Rotterdam in 2001 tot culturele hoofdstad van Europa maken.

De vertaling
We hebben er bewust voor gekozen zowel de titels van programma's/projecten, als de namen van betrokken instellingen waar mogelijk te vertalen. Voor de Nederlandse equivalenten verwijzen we Engelstaligen en –lezenden naar de bijbehorende Nederlandse tekst.

Tot slot
Het totaalprogramma van Rotterdam 2001 is voortdurend aan verandering onderhevig. Ook gedurende het culturele hoofdstadjaar zullen er nog vele wijzigingen plaatsvinden in het programma zoals dat in dit boek is weergegeven. Voor de meest recente en gedetailleerde programma-informatie verwijzen wij u graag naar de kwartaal-, maand- en weekuitgaven van Rotterdam 2001 en de website:
www.rotterdam2001.nl

How to use this programme?

Programme information
From page 35 you will find ten chapters with programme information. In the chapters the programmes have been firstly arranged according to size, and then according to chronology. Thus, the first three or four programmes will occur spread over the year, and the following programmes have then been arranged chronologically.

Indexes
On pages 277 - 288 you will find two different indexes. First of all, an alphabetical index per discipline or category in Dutch. Here, only the projects are listed that are actually described in this programme book. For practical reasons this index contains, apart from the disciplines, also such categories as youth or children's programme(s). Some projects fit into several disciplines or categories and will thus be mentioned in the index several times.

Next, there is the chronological index in Dutch and English, where the projects are arranged according to the starting date. Here, you will also find projects that are not described in this book. The periods mentioned in the chronological index as well as in the chapters, are indications only; for the exact information we should like to refer to the various periodical editions and the website of Rotterdam 2001.

Thus, you will have two direct ways to look for what you want and one indirect way just browsing through the book. You will see the whole package has been arranged according to the principle of *Rotterdam is many cities*, as discussed in the introduction.

Explanation of disciplines
Below you will find an explanation of some of the disciplines/categories involved:
Architecture: encompasses all forms of architecture, i.e. interior architecture, architecture proper, urban development and landscape architecture.
Stage arts: all stage arts that do not (exclusively) come under the heading of dance, music or (music) theatre.
Audio-visual arts: also includes film (cinema) and video.
Debate & literature: because debate and literature often go together, it was decided to combine these into one category.
Naturally, projects that only concern one of these categories, are mentioned here as well. Theatre: this covers stage, in particular.
The other disciplines/categories speak for themselves: plastic art, new media, dance, music, music-theatre, cultural education, interdisciplinary, youth, children's program-mes, photography, science, exhibition.

Names and addresses
On pages 289 - 292 you will find an extensive list of the addresses of tourist and cultural institutions, stages, etc. in Rotterdam.
On page 295 you will find a list of individuals and institutions involved in the organization and production of the many projects and programmes that, together with the city itself, make Rotterdam into the Cultural Capital of Europe in 2001.

The translation
We have consciously decided to translate, if possible, the titles of the programmes/projects as well as the names of the institutions involved. For the Dutch equivalents we refer those who speak and read English to the related Dutch text.

Conclusion
The total programme of Rotterdam 2001 may change all the time. Also during the cultural capital year many changes will be made to the programme as represented in this book. For the most recent and detailed programme information we should like to refer you to the quarterly, monthly and weekly editions of Rotterdam 2001 and the website:
www.rotterdam2001.nl

Rotterdam is vele steden

Rotterdam is many cities

Inleiding

Een raamvertelling
Bert van Meggelen

In het eerste jaar van het nieuwe millennium zijn Rotterdam en Porto de culturele hoofdsteden van Europa. Terwijl negen andere steden zich opmaken om afscheid te nemen van hun titel, en daarmee het tweede millennium afsluiten, staan Porto en Rotterdam in de startblokken voor het begin van het derde.

De formule *Culturele Hoofdstad van Europa* - ooit bedacht in Athene en daar ook voor het eerst in praktijk gebracht - is bedoeld om jaarlijks de betekenis van een bepaalde stad voor de Europese cultuur onder de aandacht te brengen. Omgekeerd zou diezelfde stad laten zien hoezeer zij schatplichtig is aan de Europese cultuur als geheel. De steden die tot nu toe de titel *Culturele Hoofdstad van Europa* droegen, deden dat elk op een andere manier.

Voor Rotterdam waren vooral de voorgangers Glasgow (1990) en Antwerpen (1993) belangrijk. Glasgow vanwege haar uitgangspunt dat de hele stad moest delen en deelnemen in het culturele jaar. Antwerpen omdat Rotterdam hier op het idee kwam om haar eigen nominatie in 1994 te gaan voorbereiden. Toen medio 1998 die nominatie eindelijk door Europa werd gehonoreerd, konden de voorbereidingen beginnen.

Het allerbelangrijkst bij die voorbereidingen was de vraag: wat wil Rotterdam bereiken met die titel *Culturele Hoofdstad van Europa*? Zoals veel Europese steden heeft Rotterdam een dynamisch, interessant en vitaal cultureel leven. Natuurlijk kan de eretitel *Culturele Hoofdstad van Europa* worden gebruikt om al die cultuur bij een breder publiek beter onder de aandacht te brengen. Dat moet ook gebeuren, maar dat is nog niet voldoende om die titel te rechtvaardigen. Daarvoor moeten er ook andere, inhoudelijke doelstellingen zijn.

Om die doelstellingen te kunnen formuleren, inventariseerden de organisatoren van Rotterdam 2001, Culturele Hoofdstad van Europa, eerst de wensen, ambities en behoeften van de stad, afkomstig uit allerlei hoeken en gaten, instellingen en initiatieven. Soms vulden die elkaar aan, soms spraken ze elkaar tegen, soms waren ze helder en concreet en soms konden ze alleen in abstracte en algemene termen worden geformuleerd.

Analyse van al die dromen, behoeften en ambities leidde tot tient onderwerpen die thans de basis vormen voor de programmering van Rotterdam 2001, Culturele Hoofdstad van Europa. Tien karakteristieken van de stad Rotterdam die de agenda vormen.

Plezierstad
Rotterdam is bij voortduring in beweging, formuleerde de Gemeenteraad in 1994 de grondslag voor haar aanmelding

A narrative framework
Bert van Meggelen

In the first year of the new millennium Rotterdam and Porto will be the new cultural capitals of Europe. While nine other cities are preparing themselves to say farewell to their title, and in doing so, close the second millennium, Porto and Rotterdam are ready for their role at the start of the third millennium.

The *Cultural Capital of Europe* formula, conceived and first put into practice in Athens, is intended to annually focus on the significance of a certain city for European culture. In return this same city is to show how much it owes to European culture as a whole. The cities who have used the title of *Cultural Capital of Europe* so far, have each done so in a different way.

For Rotterdam its predecessors Glasgow (1990) and Antwerp (1993) were of particular importance. Glasgow because of its basic concept that the entire city should *take* part as well as *play* a part in the cultural year. Antwerp because there Rotterdam conceived the idea of preparing its own nomination in 1994. When that nomination was finally accepted by Europe, mid-1998, the preparations could begin.

Of greatest importance during these preparations was the question: what is it that Rotterdam wishes to achieve by its title *Cultural Capital of Europe*? Like many European cities, Rotterdam has a dynamic, interesting and vital cultural life. Obviously the honorary title *Cultural Capital of Europe* can be used to bring all this culture to the attention of a broader public more successfully, but that is not really enough to justify the title. That requires goals with respect to content, too.

To formulate these goals, the organizers of Rotterdam 2001, Cultural Capital of Europe, listed the city's wishes, ambitions and needs from various nooks and crannies, organizations and initiatives. They were complementary, contradictory, sometimes clear and concrete and at other times could be formulated in only the most abstract and general terms.

Analysis of all these dreams and ambitions resulted in the creation of ten topics, now the basis of the programming of Rotterdam 2001, Cultural Capital of Europe. Ten characteristic features of the city of Rotterdam shaping the agenda.

Pleasure City
In 1994 the Council phrased its principal concept for its application for the title Cultural Capital of Europe as following: *Rotterdam is a city constantly in motion. Transitions which the city has experienced and is experiencing provide challenge and meaning to a year as cultural capital.* That is

als kandidaat voor de titel Culturele Hoofdstad van Europa. *Transities die de stad heeft doorgemaakt en doormaakt, vormen uitdaging en zingeving voor een cultureel hoofdstadjaar*. Dat is Rotterdam ten voeten uit. Rotterdam relateert haar identiteit steeds opnieuw aan de toekomst in plaats van aan het verleden. De stad vindt zichzelf nooit af, maar is altijd op weg naar morgen. Ze lijkt haar identiteit te zoeken in het begrip beweging; in dynamiek, in wat haar voortbeweegt, niet in wat haar vastlegt.

Die dynamiek en toekomstgerichtheid waren gedurende de hele, voor Rotterdam zeer stormachtig verlopen twintigste eeuw telkens opnieuw aan de orde. Het buitengewoon rijke uitgaansleven dat de stad tijdens het Interbellum kende, werd tijdens de Tweede Wereldoorlog in één klap weggevaagd. Daarna werd decennia lang geklaagd over het gemis van een uitgaansleven in Rotterdam.

Het afgelopen decennium is er echter sprake geweest van een opmerkelijke inhaalslag. Er zijn weer verschillende plekken waar wordt uitgegaan en waar het 's nachts leeft. Een groot nieuw vermaakstheater opent haar poorten, Rotterdam is het centrum van jongerencultuur en de culinaire kaart is rijk, divers en van hoge kwaliteit. Voor jongeren is Rotterdam een meer dan aantrekkelijke plek. Rotterdam is centrum van fotografie en design en kent vele, goed bezochte festivals.

De programmaserie *Plezierstad* brengt deze culturele vitaliteit in beeld en ondersteunt die. Een voor de gelegenheid gemaakte film toont honderd jaar stadsgeschiedenis. Ook een grote tentoonstelling over de periode van het Interbellum in Rotterdam, waaraan alle musea en schatkamers van de stad hun medewerking verlenen, legt een verband tussen toen en nu. Een exclusieve nieuwe show van Mini & Maxi luistert de opening van het nieuwe Luxor Theater op. Paul de Leeuw eert het laatste jaar van het belangrijke, oude Luxor Theater met een speciaal programma.

Stad van vele culturen
Demografisch gesproken is Rotterdam een multi-etnische stad: een stad die vele talen, kleuren en culturen een plek biedt. Maar dat gegeven maakt de stad niet automatisch tot een multiculturele stad. Cultuur kan twee schijnbaar tegengestelde fenomenen – diversiteit en samenhang – verbinden. Aan de ene kant benadrukt cultuur het verschil, aan de andere kant schept cultuur een gemeenschappelijke ruimte voor dat verschil. Die ruimte voor verschil kan alleen bestaan als zij van alle kanten wordt gerespecteerd. Zij kan niet worden afgedwongen door een dominante cultuur.

Rotterdam all over. Rotterdam consistently keeps linking its identity to the future rather than the past. The city never feels it is complete but forever hastens towards the next day and the next. It seems to seek its identity in the concept of motion; in vitality, in what drives it, not in what keeps it tied down.

This restless vitality and focus on the future have kept coming to the fore throughout the whole of the – for Rotterdam extremely stormy – twentieth century. The exceptionally abundant nightlife the city enjoyed during the period between the wars was wiped out in one swoop during the Second World War. That was followed by a decade of complaining about the lack of nightlife in Rotterdam.

The last ten years, however, have shown a considerable recovery in this respect. There are various places where people go out and where it is alive at night. A whole new entertainment scene has opened up, Rotterdam is the centre of youth culture and the culinary selection is abundant, varied and of high quality. For younger people, Rotterdam is a very attractive place to be. Rotterdam is a centre for photography and design and has a plentiful range of well attended festivals.

The series of programmes entitled Pleasure City expresses this cultural vitality and supports it. A film made for the occasion shows a hundred years in the city's history. A large exhibition about the period between the wars (the Interbellum) in Rotterdam, for which all the museums and treasure houses in the city are providing assistance, demonstrates the links between that time and the present. An exclusive, new show by Mini & Maxi adds lustre to the new Luxor Theatre. Paul de Leeuw honours the last year of the important, old Luxor Theatre with a special programme.

City of many cultures
From a demographic point of view Rotterdam is a multi-ethnic city: a city of many languages, colours and cultures. This fact, however, does not automatically make Rotterdam a multicultural city. Culture can bring together two seemingly opposing phenomena – diversity and cohesion. On the one hand, culture highlights the difference, on the other hand, culture creates communal room for that difference. Room for that difference can exist only when it is respected from all sides. It cannot be enforced by a dominant culture. Relations between different cultural identities are subject to constant change. The questions as to what is the centre, what is the periphery, what is central and what is marginal keeps drawing a different response.

Verhoudingen tussen verschillende culturele identiteiten zijn aan constante verandering onderhevig. Het antwoord op de vraag wat centrum is en wat periferie, wat centraal is en wat marginaal, luidt voortdurend anders.

Een stad als Rotterdam, die wordt gekenmerkt door hevige en snelle processen van heterogenisering, moet zich steeds opnieuw afvragen waar haar kansen en mogelijkheden liggen voor datgene wat de groeiende diversiteit bindt. Rotterdam doet dat op verschillende manieren in zijn cultuurpolitiek, zijn programma's van sociale vernieuwing en in verschillende aspecten van het grote-stedenbeleid en sociaal-culturele beleid.

Belangrijk is dat de culturen van de stad de kans krijgen zich te tonen en dat de term *cultuur* een gezicht krijgt. Rotterdam 2001, Culturele Hoofdstad van Europa, wil op dit gebied twee dingen bereiken. De programma's willen de kwestie *benadrukken van verschil en kansen bieden voor voor samenhang* zowel diepgaand aan de orde stellen als breed en toegankelijk presenteren. Dat gebeurt bijvoorbeeld in de programmaserie Steden van Erasmus, in het interreligieuze programma *Preken voor Andermans Parochie* en in het internationale project *Erasmus 2001*.

Stad van verhalen
Behalve een podium voor talloze vertellingen is de stad een bron van vele verhalen. Soms bepalen die verhalen de identiteit van een stad. Zo lijkt Dublin echter en intenser in James Joyce's sleutelroman *Ulysses* dan in werkelijkheid. Voor Petersburg geldt hetzelfde in de gelijknamige roman van Andrej Bjelyj. En het fictieve Berlijn in *Berlin Alexanderplatz* van Alfred Döblin lijkt reëler dan het 'echte' Berlijn.

Proza, beeldproducties en de podiumkunsten zijn de voertuigen bij uitstek van verhalen en vertellingen. Door hun artistieke verdichting zijn ze in staat om te ontroeren, herkenning op te roepen en identificatie te bewerkstelligen. Kortom, om betrokkenheid te creëren en vragen op te roepen.

Verhalen over de stad en haar bewoners komen aan de orde in de programmaserie *Jij De Stad*. Brutale en brave, simpele en gecompliceerde verhalen worden verteld, vertaald, verbeeld en verklankt in licht en geluid, journalistieke en literaire vormen. Een stad van zoveel culturen als Rotterdam doet een maximaal beroep op de zintuigen. Zij kent talloze klanken en ritmes, geuren, smaken en vormen van tactiliteit. *Jij De Stad* maakt een groot aantal daarvan zichtbaar, hoorbaar en op andere manieren ervaarbaar voor alle bewoners en bezoekers van Rotterdam.

A city such as Rotterdam, characterised by intense and rapid processes towards heterogeneity, must continiously ask itself what its options and possibilities, to bind the growing diversity together, are. Rotterdam does so in various ways through its cultural policy, its programmes of social renewal, and in various aspects of its major city policy, and socio-cultural policies.

It is important that the cultures in the city are given the opportunity to show themselves and that the term *culture* is given a face. Rotterdam 2001, Cultural Capital of Europe, intends to achieve two things in this area. Firstly, the programmes intend to raise the issues of *emphasis on difference and offering opportunities for cohesion* and, secondly, intend to present them in a broad and accessible way. This is what is achieved in the series of events called *Cities of Erasmus* or the interreligious programme *Preaching for Someone Else's Parish* and the international *Erasmus 2001* project.

City of stories
In addition to being a stage for the telling of countless stories, the city is also a source of many stories. At times these stories determine the identity of the city. Dublin, for instance, seems more real and intense in James Joyce's roman à clef *Ulysses* than it is in reality. The same applies to Petersburg in the novel of that name by Andrej Bjelyj. And the fictional Berlin in *Berlin Alexanderplatz* by Alfred Döblin seems more real than the 'real' Berlin.

Prose, images and stage art are vehicles of stories and storytelling. Their artistic condensation gives the power to touch, create recognition and invite identification. In short, to create a sense of involvement and raise questions.

Stories about the city and its people are presented in a series of events called *You The City*. Crude and decent, simple and complicated stories are recounted, translated, expressed in light and sound, in journalistic and in literary forms. A city with as many cultures as Rotterdam appeals intensely to the senses. Myriads of sounds and rhythms, scents, flavours and tactile forms, they are all there. *You The City* makes many of these visible, audible and able to be experienced in other ways for all of Rotterdam's inhabitants and visitors.

Vital City
A serious threat to communal life in the city comes from the ongoing processes of excluding and marginalizing certain groups of people. Each specific characteristic of a

Vitale Stad
Een belangrijke bedreiging van de stedelijke samenleving vormen de voortdurende processen van uitsluiting en marginalisering van bepaalde groepen mensen. Elk specifiek kenmerk van een persoon of van een groep, iedere afwijking van de dominant geachte standaard lijkt te leiden tot vormen van uitsluiting.

Soms lopen uitsluiting en marginalisering via etnische kenmerken, soms via leeftijd, soms via religie, soms via sekse en seksuele voorkeuren, dan weer via afwijkingen van het vigerende gezondheidsideaal. In veel gevallen krijgen genoemde processen vorm via stigmatisering en worden mensen als dat kenmerk, als die eigenschap gedefinieerd en vallen er volledig mee samen. Alle andere mogelijkheden, kwaliteiten en faculteiten worden verdonkeremaand door de opsluiting in de stigmatisering: de ouderen, de afgekeurden, de daklozen, de verslaafden, de vluchtelingen, de zieken, de illegalen en ga zo maar door.

De programmaserie *Vitale Stad* draait deze stigmatiserende manier van denken om. *Vitale Stad* gaat uit van de kwaliteiten, de creativiteit en de vitaliteit die voortkomen uit het 'anders zijn dan anderen'. *Vitale Stad* heeft het niet over problemen, stigma's en marginalisering maar over potenties, kwaliteiten en kansen.

Young@Rotterdam
Rotterdam is de enige stad in Nederland die zich verjongt. Geen wonder dat jongeren zich aangetrokken voelen tot deze stad, met haar openheid naar de toekomst, dynamiek en diversiteit. De laatste decennia was Rotterdam een broedplaats voor jongerencultuur. Een laboratorium voor vele jonge kunstenaars en ontwerpers en kraamkamer van nieuwe muziekstromingen en trends. Het feit dat binnen die jongerenculturen de diverse etnische culturen zich veel makkelijker en vanzelfsprekender vermengen dan elders, maakt ze des te belangrijker.

De programmaserie *Young@Rotterdam* stelt die jongerenculturen aan de orde. Om een staalkaart te kunnen maken van jongerenculturen, daagt zij talentvolle jongeren uit zich te laten zien en horen. Het streven is om datgene wat jongeren bezighoudt, wat hen drijft en wat zij maken en uitvinden, voor het voetlicht te brengen en zo voor een breder publiek zichtbaar te maken. *Young@Rotterdam* zal een eigen hoofdkwartier krijgen, waar programma's in elkaar gesleuteld en gepresenteerd worden. Voorts zullen de programma's zich op allerlei andere plekken manifesteren, waar je ze wel en waar je ze niet verwacht.

person or a group, every divergence from what is considered to be the dominant norm seems to lead to forms of exclusion.

Sometimes exclusion and marginalising occur in response to ethnic peculiarities, sometimes to age or religion, sometimes to sex and sexual orientation, at other times in response to deviations from the prevailing image of ideal health. In many cases these processes take shape in stigmatization, and people are defined on the basis of a certain characteristic or quality, and are fully associated therewith. All other possibilities, qualities and faculties are suppressed and ignored as a consequence of these stigmas: people who are old, the rejected, homeless, addicts, fugitives, sick, the illegal immigrants and so on.

The programme *Vital City* turns this stigmatizing way of thinking around. *Vital City* starts with the qualities, the creativity and the vitality that result from 'being different from others'. *Vital City* is not about problems, stigmas and marginalization but about potential, qualities and opportunities.

Young@Rotterdam
Rotterdam is the only rejuvinating city in the Netherlands. No wonder then, that young people feel attracted to this city with its openness to the future, its dynamic nature and its diversity. During the last decades Rotterdam has been a breeding ground for youth culture. A laboratory for many young artists and designers, and breeding ground for new musical movements and trends. The fact that within these youth cultures the various ethnic cultures mix in much more easily and naturally than elsewhere, makes them all the more important.

A series of programmes called *Young@Rotterdam* brings this youth culture to the fore. In order to make a sampling of youth culture, talented young people are challenged to show their qualities. The aim is to bring into the spotlight whatever holds the interest of young people, what spurs them on and what they create and invent, and to expose these things to a wider audience. *Young@Rotterdam* will get its own headquarters. This is where programmes will be put together and presented. From then on these programmes will turn up in various – likely and unlikely – other places.

Living in a city and the city as a home
In the 21st century the percentage of people living in cities amounts to more than 50% of the world's population. In Europe it is as much as 75%. European cities are experiencing

Stedelijk wonen en de stad als huis

In de 21e eeuw ligt het percentage stadsbewoners boven de 50% van de wereldbevolking. In Europa is dat al 75%. Tegelijkertijd hebben de grote Europese steden moeite hun bewoners vast te houden en groeit de suburbanisatie. Rotterdam kampt met beide ontwikkelingen.

In de tweede helft van de twintigste eeuw heeft Rotterdam internationale naam en faam opgebouwd met programma's op het gebied van de ruimtelijke ordening, de stedenbouw en de architectuur, die beoogden de aantrekkelijkheid van de stad als woon-, werk- en leefmilieu te verhogen. De Wederopbouw en de Stadsvernieuwing zijn daar voorbeelden van. Aandachtspunten als hoogbouw, binnenstedelijke verdichting, de verhouding van de stad tot de rivier en tot de regio, de stad als landschap en de attractiviteit van de stad staan ook nu nog op de agenda.

In veel van deze aandachtspunten speelt cultuur een actieve rol. Rotterdam 2001, Culturele Hoofdstad van Europa, vindt dit van groot belang en besteedt daarom aandacht aan de culturele dimensies van twee elementen van de ontwikkeling van de fysieke stad: het wonen en de openbare ruimte.

Rotterdam was in de twintigste eeuw een laboratorium voor experimenten, met name op het gebied van de massawoningbouw – en daarmee een broedplaats van ideeën over samen leven en de samenleving. Deze belangrijke (sociale) woningbouwtraditie, die zich zo prominent manifesteert in Rotterdam, dreigt momenteel ondergesneeuwd te raken. Mede daarom vindt er in 2001 – het jaar waarin de Woningwet 100 jaar bestaat – naast een nationale tentoonstelling over wonen in Nederland in de twintigste eeuw en in de toekomst, een aantal projecten plaats onder de titel *Thuis in Rotterdam* die ingaan op heden, verleden en toekomst van wonen en woonculturen in de stad.

Openbare ruimte is een belangrijk thema omdat hierin de ziel van de stad besloten ligt. Openbare ruimtes zijn plaatsen van ontmoeting, van zien en gezien worden, voor uitwisseling en confrontatie en om zomaar 'alleen onder anderen' te zijn.

Toenemende privatisering van openbare ruimte door individuen en groepen en de huidige ontwikkeling dat steeds meer plekken gedomineerd worden door één enkele functie – hier wordt gewinkeld, gehangen of gedeald en niks anders, waardoor vele mensen worden buitengesloten – maken echter dat steeds minder zogenaamde 'openbare ruimte' nog echt 'publiek domein' is in de zin van een plek waar iedereen zich welkom voelt.

difficulties holding on to their inhabitants, yet, at the same time, the suburbanization continues. Rotterdam is struggling with both these trends.

In the second half of the twentieth century, Rotterdam became internationally famous for its programmes for town and country planning, urban development and architecture aimed at enhancing the attraction of the city as a residence, and as a place to work and live. The Wederopbouw (the post-war reconstruction of Rotterdam) and urban renewal are notable examples. These days, the city has an elaborate programme with special attention to high-rise blocks, inner city congestion, the city's relationship with the river and with its surrounding region, the city as landscape and the attraction of the city.

In many of these areas of concern, culture plays an active part. Rotterdam 2001, Cultural Capital of Europe, considers this of great importance and is therefore paying particular attention to the cultural dimensions of two elements of the development of the city as a physical entity: housing and public area.

In the twentieth century Rotterdam was a laboratory for experiments, particularly in the field of mass housing – and thus a breeding place for ideas about living together and society. This important (social) housing tradition, which has always manifested itself so prominently in Rotterdam is at risk of being snowed under. For this reason, in 2001 – the year of the 100th anniversary of the Housing Act – there will also be a number of projects called *At home in Rotterdam* which will focus on present, past and future housing and cultures in the city, in addition to a national exhibition on housing in the Netherlands in the twentieth century and in the future.

The public areas is an important theme as it is there that the soul of the city is evident. Public areas are places where people meet, come to see and be seen, areas for exchanges and confrontations or for just being 'alone among others'. Privatization of public areas by individuals and groups is on the increase and there is currently a trend to more and more places being dominated by one single function – this is for shopping, hanging out or dealing and nothing else, thus shutting out large numbers of people. These factors are the cause of less and less so-called 'public areas' genuinely being 'public property' in the sense of being an area where everyone feels welcome.

Rotterdam 2001 is therefore paying extra attention to projects aiming at regaining the public character of public areas. This concerns the physical areas of canals and parks, riverbanks, gardens and parts of residential areas, as well as a

Rotterdam 2001 schenkt daarom extra aandacht aan projecten die uit zijn op een herwinning van het publieke karakter van de openbare ruimte. Hierbij gaat het zowel om de fysieke ruimte van singels en parken, rivieroevers, tuinen en delen van woonwijken als om een onderzoek naar de mogelijkheden die de nieuwe technologieën bieden aan een nieuw type openbare ruimte: de virtuele publieke ruimte.

Werkstad

Rotterdam Werkstad is ongetwijfeld het meest hardnekkige cliché dat er over deze stad bestaat – en daar is eigenlijk niks mis mee. Er kleven noties aan als een stad van weinig woorden, van niet lullen maar doen, van een stad waar de overhemden met opgestroopte mouwen in de winkels hangen. Een stad van werkers, van vroeg naar bed en (al dan niet) gezond weer op. Ook al komt de werkelijkheid van Rotterdam lang niet overal meer overeen met dat imago, als geuzennaam is Rotterdam Werkstad nog altijd heel goed bruikbaar.

In het jaar 2001 staat de titel *Werkstad* voor een grote serie experimentele culturele activiteiten. Het gaat om broedplaatsen en kweekvijvers, culturele laboratoria en artistieke werkplaatsen, om workshops en internationale uitwisselingen, Master Classes en diverse bijdragen aan het programma van de Erasmus Universiteit Rotterdam en van de Hogeschool Rotterdam. Zo gaat *Werkstad* ook over de productie en distributie van kennis. Als een uitdrukking van nieuwe takken van de culturele industrie is Werkstad bijvoorbeeld een voorbode van de toekomstige culturele activiteiten in het voormalig pakhuis Las Palmas, dat met het varende culturele laboratorium de Stubnitz aan de programmaserie *Werkstad* een onderkomen biedt.

Periferie centraal

Rotterdam bestaat op vele schaalniveaus. Het is een verzameling straten en pleinen, een conglomeraat van buurten, een verzameling dorpen, een hoeveelheid deelgemeenten, een aantal cultuurzones, een verstedelijkt landschap, een waterrijke regio, een stad die tegelijkertijd provincie is of een krachtpunt binnen de Randstad, een poort naar Europa, of een mondiaal knooppunt – het is maar vanuit welk perspectief je ernaar kijkt.

In deze serie programma's wordt de stad bekeken vanuit het perspectief van de regio. Achttien gemeenten uit de omgeving van Rotterdam hebben het motto van Rotterdam 2001 omgekeerd tot het motto *Vele steden maken Rotterdam*. Rode draden in de programmaserie zijn een speurtocht naar de identiteit van de verschillende gemeenten en de relatie tussen de periferie en de grote stad.

study of the opportunities offered by new technologies for a new type of public areas: the virtual public areas.

Working City

Rotterdam, Working City, is without doubt the most persistent cliché in use about this city – and there is actually nothing wrong with it. It suggests notions about a city of few words, such cries as 'don't just talk but get stuck into it', about a city where you buy shirts off the peg with their sleeves already rolled up. A city of workers, of sleeping early and (hopefully) rising healthy. Though the reality of Rotterdam in many instances no longer bears out that image, the nickname Rotterdam, Working City continues to serve the purpose well enough.

In the year 2001 the title *Werkstad* (Working City) represents a large range of experimental activities: breeding places and hatcheries, cultural laboratories and artistic workplaces, about workshops and international exchanges, Master Classes and various contributions to the programme of the Erasmus University of Rotterdam and the Rotterdam College of Advanced Education. *Working City* is also about producing and spreading knowledge. As an expression of new branches of the cultural industry *Working City*, for example, heralds future cultural activities in the former warehouse Las Palmas, which, with its floating cultural laboratory, the Stubnitz, is providing accommodation to the *Working City* programme.

The Periphery at the centre

Rotterdam exists on many scales. It is a collection of streets and squares, a conglomeration of neighbourhoods, a collection of villages, a quantity of boroughs, a number of culture zones, an urbanized landscape, a region rich in water, a city which is simultaneously a province or a focal point of power within its urban agglomeration, a gateway to Europe or a global junction – it depends on the angle from which you look at it.

In this series of events the city is viewed from the perspective of its region. Eighteen municipalities from the area surrounding Rotterdam have turned the motto of Rotterdam 2001 around into the motto *Many cities make Rotterdam*. A search for the various identities of these municipalities and the relationship between the periphery and the big city, forms the leitmotiv in this series of events.

City of the Future

More than fifty percent of the children who are born in Rotterdam is not of Dutch origin. In future years that percent-

Stad van de Toekomst

Meer dan vijftig procent van de kinderen die in Rotterdam worden geboren, is niet van oorspronkelijk Nederlandse afkomst. De komende jaren zal dat percentage nog aanmerkelijk oplopen. Dat betekent dat Rotterdam, dat nu al een door en door multi-etnische stad is, dat alleen nog maar meer zal worden.

In de programmaserie *Stad van de Toekomst* staan ontdekking, ervaring en uitwisseling op cultureel en artistiek gebied centraal. De stad is opgevat als een ervaring: een leerzame, avontuurlijke en vermakelijke omgeving waar veel aan te beleven valt. De programma-onderdelen gaan over culturele vernieuwing in relatie tot het onderwijs, sociale vernieuwing en grote-stedenbeleid.

In de wereld van de kinderen en de jongeren liggen de grenzen tussen verschillende culturen anders. Ze zijn beweeglijker, minder strikt en minder bepaald door vooroordelen dan in de beleving van de meeste volwassenen. De programmaonderdelen van *Stad van de Toekomst* laten dat zien. Zo is *Stad van de Toekomst* niet alleen een lerende stad, maar heeft ze op haar beurt aan anderen veel te leren. *Stad van de Toekomst* zetelt in Villa Zebra, het kinderhoofdkwartier van Rotterdam 2001.

Stromende Stad

De ligging van Rotterdam, aan de monding van een delta waar twee grote Europese rivieren in zee verdwijnen, gaf de stad de titel *Poort van Europa*. De ligging aan zee maakte Rotterdam tot mondiaal knooppunt. Rotterdam is een stad die haar geschiedenis, haar economie en haar toekomst gekenmerkt weet door stromen: door stromen goederen, stromen mensen, stromen ideeën en stromingen van en binnen culturen.

In de programmaserie *Stromende Stad* gaat het behalve om Rotterdam als logistiek mondiaal knooppunt over de Europese dimensies van de stad en over de stromen mensen die haar tot een migratiestad maken. Rotterdam was en is een komen en gaan van culturen: van emigranten naar andere werelddelen en van immigranten uit andere werelddelen. Het feit dat Rotterdam een internationaal ontmoetingspunt is, maakt het tot een stad die openstaat voor vernieuwing en verandering – tot een stad die niet zozeer is, maar wordt, die voortdurend aan verandering onderhevig is en daar trots op is.

Maar ook letterlijk maakt het stromende water de stad tot wat zij is, stad aan de rivier, havenstad, stad aan de zee. Het water is de levensader van de economie en verwijst Rotterdam over de rivieren naar Europa en over de zee naar alle continenten.

age will continue to show a substantial increase. This means that Rotterdam, which is already a thoroughly multicultural city, will only become more so.

The focus of the programme called *City of the Future* is on discovery, experience and exchange on a cultural and artistic level. The city is perceived as an experience: an educational, adventure-filled and entertaining environment from which a lot can be learned. Various parts of the programme are about cultural renewal in relation to education, social renewal and major city policy.

In the world of children and the young the boundaries between different cultures are of a different order. They are more flexible, less strict and based much less on prejudices than is the case for most adults. Parts of the programme of *City of the Future* demonstrate this. The *City of the Future* is therefore not only a city in the process of learning but aslo a city that, in its turn, offers much to others for learning. *City of the Future* is housed at Villa Zebra, the children's headquarters for Rotterdam 2001.

Flowing City

Rotterdam's position at the mouth of a delta where two major European rivers disappear into the sea, gave the city its name *Gateway to Europe*. Its location by the sea has made Rotterdam a global junction. Rotterdam is a city whose history, economy and future have been defined by flows: the flow of goods, flow of people, flow of ideas and the flow and intermingling of cultures.

Apart from Rotterdam as the logistically global junction the series of programmes called *Flowing City* will be about the European dimensions of the city and the flow of people which make it a city of migration. Rotterdam was and still is a place where cultures come and go: of emigrants to other parts of the world and immigrants from other parts of the world. The fact that Rotterdam is an international meeting point makes it a city open to renewal and change, growing a city that is not static but flowing, a city that is continually subject to change and is proud of it.

But in a very literal sense the flow of water also makes the city into what it actually is, a city on a river, a port, a city by the sea. Water is the lifeblood of the economy and refers Rotterdam to Europe and all the continents, the rivers and the sea serving as the medium.

Water also symbolizes the origin of life and is a pointer to what connects cultures and what they have in common. Wherever the flow dwindles and water becomes scarce, migration and refugee flows begin, refugees begin.

Water is ook symbool voor de oorsprong van het leven, het verwijst naar datgene wat culturen verbindt en naar datgene wat ze met elkaar gemeen hebben. Waar de stroming afneemt en het water schaars wordt, beginnen migratie- en vluchtelingenstromen in beweging te komen. In *Stromende Stad* bevinden zich projecten en programma's die deze karakteristiek van Rotterdam aan de orde stellen. Programma's die uitdrukking zijn van zowel mondiale als Europese dimensies van Rotterdam.

Stedelijke cultuur, stad van culturen en stad van cultuur

Het feit dat de agenda van Rotterdam 2001, Culturele Hoofdstad van Europa, gevuld is met de bovenstaande thema's betekent dat zij aandacht wil besteden aan zowel de stedelijke cultuur als aan de diverse culturen van de stad, en aan Rotterdam als stad van cultuur. Daarom zijn verschillende perspectieven gekozen, verschillende schaalniveaus aangebracht en verschillende dimensies getoond. Vele lagen en gezichten komen aan de orde. Dus zijn er naast vrolijke verhalen ook treurige verhalen, en behalve verhalen met een uitroepteken ook verhalen vol vraagtekens. Er zijn verhalen die de trots van de stad verbeelden, maar ook die haar worsteling laten zien.

Al die verschillende soorten verhalen samen – officiële en officieuze, deftige en banale, overbekende en onbekende, verrassende en vervelende, sombere en vrolijke, berustende en opstandige, kritische en bevestigende, oude en nieuwe – vormen een raamvertelling. Een raamvertelling die Rotterdam nu eens toont als een kleine, intieme ruimte, dan weer als veelbelovende leegte; als een verlaten terrein of een tjokvolle optocht – elke keer anders, maar tegelijkertijd steeds als Rotterdam.

Een van de meest fascinerende raamvertellingen die over een stad gaat, wordt verteld in het boek *De Onzichtbare Steden* van de Italiaan Italo Calvino. Hierin beschrijft beroepsreiziger Marco Polo aan Kublai Khan, de keizer der Tartaren, de steden die hij op zijn reizen heeft bezocht en die aan zijn fantasie zijn ontsproten. Het is een buitengewoon fascinerend boek dat herinneringen, ervaringen en toekomstdromen op een vanzelfsprekende manier met elkaar vermengt. Doodgewone zaken uit het dagelijks leven worden vermengd met verlangens, ambities en fantasieën van stedelingen.
Het ene hoofdstuk vertelt hoe een stad communiceert, het andere over namen en tekens van steden of over hoe een bepaalde stad voelt, ruikt en klinkt. Het feit dat Marco Polo erover vertelt, maakt verborgen steden niet minder geheimzinnig. Het feit dat hij ze heeft gezien, haalt onzichtbare steden niet uit het rijk der verbeelding.

Flowing City includes projects and programmes who pay attention to this characteristic feature. Programmes expressing global as well as European dimensions of Rotterdam.

City culture, city of cultures and city of culture

The fact that the agenda for Rotterdam 2001, Cultural Capital of Europe, is filled with the themes described above demonstrates the aim to focus on city culture as well as on the various cultures of the city, and on Rotterdam as a city with culture. For that reason various perspectives were chosen and a structure created according to the various scales, and a variety of dimensions has been highlighted. Many different layers and faces are all given consideration. It means that cheerful stories are presented alongside sorrowful stories and stories with an exclamation mark alongside stories full of question marks. There are stories which convey the pride of the city but also ones which show its struggles.

All those different tales together – official, unofficial, dignified or banale, overfamiliar, unknown, astounding or boring, gloomy or cheerful, resigned, rebellious, critical or affirmative, old and new – form a the narrative framework. A framework which conveys Rotterdam sometimes as a small intimate space but then again as an empty space holding a lot of promise; like a deserted land or a crowded pageant – different every time, but at the same time always Rotterdam.

One of the most fascinating narrative frameworks about a city can be found in the book *The Invisible Cities* by Italian writer Italo Calvino. In this tale the professional traveller Marco Polo gives Kublai Khan, emperor of the Tartars, descriptions of the cities he has visited during his travels and which have sprung from his imagination. It is an exceptionally fascinating book that interweaves memories, experiences and visions for the future in a very natural, matter-of-fact way. Very ordinary everyday matters are mingled with townsfolks' longings, ambitions and fantasies. One chapter recounts how a city communicates, the next tells about city names and signs or describes the feeling, smells and sounds of a certain city. The fact that Marco Polo speaks of these things, does not make hidden cities any less mysterious. The fact that he has seen them, does not remove these invisible cities from the realm of the imagination.

Nowhere does one find such a penetrating, poetic and convincing expression given to the many colours, the great variety, the many layers, contradictions, the many facets and the diversity of a city as in *The Invisible Cities*. At the end it is revealed that all the stories are in fact about one city only,

Nergens wordt de veelkleurigheid, de veelsoortigheid, de gelaagdheid, de meerduidigheid, de veelzijdigheid en de diversiteit van de stad zo indringend, zo poëtisch en zo overtuigend verwoord als in *De Onzichtbare Steden*. Aan het einde blijken alle verhalen in feite over één stad te gaan: Venetië, de geboorteplaats van de verteller Marco Polo. Dit boek was een belangrijk uitgangspunt voor de manier waarop Rotterdam 2001, Culturele Hoofdstad van Europa, kijkt naar de stad. Wat in het boek geldt voor Venetië, geldt hier en nu voor Rotterdam: *Rotterdam is Vele Steden*.

Maar behalve het feit dat Rotterdam 2001 naar verschillen binnen de stad kijkt, vindt zij het van het grootste belang om te kijken naar de krachten die heden ten dage mensen nog samenbrengt: naar de rode draden die, zo nu en dan, hier en daar, verbindingen maken in al die verscheidenheid. Artistieke krachten die zorgen voor cohesie in een samenleving die steeds meer in groepen en groepjes, in doelgroepen en splintergroeperingen uit elkaar valt.

De tien genoemde onderwerpen zijn als verhalen over de stad. Ze vertellen in verschillende vormen en in verschillende artistieke talen over scènes uit het dagelijks leven van Rotterdam: over de fascinaties en de ambities van de diverse bevolkingsgroepen, over de zintuiglijke avonturen die er te beleven zijn en over de vele dromen en fantasieën die er leven. Ze verhalen over kansen en bedreigingen, mogelijkheden en remmingen, hoop en verwachtingen en over een cultuur van culturen die het leven in Rotterdam kleur geeft.
Samen geven al deze stedelijke vertellingen vorm aan de vele steden die Rotterdam in zich bergt. Ze maken de kloof zichtbaar tussen heden en toekomst en tussen droom en daad. Zo beschouwd zijn de verhalen die Rotterdam 2001 over de stad vertelt zowel commentaar als kritiek en tegelijk een bron van energie en van culturele onrust.

Stel dat Marco Polo in *De Onzichtbare Steden* over Rotterdam had verteld. Dan had een van zijn verhalen als volgt kunnen luiden:

'Eerst vertel ik u van Rotterdam als van een Stad zonder Eigenschappen. In deze metropool van grijze steen staat een glazen gebouw, met in elk vertrek een doorzichtige stalen bol. In elke bol reflecteert een blauwachtige spiegeling van steeds een nieuwe stad. Het zijn alle mogelijke vormen die de stad had kunnen aannemen als zij niet om de een of andere reden de stad was geworden zoals wij haar vandaag de dag zien. Ieder decennium was er wel weer iemand anders die, met het beeld van de bestaande stad voor ogen, een manier bedacht om er ideale stad van te maken. Om er maar een paar te

namely Venice, the birthplace of the storyteller Marco Polo. This book has provided an important point of departure for how Rotterdam 2001, Cultural Capital of Europe, views the city. What applies to Venice in this book, applies here and now to Rotterdam: *Rotterdam is Many Cities*.

But Rotterdam 2001 does not only look at the differences existing in the city. The strengths which bring people together today are just as important: the leitmotivs which, every now and then, here and there, create connections in all this diversity, artistic strengths that bring about cohesion in a society that is fragmenting more and more into groups, little groups, target groups and splinter groups.

The ten subjects may be regarded as stories about the city. In different forms and in different artistic languages, they portray scenes from daily life in Rotterdam: they tell about the fascinations and ambitions of various sections of the population, about the sensory adventures to be experienced there and about the many dreams and fantasies existing here. They recount stories of opportunities and threats, of possibilities and restraints, hopes and expectations, and of a culture of cultures which lends colour to life in Rotterdam.

Together these urban narratives express the many cities Rotterdam represents. They visualize the chasm between present and future and between dream and action. From this point of view, the stories Rotterdam 2001 tells about the city provide a commentary as well as a critical review and, at the same time, a source of energy and of cultural unrest.

Suppose Marco Polo's narrative in *The Invisible Cities* had been about Rotterdam. One of his tales might have gone as follows:

'But, first of all, I will tell you about Rotterdam as a City without Characteristics. In this metropolis of grey stone, there is a glass building, each room of it featuring a transparent, steel ball. In each ball you see, the bluish reflection of a new city again and again. These are all the possible forms that the city could have taken on if it for some reason or other, had not become the city as we see it today.

In each decade there was somebody who, having the existing city in mind, had thought up a way to make it the ideal city. To list only a few: the modern city, the rebuilt city, the unfolded city, the compact city, the complete city, the attractive city. But while he was completing his model, that city had already changed. And what could have been a future for it, is now only a toy in a transparent, steel ball. The glass building with a ball like that in each room, has become a museum now. Each resident may choose the city that

noemen: de Moderne stad, de Wederopbouwstad, de Compacte stad, de Complete stad, de Attractieve stad. Maar terwijl hij bezig was met het vervolmaken van zijn model, was de stad al niet meer dezelfde stad als toen hij begon. Daarmee schrompelde datgene wat gisteren nog een mogelijke toekomst voor de stad was geweest, ineen tot een stuk speelgoed in een doorzichtige stalen bol.

Het glazen gebouw met in ieder vertrek een doorzichtige stalen bol is nu een museum. Iedere bewoner kan er de stad uit kiezen die overeenkomt met zijn verlangens. Hij kan die bekijken, zich erin verlustigen en zich in gedachten spiegelen in de singels die haar doortrekken (als die tenminste niet gedempt zijn). Zo wordt deze stad zichtbaar als vele steden: als een metropool van grijze steen en als de vele andere modellen, die in hun doorzichtige stalen bollen spiegelen. Niet omdat ze allemaal even echt zijn, maar omdat ze allemaal bedacht zijn, omdat ze verlangens uitdrukken en de lust om het werkelijke ideaal te maken.

De ene stad, die van de grijze steen, bevat wat algemeen wordt beschouwd als noodzakelijk maar dat niet perse is. De andere steden belichamen datgene wat men zich als mogelijkheid heeft voorgesteld, maar wat dat een minuut later al niet meer was.'

De tentoonstellingen, voorstellingen, uitvoeringen, manifestaties, festivals, boeken, debatten en wat dies meer zij, geven vorm en inhoud aan de verhalen en daarmee aan de thema's. Ze tonen het verschil, het bijzondere, het andere en maken hier en daar samenhang mogelijk. Ze creëren met andere woorden evenzeer de ruimte die het verschil mogelijk maakt, als het bijzondere dat die ruimte interessant en leefbaar maakt. Culturele producties en artistieke uitingen bewerken de werkelijkheid en spiegelen mogelijke werkelijkheden voor. Ze registreren, documenteren, interpreteren, becommentariëren, dromen en verbeelden ambities en fascinaties. Ze brengen de diversiteit en heterogeniteit tot spreken. Ze kunnen onderling respect genereren door dat respect te begrijpen als inzicht in het belang van en het gevoel voor het verschil. Zo gezien zijn ze generatoren van culturele mobiliteit. De selectie van de programma's waarvan dit programmaboek de uiting is, is gebaseerd op de uit de inhoud van de steden voortkomende vertellingen en op het vermogen van de programma's het bovenstaande te bewerkstelligen.

Het programma dat in dit boek wordt gepresenteerd, wil van ganser harte een programma zijn van iedereen. Niet alleen streeft het ernaar voor zoveel mogelijk verschillende publieken interessant te zijn (of te zijn iets om zich over op te winden).

meets his desires; look at it; enjoy it and mirror himself – in his thoughts – in the canals that traverse it (at least if they have not been filled in). In this way the city becomes visible as many cities: as a metropolis, and as the many small models relecting in their transparent balls. Not because they are all equally real but because they have all been thought up, because they express desires and the passion to realize the real ideal. That one city, that of grey stone, contains what is generally considered as necessary, but it is not that yet; the other cities embody what has been imagined as possible, but proved to be impossible just a minute later.'

The exhibitions, shows, performances, events, festivals, books, debates and whatever else, give expression and substance to the stories and therefore to the themes. They expose what is different, special, the otherness and enable occasional cohesion. In other words, they create the space which has made possible the difference as much as the special qualities that make this space interesting and livable. Cultural productions and artistic expression create an edited version of reality and conjure up other possibilities of reality. They register, document, interpret, comment, imagine and dream about ambitions and fascinations. They allow diversity and heterogeneity to express themselves. They can generate mutual respect through the understanding that that respect is an insight into the importance of and the feeling for difference. In this light, they are generators of cultural mobility. The selection of programmes this book represents is based on the stories which have arisen out of the cities and on the ability of the programmes to bring about their expression.

The programme presented in this book is wholeheartedly intended to be a programme for everyone. It does not only intend to be of interest to as many different audiences as possible (or something to get excited about). It's also as much as possible the outcome of a collective effort: a programme of and by the city, which has been realized in collaboration and consultation with many institutions and intitiatives, groups and individuals. The many funds, companies and institutions that were so generous in their collaboration, have contributed to the development of this programme: this makes Rotterdam 2001, Cultural Capital of Europe, their achievement as well.

The organizers of Rotterdam 2001 conceived the frame story. All individuals and groups involved in one way or other, have helped to bring that narrative to life.

Het is ook in zoveel mogelijk opzichten een collectief product: een programma van en door de stad, dat in samenwerking en in samenspraak met vele instellingen en initiatieven, groepen en individuen is ontstaan. De vele fondsen, bedrijven en instellingen die zo genereus waren om mee te werken, maken dit programma mede mogelijk; daarmee is Rotterdam 2001, Culturele Hoofdstad van Europa, ook hun product.

De organisatie van Rotterdam 2001 heeft de raamvertelling bedacht. Alle personen en partijen die op de een of andere manier betrokken zijn, hebben geholpen die vertelling tot leven te wekken.

Tot slot

Rotterdam 2001, Culturele Hoofdstad van Europa is een zoektocht naar de kwaliteiten van de vele verschillende steden die Rotterdam in zich bergt. Het resultaat van die speurtocht, het programma, is in feite een virtuele gids die toont wat de kracht is van cultuur en van de vele culturen die in Rotterdam aanwezig zijn. Het toont hoe de stad Rotterdam anno 2001 een culturele renaissance doormaakt die uniek is maar tegelijkertijd heel gewoon lijkt, en die op hetzelfde moment zowel succesvol is als een pad vol hindernissen.

Rotterdam 2001, Culturele Hoofdstad van Europa, is een gids die de geschiedenis toont van de stad met de grootste haven ter wereld, die nieuwe projecten ontwikkelt op oude plekken als Delfshaven en de Kop van Zuid, die tegenstellingen kent die zo groot zijn als die tussen het Oude Noorden en Kralingen; een stad met een West-Kruiskade die zich ontwikkelt tot een klein Chinatown, een Wilhelminapier die zich opmaakt als nieuw zakencentrum en met Tuindorp Vreewijk waar de klok voor eeuwig lijkt stilgezet op een zondagmiddag in 1955.

Maar ook is het een gids van de steden die in ons hoofd bestaan: van de gedaantes van de stad zoals we ons die herinneren uit het verleden en zoals we die fantaseren voor de toekomst. Van steden die een bedreiging lijken – vluchtsteden en verwarrende steden – van steden van verlangen en steden die niet meer zijn dan een imago, van muzikale steden en steden die er alleen zijn wanneer je ernaar luistert. En van een stad die van dat alles een beetje is: Rotterdam.

Bert van Meggelen
Intendant Stichting Rotterdam 2001, Culturele Hoofdstad van Europa

In conclusion

Rotterdam 2001, Cultural Capital of Europe, is a search for the qualities of the many different cities which Rotterdam encompasses. The end result of this search, this programme, is in fact a virtual guide that shows the sort of strength which lies in culture and in the many cultures present in Rotterdam. It demonstrates the way in which the city of Rotterdam anno 2001 is going through a cultural renaissance that is unique but, at the same time, seems very ordinary, and that is both successful and an obstacle course at the same moment.

Rotterdam 2001, Cultural Capital of Europe, is a guide showing the history of the city with the largest port in the world, which is developing new projects in old places such as Delfshaven and Kop van Zuid, a place of contrasts as great as those between the Oude Noorden (the Old North) and Kralingen, a city with its West-Kruiskade that is becoming a little Chinatown, its Wilhelminapier which is recreating itself as a new business centre and with Tuindorp Vreewijk where the clock appears to have stopped forever on a Sunday afternoon in 1955.

It is also a guide, however, to the cities existing in our minds, to shapes of the city as we remember them from the past and as we fantasize them for the future, of cities which seem like a threat – cities of escape, confusing cities – of cities of desire and cities being no more than an image in our mind, of musical cities and cities existing only when you listen carefully. And, of a city that is a little of all of those: Rotterdam.

Bert van Meggelen
Intendant Foundation Rotterdam 2001, Cultural Capital of Europe Foundation

STADS
SCHOUW
BURG
THUISSTAD
STEDEN VAN
ERASMUS
OUDE LUXOR
HOLLAND
AMERIKA
HOLLAND
AMERIKA
AHOY
B
C
D
E
VERTREKHAL
HAVENS
EN HEERLIJKHEDEN

01 Plezierstad
Pleasure City

Rotterdam is nooit af, is altijd in ontwikkeling. Dat geldt in het bijzonder voor Rotterdam Plezierstad, een stad die nooit meer zal sluiten. 2001 wordt een voorlopig hoogtepunt in de culturele inhaalslag van de afgelopen vijftien jaar. Rotterdam is weer die bruisende stad van het Interbellum, de bloeitijd tussen beide wereldoorlogen. Toen floreerde het uitgaansleven met roemruchte theaters als Pschorr, waarin alle groten van die tijd optraden, en het Luxor Palast, waar niet alleen films, maar ook de grote operettes en revues in première gingen. Elders klonken vlijmscherpe conferences of bijtende liedteksten met een vleug van erotiek en de sfeer van melancholie en ironie.

Maar liefst zeven musea, het Gemeentearchief, de Gemeentebibliotheek en de Erasmus Universiteit Rotterdam bundelen in 2001 hun krachten. Op de wervelende tentoonstelling *Interbellum* in Las Palmas op de Kop van Zuid tonen zij artistieke hoogtepunten en sociale en politieke geschiedenis uit die periode. Van april tot en met juli 2001 nemen Mini & Maxi het Nieuwe Luxor Theater officieel in gebruik met het theaterspektakel *City*. Deze show met vele internationale topartiesten, geïnspireerd door Italo Calvino's boek *De Onzichtbare Steden*, laat verschillende gedaantes van de stad Rotterdam zien in bijzondere variété-acts en muzikale nummers. Daarmee leiden Mini & Maxi voor dit grote 'vermaaktheater' een zomerprogrammering in, die zich na 2001 voortzet en zich schaart in de traditie van goed bezochte zomerfestivals, waar Rotterdam om bekend staat.

Plezierstad vindt plaats in theaters, clubs en discotheken, op pleinen en in parken. Van grootschalige evenementen tot kleine uitspattingen. Opera's van Verdi in Ahoy' Rotterdam en in de buitenlucht, Paul de Leeuws programma's in het Oude Luxor Theater, het Gergiev Festival met grootse Sjostakovitsj symfonieën in De Doelen, maar ook muzikale en theatrale hoogstandjes van de vele amateurgezelschappen die Rotterdam rijk is. Kortom: Rotterdam Plezierstad toont in 2001 haar herwonnen vitaliteit in een kleurrijk palet van evenementen.

Rotterdam is never finished, is ever developing. That especially applies to Rotterdam Pleasure City, a city that will never close down. 2001 will be a climax in the efforts during the past fifteen years to catch up culturally. Rotterdam is again that dazzling city it was during the Interbellum, the heyday between both world wars. At that time nightlife flourished with such famous theatres like Pschorr, where all celebrities of the time gave their performances, and the Luxor Palast, where not only films but also great musical comedies and revues had their première. Elsewhere, razor sharp sketches or biting lyrics could be heard with a suggestion of eroticism and an atmosphere of melancholy and irony.

No fewer than seven museums, the Municipal Archives, the Municipal Library and the Erasmus University of Rotterdam join forces in 2001. At the sparkling exhibition *Interbellum* in Las Palmas at the Kop van Zuid they will show artistic highlights and socio-political history from that period. From April to July 2001 Mini & Maxi will officially bring the New Luxor Theatre into use with the performance of *City*. This production with many international top artists, inspired by Italo Calvino's book *The Invisible Cities*, will show a variety of forms of the city of Rotterdam in special variety acts and musical numbers. Thus, Mini & Maxi will introduce a summer programme for this 'amusement theatre' that will be continued after 2001 and be in line with the tradition of well attended summer festivals for which Rotterdam is known.

Pleasure City will take place in theatres, clubs and discothéques, in squares and in parks. From large-scale events to small splurges. Operas by Verdi in Ahoy' Rotterdam and in the open air, Paul de Leeuw's programmes in The Old Luxor, the Gergiev Festival with grand Sjostakovitsj symphonies in De Doelen, but also musical and theatrical *tours de force* by the many amateur companies that Rotterdam boasts. In short: Rotterdam Pleasure City will show its recovered vitality in 2001 in a colourful palette of events.

Calypso 2001

Op 10 september 2000 opende Calypso aan de Mauritsweg opnieuw haar deuren als Calypso 2001. De voormalige bioscoop is het bruisende centrum van Rotterdam 2001, Culturele Hoofdstad van Europa. Naast ticketshop, informatie- en ontvangstruimte heeft Calypso 2001 een café-restaurant en twee zalen, waar het vanaf heden gonst van de activiteiten. De programmering bestaat uit theater (in de breedste zin), film, concerten, feesten, debatten, exposities en vele andere activiteiten. In *De Reuzen van Rotterdam* (vanaf november 2000) staat in 2001 elke maand een Rotterdamse Grootheden een week lang centraal. Andere belangrijke projecten zijn *Calypso Tunes, Food for Thought*, R & B party's in de grote zaal, *Sex, Lies and Comedy* (stand-up comedians) Calypso Rollerdisco met The Golden Wonder Boys (skaten in de grote zaal).
En nog veel, veel meer...
Calypso 2001 bevindt zich aan de Mauritsweg 5, te Rotterdam en is zo. t/m do. geopend van 11.00 uur tot 01.00 uur, vr. en za. tot 2.00 uur. Bezoek de website: www.calypso2001.nl of bel: (010) 402 20 19.

On 10 September 2000, Calypso on Mauritsweg re-opened its doors as Calypso 2001. The former cinema will be the pulsating centre for Rotterdam 2001, Cultural Capital of Europe. In addition to a ticket shop, information and reception hall, Calypso 2001 houses a restaurant and two halls where it buzzes with activities as from today. The programmes will schedule performing arts (in the widest sense), films, concerts, feasts, debates, exhibitions and many other activities. In *The Giants of Rotterdam* – as from November 2000 – the focus is on a hero of Rotterdam for one whole week in each month of 2001. Other important projects are the *Calypso Tunes, Food for Thought*, R & B parties in the main hall, *Sex, Lies and Comedy* (stand-up comedians), Calypso Roller Disco with The Golden Wonder Boys (skating in the main hall). And much, much more ....
Calypso 2001 is at Mauritsweg 5 in Rotterdam and is open from Sundays to Thursdays from 11.00 hours till 01.00 hours, Fridays and Saturdays till 2.00 hours. Visit the website: www.calypso2001.nl or ring (010) 402 20 19.

City
Mini & Maxi

17 – 22 apr (try-outs) / 1 mei – 29 jul
Het Nieuwe Luxor Theater
Podiumkunsten

Mini & Maxi nemen in april 2001 het Nieuwe Luxor Theater op de Kop van Zuid officieel in gebruik met het theaterspektakel *City*. Deze geheel nieuwe theaterproductie waaraan vele internationale artiesten meewerken, wordt geregisseerd door Jos Thie en is ruim drie maanden te zien. *City* is een eenmalige productie, gemaakt ter gelegenheid van de opening van het Nieuwe Luxor Theater en in het kader van Rotterdam 2001, Culturele Hoofdstad van Europa. Er worden 80 voorstellingen gespeeld. *City* is een spectaculaire theaterproductie waarin humor, verbeelding, magie en muziek een belangrijke rol spelen. Op theatrale wijze worden de verschillende aspecten van de stad Rotterdam vormgegeven in een decor dat voortdurend verandert. Naast Mini & Maxi, die het grootste aandeel in deze show hebben, werken verder mee: Duo Mouvance (tango aan de trapeze), Philippe Genty (Franse theatermaker die dans en beeldend theater combineert), Duo Sudarchikovy (transformatieact), artiesten van het Groot Circus van Sjanghai (acrobatiek uit China), Erik Borgman (voetbaljongleur), Prassana Rao (schimmenspeler), het Orkest van de Koninklijke Luchtmacht (meer dan vijftig instrumentalisten), skaters, streetdancers en hiphoppers. *City* is een productie van Interpresario en het Luxor Theater Rotterdam in coproductie met Rotterdam 2001, Culturele Hoofdstad van Europa.

Mini & Maxi will officially bring the New Luxor Theatre at Kop van Zuid into use in April 2001 with the performance *City*. This completely new theatre production involving many international artists, will be directed by Jos Thie and can be seen for more than three months. *City* is a once only show produced to celebrate the opening of the New Luxor Theatre, and within the framework of Rotterdam 2001, Cultural Capital of Europe. There will be 80 performances. *City* is a spectacular theatre production in which humour, imagination, magic and music play an important role. In a theatrical manner the various aspects of the city of Rotterdam will be represented in a continuously changing décor.
Apart from Mini & Maxi, who will make the greatest contribution towards this show, contributions will also be made by Duo Mouvance (tango on the trapeze), Philippe Genty (French theatre maker who combines dance and expressive theatre), Duo Sudarchikovy (transformation act), artists of the Great Shanghai Circus (acrobatics from China), Erik Borgman (football juggler), Prassana Rao (shadow show), the orchestra of the Royal Air Force (more than fifty instrumentalists), skaters, street dancers and hip hoppers. *City* is a production by Interpressario and the Luxor Theatre Rotterdam co-produced by Rotterdam 2001, Cultural Capital of Europe.

Sponsor: Stad Rotterdam Verzekeringen en Allianz Royal Nederland

Foto: Rick Keus

Foto: Rob 't Hart

01 Plezierstad

Interbellum

Sept – dec
Las Palmas Rotterdam
Beeldende kunst

Deze kunst- en cultuurmanifestatie in het Las Palmas gebouw is een verbeelding van de periode tussen de beide wereldoorlogen in de eerste helft van de 20e eeuw. Beeldende kunst uit de jaren twintig en dertig wordt geplaatst in een context van gebeurtenissen die Rotterdam hebben beïnvloed. De snelle economische en stedelijke ontwikkeling, het culturele klimaat met invloeden vanuit Noord-Amerika, Europa en de eigen koloniën, de bedreigingen van het opkomend fascisme en communisme en de economische terugval begin jaren dertig. Dankzij de medewerking van alle Rotterdamse musea, Gemeentearchief en Bibliotheek, staan voorwerpen en beeldmateriaal uit de Collectie Rotterdam ter beschikking. Interbellumkunstwerken uit de museumdepots, soms van kunstenaars die in Rotterdam gewoond en gewerkt hebben, industriële ontwerpen (gebruiksvoorwerpen, auto's, meubilair, gereedschap en apparaten), maar ook architectuur, stedenbouw- en landschapsontwerpen, eerste drukken van bekende boeken, grafieken, posters, foto's, filmfragmenten en beeldmateriaal van populaire podiumkunsten en entertainment. Het tijdperk is niet eenduidig uit te leggen – het staat bol van de tegenstellingen en strijdpunten. De manifestatie probeert dit gegeven niet te ontwijken, maar ontleent er juist haar kracht aan. Zowel in vorm als inhoud worden meerdere versies van dezelfde geschiedenis verteld. Rotterdam is niet alleen in 2001 vele steden. Ze is het altijd al geweest.

This art and cultural manifestation in the Las Palmas building will be a representation of the period between the two world wars in the first half of the 20th century. Plastic art of the twenties and thirties will be placed in a context of events that have influenced Rotterdam. The rapid economic and urban development, the cultural climate with influences from North America, Europe and the own colonies, the threats from rising fascism and communism and the economic decline in the early thirties.
Thanks to the collaboration by all Rotterdam museums, the Municipal Archives and Library, objects and visual material from the Rotterdam Collection will be available. Interbellum art works from the museums' repositories, sometimes by artists who had lived and worked in Rotterdam, industrial designs (utensils, cars, furniture, tools and appliances), but also architecture, designs for urban development and landscapes, first editions of well known books, graphs, posters, photographs, film fragments and visual material depicting popular stage arts and entertainment. The epoch cannot be clearly explained – it is full of contrasts and controversies. The manifestation does not try to evade this fact but even derives its strength from it. In form as well as content several versions of the same history will be told. It is not only in 2001 that rotterdam is many cities. That has always been the case.

Sponsor: Robeco Groep

ZAP City Extra
Cultuurschok

Jan – dec / 8 – 9 sept (eindspektakel)
Diverse locaties, Schouwburgplein (eindspektakel)
Podiumkunsten

Een zinderend halfjaar jongerencultuur met als uitgangspunt: de versmelting van het hedendaagse circustheater met de virtuositeit van de jongerenstraatcultuur. Rond dit thema vormt ZAP City Extra een serie optredens en workshops met als hoogtepunt een openlucht straatcircusspektakel, dat wordt opgevoerd tijdens het jongerenfestival ZAP Nation. In deze spectaculaire, avondvullende show laten jongeren zien waar ze toe in staat zijn. De show is een spannende mix van de volgende ingrediënten: cross-overs tussen stijlen en disciplines, theatrale invalshoeken en populaire straatcultuur als skaten, breaken, streetdance en boarden. Decor en vormgeving zijn ook in handen van jonge kunstenaars. In een half jaar hebben bekende artiesten en kunstenaars de ambitieuze jonge performers door middel van workshops voorzien van professionele input. Samen tasten ze de grenzen van het haalbare af. Naast de virtuoze jongerenkunsten wordt de voorstelling verrijkt door andere kenmerkende vormen van Rotterdamse jongerencultuur, zoals R & B en hip-hop, die de rode draad vormen in de voorstelling.

A blazing half year of youth culture having as its starting point: the fusion of contemporary circus theatre with the virtuosity of the young people's street culture. Around this theme ZAP City Extra will form a series of performances and workshops with an open air street circus spectacle as the highlight, which will be performed during the youth festival ZAP Nation. In this spectacular all evening show young people will demonstrate their capabilities. The show will be an exciting mix of the following ingredients: crossovers between styles and disciplines, theatrical angles and popular street culture, such as skating, breaking, street dancing and boarding. Décor and design are also in the hands of young artists. In a six months' period well-known performers and artists have provided the ambitious young performers with professional input through workshops. Together they explore the limits of feasible. Apart from the dextrous youth arts the performance will be enriched by other characteristic forms of youth culture in Rotterdam, such as R & B and hip-hop, that form the leitmotiv in the performance.

Rotterdam Feest

15 okt 2000 – 2 sept 2001
Het Schielandshuis,
De Dubbelde Palmboom
Beeldende kunst

Een tentoonstelling die laat zien hoe Rotterdam feestviert. Een groot aantal feesten passeert de revue: Chinees Nieuwjaar, Holi Phagua, Koninginnedag, Kaapverdisch dansfeest, Keti Koti, Zomercarnaval, Kerstmis en het Suikerfeest. En natuurlijk het meest gevierde feest: de verjaardag. Feesten die de stad haar jaarritme geven en de kalender kleuren. Daarnaast besteedt Het Schielandshuis aandacht aan talrijke jubilea, zoals een ambtsjubileum in de 19e eeuw, 100 jaar Blijdorp en 60 jaar Correct in 2000. De expositie gaat vergezeld van een uitgebreid feestprogramma.

An exhibition showing how Rotterdam feasts. A great number of feasts will be highlighted: Chinese New Year, Holi Phagua, Queen's Birthday, Cape Verdian dance festival, Keti Koti, Summer Carnival, Christmas and the Sugar Festival. And, of course, the feast that is celebrated the most: the birthday party. Feasts that give the city its annual rhythm and that gives colour to the calendar. Apart from that, Het Schielandshuis pays attention to numerous anniversaries, such as a jubilee in the 19th century, the 100th anniversary of Blijdorp Zoo and the 60th anniversary of Correct in 2000. The exhibition will be accompanied by a comprehensive programme of festive events.

Rent
Joop van den Ende Theaterproducties

20 dec 2000 – 20 jan 2001
Het Oude Luxor Theater
Muziektheater

Foto Joan Marcus/Carol Rosegg

Rent, van bedenker, schrijver en componist Jonathan Larson, is een onvergelijkbare rockmusical. Een Hair over de jaren '90, met liedjes die de ultieme combinatie vormen van the Broadway Sound en live rockconcerten. Rent, gebaseerd op Puccini's opera La Bohème, gaat over het dagelijks leven van een groep jongeren in de East Village van New York. Over artiesten, verslaafden en daklozen, maar ook over jongeren die zich vol passie en emotie tegen de gevestigde orde keren. Met de boodschap dat vandaag de enige dag is die telt. De Nederlandse uitvoering van Rent wordt geregisseerd door Ivo van Hove.

Rent, by the conceiver, writer and composer Jonathan Larson, will be an incomparable rock musical. A Hair about the nineties, with songs forming the ultimate combination of the Broadway Sound and live rock concerts. Rent, based on Pucini's opera La Bohème, will be about the daily life of a group of young people in East Village, New York. About artists, drug addicts and homeless people, but also about young people passionately and emotionally turning against the establishment. With the message that today is the only day that counts. The Dutch version of Rent will be directed by Ivo van Hove.

Paul De Leeuw in het Oude Luxor Theater

Jan – dec
Het Oude Luxor Theater
Podiumkunsten

Terwijl het Nieuwe Luxor Theater op de Kop van Zuid geopend wordt, krijgt de oude dame aan de Kruiskade op 84-jarige leeftijd gezelschap van Paul de Leeuw. Als gastprogrammeur en ambassadeur van culturele hoofdstad verzorgt De Leeuw samen met zijn productiemaatschappij Marat TV en het Luxor Theater de programmering van het Oude Luxor. Vroeg in het jaar is hij zelf te zien in de satirische komedie Art en na de zomer in de musical Foxtrot. Door het jaar heen zorgt Paul de Leeuw voor nog meer verrassingen.

While the New Luxor Theatre at Kop van Zuid opens its doors, the old lady on Kruiskade, 84 years old, will get company from Paul de Leeuw. As guest programmer and ambassador of Cultural Capital, De Leeuw, together with his production company Marat TV and the Luxor Theatre, will prepare the programmes of the Old Luxor. He can actually be seen early in the year in the satirical comedy Art, and after the summer in the musical Foxtrott. Throughout the year Paul de Leeuw will have more surprises in store.

Nieuwjaarsconcerten
Rotterdams Philharmonisch Orkest

2, 4 jan
Concert- en congresgebouw de Doelen
Muziek

Valery Gergiev en Sir Simon Rattle: ze worden wel de twee grootste dirigenten van deze tijd genoemd. Nog voor het officiële begin van het culturele hoofdstadjaar geven zij de muzikale aftrap met twee bijzondere werken en een keur aan internationaal vermaarde solisten. Valery Gergiev opent op 2 januari met het Nieuwjaarsconcert van Rotterdam 2001, Culturele Hoofdstad van Europa. De chefdirigent leidt het Rotterdams Philharmonisch Orkest in een uitvoering van Mahlers Vijfde symfonie. Het is een belangrijke nieuwe schakel in de Mahler-cyclus die Gergiev in Rotterdam aan het opbouwen is. Op 4 januari dirigeert Sir Simon Rattle het Rotterdams Philharmonisch orkest in een uitvoering van de tweede de acte uit Wagners opera Tristan und Isolde.

Valery Gergiev and Sir Simon Rattle: they are considered to be the two greatest conductors of this time. Before the official start of the cultural capital year they symbolize the kick-off by performing two special works with a choice of internationally famous soloists. On 2 January Valery Gergiev will start with the New Year concert of Rotterdam 2001, Cultural Capital of Europe. The principal conductor will conduct the Rotterdam Philharmonic Orchestra in a performance of Mahler's Fifth symphony. It is an important new link in the Mahler cycle that Gergiev has been building up in Rotterdam. On 4 January Sir Simon Rattle will conduct the Rotterdam Philharmonic Orchestra in performing the second act from Wagner's opera Tristan und Isolde.

Rotterdam Jazzerall:
City to City Jazz

Eerste concert: 26 jan
Diverse locaties
Muziek

Speciaal voor Rotterdam 2001, Culturele Hoofdstad van Europa, is het ensemble *Rotterdam Jazzerall* opgericht, bestaande uit prominente improviserende musici uit Rotterdam. De componisten binnen de groep verzorgen het repertoire en in de loop van het jaar komen daar nog stukken van andere Rotterdamse componisten bij. De inspiratiebron de muziek (jazz in de breedste zin van het woord) is steeds het leven in de grote stad. De groep speelt op diverse Rotterdamse locaties en brengt zo de 'jazz aan de man'. Ook gaat *Rotterdam Jazzerall* verrassende gasten uitnodigen en hen uitdagen buiten hun gebruikelijke stramien te treden en hun 'jazz-smoel' te laten zien.

The ensemble *Rotterdam Jazzerall* has been especially formed for Rotterdam 2001, Cultural Capital of Europe. It will consist of prominent improvising musicians from Rotterdam. The composers within the group will take care of the repertory, and in the course of the year, pieces by other Rotterdam composers will be added. The source of inspiration for the music (jazz in the widest sense of the word) is always life in the big city. On different locations in Rotterdam the group will play and thus 'sell the jazz'. *Rotterdam Jazzerall* will also invite surprising guests and challenge them to venture outside their usual pattern and show their 'jazzy face'.

High Ho!
De Meekers

Jan / sept
Diverse locaties
Dans

Onder het motto: *Be Gene Kelly for a day. Fun for one and all!* voeren professionele dansers van De Meekers een korte choreografie van Arthur Rosenfeld uit, gebaseerd op de film *Singing in the Rain*. Ze worden geassisteerd door een aantal niet-dansers, min of meer bekende persoonlijkheden uit Rotterdam. Met hulp van de dansers en een gastoptreden van de meester zelf, Gene Kelly(!), kan het publiek daarna zelf proberen de kneepjes van het vak onder de knie te krijgen.

With the theme *Be Gene Kelly for a day. Fun for one and all!* professional dancers of De Meekers will perform a brief choreography by Arthur Rosenfeld, based on the film *Singing in the Rain*. They will be assisted by a number of non-dancers, more or less known personalities from Rotterdam. With the assistance of the dancers and a guest performance by the master himself, Gene Kelly (!), the public can subsequently get familiar with the ropes of the trade.

Nabucco, Opera in Ahoy' 2001
Companions

25 – 28 jan
Ahoy' Rotterdam
Muziektheater

Nabucco, de 9^e Opera in Ahoy' productie, is de eerste van 3 operaproducties waarmee Companions in Nederland het 100ste sterfjaar van Verdi luister bijzet. Een internationale cast van topsolisten, de Opera in Ahoy' figuratie, het Nederlands Balletorkest, het Opera in Ahoy' koor o.l.v. de Italiaanse dirigent Walter Attenasi, Bernard Broca (regie) en Bernard Arnould (decor) staan garant voor een hoogstaand muzikaal en visueel spektakel. Broca en Arnould zijn bekend van o.a. de *Carmen* en *Turandot* producties.

Nabucco, the 9th Opera in an Ahoy' production, is the first of 3 opera with which Companions adds lustre in the Netherlands to the 100th anniversary of Verdi's death. An international cast of top soloists, the Opera in Ahoy' figuration, the Netherlands Ballet Orchestra, the Opera in Ahoy' Choir to be conducted by the Italian Walter Attenasi, Bernard Broca (direction) and Bernard Arnould (décor) guarantee a high level musical and visual spectacle. Broca and Arnould are known for such productions as *Carmen* and *Turandot*.

Sponsor: Nationale Nederlanden

De DANScombinatie
De Rotterdamse Dansgroep, Conny Janssen Danst, Scapino Ballet Rotterdam

2 (première) – 3 feb
Theater Zuidplein
Dans

Ton Simons, Conny Janssen en Ed Wubbe hebben één belangrijke overeenkomst: ze maken alledrie dans zonder poeha. Avontuurlijke mensen die op de eeuwige bouwplaats Rotterdam zonder al te veel pretenties bouwen en werken aan dans.
Ton Simons met zijn DRD (De Rotterdamse Dansgroep) toont in zijn meesterwerk *Song* uit 1997 hoe ontroerend pure dans kan zijn. Op de meest droevige aria's uit Mozarts opera *Cosi Fan Tutte* beweegt *Song* zich in een prachtig theatraal lijnenspel dat in al zijn elegantie en gratie vol weemoedige lyriek zit. Conny Janssen met haar Conny Janssen Danst maakt speciaal voor dit programma een nieuw dansstuk met haar typerende ronde en vloeiende dansstijl, vol lichte humor, nostalgisch verlangen, altijd herkenbaar en dichtbij. Jongensachtig en robuust is het danswerk van Ed Wubbe met zijn Scapino Ballet Rotterdam, die voor dit programma een nieuw ballet maakt, met zijn kenmerkende snelle wendingen, vitaliteit en soms wispelturige energie. En zo kijken zij met Rotterdamse ogen ieder door een andere bril naar de mens die toevallig danser is.
Ton Simons, Conny Janssen and Ed Wubbe have one important thing in common: all three of them create dances without much ado. Adventurous people who build and work at the art of dancing without too much pretence, on the eternal building site that is Rotterdam.
In his masterwork *Song* of 1997 Ton Simons with his DRD (De Rotterdamse Dansgroep) will show how stirring pure dance can be. *Song* moves to the saddest arias from Mozart's opera *Cosi Fan Tutte*, in a magnificent, theatrical interplay of lines that in all its elegance and grace is full of melancholy, lyrical

elements. With her *Conny Janssen Danst* Conny Janssen will make a new dance especially for this programme, with her typical, round and flowing dancing style, full of light humour, nostalgic desire, always recognizable and close by. Boyish and robust is the style of dancing by Ed Wubbe with his Scapino Ballet Rotterdam, who will make a new ballet for this programme, with his characteristic, rapid turns, vitality and sometimes whimsical energy. And, in this way each of them as typical citizens of Rotterdam will look through different glasses at those people who are by chance a dancer.

Coup^e Royal^e
Blauw Vier

14 –17, 21– 24 maart
Calypso 2001
Theater

In de culinaire voorstelling *Coup^e Royal^e* worden alle zintuigen geprikkeld. Deze voorstelling ging in première op het Time-festival in Gent met als centraal thema *Gestoorde Vorsten*. Of: hoe koningen waanzinnig kunnen worden door macht en gekken denken dat ze keizer zijn. Vorm en inhoud van het theaterstuk *Coup^e Royal^e* – dat zowel *koninklijke aanslag* als *vorstelijk ijsje* betekent – zijn ontstaan vanuit die thematiek. Grijnzende koks en bizarre acteurs serveren de gasten vreemde gerechten en dampende teksten. Anders dan in een klassieke theatervoorstelling wil *Coup^e Royal^e* een zintuiglijkheid oproepen die verder reikt dan kijken en luisteren. Het concept van dit zinnenprikkelende stuk is van Peter de Bie. Jo Roets regisseert. Romancier en dichter Peter Verhelst schreef de tekst.

During the culinary performance of *Coup^e Royal^e* all senses will be titillated. This show was first performed during the Time Festival in Ghent on the central theme of *Mentally Disturbed Monarchs* or: how kings can become insane as a result of power, and fools think that they are emperors. Form and content of the play *Coup^e Royal^e* – that may mean *royal assault* as well as a *princely ice cream* – developed from that theme. Grinning cooks and bizarre actors serve the guests strange dishes and steaming texts. Contrary to classical theatre performances, *Coup^e Royal^e* sets out to evoke sensory perceptions that go beyond seeing and listening. This titillating piece was conceived by Peter De Bie. Jo Roets directs. Novelist and poet Peter Verhelst wrote the text.

Art
Egmond Theater

23 feb – 1 jun
Het Oude Luxor Theater
Theater

Paul de Leeuw, Hans Kesting en Edwin de Vries spelen de theatervoorstelling *Art*, een satirische komedie van de Franse Yasmina Reza, in een regie van Gijs de Lange. De voorstelling trekt wereldwijd volle zalen en is onderscheiden met drie belangrijke awards, waaronder de Tony Award voor Best Play. *Art* gaat over de waarde van kunst en de waarde van vriendschap.

Paul de Leeuw, Hans Kesting and Edwin de Vries will play in *Art*, a satirical comedy by the French playwright Yasmina Reza, directed by Gijs de Lange. The show attracts full houses worldwide, and has been distinguished with three important awards including the Tony Award for Best Play. *Art* is about the value of art and the value of friendship.

Klinkt Goed!
Stichting Kunstzinnige Vorming Rotterdam

24 maart
Concert- en congresgebouw de Doelen
Muziek

Klinkt Goed! toont in een jaarlijks terugkerend festival van de SKVR de regionale amateurmuziek in al haar veelzijdigheid. Ruim 5000 musici in koren, orkesten, duo's, trio's en andere ensembles bezetten een dag lang alle zalen van De Doelen. De samenwerking van Rotterdam 2001, Culturele Hoofdstad van Europa, met de SKVR wil bijdragen aan de wens van de organisatie om tot een hoogstaand festival te komen, enig in zijn soort en van een verrassende kwaliteit. Via onverwachte combinaties van orkesten en/of koren, opdrachten, programma's rond een thema en samenwerking met professionele musici en dirigenten wordt de amateurmuziek uitgedaagd zich op het hoogst denkbare niveau te presenteren.

Sounds Good! will show regional, amateur music in all its versatility during an annual festival organized by the SKVR. Over 5000 musicians in choirs, orchestras, duos, trios and other ensembles will occupy all the halls of De Doelen during one whole day. The collaboration between Rotterdam 2001, Cultural Capital of Europe, and the SKVR (Foundation for Cltural Education Rotterdam) should contribute towards the wish of the organization to realize a high level festival, unique and of a surprising quality. Via unexpected combinations of orchestras and/or choirs, commissions, programmes around a theme and co-operation with professional musicians and conductors, the amateur music will be challenged to present itself at the highest level imaginable.

Uitgaan in Rotterdam

6 apr – 31 dec
Het Schielandshuis
Tentoonstelling, beeldende kunst

Een stad leer je pas goed kennen in haar uitgaansmogelijkheden. Rotterdam had en heeft een heel eigen nachtleven. De expositie *Uitgaan in Rotterdam* toont 100 jaar Rotterdam Plezierstad. Met een uitgebreid foto-overzicht van de verschillende uitgaansgelegenheden die Rotterdam gekend heeft en een 'boudoir' met lichaamsversiering, make-up en kleding – accessoires die het gezicht van het uitgaansleven bepalen. Centraal in de expositie staan de remakes van een bioscoop, een variété-theater, een toneel- en muziekpodium en een danslokaal. Met andere woorden: bezoek opnieuw die eens zo populaire locaties als Tuschinski en Pschorr, of het Luxor en de Schouwburg in hun toenmalige vorm.

You only get to know the city by its entertainment possibilities. Rotterdam had and has a nightlife in its own right. The exhibition *Going out in Rotterdam* shows 100 years of Rotterdam as a pleasure city. With a comprehensive photographic retrospective of the various places of entertainment that Rotterdam boasted, and a 'boudoir' with physical adornments, make-up and clothing – accessories that determine the face of nightlife. The remakes of a cinema, a variety theatre, a drama and music stage and a dance hall are central to the exhibition. In other words: revisit those once so popular locations, such as Tuschinski and Pschorr, or the Luxor and the Schouwburg in their form of the past.

Danskaravaan 2001 Rotterdam
SKVR/Stichting Danskaravaan

17 – 20 mei
Heemraadsplein
Dans

Gedurende vier dagen is er in een dansspiegeltent een multicultureel dansevenement. Het doel is om met workshops, dans- en muziekoptredens het dansen te stimuleren. Bovendien kan de bezoeker zelf dansen op live muziek. Zeer uiteenlopende dansen komen aan bod: de Marokkaanse regadda en sous, de sloeh uit de Hoge Atlas, de Soedanese gnaoua, de soukous, rumba en Angolese dansen, de Surinaamse kawina, de Kaapverdische mazurka, de Braziliaanse samba en capoeira en de Harlem breakdance en streetdance. De Danskaravaan 2001 laat zien waar de dansen oorspronkelijk vandaan komen en hoe ze beïnvloed zijn door andere culturen. De veelkleurige dansspiegeltent heeft een cirkelvormige dansvloer. Zodra de musici hun instrumenten gaan bespelen, de dans begint en het publiek gaat dansen, zal de bezoeker de avond als een fata morgana beleven.

For four days a multicultural dance event will take place in a dance tent with mirrors. The purpose is to stimulate dancing with workshops, dance and musical performances. Besides, visitor can dance to live music. Very diverse dances can be seen: the Moroccan regadda and sous, the sloeh from the High Atlas, the Sudanese gnaoua, the soukous, rumba and Angolese dances, the kawina from Surinam, the Cape Verdian mazurka, the Brazilian samba and capuyra and the Harlem break dance and street dance. The Dance Caravan 2001 will show where the dances originate from and how they have been influenced by other cultures. The multicoloured dance tent has a circular dance floor. As soon as the musicians start playing their instruments, the dance begins and the public starts dancing, then the visitor will experience the evening as a fata morgana.

Rotterdam 2001 Culturele Hoofdstad van Europa

Be Brassy:
Groot Koperblazersweekend
Rotterdams Philharmonisch Orkest
18 – 20 mei
Concert- en congresgebouw
de Doelen, Schouwburgplein
Muziek

Foto: Johnnie Eisen

Het Rotterdams Philharmonisch Orkest initieert en organiseert het *Groot Koperblazersweekend*, in nauwe samenwerking met andere professionele muziekinstituten van Rotterdam, zoals het Rotterdams Conservatorium en de Marinierskapel. Een weekend lang bruist het van de koperblazers in onze havenstad. Behalve concerten van het Rotterdams Philharmonisch Orkest, de Marinierskapel en het Rotterdam Young Philharmonic, zijn er concerten te beluisteren van Rotterdam Philharmonic Brass (de gastheren van het weekend), Canadian Brass, London Brass en German Brass. Stuk voor stuk toonaangevende ensembles in de Brasswereld. Ook te gast is de wereldberoemde trombonist Christian Lindberg.
Dat er een compleet project gewijd is aan koperblazers is niet vreemd, gezien de reputatie die deze instrumentengroep binnen het Rotterdams Philharmonisch Orkest heeft opgebouwd. Naast het hoge niveau waarop gemusiceerd wordt, is ook de veelzijdigheid van de kopergroep opmerkelijk. De zaterdagmiddag staat in het teken van minstens 500 amateur-koperblazers, die op het Schouwburgplein een groots openluchtconcert geven, onder leiding van het wereldberoemde koperkwintet Canadian Brass.

The Rotterdam Philharmonic Orchestra will initiate and organize the *Great Brass Players' Weekend*, in close co-operation with other professional music institutions of Rotterdam, such as the Conservatory and Royal Marines Band. During one whole weekend the sound of brass will be heard all over our port city. In addition to concerts by the Rotterdam Philharmonic Orchestra, the Royal Marines Band and the Rotterdam Young Philharmonic, concerts by the Rotterdam Philharmonic Brass (the host during the weekend), Canadian Brass, London Brass and German Brass can be heard. One by one they represent major ensembles in the brass world. The world-famous trombonist Christian Lindberg will also be a guest.
It is not strange that a complete project is dedicated to the brass players considering the reputation that this group of instruments has built up within the Rotterdam Philharmonic Orchestra. Apart from the high musical level the versatility of the group of brass players is remarkable. The Saturday afternoon will be dominated by at least 500 amateur brass players who will give a grand open-air concert, led by the world-famous brass quintet Canadian Brass.

Manifest
Holland House

26 – 27 mei
Rotterdamse Schouwburg
Muziektheater

De Rotterdamse ontwerper en regisseur Jacob Schokking, wonend en werkend in Kopenhagen, maakte samen met componist Per Norgaard internationale furore met de opera *Nuit des Hommes*, een multimedia-opera die werd geproduceerd in het kader van Kopenhagen Culturele Hoofdstad. Voor de opera *Manifest* baseert hij zich op het gedachtengoed van avant-gardestromingen als het surrealisme, constructivisme en futurisme, die een multimediaal samengaan van disciplines nastreefden. Samen met de vermaarde Noorse componist Rolf Wallin dook Schokking in de archieven en vertaalde het gevondene naar het hier en nu. Hij maakt gebruik van video, computergraphics en elektronica.

The designer and director Jacob Schokking of Rotterdam who lives and works in Copenhagen, and the composer Per Norgaard, caused international furore with the opera Nuit des Hommes, a multimedia opera that was produced within the framework of Copenhagen, Cultural Capital. Shokking's opera *Manifest* has been based on the ideas of avant-garde movements, such as surrealism, constructivism and futurism, that strived for a combining of disciplines in multimedia terms. Together with the well-known Norwegian composer Rolf Wallin, Schokking dug in the archives and translated what he found into the here and now. He will make use of video, computer graphics and electronics.

Bang the Drum
Wereld Produkties

3 jun
Afrikaanderplein
Muziek

Bang the Drum is een muziek- en dansfeest op het Afrikaanderplein te Rotterdam waarbij de Afrikaanse djembé de hoofdrol speelt. Centraal staat de poging om met het grootste aantal djembé-spelers ooit ter wereld samengebracht het Guiness Book of Records te halen. In de diverse workshops spelen dans en percussie de hoofdrol. Daarnaast treedt een aantal bekende wereldmuziekbands op, waarbij de drums een belangrijke plaats innemen.

Bang the Drum will be a feast of music and dance in Afrikaanderplein in Rotterdam with the African djembé playing the leading role. With the greatest number of djembé players ever, a definite attempt will be made to get an entry in the Guinness Book of Records. During the various workshops, dance and percussion will play the leading part. In addition, a number of well-known world music bands will give performances, the drums taking a prominent place.

Orgelmuziek aan de Maas

3, 8, 22 jun / 6, 20 jul /
3, 17, 31 aug / 14 sept
Hoflaankerk
Muziek

Een hommage aan bekende Rotterdamse organisten/componisten van de laatste twee eeuwen, zoals Samuel de Lange sr., Van 't Kruys, Hendrik de Vries, Felix Mendelssohn, Alexandre Guilmant, Marcel Dupré en vele anderen die in de 19e eeuw en begin 20e eeuw begrippen waren. De orgelliteratuur uit heden en verleden wordt vertolkt op het fraaie drieklaviers Van Vulpenorgel in de Hoflaankerk.

A tribute to well known Rotterdam organ players/composers of the last two centuries, such as Samuel de Lange Sr., Van 't Kruys, Hendrik de Vries, Felix Mendelssohn, Alexandre Guilmant, Marcel Dupré and many others who were household words in the 19th century and in the early part of the 20th century. The organ literature of the present and past will be interpreted on the beautiful three keyboard Van Vulpen organ in the Hoflaan church.

Midzomernacht met Sondheim
Joop van den Ende Theaterproducties

21 jun
Schouwburgplein
Muziektheater

Foto: Roy Beusker

Joop van den Ende Theaterproducties biedt de stad Rotterdam een eenmalig concertevenement als cadeau aan: Midzomernacht met Sondheim. Een kennismaking met het veelomvattende oeuvre van Stephen Sondheim, bekend van onder meer de musical *Sweeney Todd* en het prachtige *A little Night Music*. Midzomernacht met Sondheim is een wervelend concert van het Groot Musical Orkest o.l.v. Maurice Luttikhuis, met musicalsterren als Pia Douwes, Vera Mann, Tony Neef en Stanley Burleson (allen onder voorbehoud). Het concert wordt afgesloten met medewerking van het Groot Sondheim Koor, samengesteld uit diverse zang- en musicalkoren. De regie is van Sondheim-kenner Koen van Dijk.

As a gift Joop van den Ende Theaterproducties offers the city of Rotterdam a once-only concert: Midsummer Night with Sondheim. An introduction to the comprehensive work by Stephen Sondheim, who is known for, among other things, the musical *Sweeney Todd* and the splendid *Send in the Clowns*. Midsummer Night with Sondheim is a sparkling concert by the Groot Musical Orkest conducted by Maurice Luttikhuis, with musical stars, such as, Pia Douwes, Vera Mann, Tony Neef and Stanley Burleson (all to be confirmed). The concert will be concluded with the co-operation of the Groot Sondheim Koor composed of various (musical)-choirs. Koen van Dijk, a Sondheim judge, will be their director.

Romeo & Julia
Het Nationale Ballet

21–24 jun
Ahoy' Rotterdam
Dans

In samenwerking met producent Companions voert Het Nationale Ballet het wereldberoemde ballet *Romeo & Julia* op, gebaseerd op de succesvolle productie van choreograaf Rudi van Dantzig en kostuum-decorontwerper Toer van Schayk. Om het ballet in de enorme ruimte van Ahoy' Rotterdam tot zijn recht te laten komen, wordt het aantal dansers uitgebreid en worden vijftig figurantdansers aan het vaste tableau toegevoegd.

In co-operation with the producer Companions, The National Ballet will perform the world-famous ballet *Romeo & Juliet* that is based on the successful production by choreographer Rudi van Dantzig and costume/décor designer Toer van Schayk. In order to do jusyice to the ballet performance in the huge space in Ahoy' Rotterdam the number of dancers will be increased and fifty dancing extras will be added to the regular scene.

Attila
Rotterdamse Opera

5 – 8 jul
Vertrekhal Holland Amerika Lijn
Muziektheater

In 2001 is het 100 jaar geleden dat Giuseppe Verdi stierf. Ter gelegenheid daarvan voert de Rotterdamse Opera Verdi's opera *Attila* op. Dit in samenwerking met het orkest Continuo o.l.v. Marco Bons en in de regie van Jan Bouws. De Rotterdamse Opera is het enige operagezelschap in Zuid-Holland dat complete scenische operaproducties brengt. Sinds haar oprichting in 1978 heeft de Rotterdamse Opera gefungeerd als springplank voor veel aankomend talent.

In 2001 it has been 100 years since Giuseppe Verdi died. On that occasion the Rotterdam Opera will perform Verdi's opera *Attila*, in co-operation with the orchestra Continuo conducted by Marco Bons and directed by Jan Bouws. The *Rotterdamse Opera* is the only opera company in South Holland that presents complete, scenic opera productions. Since its foundation in 1978 the *Rotterdamse Opera* has served as a jumping board for many a budding talent.

Paul de Leeuw
Entertainer, presentator, zanger en acteur
Entertainer, host, singer and actor

Toen ik in 1995 tijdens de première van *Filmpje* uit mijn raam van het Hilton naar beneden keek zag ik een rode loper die over de Kruiskade liep en ophield bij het Luxor Theater. Daar heb ik Toon voor het eerst gezien, musicals, Camaretten en heb ik mijn leukste optredens gegeven. Op vrijdag altijd te laat beginnen, maar wanneer de lichtjes van boven naar beneden uitgingen, veranderde Luxor in een kolkende zaal. Zowel in de zaal als achter de schermen is de sfeer Rotterdams. Niet lullen maar doen en daarna gaan we wel eens bekijken wat beter kan...
Ooit was het mijn grootste wens om een keer in Luxor op te treden. Nu ben ik een jaar lang gastheer van dit theater. Een theater dat daarna afgebroken zal worden. De plek waar ik ooit besloten heb om het theater in te gaan, gaat haar laatste jaar in. Ik ben er enorm trots op dat ik, samen met een team, mag bepalen wat er gaat gebeuren en hoe! Komen jullie een keer?

In 1995, when looking down from my window of the Hilton during the premiere of the movie *Filmpje* that I featured in, I saw a red carpet covering a stretch of Kruiskade and stopped before the Luxor Theatre. There, I saw Toon Hermans for the first time. There, I watched musicals and cabaret shows. And there, I performed my nicest shows. Always late beginnings on Friday evenings, but when the lights went out one by one, Luxor would turn into a seething hall. Both in the hall and behind the scenes, the atmosphere is all Rotterdam: actions speak louder than words and, after that, we will see what may need improvement. Once, it was my greatest wish to perform in Luxor some time. Now, I will be your host in this theatre for a whole year. A theatre that will be demolished after that. The place where I once decided to embark on a theater career enters its last year. I am proud, very proud, that I, together with a team, have been given the opportunity to decide what will be staged, and how it will be staged! I'm looking forward to meet you in Luxor.

De Parade

22 jun – 1 jul
Museumpark
Podiumkunsten

De Parade is een mobiel theaterfeest, een binnenstebuiten gekeerd circus, met het publiek in het midden en de artiesten eromheen. Door de bonte verzameling theatertenten, fonteintenten, de zweefmolen, een minireuzenrad en de vijf wereldrestaurants ziet het Paradeterrein er uit als een kermis uit vroeger tijden.
The Parade is a mobile theatre feast, a circus turned inside out, the public being in the centre and the artists around it. The multicoloured collection of theatre tents, fountain tents, the whirligig, a downsized big wheel and the five-world restaurants make the Parade grounds look like a fun fair in the old days.

Tentoonstelling over de Bijenkorf 1932

Aug – nov
Chabot Museum
Beeldende kunst

Het Chabot Museum toont een reconstructie van de groots opgezette *Internationale Schilderijententoonstelling van Moderne Meesters* die in 1932 in de Bijenkorf in Rotterdam plaatsvond. Kunstenaars als Picasso, Klee, Kandinsky en Mondriaan hingen naast Rotterdammers als Bieling, Richters, Kuik en Chabot. De tentoonstelling sluit aan bij andere projecten over het Interbellum.
The Chabot Museum will show a reconstruction of the grand *International Exhibition of Paintings by Modern Masters* that took place in the warehouse Bijenkorf in Rotterdam in 1932. Paintings by such artists as Picasso, Klee, Kandinski and Mondriaan where next to those by such painters as Bieling, Richters, Kuik and Chabot of Rotterdam. The exhibition is in line with other projects about the Interbellum.

Rotterdams Straatfestival

17 – 19 aug
Diverse locaties
Interdisciplinair

Een straatfeest met internationale allure waar artiesten het tegen elkaar opnemen in de strijd om de *Gouden Straatkei*. Muzikanten, acrobaten, clowns, goochelaars, breakdancers, vuurspuwers, poppenspelers en vele anderen vertonen hun kunsten op diverse locaties in Rotterdam.
A street party with international style where artists compete for the *Gouden Straatkei* (Golden Cobble-Stone). Musicians, acrobats, clowns, magicians, break dancers, fire spitting artists, puppet players and many others will show their arts and tricks on various locations in Rotterdam.

Solero Zomercarnaval

7 (Koninginneverkiezing), 27, 28 jul
Rotterdam centrum
Overig

De Solero Zomercarnaval Straatparade op zaterdag 28 juli is het zonovergoten feest der feesten, waar zo'n 2500 deelnemers al maanden naar toe leven. Een 2 km lange Caribische stoet van kostuums en praalwagens trekt als een kleurrijk lint door de straten, begeleid door live-orkesten en DJ's.
The Solero Summer Carnival Street Parade on Saturday 28 July is the sunlit feast of feasts to which some 2500 participants have been looking forward for months. A Caribbean procession 2 km long showing costumes and floats will move through the streets like a colourful ribbon, accompanied by live orchestras and DJs.

FFWD Heineken Dance Parade

11 aug
Rotterdam centrum
Dans

Een parade van 40 uitgedoste trucks trekt 's middags door de binnenstad. De wagens brengen alle varianten dancemuziek ten gehore, van Big Beat, Techno en Club tot Hip Hop. De parade eindigt in een gratis toegankelijke megaparty aan de Schiehaven/Lloydpier.
A parade involving 40 decked out trucks will move through the inner city in the afternoon. On the trucks all kinds of dance music will be played, from Big Beat, Techno and Club to Hip-Hop. The parade will end up in a free mega-party at Schiehaven/Lloyd Pier.

Internationale Keuze van de Schouwburg

Sept
Rotterdamse Schouwburg
Theater

De Rotterdamse Schouwburg presenteert in 2001 een prestigieuze, internationale editie van *De Keuze van de Schouwburg*. Al tien jaar organiseert de Schouwburg gedurende de eerste weken van september een reprisereeks van de beste toneel-, dans- en jeugdvoorstellingen uit het voorgaande theaterseizoen. In 2001 maakt de Schouwburg een selectie van succesvolle theaterproducties van op internationaal niveau spraakmakende regisseurs. Verwacht worden voorstellingen door o.m. de Schaubühne am Lehniner Platz (Berlijn), regie: Thomas Ostermeier; door het Schauspielhaus Zürich, regie: Christof Marthaler; door De Tijd (Antwerpen), regie: Lucas Vandervost; door Forced Entertainment (Sheffield), regie: Tim Etchells.
In 2001 the Rotterdamse Schouwburg will present a prestigious, international edition of *The Choice of the Schouwburg*. For ten years during the first weeks of September the Schouwburg has organized a repeat of the best drama and dance performances and shows for the youth, from the previous theatre season. In 2001 the Schouwburg will make a selection from successful theatre productions by international, talked about directors. Expected are performances by a.o. the Schaubühne am Lehniner Platz (Berlin), direction: Thomas Ostermeier; by the Schauspielhaus Zürich, direction: Christof Marthaler; by De Tijd (Antwerp), direction: Lucas Vandervost; by Forced Entertainment (Sheffield), direction: Tim Etchells.

Foxtrot
Luxor Theater
Rotterdam/S.I.P./Marat TV

1 sept – 28 dec
Het Oude Luxor Theater
Muziektheater

Annie M.G. Schmidt (1911–1995) wordt gezien als de moeder van het naoorlogse cabaret en stond samen met Harry Bannink aan de wieg van de Nederlandse musical. *Foxtrot*, haar vierde musical, ging in 1978 in première en kreeg louter lovende recensies. In het najaar van 2001 wordt een nieuwe versie van *Foxtrot* uitgebracht met onder andere Paul de Leeuw en als regisseur Ruut Weismann.
Annie M.G. Schmidt (1911–1995) is considered the mother of postwar cabaret, and together with Harry Bannink she witnessed the birth of the Dutch musical. *Foxtrott*, her fourth musical, was first performed in 1978 and only got rave reviews. In the autumn of 2001 a new version of *Foxtrott* with, among others, Paul de Leeuw, will be presented, and directed by Ruut Weismann.

Rigoletto
Companions

6 – 9 sept
Wilhelminapier
Muziektheater

Rigoletto is de tweede in een reeks van 3 opera's waarmee Companions het 100ste sterfjaar van Verdi luister bijzet. De opera heeft een tijdloos thema: *'Als je met twee maten meet om een ander te plezieren, is de kans groot dat wat jij anderen aandoet, ook jou wordt aangedaan'*. Dit thema is op eigentijdse wijze uitgewerkt op basis van het motto van Rotterdam 2001, Culturele Hoofdstad van Europa: *Ieder zijn eigen stad*. Rotterdam is een industriële stad, vandaar de setting in de haven. Regisseur Leonard Frank brengt *Rigoletto* op het water tot leven met gebruikmaking van een boorplatform, een oude sleper en andere havenmaterialen. Het publiek kan het spektakel vanaf een grote (overdekte) tribune aanschouwen. Het Rotterdams Philharmonisch Orkest o.l.v. Paolo Olmi zorgt voor de muzikale begeleiding op hoog niveau.

Sponsors: ING Groep, Blauwhoed, Heerema

Rigoletto is the second in a series of 3 operas with which Companions will add lustre to the 100th anniversary of the year in which Verdi died. The opera is based on a timeless theme: *'If you apply double standards to please others then there is a great chance that you will bring upon yourself what you have done unto others'*. This theme has been worked out in a contemporary setting on the basis of the motto of Rotterdam 2001, Cultural Capital of Europe: *Everyone his own town*. Rotterdam is an industrial city and consequently the port serves as the setting. Director Leonard Frank will present *Rigoletto* on the water using an oilrig, an old tugboat and other harbour materials. From a huge (grand) stand the public may watch the spectacle. The Rotterdam Philharmonic Orchestra, conducted by Paolo Olmi, will give musical support on a high level.

Soapera's

Vanaf sept
Theater Lantaren/Venster
Muziektheater

De soapera is een mengvorm van musical en opera, gezongen en gespeeld door acteurs, popzangers en cabaretiers (in plaats van klassiek geschoolde zangers). Een luchtig soort muziektheater met de toegankelijkheid van een musical en de muzikale kwaliteit van de hedendaagse opera. Theater Lantaren/Venster realiseert in het kader van Rotterdam 2001, Culturele Hoofdstad van Europa, twee soapera's, waarvan de eerste plaatsvindt in september. In de totstandkoming van de soapera's wordt gestreefd naar een verrassende combinatie van artistiek talent, zoals Ramsey Nasr (tekst en regie) en Joey Roukens (muziek) voor de eerste, en Jorg Schellekens (tekst) en Arend Niks (muziek) voor de tweede soapera.

The soapera is a mix of musical and opera, sung and performed by actors, pop singers and cabaret artists (instead of classically trained singers). An airy kind of music theatre with the accessibility of a musical and the musical quality of contemporary opera. Within the framework of Rotterdam 2001, Cultural Capital of Europe, Lantaren/Venster Theatre will realize two soaperas, the first one of which will take place in September. In realizing the soaperas one will seek a surprising combination of artistic talent, such as, Ramsey Nasr (text and direction) and Joost Kleppe (music) for the first soapera, and Ko van den Bosch (text and direction) and Arend Niks (music) for the second soapera.

Rotterdam Philharmonic Gergiev Festival

16 – 22 sept
Concert- en congresgebouw de Doelen
Muziek

Sjostakovitsj

Tijdens het zesde *Rotterdam Philharmonic Gergiev Festival* geeft Valery Gergiev een emotioneel en uniek Sjostakovitsj statement. Samen met het Rotterdam Philharmonisch Orkest, het Orkest van het Mariinsky Theater en het Rotterdam Young Philharmonic voert hij de Symfonieën nrs. 4-9 uit en een brede selectie uit de filmmuziek, balletpartituren en muziektheaterwerken. Daarnaast is er een uitgebreid randprogramma met lezingen, een symposium, tentoonstellingen, films en kindervoorstellingen.

During the sixth Rotterdam Philharmonic Gergiev Festival Valery Gergiev will make an emotional and unique Sjostakovitsj statement. Together with the Rotterdam Philharmonic Orchestra, the Mariinsky Theatre Orchestra and the Rotterdam Young Philharmonic he will perform Symphonies no 4–9 and a broad selection from film music, ballet scores and music theatre works. In addition, there will be an elaborate, peripheral programme with lectures, a symposium, exhibitions, films and shows for children.

Rotterdam Jazz Festival

28 – 30 sept
Nighttown, Calypso 2001
Muziek

In 2001 vindt de eerste editie plaats van een nieuw internationaal jazzfestival. Speciaal ter gelegenheid van het culturele hoofdstadjaar is aan de Rotterdamse trompettist Eric Vloeimans gevraagd de artistieke leiding op zich te nemen. De openingsavond in de grote zaal van Nighttown belooft al meteen het nodige vuurwerk door diverse fameuze solisten (waaronder Vloeimans zelf) toe te voegen aan het Metropole Orkest. Op zaterdag en zondag geven deze solisten in kleinere bezettingen concerten in Calypso 2001. Elke avond heeft een aanstekelijke afterparty als afsluiting. Voorafgaand aan dit festival staat Eric Vloeimans een week lang centraal in het programma *De Reuzen van Rotterdam* in Calypso 2001.

In 2001 there will be the first edition of a new international jazz festival. Especially for the occasion of the cultural capital year the trumpet player Eric Vloeimans of Rotterdam has been requested to assume the artistic direction. The opening evening in the main hall of Nighttown will already promise the necessary fireworks by adding a number of famous soloists (including Vloeimans himself) to the Metropole Orkest. On Saturdays and Sundays these soloists will give concerts in Calypso 2001 in a smaller setting. Each evening will be concluded with an enjoyable after-party. Prior to this festival Eric Vloeimans will be central to the programme *The Giants of Rotterdam* in Calypso 2001 for one whole week.

Giustino
Il Complesso Barocco

8 okt
Concert- en congresgebouw de Doelen
Muziektheater

Mede door de vertolkingen van zangeres Cecilia Bartoli hebben de opera's van Vivaldi de laatste jaren de aandacht gekregen die ze verdienen. Toch is in Nederland nog nooit een volledige opera van Vivaldi uitgevoerd. In 2001 brengen internationaal vermaarde solisten samen met het barokorkest Il Complesso Barocco o.l.v. Alan Curtis één van Vivaldis beste opera's ten gehore: *Giustino*.

During the past few years, Vivaldi's operas received the attention they deserve, partly due to the interpretations by the singer Cecilia Bartoli. Yet, a complete opera by Vivaldi has never been performed in the Netherlands so far. In 2001 internationally famous soloists together with the Baroque orchestra Il Complesso Barocco, conducted by Alan Curtis, will perform one of Vivaldi's best operas: *Giustino*.

Nederlands Koorfestival 2001

27 okt / 3, 10, 17 nov
Concert- en congresgebouw de Doelen
Muziek

In 2001 vindt het 37e Nederlandse Koorfestival plaats, georganiseerd door de Koninklijke Bond van Zang- en Oratoriumverenigingen in Nederland (KBZON), het Koninklijke Nederlands Zangersverbond (KNZV), de stichting Samenwerkende Nederlandse Korenorganisaties (SNK) en de Bond van A Capella en Lichte muziek zingende Koren en Groepen (BALK). Op 27 oktober staat het Nederlands Koorfestival *Lichte Muziek* op het programma, met onder andere close harmony ensembles, vocal jazz ensembles, popkoren en barbershop. Op 3, 10 en 17 november treden de koren in de verschillende klassieke afdelingen (gemengd koor, vrouwenkoor, mannenkoor, kinderkoor, jeugd/jongerenkoor, operakoor, etc.) met elkaar in het strijdperk. Een deskundige jury beoordeelt de prestaties van de deelnemende koren. Parallel aan dit festival worden enkele workshops georganiseerd en vindt er community singing plaats.

In 2001 the 37th Dutch Choir Festival will take place. This will be organized by the Royal Union of Choral and Oratorio Societies in the Netherlands (KBZON), the Royal Dutch Singers' Union (KNZV), the Co-operating Choirs' Organizations (SNK) and the Union of A Capella and Light Music Singing Choirs and Groups (BALK). On 27th October the Dutch Choir Festival of *Light Music* will be a programme item, that will include close harmony ensembles, vocal jazz ensembles, pop choirs and barbershop. On 3, 10 and 17 November the choirs in the various classical departments (mixed choir, women's choir, men's choir, children's choir, youth choir, opera choir, etc.) will compete against one another. An expert panel will judge the performances by the participating choirs. Parallel to this festival some workshops will be organized, and there will be community singing.

Eurotaptoe

3 nov
Rotterdams Topsportcentrum
(naast het Feijenoord Stadion)
Muziek

Het Rotterdamse *Tamboer- en Trompetterkorps Euroband* organiseert een grandioze taptoe ter ere van haar 40-jarige jubileum. Aan dit overdekte schouwspel werken topshoworkesten uit ons land mee, zoals K&G Leiden, Advendo Sneek, Excelsior Rotterdam, Ahoy' Rotterdam en natuurlijk de gastheer: de Euroband uit Rotterdam. Vanaf 2001 is de Eurotaptoe terug in Rotterdam!

The Rotterdam *drum and brass band Euroband* will organize a grandiose tattoo to celebrate its 40th anniversary. Top show orchestras from our country, such as K&G Leiden, Advendo Sneek, Excelsior Rotterdam, Ahoy' Rotterdam and, of course, the host: the Euroband from Rotterdam, will contribute to this indoor spectacle. As from 2001 the Euro Tattoo will be back in Rotterdam!

Rotterdam in het Interbellum, een speurtocht naar een verdwenen stad
De Rotterdamse Vereniging voor Amateurtheater

15 – 18, 22 – 25 nov
Theater 't Kapelletje
Theater

De Rotterdamse Vereniging voor Amateurtheater (RVA) organiseert in 2001 tal van activiteiten met als thema *Rotterdam in het Interbellum, op zoek naar een verdwenen stad*. Oudere Rotterdammers vertellen over verdwenen plekken, auteurs schrijven erover en theatergroepen spelen een eenakter over bijvoorbeeld een romance in het legendarische Pschorr of over een rauw drama in de Zandstraat. Kortom, in november herleeft het Interbellum tijdens het jaarlijkse RVA-eenakterfestival Rotterdam, onder artistieke leiding van Reinier van Mourik. De *2001 Interbellumgids* dient als een handleiding voor iedereen die mee wil doen.

In 2001 the Rotterdam Association of Amateur Theatre (RVA) will organize numerous activities on the theme of *Rotterdam in the Interbellum, in search of a lost city*. Elder Rotterdam citizens will tell about spots that have disappeared, authors write about them and theatre companies will perform a one-act play about, for example, a romance in the legendary Pschorr or about a raucous drama in Zandstraat. In short, in November the Interbellum will revive during the annual RVA one-act festival in Rotterdam, under the artistic direction of Reinier van Mourik. The *2001 Interbellum guide*, a manual for anybody wishing to take part in it.

De Spaanse Rijschool uit Wenen

15 – 18 nov
Ahoy' Rotterdam
Overig

De Spaanse Rijschool uit Wenen komt opnieuw naar Ahoy' Rotterdam. Vier dagen lang kunnen duizenden mensen genieten van de prachtige klassieke rijkunst van Lippizaner paarden en hun berijders. Courbette, levade, piaffe, passage... termen die aan ballet doen denken. En dat is het ook, maar dan voor paarden. Het is Hoge School dressuur!

The Spanish Riding School of Vienna will again come to Ahoy' Rotterdam. For four days thousands of people will be able to enjoy Lippizaner horses and their horsemen performing their magnificent equestrian art. Courbette, levade, piaffe, passage… terms that remind one of ballet. So it is, but only for horses. It concerns high level dressage!

McOpera
Sis Josip/Off Corso

Jan – dec, dec (eindspektakel)
Off Corso
Interdisciplinair

McOpera bestaat uit 7 acts die als losse voorstellingen maandelijks worden vertoond en een hoogtepunt bereiken in het 6 uur durende spektakel in december. *McOpera* integreert hedendaagse multimedia in traditionele podiumkunsten en geeft de gelegenheid tot dansen, dineren en ontmoeten.

McOpera consists of 7 acts that will be individually performed on a monthly basis, and will reach a climax in December during the spectacle lasting 6 hours. *McOpera* will integrate contemporary multimedia in traditional stage arts, and will give the opportunity to dance, dine and meet other people.

Rotterdam 2001 Culturele Hoofdstad van Europa

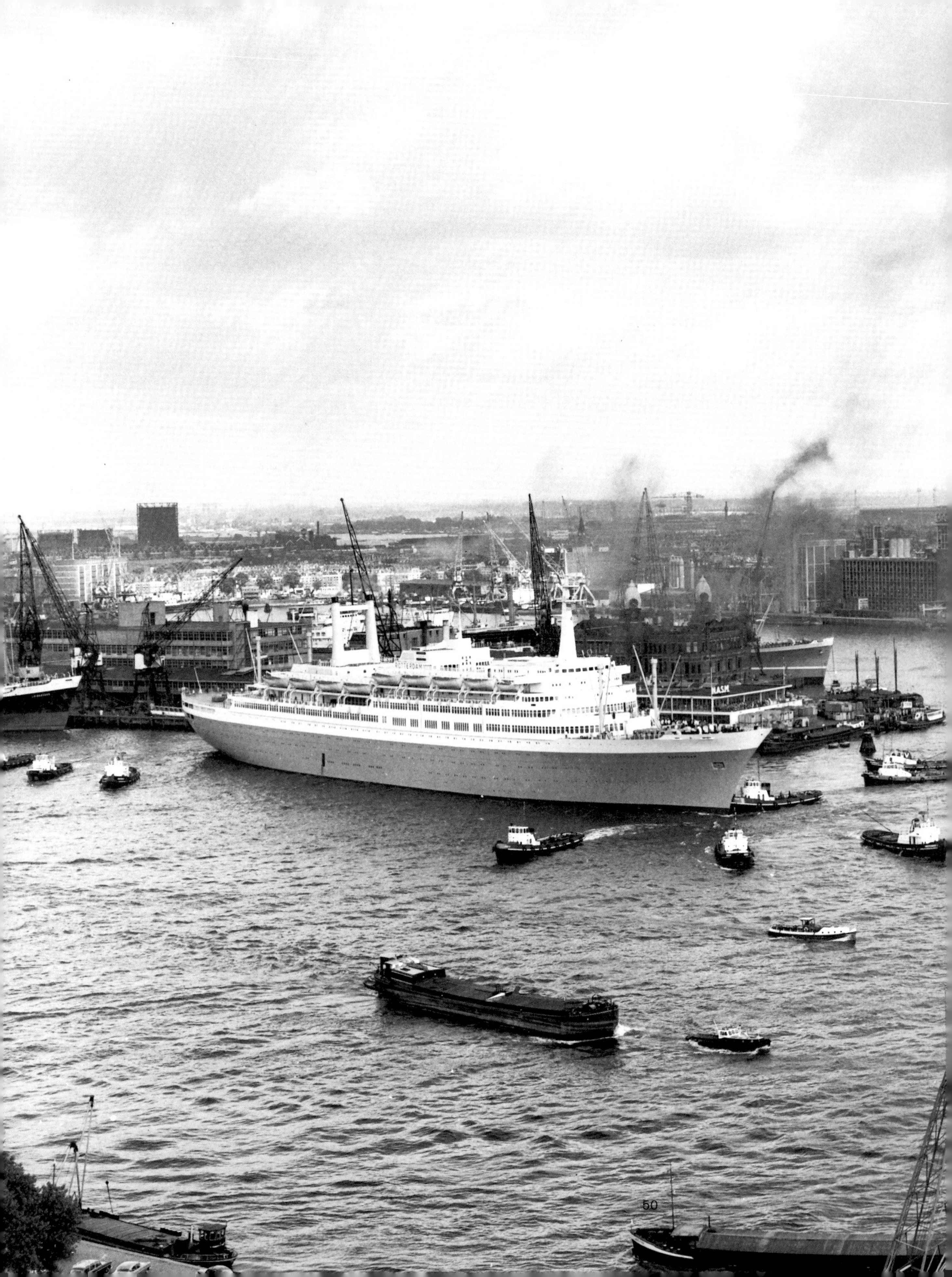
ROTTERDAM
NASM

Rotterdam 2001 Culturele Hoofdstad van Europa   51

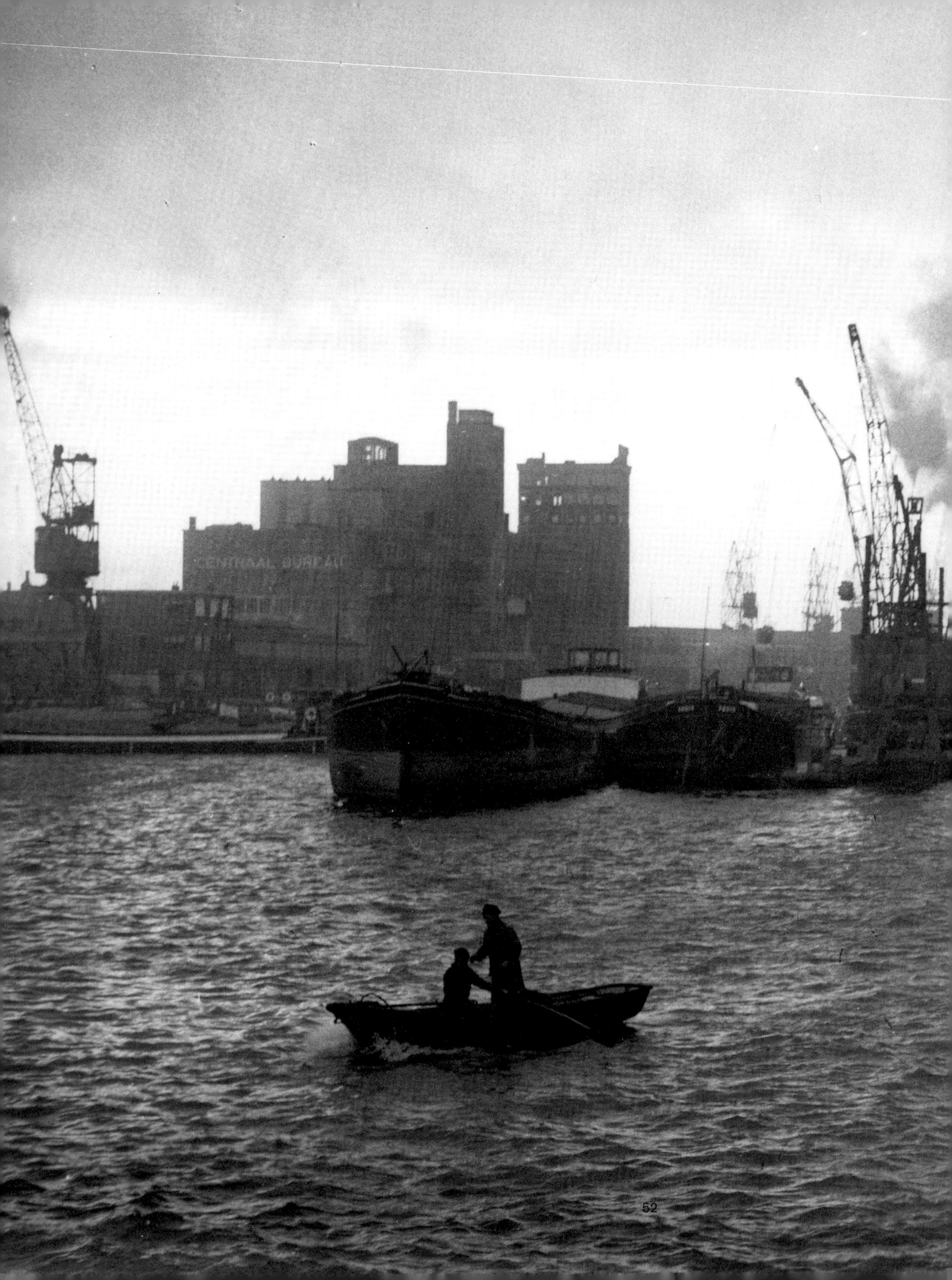
CENTRAAL BUREAU

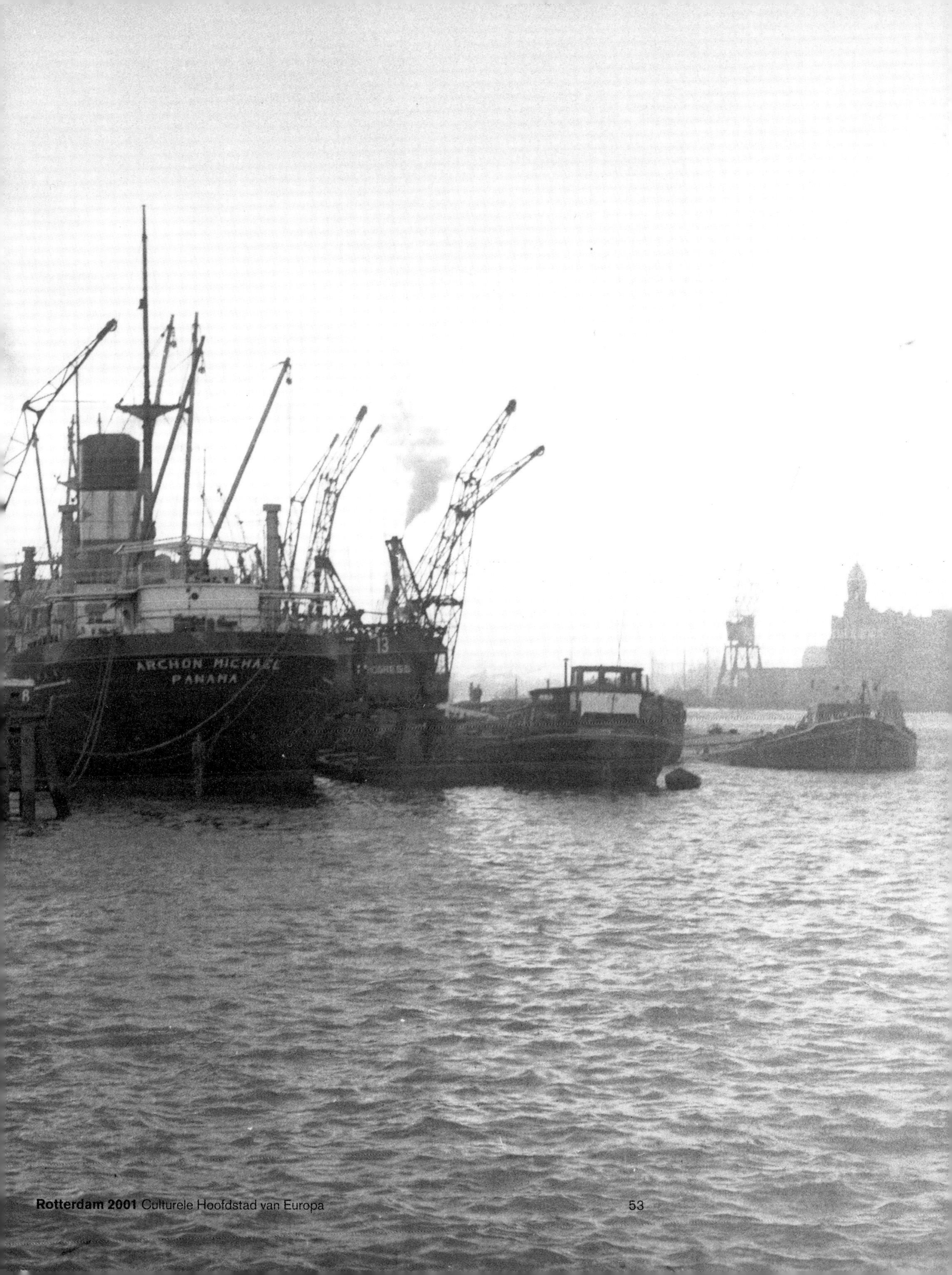
ARCHON MICHAEL
PANAMA

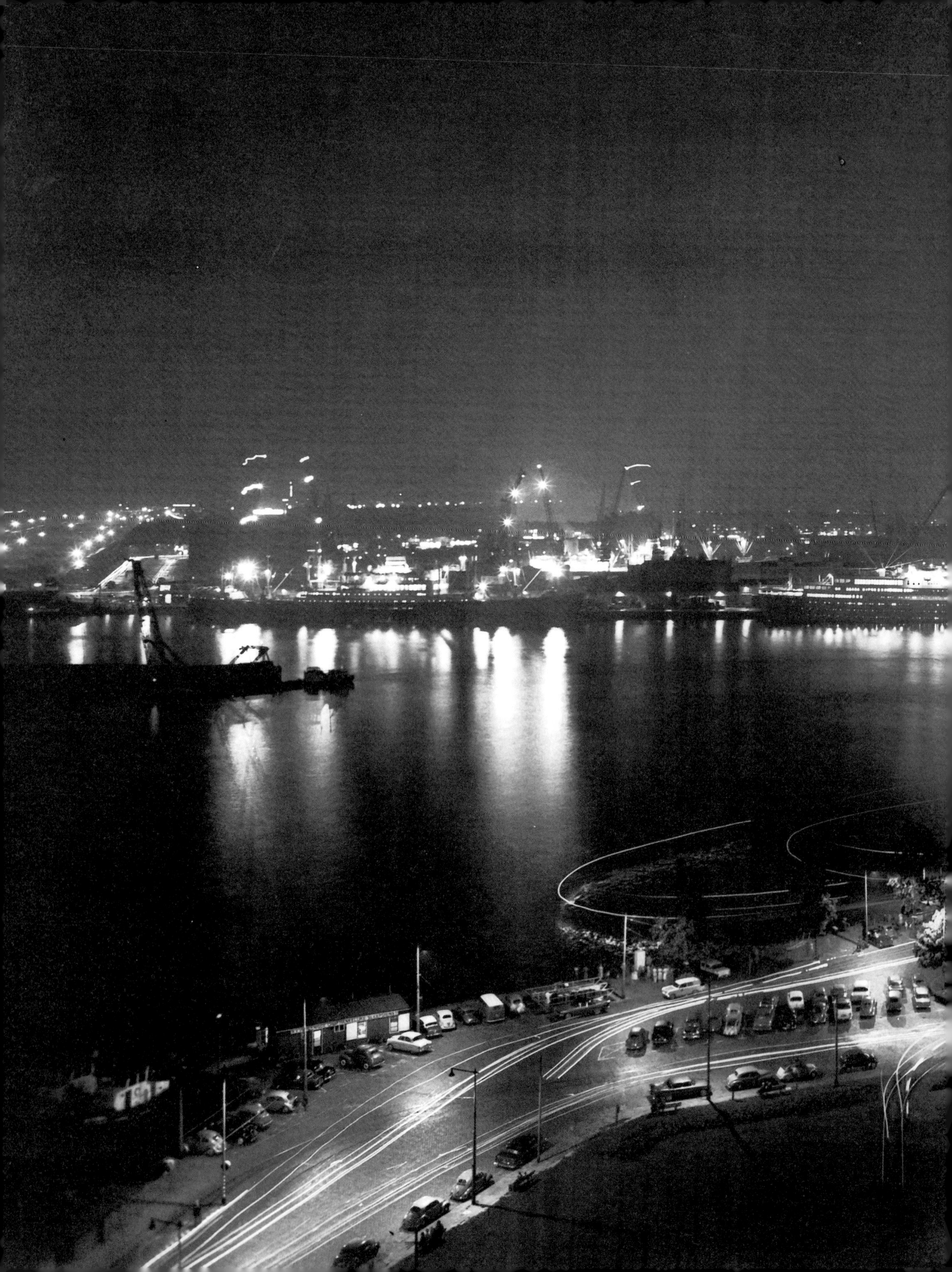

Rotterdam 2001 Culturele Hoofdstad van Europa

02 Steden van Erasmus
Cities of Erasmus

Debat en vertoog speelt een cruciale rol voor Rotterdam 2001, Culturele Hoofdstad van Europa. Het gaat er immers om een culturele dimensie te geven aan een veelvoud van initiatieven en plannen die binnenkomen. Culturele dimensie wil zeggen: het verbinden van de kleine verhalen van de stad met de grote vragen van urbane samenlevingen in Europa. Cultuur wordt hierbij gedefinieerd als de articulatie van het verschil. Voornaamste inzet hierin is de vraag hoe de contouren van een gemeenschap te schetsen die heterogeniteit niet ontkent, maar respecteert en cultureel productief maakt. De figuur van Desiderius Erasmus vormt daarbij een belangrijke inspiratiebron. Niet alleen omdat hij een wereldberoemde Rotterdammer is, maar ook omdat zijn humanitaire erfgoed, zoals hij dat 500 jaar geleden formuleerde, perspectief biedt voor datgene wat er in Europa op het spel staat.

In een postideologisch Europa is het humanisme van Erasmus verrassend actueel; Europa wordt immers gekenmerkt door de voortdurende spanning tussen het homogeniserende vertoog Europa en haar concrete heterogeniteit. Het is de kunst om te ontsnappen aan cultuurrelativisme enerzijds en fundamentalisme anderzijds. Het ondogmatisch humanisme van Erasmus zou zo'n ontsnappingsroute kunnen zijn. Erasmus' gedachtengoed biedt aanknopingspunten om na te denken over de vraag hoe een gedeeld vocabulaire ontwikkeld kan worden om morele intuïties te articuleren nu de traditionele instrumenten die cohesie bevorderen zijn weggevallen.

Van belang hierbij is om Erasmus postuum in contact te brengen met een 20e-eeuwse *denker*, die, gevormd door de recente geschiedenis, niet meer kan geloven in een wereldbeeld waarin de mens het middelpunt is.

De filosoof Emmanuel Levinas spreekt daarom van een humanisme van de andere mens, waarin het appèl van de ander een eind maakt aan de zelfgenoegzaamheid van het ik, dat de wereld overziet, inricht en bestuurt. De ander is geen vriend, maar zoals Levinas zegt: *de weduwe, de wees en de vreemdeling*. Levinas' humanisme van de andere mens wordt steeds actueler in een Europa dat in toenemende mate wordt geconfronteerd met vluchtelingen en asielzoekers.

In Steden van Erasmus staat daarom de Ander in de stedelijke samenleving centraal. Met deze keuze wordt recht gedaan aan Erasmus, die behalve Rotterdammer ook kosmopoliet was. Door vooral de reizende Erasmus als uitgangspunt te nemen wordt Steden van Erasmus een

Debate and exposé will play a crucial role for Rotterdam 2001, Cultural Capital of Europe. After all, the idea is to add a cultural dimension to the many initiatives and plans that come in. Cultural dimension means: connecting the minor stories about the city to the major issues of urban societies in Europe. Culture is hereby defined as the articulation of the difference. The main question is, how to define the contours of a community that does not deny heterogeneity but respects it and makes it culturally productive. The figure of Desiderius Erasmus forms an important source of inspiration in this respect. Not only because he was a world-famous citizen of Rotterdam but also because his humanitarian heritage, as he formulated it 500 years ago, offers a perspective for that which is at stake in Europe.

In a postideological Europe Erasmus' humanism is surprisingly topical; after all, Europe is characterized by the continuous tension between the homogenizing exposé about Europe and its concrete heterogeneity. It is an art to escape from cultural relativism on the one hand, and fundamentalism on the other hand. Erasmus' undogmatic humanism could offer such an escape route. Erasmus' ideas offer clues to think about the question how a divided vocabulary can be developed to articulate moral intuitions now that traditional instruments promoting cohesion, have disappeared.

It is hereby of importance to posthumously bring Erasmus into contact with a 20th century thinker who, formed by recent history, can no longer believe in a world view in which the human being is the centre. The philosopher Emmanuel Levinas therefore speaks about a humanism of the other human being, in which the appeal by the other ends the complacency of the self, that overlooks, arranges and commands the world. The other is no friend but, as Levinas says, *the widow, the orphan and the stranger*. Levinas' humanism of the other human being is becoming increasingly topical in a Europe that is increasingly confronted with refugees and asylum seekers.

In Cities of Erasmus the Other is, therefore, central to urban society. This choice does justice to Erasmus who was not only a citizen of Rotterdam but also a cosmopolitan. By using the travelling Erasmus as a reference, Cities of Erasmus becomes a city in which the Rotterdam debate on culture gets an urban dimension. Because the focus is on the Other, there is in Cities of Erasmus thought for abilities that are necessary to internalize a moral: friendship,

stad waarin het cultuurdebat, zoals dat in Rotterdam gevoerd wordt, een Europese dimensie krijgt. Omdat de Ander centraal staat, is er in Steden van Erasmus aandacht voor vermogens die noodzakelijk zijn om een moraal te internaliseren: vriendschap, verbondenheid, humor en empathie. De ontmoeting vormt de basis van iedere gemeenschap en vormt de voorwaarde voor het realiseren van de utopie van een multiculturele stad. Daar waar Rotterdam 2001, Culturele Hoofdstad van Europa, ruimte biedt voor de ontmoeting van de Ander beschouwt zij zichzelf als een spirituele stad.

Kortom, Steden van Erasmus ademt de geest van Rotterdams bekendste humanist, maar niet alleen waar het zijn ideeën van verdraagzaamheid en tolerantie betreft. Ook is er plaats voor de Erasmiaanse zotheid: de vrolijke verstoring van de orde die plaatsvindt als ironie en maatschappijkritiek op ludieke wijze met elkaar worden verbonden.

solidarity, humour and empathy. The meeting forms the basis of any community, and forms the condition for the realization of the utopia of a multicultural city. When events will make it possible to meet the Other, Rotterdam 2001, Cultural Capital of Europe, considers itself as a spiritual city.

In short, Cities of Erasmus breathes the spirit of Rotterdam's best-known humanist, but not only when it concerns his ideas about forbearance and tolerance. There is also room for Erasmian folly: the merry disturbance of the order that occurs if irony and criticism of society are linked in a frivolous manner.

Erasmus 2001

Jan – nov
Rotterdam, Rotterdamse Schouwburg (slotmanifestatie o.v.b.)
Interdisciplinair

Erasmus 2001 laat zich inspireren door de *Denker van Rotterdam*. Zijn kosmopolitische en flexibele houding en zijn ideeën over tolerantie en humanisme zijn nog steeds van waarde voor het Europa van vandaag. Met de grote instroom van nieuwe bevolkingsgroepen lijkt het soms op het Europa van Erasmus: een vat vol religieuze tegenstellingen en een lappendeken van culturen. *Erasmus 2001* is op zoek naar innovatieve geesten. Huisartsen, kunstenaars, bisschoppen en architecten, maar ook culturele instellingen als bibliotheken, theaters en lokale media. Mensen en organisaties die van betekenis willen zijn voor een cultureel diverse maatschappij. Veel van wat zij uitvinden, komt echter nooit verder dan de eigen gemeente. *Erasmus 2001* zorgt ervoor dat die *cultuurcollega's* elkaar op diverse plaatsen in Europa ontmoeten om van elkaars praktijken te leren. Met behulp van oude en nieuwe media worden hun praktijken voor publiek toegankelijk gemaakt. Alle betrokkenen treffen elkaar uiteindelijk in Rotterdam voor een publieke manifestatie in november 2001. Leidende Europese politici en beleidsmakers worden dan uitgedaagd te reageren op de gepresenteerde praktijken. Ook wordt er een conferentie gehouden door het Nexus Instituut uit Tilburg, waarin de praktijk wordt voorzien van denkkaders, commentaar en perspectieven. De manifestatie eindigt met *De verklaring van Rotterdam*.

Erasmus 2001 is based on the *Thinker of Rotterdam*. His cosmopolitan and flexible attitude and his ideas about tolerance and humanism are still of value for the Europe of today. Because of the huge influx of new communities it sometimes looks like the Europe of Erasmus: a great many religious contrasts and a patchwork of cultures. *Erasmus 2001* is in search of innovative spirits. General practitioners, artists and architects, but also cultural institutions, such as libraries, theatres and local media. People and organizations that want to mean something to a culturally diverse society. Much of what they invent, however, will never go beyond their own municipality. *Erasmus 2001* will see to it that those *cultural colleagues* will meet with one another in various places in Europe to learn from one another's practices. With the aid of old and new media their practices will be made accessible for the public. All those involved will eventually meet in Rotterdam for a public event in November 2001. Leading European politicians and policy developers will be challenged to respond to the presented practices. The Nexus Instituut of Tilburg will hold a conference at which the practices will be supplemented with scopes of thinking, commentaries and perspectives. The event will end with *The Declaration of Rotterdam*.

Preken voor Andermans Parochie

Jan – dec
Rotterdam, Grote of Sint-Laurenskerk
Debat & literatuur

Verschillende religieuze gemeenschappen scheppen ruimte binnen hun reguliere diensten en vieringen voor gast(s)prekers uit andere religieuze gemeenschappen. Iedere week zal er iemand preken voor andermans parochie, want in totaal werken 52 kerken, moskeeën en tempels aan dit project mee. Vier confrontatiepreken vormen de internationale dimensie van het project. Tijdens deze bijeenkomsten, die plaatsvinden in de Laurenskerk, wisselen internationaal befaamde theologen, kunstenaars en politici met elkaar van gedachten over de relatie tussen spiritualiteit, politiek en cultuur. Met medewerking van onder meer Karen Armstrong, Eugene Drewermann (coproductie met het Goethe-Institut Rotterdam), Bassam Tibi, Lionel Blue en Femke Halsema. Tijdens de Landelijke Gedichtendag en Poetry International zijn er hagenpreken te beluisteren, gebaseerd op teksten van Erasmus.

A number of religious communities will create room within their regular services and celebrations for guest speakers and/or guest preachers from other religious communities. Each week somebody will preach in someone else's parish, as a total of 52 churches, mosques and temples will participate in this project. Four confrontational preachings will form the international dimension of the project. During these meetings in the Laurens Church, theologians, artists and politicians of international repute will exchange thoughts about the relationship between spirituality, politics and culture. With the co-operation of, among others, Karen Armstrong, Eugene Drewermann (co-production of the Goethe-Institut Rotterdam), Bassam Tibi, Lionel Blue and Femke Halsema. During the National Poetry Day and Poetry International one may listen to fieldpreachings based on texts by Erasmus.

Sponsor: BankGiroLoterij

Vreemde melodieën / Melodias estranhas

12 – 15 dec
Rotterdamse Schouwburg, Rivoli Theater Porto
Muziektheater

De nieuwe opera *Vreemde melodieën/Melodias estranhas* speelt zich af tijdens de Spaanse Inquisitie en vertelt over een historische ontmoeting tussen tijdgenoten: de beroemde Rotterdamse humanist Desiderius Erasmus en de jonge Portugese filosoof Damião de Góis. De Góis was een vrijdenker die positief reageerde op al het nieuwe dat de ontdekkingsreizigers naar Portugal brachten. Zijn zucht naar kennis en verrijking van de geest bracht De Góis naar het Noorden waar hij in contact kwam met belangrijke figuren uit de Reformatie. Ook maakte hij kennis met Erasmus, die hem waarschuwde voor zijn wat naïeve houding. Terecht, naar bleek bij terugkeer in Portugal: de Contrareformatie was in opkomst en de Spaanse Inquisitie lag op de loer. De vreemde melodieën die uit zijn huis kwamen – Vlaamse musici die polyfone muziek speelden – leidden uiteindelijk tot zijn ondergang. De in Portugal wonende auteur Gerrit Komrij schreef het libretto en de muziek is van de jonge Portugese componist António Chagas Rosa, die studeerde in Nederland. De regie is van Gerrit Timmers en Mirjam Koen. *Vreemde melodieën/Melodias estranhas* wordt uitgevoerd door het ensemble Casa di Musica onder leiding van Stefan Asbury. Een opera van Onafhankelijk Toneel/Opera O.T., in coproductie met Rotterdam 2001, Culturele Hoofdstad van Europa, Porto 2001.

The new opera *Vreemde Melodieën/Melodias Estranhas (Strange Melodies)* will tell about a historic meeting between contemporaries during the Spanish Inquisition: the famous humanist Desiderius Erasmus of Rotterdam and the young Portuguese philosopher Damião de Góis. De Góis was a free thinker who responded positively to all the new ideas brought to Portugal by discoverers. His thirst for knowledge and enrichment of the spirit took De Góis to the North where he came into contact with important figures of the Reformation. He also made acquaintance with Erasmus who warned him about his naïve attitude. And rightly so, as it turned out on his return in Portugal: the Counter Reformation was developing and the Spanish Inquisition lay in wait. The strange melodies that emanated from his house – Flemish musicians playing polyphonic music – eventually resulted in his undoing. The author Gerrit Komrij who lives in Portugal wrote the libretto and the music is by the young Portuguese composer António Chagas Rosa, who studied in the Netherlands. Direction is in the hands of Gerrit Timmers and Mirjam Koen. *Vreemde Melodieën/Melodias Estranhas* will be performed by the ensemble Casa di Musica that will be conducted by Stefan Asbury. Produced by Onafhankelijk Toneel/OperaO.T., and co-produced by Rotterdam 2001, Cultural Capital of Europe, and Porto 2001.

Met dank aan Fonds voor de podiumkunsten

Jheronimus Bosch

1 sept – 11 nov
Museum Boijmans Van Beuningen
Beeldende kunst

Over zijn leven valt al net zo weinig met zekerheid te vertellen als over de betekenis van zijn schilderijen. Toch geldt Bosch (ca. 1450–1516) juist dankzij zijn raadselachtige voorstellingen vol duivels, monsters en andere fantastische creaturen als één van de meest tot de verbeelding sprekende kunstenaars aller tijden. Museum Boijmans Van Beuningen nam de bijna onmogelijke taak op zich om een tentoonstelling over het leven en werk van Jheronimus (of Jeroen) Bosch te organiseren, en nam de eigen collectie als uitgangspunt. Deze bevat originele panelen van Bosch, uit een totaal van ca. 25 als authentiek beschouwde, zeer kwetsbare schilderijen. Daarnaast bezit het museum tekeningen van Bosch en schilderijen van tijdgenoten, maar ook een grote archeologische collectie kerkelijk vaatwerk en pelgrims-insignes uit de late Middeleeuwen. Het doel van de tentoonstelling is om een beeld te geven van Bosch met deze eigen collectie en nog zo'n tien van de schaarse schilderijen van Bosch, vrijwel al zijn tekeningen en tientallen 16de-eeuwse kopieën en navolgingen uit buitenlandse collecties.
De tentoonstelling toont ook moderne en hedendaagse kunstwerken die getuigen van inspiratie door Bosch en diens absurdistisch aandoende gedachtenwereld. Al vanaf januari 2001 is de website www.BoschUniverse.org operationeel. Deze website bevat naast een educatief en informatief gedeelte een spectaculaire Bosch-*game*.

There is not much that can be said with certainty about his life and the meaning of his paintings. Yet Bosch (ca. 1450–1516) is considered as one of the artists that appeals to the imagination the most, exactly because of his enigmatic representations full of devils, monsters and other fantastic creatures. The Boijmans Van Beuningen Museum assumed the almost impossible task to organize an exhibition on Jheronimus (Jeroen) Bosch' life and work, and used its own collection as the starting point. This comprises original panels by Bosch, from a total of approx. 25 very vulnerable paintings that are considered as authentic. In addition, the museum possesses drawings by Bosch and paintings by his contemporaries, but also a considerable archaeological collection of ecclesiastical vessels and pilgrims' insignias from the late Middle Ages. The purpose of the exhibition is to give an impression of Bosch with this private collection and some ten of the rare paintings by Bosch, almost all his drawings and dozens of 16th century copies and imitations from foreign collections.
The exhibition will also show modern and contemporary works of art inspired by Bosch and his seemingly absurdist thoughts. As from January 2001 the website www.BoschUniverse.org will be operational. Apart from an educational and informative part this website contains a spectacular Bosch *game*.

Sponsors: KPN, Unilever en ABN AMRO

Aïsja en de vrouwen van Medina
Onafhankelijk Toneel

Feb – maart
Theater Zuidplein
Muziektheater

Op 9 februari vindt de wereldpremière plaats van *Aïsja en de vrouwen van Medina*, een muziektheatervoorstelling in het klassiek Arabisch (Nederlands boventiteld), waaraan 8 Marokkaanse zangers en 6 musici meewerken. Al vanaf 1995 brengt Onafhankelijk Toneel producties uit in het Arabisch met Nederlandse boventiteling (o.a. een Marokkaanse Othello). Daarnaast is er ruime ervaring met grote opera's met orkest (o.a. Händel en Stravinsky). Het verhaal speelt zich af in het jaar 5 van de Hidzjra. *Aïsja en de vrouwen van Medina* concentreert zich op Aïsja, de favoriete vrouw van Mohammed en andere markante vrouwen uit deze vroege jaren. De bonte rijkdom van de tekst van de Algerijns/Franse schrijfster en cineaste Assia Djebar zorgt voor een toegankelijk verhaal en de muziek van de Marokkaans/Nederlandse componist Najib Cherradi is een aansprekende mix van klassiek Arabische en modern westerse invloeden. Regisseur Gerrit Timmers draagt tevens zorg voor de evocatieve en inventieve vormgeving. Een productie van Onafhankelijk Toneel, in co-productie met Rotterdam 2001, Culturele Hoofdstad van Europa.

On 9 February *Aïsja and the women of Medina*, a music theatre performance in classical Arabic (with surtitling in Dutch) will be performed for the first time. Eight Moroccan singers and six musicians will participate. As far back as 1995 Onafhankelijk Toneel has produced theatre in Arabic with captions in Dutch (including a Moroccan Othello). Besides, they have considerable experience with major operas with orchestra (including Händel and Stravinsky). The story occurs in the year 5 of the Hidzjra. *Aïsja and the women of Medina* focuses on Aïsja, Mohammed's favourite wife, and other remarkable women from these early years of Islam. The varied wealth of the text by the Algerian/French writer and film maker Assia Djebar creates an accessible story, and the music by the Moroccan/Dutch composer Najib Cherradi is an appealing mix of classical Arabic and modern western influences. Director Gerrit Timmers is also responsible for the evocative and inventive set design. Produced by Onafhankelijk Toneel, in co-production with Rotterdam 2001, Cultural Capital of Europe.

Lof der Zotheid van de 21ᵉ eeuw

25 jan / sept / okt

Debat & literatuur

Onder *Lof der Zotheid van de 21ᵉ eeuw* vallen vier projecten:
• Literair-wijsgerige satire in boekvorm: Arnon Grunberg schrijft in opdracht van uitgeverij Athenaeum-Polak & Van Gennep een Lof der Zotheid van de nieuwe eeuw onder de titel *De Mensheid zij geprezen*.
• Tekenaar/schrijver/performer Kamagurka is door Rotterdam 2001 benaderd om een visueel commentaar te leveren op Erasmus' Lof der Zotheid.
Net als in het origineel houden de auteurs op kritische en humoristische wijze de hedendaagse maatschappij een spiegel voor.
• Harm-Jan van Dam verzorgt een nieuwe vertaling van Erasmus' *Lof der Zotheid* als voorproefje van zijn vertaling van het Verzameld Werk (2000–2004). Beide verschijnen bij Athenaeum-Polak & Van Gennep.
• Tijdens de landelijke gedichtendag van de stichting Poetry International op 25 januari draagt een aantal Nederlandse dichters een een zelf geschreven hedendaagse *Lof der Zotheid* in dichtvorm voor, met medewerking van o.a Gerrit Komrij, Ramsey Nasr, Wim T. Schippers, Leo Vroman en Mohammed Benzakour. De gedichten verschijnen bij uitgeverij Querido.

Four projects come under *Lof der Zotheid van de 21ᵉ eeuw (The Praise of Folly of the 21st century)*:
• Literary/philosophical satire in the form of a book: Arnon Grunberg writes a 'Praise of Folly' under the title of *De Mensheid Zij Geprezen (Mankind Be Praised)* under a commission by the publishing house Atheneum-Polak & Van Gennep.
• Drawer/writer/performer Kamagurka was approached by the publishing house De Harmonie to give a visual commentary on Erasmus' *The Praise of Folly*.
Just as in the original the authors confront today's society with itself in a critical and humouristic manner.
• Harm-Jan van Dam is writing a new translation of Erasmus' *The Praise of Folly* as a foretaste of his translation of the Verzameld Werk (2000–2004) [a compilation]. Both will be published by Atheneum-Polak & Van Gennep.
• During the National Poetry Day on 25 January, to be organized by the Poetry International Foundation, a number of Dutch poets will recite a self-written contemporary *Lof der Zotheid* in poetry, with the co-operation of, among others, Gerrit Komrij, Ramsey Nasr, Wim T. Schippers, Leo Vroman and Mohammed Benzakour. The poems will be published by Querido.

Geloven in Rotterdam, spirituele stromingen in een wereldhaven

Okt 2000 – dec 2001
Diverse locaties
Debat & literatuur

Het boek *Geloven in Rotterdam, spirituele stromingen in een wereldhaven* is een ontdekkingsreis langs de veelkleurige levensbeschouwingen in onze stad. Zo brengt het de onzichtbare spirituele component van Rotterdam voor het voetlicht. De reis begint met een beschrijving van de spirituele stromingen in Rotterdam, hun herkomst en hun betekenis voor de stad, mede aan de hand van interviews en beeldmateriaal. De veelkleurige feesten die Rotterdammers vieren zijn opgenomen in een feestkalender. Verder biedt het boek een spirituele route langs religieuze gebouwen die op de Rotterdamse kaart gemarkeerd staan.
Geloven in Rotterdam is een breed toegankelijk project dat samen met andere culturele activiteiten, het thema *Rotterdam, Spirituele Haven 2001* uitdraagt. Het gaat om de volgende activiteiten:
• *Rotterdam feest*, de dubbeltentoonstelling van het Historisch Museum Rotterdam die van 15 oktober 2000 t/m 2 september 2001 in Het Schielandhuis en De Dubbelde Palmboom gehouden wordt.
• Debatten in Zaal de Unie met als onderwerp: *Kan religie bijdragen aan tolerantie in een pluriforme samenleving?*
Geloven in Rotterdam is een coproductie van de dienst Stedebouw en Volkshuisvesting en het Centrum voor Onderzoek en Statistiek, in samenwerking met Koppel Uitgeverij en de auteur Rien Vroegindeweij.

The book *Geloven in Rotterdam, spirituele stromingen in een wereldhaven (Believing in Rotterdam, spiritual movements in a world port)* is a voyage of discovery touching upon colourful philosophies of life in our city. Thus, it brings the invisible, spiritual component of Rotterdam out into the open. The voyage starts with a description of the spiritual movements in Rotterdam, their origin and their meaning for the city, also on the basis of interviews and visual material. The colourful festivities in Rotterdam are recorded in a calendar of festivities. Furthermore, the book suggests a spiritual route along the religious buildings that are marked on the map of Rotterdam. *Believing in Rotterdam* is a project that is accessible for a broad public and that, together with other cultural activities, propagates the theme *Rotterdam, Spiritual Haven 2001*. It concerns the following activities:
• *Rotterdam feasts*, the double exhibition organized by the Historic Museum Rotterdam that will be held in Het Schielandhuis and De Dubbelde Palmboom from 15 October 2000 to 2 September 2001.
• Debates in Zaal de Unie on the subject: *Can Religion Contribute towards Tolerance in a Multiform Society?*
Believing in Rotterdam is a coproduction of the Department for Urban Development and Public Housing and the Centre for Studies and Statistics in co-operation with Koppel Publishers and the author Rien Vroegindeweij.

Met dank aan:
Dienst Stedebouw + Volkshuisvesting, Historisch Museum Rotterdam, Programma Veelkleurige Stad, Gemeente Rotterdam.

Week van de spirituele film

4 – 8 apr
Theater Lantaren/Venster
Audiovisuele kunsten

Er is sprake van een spirituele film wanneer artistieke kwaliteit en levensbeschouwelijke diepgang in een film samengaan. In *De Week van de Spirituele Film* worden zowel bioscoopfilms als filmhuisfilms vertoond. Veel spirituele films gaan over interculturele en interreligieuze conflicten en ontmoetingen. Ze laten zien welke moeilijkheden mensen van verschillende cultuur en achtergrond op dat gebied ondervinden, maar ook welke mogelijkheden mensen - vooral innerlijk - op het spoor komen om de ander te ontmoeten. Er zijn daarnaast veel films die de verschillende spirituele tradities verbeelden, hun overtuigingen, symbolen en rituelen. Theater Lantaren/Venster is mede-organisator van *De Week van de Spirituele Film*, een initiatief van KFA Filmbeschouwing.

In a spiritual film artistic quality and philosophical depth go together. In *The Week of the Spiritual Film* more han 100 films will be showed. Many spiritual films deal with intercultural and interreligious conflicts and meetings. They will show the difficulties that people of different cultures and backgrounds experience in that area, but also the possibilities – particularly the inner possibilities - that can be found to meet the other. In addition, there will be many films representing different spiritual traditions, their convictions, symbols and rituals. Lantaren/Venster Theater is the co-organizer of *The Week of the Spritual Film*, an initiative by KFA Filmbeschouwing.

Mauthausencyclus
Rotterdams Philharmonisch Orkest

4 mei
Concert- en congresgebouw de Doelen
Muziek

Maria Farandouri zingt op herdenkingsavond 4 mei op weergaloze wijze de *Mauthausencyclus* in De Doelen. De *Mauthausencyclus* is in 1965 gecomponeerd door de Griekse componist Mikis Theodorakis. Het verhaal van het muziekstuk is gebaseerd op de kampervaringen van Jacob Kampanelis. In dit stuk gaat het om de vraag hoe, als de oorlog ooit nog eindigt, op de plekken des doods de liefde voor het leven moet worden teruggewonnen. Een project in samenwerking met het Rotterdams Philharmonisch Orkest.

On 4 May, commemoration day, Maria Farandouri will sing the *Mauthausen cycle* in De Doelen in an incomparable manner. The *Mauthausen cycle* was composed by the Greek composer Mikis Theodorakis in 1965. The story of the musical piece is based on Jacob Kampanelis' camp experiences. In this piece it will be about the question as to how, if the war should ever end, the love of life should be recovered in the places of death. A project in co-operation with the Rotterdam Philharmonic Orchestra.

Religieus Rotterdam en route

19 – 20 mei / 8 – 9 sept
Rotterdam
Interdisciplinair

Religieus Rotterdam en route is de openstelling van ca. 60 religieuze plekken in Rotterdam, op basis van drie thema's: *Rotterdam, stad van kerken, moskeeën, synagogen en tempels*; *Rotterdam, spirituele stad* en *Rotterdam, stad van Laurentius: Diaconie in de City*. Doel is om een zo breed mogelijk publiek kennis te laten maken met en inzicht te geven in de manier waarop onze (Rotterdamse) multiculturele samenleving uiting geeft aan religiositeit en spiritualiteit.
Organisatie: R.K. Bisdom Rotterdam/R.K. Dekenaat Rijnmond, convent der kerken Rotterdam.

Religious Rotterdam en route involves the opportunity to visit approx. 60 religious places in Rotterdam, on the basis of three themes: Rotterdam, city of churches, mosques, synagogues and temples; Rotterdam, spiritual city and Rotterdam, City of Laurentius: church social welfare in the city. The purpose is to familiarize a broadest possible public with the manner in which our (Rotterdam) multicultural society expresses religiosity and spirituality.
Organisation: Roman Catholic Bishopric of Rotterdam and Roman Catholic Deanery of Rijnmond, convent of churches Rotterdam.

Meestertekenaar en humanist Pieter Bruegel de Oude

24 mei – 5 aug
Museum Boijmans Van Beuningen
Beeldende kunst

In samenwerking met het Metropolitan Museum in New York organiseert Museum Boijmans Van Beuningen een groot overzicht van tekeningen en grafiek van Pieter Bruegel de Oude, meestertekenaar en humanist. Behalve schilder was Bruegel (ca.1525–1569) ook een meesterlijk tekenaar. Bijna alle 68 tekeningen die van hem bewaard zijn gebleven in museale en particuliere collecties in Europa en Amerika, worden hier samengebracht. Met een veertigtal prenten wordt bovendien een overzicht van Bruegels prentkunst gegeven. Na Rotterdam reist de tentoonstelling door naar het Metropolitan Museum in New York.

In co-operation with the Metropolitan Museum of New York the Boijmans Van Beuningen Museum will organize a large retrospective of drawings and graphic works by Pieter Bruegel the Elder, master drawer and humanist. Besides being a painter Bruegel (ca.1525–1569) was also a master drawer. Almost all of the remaining 68 drawings by him in museum and private collections in Europe and America, will be gathered here. Also, there will be a retrospective involving forty engravings by Bruegel. After Rotterdam the exhibition will go to the Metropolitan Museum of New York.

Sponsor: Fortis Bank

Rondom Erasmus: cultuur van vrede en geweldloosheid

18 mei – 11 okt
St. Laurenskerk
Debat & literatuur, interdisciplinair

Mensen worden niet geboren, ze worden gemaakt. Ik wijk voor niemand. Het zout van de zotheid. Waar het goed is, daar is mijn vaderland. Leef alsof je morgen sterft, werk alsof je altijd leeft. Vijf motto's die Erasmus zijn leven lang met zich meedroeg op zijn reizen door Europa. Het zijn de titels van de 5 afleveringen van de documentairereeks *Erasmus Roterodamus/Erasmus van Rotterdam*. In deze serie onder regie van Annette Apon wordt het spoor van Erasmus door hedendaags Europa gevolgd. Hoe actueel zijn de denkbeelden die Erasmus al reizend ontwikkelde? Wat heeft zijn gedachtengoed te bieden voor ons denken over de grote vraagstukken van onze tijd, over oorlog en vrede, politiek en moraal, de zingeving van het leven? Vormgegeven met een door Erasmus geïnspireerde speelsheid zoekt de reeks een antwoord op deze (en vanzelfsprekend andere) vragen. Een project van de Humanistische Omroep en NGN producties ter gelegenheid van Rotterdam 2001, Culturele Hoofdstad van Europa.

People are not born, they are made. I do not give way to anybody. The salt of folly. Where things are going well, there is my country. Live as if you will die tomorrow, work as if you will live forever. Five mottoes that Erasmus cherished during his travels through Europe. They are the titles of the 5 instalments of the documentary series Erasmus Roterodamus/Erasmus van Rotterdam. In this series under the direction of Annette Apon, Erasmus' wanderings through contemporary Europe are traced. How topical are the ideas that Erasmus developed during his travels? What can his ideas offer for our thinking about the major issues of our time about war and peace, politics and morals, the purpose of life? Composed with a touch of playfulness inspired by Erasmus the series seeks an answer to these questions (and, naturally, other questions). A project by the Humanistiche Omroep and NGN Producties for Rotterdam 2001, Cultural Capital of Europe.

Met dank aan het Stimuleringsfonds voor Culturele omroepproducties, het VSB fonds, Stichting Preamium Erasmianum en de Gemeente Rotterdam

Gerrit Komrij

Het begin van de zestiende eeuw was de tijd van Erasmus. Het is een tijd tussen alchemie en wetenschap, tussen fabeldieren en ontdekkingsreizen. De ene wereld is er nog, de andere begint eraan te komen. De wapens, de handel, de kerk, de geest - alles roert zich in Europa.

Zoals de strijd tussen de ontluikende Renaissance en de conservatieve krachten geholpen door de Inquisitie. Een krachtmeting tussen het kosmopolitisme en de verstarring, tussen het Europa van de ene geest en het Europa van de vele rijkjes. Veel waarden die we nog altijd herkennen stonden open en bloot tegenover elkaar: een strijd van het boek tegen de kerk, van het open systeem tegen het gesloten systeem, van dialoog tegen isolationisme, van het nationalisme tegen de omgang met vreemdelingen, van de gemeenschap van gelovigen, Christi fides, tegen de hiërarchie, van de wetenschap tegen de onverschilligheid van het opportunisme.

The early sixteenth century was the time Erasmus was living in. It was a time that fluctuated between alchemy and science, between mythical creatures and voyages of discovery. The one world was still there, while the other was emerging. Weaponry, trade, church, mind – everything was astir in Europe, such as the battle between the budding Renaissance and the conservative forces supported by the Inquisition. A trial of strength between cosmopolitism and ossification, between the Europe of the single spirit and the Europe of the many realms. Many values we still acknowledge were openly opposed to each other – a fight of the book against the church, of the open system against the closed system, of dialogue against isolationism, of nationalism against association with strangers, of the community of believers, Christi fides, against hierarchy, of science against indifferent opportunism.

Fairuz
Rotterdams Philharmonisch Orkest

14 – 15 jun
Concert- en congresgebouw de Doelen
Muziek

Van de muzikale evenementen die het Rotterdams Philharmonisch Orkest brengt in het kader van het Rotterdam 2001, Culturele Hoofdstad van Europa, is het optreden van Fairuz één van de meest bijzondere. Als 'meest veelzijdige orkest van Nederland' en symfonisch vlaggenschip van Rotterdam, heeft het RPhO zich in de loop van zijn kleurrijke geschiedenis herhaaldelijk buiten de gebaande programmapaden begeven, maar ditmaal is de uitdaging wel een heel aparte: de wereld van de Arabische muziek. De samenwerking met de internationaal vereerde Libanese diva Fairuz betekent voor de RPhO-musici een eerste kennismaking met een geheel andere, maar daarom niet minder kleurrijke en vervoerende klankwereld. Voor de talloze fans van Fairuz biedt dit project een buitenkans om onder de beste akoestische omstandigheden van hun idool te genieten. En voor Rotterdam 2001 zullen deze concerten fungeren als klinkend zwaartepunt in een veelomvattende presentatie rond één van de levende legendes van onze tijd. Het orkest wordt gedirigeerd door Hans Leenders.

Of the musical events that the Rotterdam Philharmonic Orchestra will bring within the framework of Rotterdam 2001, Cultural Capital of Europe, the performance by Fairuz is one of the most exceptional. As the most versatile orchestra in the Netherlands and symphonic flagship of Rotterdam, the Rotterdam Philharmonic Orchestra has repeatedly left the beaten path in the course of its colourful history, but this time the challenge is quite unique: the world of Arabian music. The co-operation with the internationally revered Lebanese diva Fairuz means for the musicians of the Rotterdam Philharmonic Orchestra a first introduction to an entirely different but no less colourful and enrapturing world of sounds. For the numerous fans of Faruz this project will offer an exceptional opportunity to enjoy their idol under the best acoustic circumstances. And for Rotterdam 2001 these concerts will function as a resounding point of gravity in a comprehensive presentation around one of the living legends of our time. The orchestra will be conducted by Hans Leenders.

Reprise Theatervoorstelling Hildegard von Bingen
Theatergroep De Kern

9 –14 jun
5 Rotterdamse kerken
Theater

In vijf Rotterdamse kerken vindt een reprise van de theatervoorstelling *Hildegard von Bingen* plaats, waaronder de Rooms Katholieke kerken van de H.H. Hildegardis en Antonius, de Heilige Familie en de Gereformeerde Bergsingelkerk. De organisatie ligt in handen van het R.K. Bisdom Rotterdam en het R.K. Dekenaat Rijnmond, in samenwerking met bovengenoemde kerken.

The theatre performance of *Hildegard von Bingen* will be repeated in five churches in Rotterdam, among others, the Roman Catholic churches of H.H. Hildegardis and Antonius, the Heilige Familie and the Reformed Bergsingel church. The organization is in the hands of the Roman Catholic Bishopric of Rotterdam and the Roman Catholic Deanery of Rijnmond, in co-operation with the above churches.

Met dank aan Stichting Katholieke Noden

Ik wijk voor niemand

Zaal de Unie
Audiovisuele kunsten,
debat & literatuur

Het Humanistisch Vredesberaad en de vredesorganisatie PAIS organiseren activiteiten rond het thema *Cultuur van Vrede en Geweldloosheid*, zo gehoor gevend aan de oproep van de Verenigde Naties en Nobelprijswinnaars voor de Vrede, waaronder Nelson Mandela en Mikhail Gorbatsjov. Het thema gaat uit van respect voor het leven, de menselijke waardigheid en alle mensenrechten. Binnen een dergelijke, beschaafde cultuur is geweld taboe en staan principes van vrijheid, rechtvaardigheid, solidariteit en tolerantie hoog in het vaandel. Daarom verdient het streven naar een cultuur van vrede en geweldloosheid de allerhoogste aandacht en prioriteit.
In de Laurenskerk vindt een aantal manifestaties onder de noemer *Rondom Erasmus* plaats: verkenning van de huidige cultuur en pleidooien voor verandering, opgeluisterd met artistieke intermezzo's, exposities en informatiestands. Onder het motto *Vele steden, vele verhalen* zullen voorafgaand kunstenaars, jongeren en maatschappelijke groeperingen worden uitgenodigd bijdragen te leveren. Met hulp van beeldend kunstenaars kunnen mensen in het project *Handen vol Hoop* hun ideeën over geweldloosheid artistiek uitdrukken. Bovendien hopen we de Nederlandse Vredesmuseumboot naar Rotterdam te halen. Daarnaast wordt er een website-debat gevoerd en een infobulletin uitgegeven.
Ter afsluiting is er een *Nacht van de Vrede* met verhalen uit tweeduizend en éénnacht.

The Humanistic Peace Movement and the PAIS peace organization will organize activities around the theme of *Culture of Peace and Non-violence*, thus answering the call of the United Nations and Nobel Prize winners for peace, including Nelson Mandela and Mikhail Gorbatsjov. The theme is based on the assumption of respect for life, human dignity and human rights. Within such a civilized culture, violence is taboo, and principles of freedom, justice, solidarity and tolerance are of paramount importance. Therefore, the striving for a culture of peace and non-violence deserves utmost attention and priority. In a number of

Expositie Rotterdam stad van Laurentius

1 – 15 sept
Grote of Sint Laurenskerk

events under the theme of *About Erasmus* will take place: exploration of the present culture and pleas for change, interspersed by artistic intermezzos, supplemented with exhibitions and information stands. Under the motto of *Many cities, many stories*, artists, young people and social groups will be previously invited to make contributions. Helped on by visual artists, people may artistically express their ideas about non-violence within the project *Hands Full of Hope*. Besides, the Dutch Peace Museum Boat may come to Rotterdam. In addition, a debate will develop on a website, and an information bulletin will be issued. In conclusion, there will be a *Night of Peace* with stories from Two Thousand and one Night.

Een tentoonstelling die een overzicht geeft van de beeltenissen van de Heilige Laurentius door de eeuwen heen en zijn betekenis voor en relatie met de stad Rotterdam laat zien. Beelden, schilderijen, wandkleden, reliekhouders, zegels etc. die in bezit zijn van de in Nederland bekende Laurentiuskerken worden daartoe naar Rotterdam gebracht. Naast beschermheilige voor de slagers en bakkers is Laurentius vooral de beschermer van de armen. Daarom zullen op de tentoonstelling ook de Zeven Werken van Barmhartigheid getoond worden, in beeld gebracht op een heel bijzondere wijze, nl. door een floraal kunstenaar met bloemen en planten als medium.
Organisatie: R.K. Bisdom Rotterdam, R.K. Dekenaat Rijnmond, Hervormd Laurenspastoraat, Gereformeerde Kerk Rotterdam-Centrum, Oud-katholieke Kerk van Rotterdam.

A retrospective of the images of Saint Laurentius throughout the ages, showing his meaning to and relationship with the city of Rotterdam. For that purpose, statues, paintings, tapestries, reliquaries, seals etc. that are in the possession of the known Laurentius churches in the Netherlands, will be brought to Rotterdam. Apart from being the patron saint for butchers and bakers, Laurentius is especially the protector of the poor. For that reason the Seven Works of Charity will be shown at the exhibition, represented in a very special way, namely, by a floral artist who uses flowers and plants as his medium.
Organization: Roman Catholic Bishopric of Rotterdam and the Roman Catholic Deanery of Rijnmond, Organization for Pastoral care of the Reformed Laurens Church, Reformed church for the centre of Rotterdam, Old Catholic Church of Rotterdam.

Erasmustuin

Sept
Arboretum Trompenburg
Architectuur

In analogie op het Erasmushuis in Brussel wordt in 2001 in Rotterdam een Erasmustuin gerealiseerd.
De omsloten tuin is een plek voor onthaasting en reflectie.
In samenwerking met Stichting AIR.
By analogy with the Erasmus House in Brussels an Erasmian Garden will be realized in Rotterdam in 2001. The enclosed garden is a place for quiet and reflection and a place to get rid of stress. In co-operation with the AIR Foundation.

Tuin der Lusten

9 sept – 7 okt
Diverse galeries
Beeldende kunst

Tuin der Lusten is een manifestatie die aansluit op de grote Jheronimus Bosch-tentoonstelling in Museum Boijmans Van Beuningen. Omdat de triptiek *Jardin des Délices*, één van Bosch' meesterwerken, helaas in het Prado in Madrid moet blijven, dagen de galeries een aantal (internationaal) bekende kunstenaars uit om hun interpretatie toe te voegen aan de vele uitleggingen die al aan Bosch' werk zijn gegeven. Het resultaat is vanaf 9 september te zien in diverse galeries. Dit kan dus variëren van een schilderij over de veranderlijkheid van de wereld tot een beeld over de ijdele glorie en het korte genot van de aardbei! Er verschijnt een aparte publicatie bij *Tuin der Lusten*.

Garden of Desires is an event that is in line with the important Jheronimus Bosch exhibition in the Boijmans Van Beuningen Museum. Because the triptych *Jardin des Délices*, one of Bosch' master works, must stay in the Prado of Madrid, the galleries will challenge a number of internationally well known artists to add their interpretations to the many explanations of Bosch' work. The result can be seen in various galleries as from 9 September. This may thus vary from a painting about the inconstancy of the world to a representation about the vain glory and the brief pleasure from the strawberry! There will be a separate publication in connection with *Garden of Desires*.

De Lustfontein door Wink van Kempen

Bosch Bestaat!

Sept – okt
Kunst & Complex
Interdisciplinair

Het project *Bosch Bestaat!* van Stichting Kunst & Complex (K&C) is een contrapunt voor de schilderachtige taferelen van Jheronimus Bosch in de laat-middeleeuwse cultuur. Het gebouw van K&C aan de Keileweg grenst aan de gedoogzone voor (heroïne)prostitutie. De taferelen die zich hier afspelen lijken regelrecht afkomstig te zijn uit de wereld die Bosch ons voorhoudt in onder andere zijn *Tuin der Lusten*. Dit gegeven wordt uitgebouwd in een project op en rond het gebouw van K&C.

The project *Bosch Exists!* by the Art & Complex Foundation (K&C) will be a counterpoint for the picturesque scenes depicted by Jheronimus Bosch in the late medieval culture. The building of K&C on Keileweg borders on the zone where prostitutes (addicted to heroin) are tolerated to ply their trade. The scenes, that can be witnessed here, seem to directly reflect the world Bosch is confronting us with in his *Garden of Desires*. This fact will be worked out in a project on and around the building of K&C.

Dunya on Stage

Nov
Rotterdamse Schouwburg

In november wordt in de Rotterdamse Schouwburg *Erasmus 2001* afgesloten. Dit Europese project in Rotterdam onderzoekt waar mensen en instellingen op het gebied van cultuur de meest innovatieve manieren hebben gevonden om met de in razend tempo veranderende samenleving om te gaan. Het festival Dunya on Stage sluit hier eind november op aan. De Rotterdamse Schouwburg heeft de internationaal gerenommeerde theatermaker Peter Sellars benaderd als centrale gast en curator. Sellars is gevraagd programmavoorstellen te doen, voorstellingen te tonen die hij ontwikkelt voor Adelaide 2002, zijn televisieserie te laten zien en gesprekken te voeren.

In November *Erasmus 2001* will be concluded at the Rotterdamse Schouwburg. This European project in Rotterdam studies where people and institutions in the field of culture have found the most innovative ways to deal with rapidly changing society. The festival Dunya on Stage will be in line with this by the end of November. The Rotterdamse Schouwburg has approached the internationally renowned theatre maker Peter Sellars as the prominent guest and curator. Sellars was asked to make proposals for programmes, to show performances that he is developing for Adelaide 2002, his television series, and to have discussions.

De Viering

Sept – dec
Kerken
Interdisciplinair

De Viering is een project van Rini Biemans en Hajo Doorn. Het is een bijzondere theatervoorstelling geïnspireerd op de christelijke liturgie. Zij vindt plaats in de kerk. De voorstelling is tot stand gekomen in samenwerking met het Biemans Concern. Het centrale idee is samen onze twijfel vieren.

The Celebration is a project by Rini Biemans and Hajo Doorn. It will be a special theatre show based on Christian liturgy. It will take place in the church. The show was realized in collaboration with the Biemans Concern. The basic idea is to celebrate our doubt together.

Apocalyps nu!
Hotel Modern

Rotterdamse Schouwburg
Theater

Apocalyps nu! is een beeldende voorstelling over een samenleving op een ruimteschip in het jaar 2001. Het ruimteschip *De Apocalyps* doet dienst als stad. Behalve mensen zijn er ook andere vormen van leven aan boord zoals levende voorwerpen, een sprekende gaswolk en wonderlijke dieren.
De voorstelling zet als het ware een camera neer op een plein in deze stad.

Apocalyps now! is a performance about life in a space ship in the year 20001. The space ship *The Apocalypse* serves as a city. Except for people there are also other forms of life on board, such as, living objects, a talking gas cloud and strange animals. The performance will be, as it were, like viewing a square in the city through a camera.

Full Moon

Diverse locaties, Barendrecht
Interdisciplinair

In het project *Full Moon* vormt het aan Koning Salomon toegeschreven *Shir Ha-Shirim* (Lied der Liederen) het leitmotief van een reeks ruimtelijke kunstwerken die bij het Barendrechtse eiland Saenredam begint en, via 7 protestantse kerken, in de Rotterdamse Laurenskerk eindigt. De titel verwijst onder meer naar het middernachtelijk uur waarop het volk van Israël uit Egypte trok. Daarnaast worden op verschillende locaties een aantal op het leven en werk van Erasmus toegespitste lezingen gehouden door onderzoekers uit binnen- en buitenland. Zoals de godsdienstsocioloog/ kunsthistoricus Wolfgang Winkler, de kunsthistoricus/publicist Gary Schwarz, de theoloog/filosoof Hans Rutten, de in homeopathie gespecialiseerde medicus Martien Brands en de historicus Hans Jansen die als bijzonder hoogleraar aan de Vrije Universiteit Brussel de *James W. Parkes leerstoel voor de geschiedenis van de christelijke literatuur over jodendom en joden* bekleedt. Zij leveren commentaar op de utopische en apocalyptische impulsen die ten tijde van de Reformatie en het Humanisme in het christelijke West-Europa opgeld deden. Impulsen die geen plaats boden aan de verwante concepten van de Joodse traditie. Het Erasmiaanse tolerantiemodel zal vanuit deze invalshoek ter discussie staan. Ter afsluiting zal een boek worden uitgegeven waarin het project in woord en beeld wordt toegelicht en waarin ook de lezingen zijn opgenomen. Het project is tot stand gebracht door Joseph Semah en Felix Villanueva.

In the project *Full Moon* the *Shir Ha-Shirim* (Song of Songs) as ascribed to King Solomon, forms the leitmotiv for a series of spatial works of art that will start near the Barendrecht island of Saenredam and will end in the Laurens church in Rotterdam via 7 Protestant churches. The titles refer to, among other things, the midnight moment when the people of Israel left Egypt. In addition, there will be lectures on various locations focusing on the life and work of Erasmus, to be given by researches from the Netherlands and abroad, such as, the theological sociologist/art historian Wolfgang Winkler, the art historian/publicist Gary Schwarz, the theologian/philosopher Hans Rutten, the medical man specialized in homeopathy Martien Brands and professor/historian Hans Jansen who occupies the endowed *James W. Parkes chair for the history of Christian literature about Judaism and Jews* at the Vrije Universiteit Brussels. Among other things, they will comment on the utopian and apocalyptic impulses that caught on at the time of the Reformation and Humanism in Christian Western Europe. Impulses that did not allow room to the related concepts of the Jewish tradition. The Erasmian model of tolerance will be discussed from this angle. In conclusion, a book will be issued explaining the project in words and pictures, and which will also contain the lectures. The project was realized by Joseph Semah and Felix Villanueva.

Madness Gekkenwerk

Okt – nov
Galerie Atelier Herenplaats, TENT.
Tentoonstelling, beeldende kunst

Een tentoonstelling met als uitgangspunt een groep kunstenaars die werkzaam zijn binnen Atelier Herenplaats, zoals Paulus de Groot, Ben Augustus, Hein Dingemans, Jaco Kranendonk en Louise Guardia. Ze verkeren allen in de unieke positie dat ze kunnen werken vanuit hun gevoel in plaats van vanuit hun verstand. Naast het werk van deze kunstenaars met een verstandelijke handicap is er ook werk te zien van kunstenaars zonder verstandelijke handicap die in hun manier van werken overeenkomsten met hen vertonen, bijvoorbeeld door de eigenzinnigheid van hun werk en de positie die hun werk inneemt binnen de hedendaagse kunst. Dit grensgebied tussen de professionele en niet-professionele kunsten is het spanningsveld in deze tentoonstelling. Deze tentoonstelling zal vergezeld gaan van een full colour catalogus met achtergrondinformatie over alle deelnemende kunstenaars.

An exhibition based on a group of artists working in Atelier Herenplaats (Studio), including Paulus de Groot, Augustus, Hein Dingemans, Jaco Kranendonk and Louise Guardia. They are all in a unique position in that they can work starting from their feelings instead of their intellect. Apart from the work by these artists with a mental handicap, works by artists without a mental handicap can also be seen, as these show similarities, for example, in the craziness or self-will that can be found in their work. Or because of the position of their work within contemporary art. This border area between professional and non-professional arts is the field of tension at this exhibition. This crazy exhibition will be accompanied by a full colour catalogue with a lot of background information about all participating artists.

Ben Augustus

De Ontmoeting/Jeh Milan

15 –16 dec

Muziek

De Ontmoeting is een intercultureel samenwerkingsproject van het Erasmus Kamerkoor en het Dhroeh Nankoe Ensemble. Een ontmoeting dus tussen de klassieke Westerse koortraditie en de Indiaas/Pakistaanse muziektraditie. Inspiratiebronnen zijn de populaire Indiase en Pakistaanse muziekstijlen *qawwali, bhajan en ghazal* en de Westerse religieuze koormuziek (Gregoriaans, Franse zettingen van het Geneefse psalter, de Duitse koralen). De ensembles hopen dat *De Ontmoeting* tot gevolg heeft dat de beide culturen elkaar beter leren kennen en elkaar daardoor gaan versterken en vernieuwen. De compositie, het tekstconcept en de dramaturgische aanpak komen tot stand in nauwe samenwerking met Dhroeh Nankoe, koordirigent Romain Bischoff en regisseuse Bärbel Kühn.

The Meeting is an intercultural, co-operative project by the Erasmus Chamber Choir and the Dhroeh Nankoe Ensemble. In other words, a meeting between the classical western choir tradition and the Indian/Pakistani musical tradition. Sources of inspiration are the popular Indian and Pakistani musical styles *qawwali, bhajan and ghazal* and the western religious choir music (Gregorian, French arrangements of the Geneva psalter, the German chorales). The ensembles hope that *The Meeting* will result in both cultures getting to know each other better and, as a result, strengthening and renewing each other. The composition, draft text and dramaturgic approach are realized in close co-operation with Dhroeh Nankoe, choir conductor Romain Bischoff and director Bärbel Kühn.

Rotterdam 2001 Culturele Hoofdstad van Europa

69

It is a very old building.

That is the city hall in the
Netherlands, in Rotterdam.

Rotterdam 2001 Culturele Hoofdstad van Europa

That bu
film tha

g over the bridge, there,
ilding.

Rotterdam 2001 Culturele Hoofdstad van Europa

74

Rotterdam 2001 Culturele Hoofdstad van Europa

03
Jij De Stad
You The City

'Soms heb ik genoeg aan een perspectief dat zich opent midden in een onsamenhangend landschap (...) om te denken dat ik van dat punt moet uitgaan om beetje bij beetje de perfecte stad samen te stellen: zij wordt gevormd door fragmenten vermengd met de rest, door momenten met intervallen ertussen, door signalen die iemand uitzendt zonder te weten wie ze opvangt. Als ik je zeg dat de stad die het doel van mijn reis is discontinu is in de ruimte en tijd, dan weer ijler dan weer dichter, moet je niet denken dat we wel op kunnen houden ernaar te zoeken. Misschien ontstaat zij op het moment van dit gesprek, verstrooid binnen de grenzen van jouw rijk; je kunt haar opsporen...'
(uit *De Onzichtbare Steden* door Italo Calvino).

Dit citaat geeft al aan dat *Rotterdam is vele steden*, het motto en concept achter Rotterdam 2001, Culturele Hoofdstad van Europa, verder reikt dan Rotterdam vele gezichten heeft, en vele culturen herbergt. Het is meer dan een eenvoudige vermeerdering in identiteiten, of een eenduidige weerspiegeling van de realiteit. Het is ook een ensemble van beelden, verhalen en teksten over de stad. De stad is wat er over haar wordt verteld, geschreven en verbeeld. Het zijn niet de functies van een stad - wonen, werken, verkeer en recreatie - die het aangezicht van de stad bepalen, maar geheel andere elementen, zoals de zintuiglijke waarnemingen, de tekens, de dromen, de verwachtingen en de verlangens in de stad.

De stad, dat ben je zelf: jij luistert, kijkt, proeft en raakt aan. De stad wordt een levend organisme dat, net als jij zelf, in het bezit is van een dynamisch geheugen. Een geheugen dat ruimte biedt aan en wordt gevoed door vertellingen.

De avontuurlijke theatertocht *YOU – the city* van de New Yorkse Fiona Templeton, waaraan Jij De Stad haar naam dankt, is een belevenis die de grenzen van het theater opengooit. Werkelijkheid en fictie lopen door elkaar, de stad speelt mee en lijkt een gedaantewisseling te hebben ondergaan. Tal van programma's in Jij De Stad gebruiken de stad als podium en verleiden de toeschouwer ertoe onbekende plaatsen te ontdekken, op nooit gehoorde teksten en geluiden te reageren en het vertrouwde in nieuw licht te zien. Vanuit de behoefte om een dialoog met de stadsbewoners aan te gaan en persoonlijke, zintuiglijke ervaringen mogelijk te maken.

Jij De Stad zoekt naar onthullingen en ontmoetingen van de zintuigen. Naar culturele cohesie waarbinnen verschillen niet bedreigend hoeven te zijn, maar confrontatie

'Sometimes I am satisfied with a perspective that reveals itself in an incoherent landscape (...) to think that I have to go from that starting point in order to put together the perfect city bit by bit: it is formed by fragments combined with the rest, by moments with intervals in-between, by signals that someone sends without knowing who will receive them. If I tell you that the city, which is the purpose of my journey, is discontinuous in space and time, first rarefied then dense, you must not think that we can stop searching for it. Perhaps it comes into existence at the moment of this conversation, scattered within the boundaries of your realm; you can track it down ...'
(from *The Invisible Cities* by Italo Calvino).

This quotation shows that *Rotterdam is many cities*, the motto and concept behind Rotterdam 2001, Cultural Capital of Europe, extends further than Rotterdam having many faces and accommodating a diversity of cultures. It is more than a simple multiplication of identities, or a simple reflection of reality. It is also an ensemble of images, stories and texts about the city. The city is what is said, written and depicted in images about it. It is not the functions of a city - living, work, traffic and recreation - that determine the face of the city, but other totally different elements, such as the sensory perceptions, the symbols, the dreams, the expectations and desires in the city.

The city, that is you: you listen, see, taste and touch. The city becomes a living organism that, just as yourself, has a dynamic memory. A memory that provides room for and is nourished by stories.

The adventurous theatre journey *YOU - the city* by Fiona Templeton from New York, from which You The City gets its name, is an experience that opens up the confines of theatre. Reality and fiction are fusing together, the city becomes part of the play and seems to have transformed. The numerous programmes in You The City use the city as a stage and entice the audience to discover unknown places, to respond to unknown texts and sounds and to see the familiar in a new light. This stems from the need to enter into a dialogue with the city's residents and to make personal, sensory experiences possible. You The City searches for revelations and meetings of the senses. For cultural cohesion in which differences do not have to pose a threat, and where confrontation should not be feared. *2001 World Flavours* gives concrete form to this fantasy: *by using a meal together, we get to know each other.*

ook niet wordt geschuwd. *2001 Wereldsmaken* geeft deze wensdroom een concrete vorm: *door samen te eten, leren we te weten van elkaar.*

In deze stad gaan we op zoek naar datgene wat zich achter de skyline verbergt, achter de hoge torens en de muurmassa's. En laten we de intuïtieve, associatieve en gevoelsmatige kant van Rotterdam zien. Uitingen vanuit verschillende perspectieven en identiteiten, gelaagd en meerdimensionaal, intiem of grootschalig. Hoe *De Jas van Rotterdam* soms knelt en soms past.

Een gemeenschappelijk verhaal over de stad laat zich eigenlijk niet meer vertellen. De cultuur van verschil is bepalend voor de moderne stad. Als Rotterdam vele steden is, is zij ook vele verhalen. De cultuur van de stad is het netwerk van al die verhalen. (Met dank aan Paul Kuypers.)

In this city we are searching for what lies behind the skyline, behind the tall towers and the mass of walls. And we show the intuitive, associative and feeling side of Rotterdam. Expressions from various perspectives and identities, layered and multi-dimensional, intimate or large-scale. How *The Coat of Rotterdam* sometimes squeezes and sometimes fits.

There is not one common story about the city. The culture of difference determines the modern city. Rotterdam is many cities and likewise it is many stories. The culture of the city is the network of all those stories.
(Special thanks to Paul Kuypers.)

2001 Wereldsmaken

1jan – 31dec / 25 mei – 15 jul (Wereldsmaken Lenteplein)
Diverse locaties, Schouwburgplein
Interdisciplinair

2001 Wereldsmaken brengt duizenden culinaire ontmoetingen tot stand in een stad met 160 nationaliteiten. Aansluitend op de titel *Rotterdam is vele steden* is het projectmotto: *Rotterdam is vele smaken*. Eten is óók cultuur. Samen eten bevordert de communicatie en verbroedering. Weten van eten wordt weten van elkaar. Een uitgebreide randprogrammering omlijst deze culinaire ontmoetingen. De maaltijden worden gearrangeerd op huiskamer-, straat-, school-, wijk-, en stadsniveau.
Het project spoort ook verborgen kooktalent op. Een multiculturele kokspoule wordt ingezet bij andere festiviteiten van Rotterdam 2001, Culturele Hoofdstad van Europa, en bij de maaltijden op diverse pleinen. Talenten worden begeleid naar de arbeids- en ondernemersmarkt. Er komen bovendien kookwedstrijden in diverse categorieën: Marokkaans, Turks, Caraïbisch, Kaapverdisch, Hollands en algemeen. Televisiekok Pierre Wind ontwikkelt voor de basisscholen een pakket van verrassende smaaklessen. Een MaaltijdMakelaar koppelt bekende aan onbekende Rotterdammers. Op een aantal pleinen vinden door het jaar heen mega-maaltijden plaats.
Knallend hoogtepunt is het *Wereldsmaken Lenteplein,* een twee maanden durend culinair spektakel op het Schouwburgplein. In een kooktheater excelleren internationale gastkoks en vindt de finale van de kookwedstrijden plaats. Rond het kooktheater staan 15 paviljoens/restaurants uit alle windstreken. Het Lenteplein biedt thema-avonden, demonstraties, zondagochtend-ontbijten, proeverijen en vele andere verrassingen. In co-productie met Comitee Opzoomer Mee, Centrum voor Educatieve Dienstverlening (CED), Pierre Wind en Koninklijke Horeca Nederland (KHN).

Met dank aan het VSB Fonds

2001 World Flavours brings about thousands of culinary meetings in a city with 160 nationalities. In line with the title *Rotterdam is many cities* the project's motto is: *Rotterdam is many flavours*. Eating is culture, too. Eating together encourages communication and fraternization. Knowing about food becomes knowing about each other. A detailed peripheral programme frames these culinary meetings. The meals are arranged at living room, street, school, district and city level.
The project also searches for hidden cooking talent. A pool of multi-cultural chefs will be drawn upon for the other festivities of Rotterdam 2001, Cultural Capital of Europe, and for the meals in various squares. Those with a talent for cooking are helped in entering the job market and the market for entrepreneurs. There will also be cooking competitions in various categories: Moroccan, Turkish, Caribbean, Cape Verdean, Dutch and general. Television chef Pierre Wind is developing a package of surprising 'flavour lessons' for primary schools. A Meal Broker will link known and unknown Rotterdam citizens. Throughout the year various squares will host mega-meals.
The highlight is the *Spring Square of World Flavours*, a two-months' culinary spectacle in Schouwburgplein. International guest chefs will display their talents at a 'cooking theatre' where the finals of the cooking competition will also be held. Located around the cooking theatre are 15 pavilions/restaurants from every corner of the world. The *Spring Square* will host theme evenings, demonstrations, Sunday morning breakfasts, tasting sessions and many other surprises. This is a co-production with the *Sprucing up Spring Committee, Centre for Educational Services* (CED), *Pierre Wind,* and *Royal Dutch Catering Industry* (KHN).

JIJ - De stad
Fiona Templeton/Rotterdamse Schouwburg Producties

15 mei – 9 jun
Diverse locaties
Theater

JIJ – de stad is geen voorstelling, maar een enerverende reis door je eigen stad. Meer dan twee uur lang word jij, en jij alleen, door steeds andere acteurs toegesproken, verleid, geraakt, bevraagd en meegenomen op een tocht die je de vele gezichten van Rotterdam laat zien. Tegelijkertijd confronteert de prikkelende tekst van Fiona Templeton jou als toeschouwer voortdurend met wie jij bent, zonder ooit ergens te ver te gaan. De persoonlijke ontmoetingen, de alledaagse werkelijkheid van de straten en gebouwen die je betreedt, de persoonlijke aandacht die je ontvangt en de hallucinerende tekst van Fiona Templeton maken *JIJ – de stad* tot een zeldzaam overrompelende theaterervaring. In coproductie met Rotterdam 2001, Culturele Hoofdstad van Europa, ro theater, Onafhankelijk Toneel en Jeugdtheater Hofplein.

YOU - the city is not so much a show, but an exciting journey through your own city. For more than two hours, various actors will address, tempt, touch, question and take you, and you alone, on a journey that shows you the many faces of Rotterdam. All the while the stimulating text of Fiona Templeton will confront you with who you are, without ever going too far. The personal meetings, the everyday realities of the street and buildings you enter, the personal attention that you receive and the hallucinogenic text of Fiona Templeton make *YOU – the city* an exceptionally surprising theatre experience. In co-production with Rotterdam 2001, Cultural Capital of Europe, ro theatre, Onafhankelijk Toneel and Jeugdtheater Hofplein.

Lazarus
Peter Sonneveld/Rotterdamse Schouwburg Producties

11 jun – 7 jul
Diverse locaties
Theater

Poëzie, theater, ruimtelijke vormgeving en de persoonlijke geschiedenissen van bekende en onbekende Rotterdammers uit het verleden zijn de ingrediënten voor *Lazarus* van Peter Sonneveld. Rotterdammers inspireren belangrijke Nederlandse dichters tot poëtische monologen, die door Peter Sonneveld en een groot aantal acteurs, musici en beeldende kunstenaars worden getheatraliseerd. *Lazarus* wekt deze geschiedenissen tot leven in een avontuurlijke tocht langs bijzondere plekken in Rotterdam. De specifieke verhalen van dode Rotterdammers leveren een universeel en indringend kunstwerk, alleen al door het feit dat ze worden geschreven door dichters: Anna Enquist, Willem-Jan Otten, Jules Deelder, Willem van Toorn, Anne Vegter, Rien Vroegindeweij, Antoine Uitdehaag, Robert Anker en Edward van de Vendel. In coproductie met Rotterdam 2001, Culturele Hoofdstad van Europa, en Poetry International.

Poetry, theatre, spatial design and the personal histories of known and unknown Rotterdam citizens from the past form the ingredients for *Lazarus* by Peter Sonneveld. The Rotterdam citizens inspire important Dutch poets into poetical monologues, which are theatricalised by Peter Sonneveld and a large number of actors, musicians and visual artists. *Lazarus* breathes life into these histories in an adventurous journey passing extraordinary places in Rotterdam. The specific stories of deceased Rotterdam citizens produce a universal and gripping piece of art, if only for the fact that they are recited by the poets: Anna Enquist, Willem-Jan Otten, Jules Deelder, Willem van Toorn, Anne Vegter, Rien Vroegindeweij, Antoine Uitdehaag, Robert Anker and Edward van de Vendel. In co-production with Rotterdam 2001, Cultural Capital of Europe, and Poetry International.

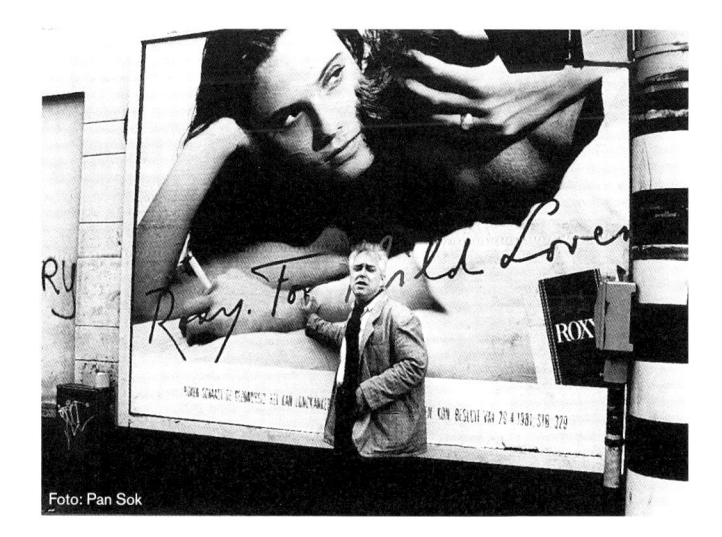

Foto: Pan Sok

Foto: Tom Croes

Rotterdam 2001 Culturele Hoofdstad van Europa

De Jas van Rotterdam, een spektakel aan de Maas
Harkes/Ten Wolde

22 jun – 4 aug
Leuvehoofd
Audiovisuele kunsten

De Jas van Rotterdam is een gratis openluchtvoorstelling voor alle Rotterdammers. Gedurende 6 weken kunnen iedere avond ca. 3000 toeschouwers het spektakel vanaf de trappen bij het Leuvehoofd meemaken. Tijdens de voorstelling maakt het publiek een spectaculaire virtuele reis door heden, verleden en de toekomst van Rotterdam. Het Leuvehoofd verandert die weken in een openluchttheater. De kade wordt onder water gezet en er verrijst een havendecor. Na zonsondergang (rond 23.15 uur) verandert de plek in een sprookjesachtig geheel door gebruik van wanden van water, film- en videobeelden, laserprojecties, animaties, geluid, muziek en theaterlicht. Gedurende 30 tot 40 minuten is het Leuvehoofd vol actie. Herinneringen, ervaringen en toekomstverwachtingen van Rotterdammers flitsen voorbij, oorlogsgeweld, feestelijkheden, haventaferelen, maar ook de veranderende skyline en Rotterdamse straatbeelden komen aan bod. Voortdurend wordt er een relatie tussen stad en Maas gelegd, bruggen gaan open en boten meren af. We zien een stad met een rijke, gedeeltelijk weggebombardeerde historie groeien naar een dynamische wereldhaven met een multicultureel karakter. *De Jas van Rotterdam* is gemaakt door beeldend kunstenaars Lia Harkes en Peter ten Wolde. Regie en script i.s.m. Janwillem de Kok, muziek: Paleis van Boem.

The Coat of Rotterdam is a free open-air performance for all Rotterdam citizens. Every evening in the course of 6 weeks some 3000 spectators can enjoy the spectacle from the steps of the Leuvehoofd. During the performance the public makes a spectacular virtual journey through the present, past and future of Rotterdam. During these weeks the Leuvehoofd is transformed into an open-air theatre. The quay will submerge and a harbour décor will rise. After sunset (around 23.15 hours) the whole area will turn into a fairytale setting created by walls of water, film and video images, laser projections, animations, sound, music and theatre lighting. For 30 to 40 minutes the Leuvehoofd is full of action. Memories, experiences and future expectations of Rotterdam citizens flash by, war violence, parties, harbour scenes, as well as the changing skyline and Rotterdam street scenes. The relationship between city and the river Meuse will be constantly shown, bridges will open up and boats will moor. We see a rich city, whose history was partially laid waste to by bombardments, grow into a dynamic international port with a multicultural character. *The Coat of Rotterdam* has been made by visual artists Lia Harkes and Peter ten Wolde. Direction and script in collaboration with Janwillem de Kok, music by Paleis van Boem.

Hoofdsponsors: Gemeentelijk Havenbedrijf Rotterdam en Koninklijke Vopak N.V.
Sponsors: Eneco en SVZ

Rotterdammers

23 nov 2000 (uitgave Rails),
25 nov 2000 – 2001
Rails, Wereldmuseum Rotterdam
Fotografie

Jonge Rotterdamse fotografen portretteren *Rotterdammers en hun stad*. De foto's verschijnen in een speciale bijlage van het tijdschrift *Rails*. Een deel van het beeldmateriaal wordt gebruikt voor de tentoonstelling *Rotterdammers* als onderdeel van de nieuwe vaste opstelling van het Wereldmuseum Rotterdam. Daarnaast wordt een aantal blow-ups van portretten geprojecteerd op buitenlocaties in Hoogvliet.

Young Rotterdam photographers portray *Rotterdam citizens and their city*. The photos are published in a special supplement of the magazine *Rails*. Some of the photos are used for the exhibition *Rotterdammers* as part of the new permanent collection of the World Museum Rotterdam. In addition, a number of blow-ups of portraits are projected at outdoor locations in Hoogvliet.

Foto: Lenny Oosterwijk

www.rotterdamsdagboek.nl

Jan – dec

Nieuwe media

Bijna iedereen heeft wel eens een dagboek bijgehouden. De één schrijft problemen van zich af, de ander beschouwt het dagboek als een trouwe vriend die intieme geheimen bewaart en weer een ander schrijft memoires voor later. En waarom zou je die laatste niet delen met anderen? Daarom dus één *Rotterdams Dagboek*, dat in 2001 zijn webpagina's ter beschikking stelt aan iedereen die persoonlijke belevenissen uit het jaar 2001 wil opschrijven. Of het nu over een dansvoorstelling gaat, een kroegentocht of een buurvrouw die je in het trappenhuis een schaal geurend eten aanbiedt omdat ze toch teveel heeft gekookt. Schrijvers én lezers zijn van harte welkom op www.rotterdamsdagboek.nl. Het project wordt uitgevoerd door Webkracht i.s.m. Fred Sophie en Mariëlle Roozemond.

Almost everyone has at one time kept a diary. Some use it to get problems off their chest, some regard their diary as a trusted friend to share their intimate secrets with, and others write their memoirs for later years. But why should the latter not be shared with others? And so a *Rotterdam Diary*, which in 2001 will make its Web Pages available to all those who wish to write down their personal experiences from the year 2001. Whether this be about a dance show, a pubcrawl or a neighbour on the stairs who offers you some delicious food because she cooked too much. Writers and readers are most welcome at the site www.rotterdamsdagboek.nl. The project is carried out by Webkracht in collaboration with Fred Sophie and Mariëlle Roozemond.

Live

Jan – dec
Diverse locaties
Interdisciplinair

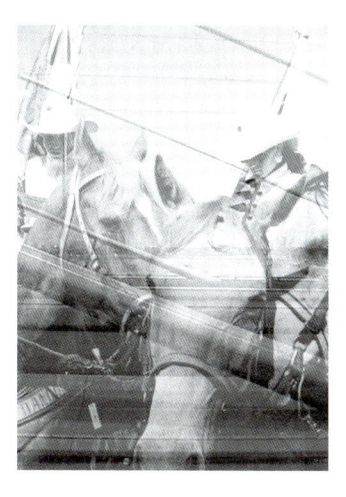

Live is een modespektakel met als hoogtepunten *Crossing Bridges* (de Erasmusbrug als langste catwalk van Europa), mode-exposities in containers en *De Versierde Stad* met routes langs niet westerse winkeladressen. Op buitenlocaties in Hoogvliet worden op groot formaat portretten van Rotterdammers met verschillende culturele achtergronden geprojecteerd. Jongeren maken voor verschillende locaties videofilms met als thema *Uitgaan en Kledingcodes*. De Harmonie is locatie voor de internationale hoedenshow *What's Up?* met ontwerpen van topdesigners.

Live is a fashion show with the highlights *Crossing Bridges* (the Erasmus bridge as the longest catwalk in Europe), fashion exhibitions in containers and *The Decorated City* with routes along non-western shops. Huge portraits of Rotterdam citizens from varied cultural backgrounds are projected on outdoor locations in Hoogvliet. Youngsters make video-films for various locations with *Going Out and Dress Codes* as the theme. De Harmonie is the location for the international hat show *What's Up?* featuring designs by top designers.

Twintig Kamers van Mevrouw Elias
Stichting Vaes-Elias

Jan – dec
Kralingsmuseum
Beeldende kunst

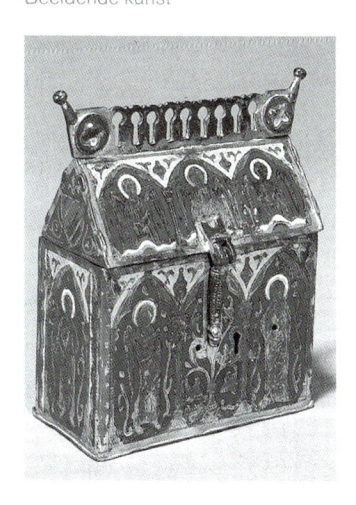

Als een verborgen schat bevindt zich aan de Hoflaan het Kralingsmuseum, waar de imposante privécollectie van mevrouw Elias Vaes is ondergebracht in twintig stijlkamers. De bezoeker maakt een fascinerende wandeling langs zowel voorwerpen uit het Europa van de vroege Middeleeuwen tot de 19ᵉ eeuw, als objecten uit de Egyptische, Griekse, Etruskische en Romeinse Oudheid.

Like a hidden treasure the Kralingsmuseum can be found on Hoflaan. This museum houses the impressive private collection of Ms. Elias Vaes in twenty period rooms. The visitor may view artefacts from Europe from the middle ages until the 19th century, and objects from Egyptian, Greek, Etruscan and Roman antiquity.

Twaalf
Rogie & Company

Jan – dec
Diverse locaties
Dans, audiovisuele kunsten

De afgelopen tien jaar heeft choreograaf Piet Rogie met Rogie & Company een indrukwekkend oeuvre opgebouwd, waarmee hij de moderne dans heeft verkend en verrijkt. Voor Rotterdam 2001, Culturele Hoofdstad van Europa, maakt Rogie & Company *Twaalf*, een korte dansvideo die te zien is op diverse openbare plekken in Rotterdam. De titel verwijst naar de kalender en de uren en is een ode aan de mens in beweging. Terugkerend naar de basis van alledaagse handelingen en routines, vervaagt het onderscheid tussen kunst en gewone beweging. *Dansen doen we allemaal* is de stelling van choreograaf Piet Rogie. De dansvideo bestaat uit twaalf delen van ca. 1 minuut en laat zien hoe mensen in verschillende fasen van het leven met hun mogelijkheden omgaan. Van de mysterieuze gebaartjes van een baby tot de bedaarde bewegingen van een grijsaard. Première: International Film Festival Rotterdam (o.v.b.).

Over the last ten years choreographer Piet Rogie, with his Rogie & Company, has produced an impressive body of work, with which he has explored and enriched modern dance. For Rotterdam 2001, Cultural Capital of Europe, Rogie & Company have made *Twelve*, a short videofilm which can be seen at various public places in Rotterdam. The title refers to the calendar and the hours, and is an ode to man in motion. Returning to the basis of everyday actions and routines, the line between art and normal movement becomes blurred. *We all dance* is choreographer Piet Rogie's statement. The videofilm comprises 12 parts of 1-minute duration and will show how people in various phases of their life deal with their possibilities. From the mysterious gestures of a baby to the calm movements of an old man. Première: International Film Festival Rotterdam (subject to change).

Foto: Rob 't Hart

Rotterdam 2001 Culturele Hoofdstad van Europa

Touch
Scapino Ballet Rotterdam

24 jan – 4 feb (première)
Diverse locaties
Dans, audiovisuele kunsten

Touch is een autonome dansfilm waarbij de choreografie geheel en al voor en met de camera is ontwikkeld. Een film die daardoor eerder thuishoort in de categorie van de korte dramatische film dan in die van de podiumkunsten. Dans - hoe abstract ook - gaat in essentie altijd over mensen, hun emoties en relaties. Dans is in film niet vanzelfsprekend. De kijker van nu is té zeer gewend aan het realisme van televisiedrama om 'zomaar' de stap naar de danswereld te kunnen maken. Deze uitdaging inspireerde choreograaf Ed Wubbe tot het choreografische uitgangspunt: de dans te laten ontstaan vanuit volstrekt alledaagse handelingen. Alles draait om waarneming. De wijze waarop de hoofdpersoon, een jonge vrouw, 'vertekend' door haar verwerkingsproces, haar omgeving waarneemt, maar ook de wijze waarop haar omgeving háár waarneemt. Het gaat om zien en tasten. De regie van Touch is in handen van Willem van de Sande Bakhuyzen. Première: International Film Festival Rotterdam (o.v.b.). Een coproductie van ID&Dtv Arts & Events, Scapino Ballet Rotterdam en B-Produkties Rotterdam in opdracht van de NPS.

Touch is an autonomous dance film for which the choreography has been composed entirely for and with the camera. It is, therefore, a film that belongs in the category of short dramatic film rather than stage arts. Dance, regardless of how abstract it is, essentially deals with people, their emotions and relationships. Dance is not so obvious in film. The modern viewer is too accustomed to the realism of television drama as to be able to focus on the world of dancing. This challenge inspired choreographer Ed Wubbe to choreograph the dance so as to emanate from absolutely mundane actions. Everything has to do with perception. The manner in which the main character, a young woman, 'distorted' by the way she absorbs things, perceives her environment, as well as the manner in which her environment perceives her. It is about seeing and touching. Touch is directed by Willem van de Sande Bakhuyzen. Première: International Film Festival Rotterdam (subject to change). A co-production by ID&Dtv Arts & Events, Scapino Ballet Rotterdam and B-Produkties Rotterdam commissioned by the NPS.

Een ongemakkelijk sprookje

24 jan – 4 feb (première)
Diverse locaties
Audiovisuele kunsten

Een film over Rotterdam als een antropologisch dagboek van het jaar 2000. De twee hoofdpersonen, Gina en Lydia, laten zich leiden door hun fascinaties en gaan binnen de film relaties aan met verschillende mensen die op hun pad komen. De camera registreert het leven in Rotterdam in allerlei situaties: van alledaags tot spannend, van ontroerend tot bedreigend, deprimerend of absurd. Het stedelijk landschap van dag en nacht, van schoonheid, treurnis en hallucinatie. Een raamvertelling waarin afzonderlijke scènes aaneengevlochten worden door middel van een tuin, de Hortus Conclusus, die de seizoenen toont en rust brengt binnen de stad. De tuin als metafoor van samenhang. Première: International Film Festival Rotterdam (o.v.b.)

A film about Rotterdam as an anthropological diary of the year 2000. The two principal characters, Gina and Lydia, are led by their preoccupations and enter into relationships with the various people they come across. The camera registers life in Rotterdam in all sorts of situations from everyday to exciting, from moving to threatening, depressing or absurd; the urban landscape of day and night, of beauty, melancholy and hallucination. A frame story in which separate scenes are linked together by a garden, the Hortus Conclusus, which shows the seasons and acts as a haven within the city. The garden as a metaphor for cohesion. Premiere: International Film Festival Rotterdam (subject to change).

Rotterdam Inner Cities

Fotografie, debat & literatuur

In een publicatie van Uitgeverij Lemniscaat portretteren twee jonge fotografen en een schrijfster de vele gezichten van Rotterdam: 15 onbekende Rotterdammers die laten zien hoe ze wonen, leven en werken en wat de stad voor hun betekent. Rotterdam Inner Cities is een boek van ongeveer 150 pagina's. Fotografie is de kern, de tekst vormt een karakteristieke aanvulling.

In a publication by the publishing house Lemniscaat, two young photographers and an author portray the many faces of Rotterdam: 15 unknown residents of Rotterdam showing how they live and work and what the city means to them. The book Rotterdam Inner Cities counts some 150 pages. The photographs form the core of the book, with the text constituting a characteristic addition.

Girls Festival

8 maart
Nighttown
Interdisciplinair

Autochtoon versus allochtoon. Blanke carrièrevrouwen versus Antilliaanse tienermoeders. Marokkaanse meisjes met hoofddoek versus wilde *Girls*. Turkse studentes versus Surinaamse vriendinnen. Jonge meiden lijken zich als aparte groepen te profileren. Tijd om te zoeken naar overeenkomsten, zonder de verschillende achtergronden uit het oog te verliezen. In cultureel centrum Nighttown komen al deze meiden-chicks-babes-diva's-dames-sisters-(post)femi's-girls, naar een Girls Festival. Met een talentenjacht, fotosessies door MOHA fotostudio, theater-, dans- en muziekoptredens, diverse workshops, informatiestands en een groot debat waar alle meiden hun mening kunnen spuien over onderwerpen die hen aangaan. 's Avonds maken female dj's en artiesten de sfeer tot een *All Girls Night Out*.

Indigenous women versus migrant women. White career women versus Antillean teenage mothers. Moroccan girls with headscarves versus wild *Girls*, Turkish students versus Surinam girlfriends. Young girls appear to present themselves as separate groups. It is time to search for similarities without losing track of the different backgrounds. In the cultural centre of Nighttown, all these gals-chicks-babes-divas-ladies-sisters-(post-)feminists-girls come to a Girls Festival. Featuring talent scouting, photo shoots by the photo studio MOHA, theatre, dance and music performances, various workshops, information stands, and a large-scale debate where all girls are given the opportunity to express their opinions on issues that concern them. Female DJs and performers will turn the atmosphere into an *All Girls Night Out* in the evening.

Feminine Follies of De Matras
Van Reek & Ten Bosch/Rotterdamse Schouwburg Producties

13 – 29 maart
Rotterdamse Schouwburg
Theater

Via een intrigerende combinatie van beeldende kunst, poppenspel en theater creëren Harriët van Reek en Geerten ten Bosch een speels, continu bewegend stilleven van alledaagse voorwerpen en handelingen met een flinke psychologische onderstroom.
Through an intriguing combination of visual art, puppet play and theatre, Harriët van Reek and Geerten ten Bosch create a playful, continuously moving still life of everyday objects and acts, with a considerable psychological undercurrent.

De Helden van Rotterdam – Bep van Klaveren
Jeugdtheater Hofplein

13 apr – 10 jun
Diverse locaties
Muziektheater

In de serie *De Helden van Rotterdam* schreven Jules Deelder en Louis Lemaire een musical over het leven van de Rotterdamse volksheld Bep van Klaveren. De voorstelling wordt gespeeld door Eric van Vuurde en leerlingen van Jeugdtheaterschool Hofplein. De regie is in handen van Jaco van der Moolen en Laura Rodenburg. De voorstelling laat zien hoe het 8-jarige straatschoffie uit de Pleretstraat uitgroeit tot Olympisch kampioen boksen en wereldberoemd wordt. Het is een loflied op de volksheld, boordevol pakkende scènes, liedjes die blijven hangen en bloedstollende gevechten.
As part of the series *The Heroes of Rotterdam*, Jules Deelder and Louis Lemaire wrote a musical about the life of Rotterdam boxing hero Bep van Klaveren. The play is staged by Eric van Vuurde and students of the Jeugdtheaterschool Hofplein and is directed by Jaco van der Moolen and Laura Rodenburg. The play depicts how an 8-year-old Rotterdam street urchin grows into an Olympian boxing champion and becomes world-famous. It is an ode to the popular hero, packed with catching scenes, lingering songs and bloodcurdling fights.

Bruidsschat

8 maart
Het Schielandshuis
Beeldende kunst

In *Bruidsschat* wordt de stille traditie van de naaldkunst voor het voetlicht gebracht. In de deelgemeenten Delfshaven, Feijenoord en Noord, maken zo'n 200 vrouwen samen een groot wandkleed. Op verschillende locaties werken groepen vrouwen van verschillende nationaliteiten, achtergronden en leeftijden aan een gedeelte van het kleed, later bijeengevoegd tot één groot wandkleed van 11 meter lang. Op Internationale Vrouwendag, 8 maart 2001, wordt het kleed in Het Schielandshuis op feestelijke wijze aangeboden aan de stad Rotterdam. Het werken aan en aanbieden van deze 'bruidsschat' staat symbool voor krachtenbundeling, verbondenheid onderling en met de stad, en voor de bereidheid samen in Rotterdam aan een nieuwe toekomst te bouwen, in de hoop dat de stad zorg zal dragen voor die toekomst.

Sponsor: Provimi
Met dank aan Veelkleurige Stad, NCDO, Prins Bernhard Cultuurfonds, Stichting Wereldwijk Noord en de RKS

In *Dowry*, the silent tradition of artistic needlework is brought into the limelight. In the Rotterdam boroughs of Delfshaven, Feijenoord and Noord, some 200 women work together in creating a large tapestry. At different locations, groups of women from different nationalities, backgrounds and ages work on part of the tapestry, which is then combined into a single large tapestry 11 metres long. On International Women's Day, 8 March, 2001, the tapestry will be presented to the City of Rotterdam in Het Schielandshuis in a festive atmosphere. Working on and presenting this 'dowry' symbolizes the joining of forces, the commitment both to one another and to the city, as well as the willingness in Rotterdam to work together in building a new future, in the hope that the city will provide that future.

Fiona Templeton
Dichter, toneelschrijver en regisseur
Poet, playwrite and director

JIJ – de stad is een dialoog met de stad, een ontmoeting onder vier ogen. In mijn zoektocht naar acteurs en locaties wilde ik de gezichten van Rotterdam ontmoeten, en ik wilde dat Rotterdam haar eigen andere gezichten zou ontmoeten. De moppentappende dame in de bruine kroeg, de chauffeur die zijn bus stalt voor de nacht, de volgelingen in een moskee in een Nederlands gebouw, de kring Russen die over kaartspelen of zaken praten, de mooie meisjes die een verenigingsoutfit kopen.
Rotterdam heeft óók een hart. De grote haven ademt de wereld in en uit. Relaties en uitwisseling maken een hart sterk. Dat geldt ook voor cultuur. Rotterdam heeft zichzelf opnieuw moeten ontdekken en herkennen. Dat inspireert me tot een nieuwe versie van JIJ – de stad.

YOU – the city is a dialogue with the city, a face-to-face. Looking for actors, locations, I wanted to meet Rotterdam's faces, and I wanted Rotterdam to meet its own other faces. The joking lady in the brown bar on Sunday morning, the driver putting his bus away for the night, the attendants at the mosque in an old school, the circle of Russian sailors talking cards or business, the beautiful girls buying club clothes.
Rotterdam has a heart too. The great port breathes out to and in from the world. A heart is strong with connection, exchange. This is true also of culture. Rotterdam has had to reinvent itself, re-recognize itself. It inspires me to a new YOU - the city.

Vers in de etalage
Donner

Mei
Rotterdam centrum
Debat & literatuur

Vers in de etalage is een vier weken durende tentoonstelling van gedichten en liederen (of fragmenten daarvan) op posterformaat in de etalages van winkels aan de Oude Binnenweg, Mauritsweg, Van Oldenbarneveltstraat en Karel Doormanstraat. Verder zijn er georganiseerde wandelingen langs de etalages o.l.v. bekende Rotterdammers en een openings- en slotmanifestatie met optredens van artiesten en dichters (*Dichter bij de deur*: dichters dragen voor de etalage een gedicht voor). Het is de bedoeling een boekje en ansichtkaarten te maken met de gedichten.

Poetry in the Shop Window is a four weeks' exhibition of postersize (fragments of) poems and songs displayed in the windows of shops in Oude Binnenweg, Mauritsweg, Van Oldenbarneveltstraat and Karel Doormanstraat. There are also organized walks along the shop windows guided by famous Rotterdam residents as guides, as well as opening and closing festivities featuring performances by entertainers and poets (*Poet at the door*: poets reciting poetry in front of shop windows). It is the intention to make a booklet and picture postcards containing the poems.

Mana
Scapino Ballet Rotterdam

11–19 mei
Theater Zuidplein
Dans, interdisciplinair

Choreograaf Keith-Derrick Randolph creërde in het kader van Rotterdam 2001, Culturele Hoofdstad van Europa, zijn eerste avondvullende choreografie voor het Scapino Ballet Rotterdam. Voor Mana brengt Randolph verschillende artiesten en performers uit de vele etnische gemeenschappen in Rotterdam bijeen. Deze artiesten (acteurs, dansers, zangers en musici) vormen de basis en bepalen de toon. Dans is de rode draad, maar er worden uitstapjes gemaakt naar muziek en theater. Mythen en fabels uit verschillende landen verwijzen naar het heden en laten personages zien die gevormd zijn door immigratie, reizen en mislukkingen. Componist Jan-Bas Bollen tekent voor de muziek. Mana is alleen te zien in Rotterdam.

Within the framework of Rotterdam 2001, Cultural Capital of Europe, the choreographer Keith-Derrick Randolph created his first all evening choreography for the Rotterdam Scapino Ballet Company. In Mana, Randolph brings together various entertainers and performers from the many ethnic communities in Rotterdam. These performers (actors, dancers, singers and musicians) form the basis and set the tone. Dance is the leitmotiv, but excursions to music and theatre will be made. Myths and tales from different countries make references to the present, showing characters formed by immigration, travels and failures. Composer Jan-Bas Bollen wrote the music. Mana will be on stage in Rotterdam only.

Recital met liederen van Rotterdamse componisten

11 mei
Stadhuis
Muziek

Pianist Ardjoena Soerjadi en tenor Hans van Dijk, beide afgestudeerd aan het Rotterdamse Conservatorium, vertolken liederen van componisten die, op welke wijze dan ook, verbonden zijn met de stad Rotterdam. Liederen uit verschillende stijlperioden, in diverse talen en de presentatie van een speciale compositieopdracht zetten de Rotterdamse componist deze avond in de schijnwerpers. Enkele namen: Jan van Vlijmen, Ton de Leeuw, Alexander Voormolen en Peter Jan Wagemans.

Pianist Ardjoena Soerjadi and tenor Hans van Dijk, both graduates of the Rotterdam Conservatory, will interpret songs by composers who are connected in some way to the city of Rotterdam. Songs from different style periods and in different languages, as well as the presentation of a composition especially made for the occasion, will spotlight the Rotterdam composers this evening. To mention a few: Jan van Vlijmen, Ton de Leeuw, Alexander Voormolen and Peter Jan Wagemans.

De Rode Roos van Rotterdam
Rotterdams Centrum voor Theater

12 mei-17 jun (weekends)
Mathenesserdijk
Theater

Een groep mensen ontdekt op de Mathenesserdijk, een plek die slecht bekend staat, een rode roos, terwijl niemand dacht dat daar ooit iets kon groeien. Ze raken er zó door in extase dat ze het publiek mee op reis nemen, op zoek naar plekken in de stad waar nog meer rode rozen kunnen groeien. Het is een theatrale en zintuiglijke reis langs vele culturen met prikkelende geuren, kleuren en smaken. Een project van het Rotterdams Centrum voor Theater (RCTH), m.m.v. onder meer Toneel in de Wijk (6 bewoners uit Delfshaven), stichting de Regenboog (een groep jonge Turkse mannen), 12 Surinaamse vrouwen, amateurtoneelgroepen Kwadrant en VZOD, het - multiculturele - vrouwenberaad van buurthuis de Dam, Kaapverdische artiesten, Koerdische jongeren en (leerling)spelers van het RCTH. Concept: Paul Röttger. Choreografie: Raymond Colling en Paul Röttger.

In Mathenesserdijk, a place of ill repute, a group of people discover a red rose, while no one believed anything would ever grow there. They become so excited that they take the audience along on a journey, searching for other places in the city where growing red roses might be found. It is a sensory journey full of tittilating smells, colours and tastes. A project by the Rotterdam Centre for Theatre (RCTH), with contributions by Theater in de Wijk (6 inhabitants from Delfshaven), the Regenboog Foundation (a group of young Turkish men), 12 Surinam women, the amateur theatre groups Kwadrant and VZOD, the - multicultural - women's committee from the community centre De Dam, Cape Verdean performers, young Kurds, and (apprentice) players from the RCTH. Concept: Paul Röttger. Choreography: Raymond Colling and Paul Röttger.

Rotterdam 2001 Culturele Hoofdstad van Europa

De sterke stad: Rotterdamse beelden van Willem Verbon

14 mei – dec
Eva Cohen-Hartoghkade
(Kop van Zuid)

Beeldende kunst

De Rotterdamse beeldhouwer Willem Verbon (1921) portretteert al zijn leven lang markante historische figuren die kleur en betekenis hebben gegeven aan de geschiedenis van de stad. Op de gedenkwaardige 14e mei, de dag van het bombardement van Rotterdam, opent een buitenexpositie van zijn bronzen beelden en reliëfs die in samenwerking met het Rotterdamse bedrijfsleven tot stand is gekomen.
All his life, the Rotterdam sculptor Willem Verbon (1921) has been portraying striking historic personalities who gave colour and meaning to the city's history. On the memorable 14th of May, the day Rotterdam was bombed in World War II, an outdoor exhibition of his bronze sculptures and reliefs will be opened. An exhibition in co-operation with the Rotterdam business community.

O Amor Natural – de liefde natuurlijk

Sept

Theater

O Amor Natural - de liefde natuurlijk is een zinnelijke dans- en poëzievoorstelling ter gelegenheid van de Werelddovendagen 2001. Zes acteurs beelden in gebarentaal erotische gedichten uit van de Braziliaanse dichter Carlos Drummond de Andrade. Een productie van het Handtheater, die zowel voor doof als horend publiek toegankelijk is.
O Amor Natural – love, of course is a sensual dance and poetry performance on the occasion of the World Day of the Deaf 2001. Six actors will express erotic poems by the Brazilian poet Carlos Drummond de Andrade through sign language. A production by the Handtheatre, open to both the deaf and the hearing.

S.O.S.

Audiovisuele kunsten

Onze levensruimte kan door het weglaten van een bepaalde zintuiglijke waarneming groter worden en nieuwe perspectieven bieden. De zorginstelling S.O.S. Telefonische Hulpdienst maakt deze paradox tot formule van haar hulpaanbod. Zij werkt uitsluitend per telefoon, waardoor er geen visueel contact is tussen opbeller en hulpverlener. Deze radiodocumentaire maakt duidelijk dat juist door die begrenzing van de (contact)ruimte nieuwe mogelijkheden ontstaan.

By omitting some sensory perception, our living space may expand, offering new perspectives. The service institution S.O.S. Helpline turns this paradox into a formula for its help services. Use is made of the telephone only, so that there is no visual contact between caller and social worker. This radio documentary makes it clear that the very limitation of (contact) space creates new possibilities.

Ja ja maar nee nee
ro theater i.s.m. RCTH

6 – 30 sept
ro theater
Theater

Met dit theaterstuk, geschreven door Rudi Bekaert, zitten we midden in de multiculturele, moderne metropool. Op een komische, herkenbare manier beschrijft hij het onderlinge sociaal contact van een groep flatbewoners in Brussel. In de hal van een appartementencomplex kletsen ze honderduit over hun dagelijkse zorgen, ergernissen en frustraties, zoals criminaliteit, goudvissen, vreemdelingen en drugs. *Ja ja maar nee nee* wordt gemaakt door het ro theater en gespeeld door acteurs van het Rotterdams Centrum voor Theater. Een intrigerende confrontatie tussen Rotterdam en Brussel, tussen Nederlanders en Vlamingen, tussen amateurs en professionals. Guy Cassiers en Alize Zandwijk regisseren, geassisteerd door Stefan de Walle en Sylvia Weening.

In this stage play, written by Rudi Bekaert, we find ourselves in the middle of the multicultural, modern metropolis. In a comical, recognizable manner, he depicts the social contacts maintained by a group of flatdwellers in Brussels. In the hall of an apartment block, they chatter away about their daily concerns, irritations and frustrations, such as crime, goldfish, aliens and drugs. *Yes thanks but no*, no was created by the ro theatre and is played by actors from the Rotterdam Centre for Theatre. A fascinating confrontation between Rotterdam and Brussels, between the Dutch and the Flemish, between amateurs and professionals. Guy Cassiers and Alize Zandwijk are the directors, assisted by Stefan de Walle and Sylvia Weening.

Blind Date in Shanghai

21 sept – 31 dec

Audiovisuele kunsten

Voor blinde mensen zijn vrijheid, mobiliteit en veiligheid nooit vanzelfsprekend. Tijdens de geluidsvoorstelling *Blind Date in Shanghai*, op een locatie hoog boven het stadsgewoel, kunnen blinde bezoekers zich - met een koptelefoon op - zonder risico's overgeven aan allerlei zintuiglijke gewaarwordingen. Geluidskunstenaar Cilia Erens componeert in samenwerking met vormgever Manon Houben van alledaagse geluiden een sensatie aan beelden op het thema *Rotterdam is vele steden*.

For blind people, freedom, mobility and safety are never a matter of course. During the sound performance of *Blind Date in Shanghai*, on a location towering high above the hustle and bustle of the city, blind visitors – with headphones on – can abandon themselves safely to all sorts of sensory perceptions. In collaboration with designer Manon Houben, sound artist Cilia Erens converts everyday sounds into a sensation of pictures on the theme *Rotterdam is many cities*.

Met dank aan de Vereniging Blindenbelangen

Breitner in Rotterdam

Vanaf okt
Nederlands Foto Instituut
Fotografie

De Rotterdammer George Hendrik Breitner (1857–1923) is vooral bekend als schilder, maar de laatste jaren raakt ook zijn fotografische werk steeds bekender. Zijn stadsgezichten, naakt- en figuurstudies en portretten nemen in de 19e-eeuwse Nederlandse fotografie een unieke plaats in. Het NFI toont in de zomer van 2001 in een uitgebreide tentoonstelling de foto's die Breitner rond 1900 maakte van zijn geboortestad. Zij geven een intrigerend beeld van de binnenstad van het Rotterdam van toen.

Rotterdam artist George Hendrik Breitner (1857–1923) is, in the first place, well-known as a painter but, during the last few years, more and more people know of his photographic work too. His townscapes, nude and figure studies and portraits occupy a unique place in 19th century Dutch photography. Summer 2001, the Dutch Photo Institute (NFI) organizes a comprehensive exhibition of the photos Breitner made around 1900 of his birthplace. They provide an intriguing picture of the inner city of Rotterdam in those days.

Rotterdams Verenigingsleven in beeld

28 sept 2001 – 31 jan 2002
De Dubbelde Palmboom
Fotografie

Een wereld in de stad die vaak onzichtbaar blijft is die van de amateur. In deze uitgebreide fototentoonstelling geven amateurfotografen Rotterdamse amateurverenigingen een gezicht. Van de postduivenvereniging Hillegersberg tot de Chinese culturele vereniging Wah Fook Wui, van de roeirevalidatievereniging Rijnmond tot Vereniging Airiños da Terra. De foto's worden gemaakt door leden van zes fotoclubs in Rotterdam.

A world in the city that often remains invisible is that of the amateur. In this comprehensive photo exhibition, amateur photographers give Rotterdam amateur clubs a face. From the pigeon fanciers' association Hillegersberg to the Chinese cultural association Wah Fook Wui, from the rowing rehabilitation club Rijnmond to the association Airiños da Terra. The pictures were shot by members of 6 photography clubs in Rotterdam.

Foto: Koods Broek

Het Rotterdamgevoel

Okt 2001 – aug 2002
Het Schielandshuis
Tentoonstelling, audiovisuele kunsten

Het is niet uit te leggen, maar wel met elkaar te delen: het gevoel dat Rotterdammers voor hun stad hebben. Het Rotterdamgevoel is een expositie over de recente geschiedenis van de stad. In 10 videoportretten van Rotterdammers komt *Het Rotterdamgevoel* anno 2001 duidelijk tot uiting. De tentoonstelling vult de verhalen van inwoners aan met luisterfragmenten, filmbeelden en objecten.

You cannot explain it but you can share it: the feeling inhabitants of Rotterdam harbour about their city. *The Rotterdam Feeling* is an exhibition about the recent history of the city. In 10 video portraits of Rotterdam residents, *The Rotterdam Feeling* in the year 2001 is clearly expressed. The exhibition adds sound fragments, film pictures and objects to the stories of the inhabitants.

Foto: Arie Kievit

Dining-International/ Rotterdam

Najaar 2001 (Rotterdam),
jun 2001 (Porto)
St. THRIFT/Hanneke Breuker
Tentoonstelling, interdisciplinair

In *dining-international/rotterdam* wordt een deel van de persoonlijke omgeving, de plek aan tafel, uit de besloten, huiselijke plek gehaald en in een publieke omgeving gebracht. Stoelen en servies maken verschillen en overeenkomsten zichtbaar en geven zo een dieper inzicht in de diverse culturele achtergronden, tradities, persoonlijkheden en maatschappelijke omstandigheden van verscheidene inwoners van Rotterdam. De rijkdom aan belevingswerelden in een grote stad wordt zichtbaar en invoelbaar door videoportretten van de deelnemers, aangevuld met beelden van de directe woonomgeving.

In *Dining-International/Rotterdam*, part of the personal environment, the dining table, is removed from the private home situation and moved into a public environment. Chairs and service make differences and similarities visible, thus providing deeper insight into the various cultural backgrounds, traditions, personalities and social conditions of a number of Rotterdam residents. The wealth of perceptions of the environment in a big city becomes visible and tangible through video portraits of the participants, supplemented with pictures of the immediate living environment.

Haroen en de zee van verhalen

De familievoorstelling van het ro theater
19 dec 2001 – 6 jan 2002 (première)
Rotterdamse Schouwburg
Theater

De vader van Haroen is beroemd om zijn verhalen. Maar op een dag herinnert hij zich geen verhalen meer. Haroen ontdekt dat een watergeest de kraan van de verhalenstroom heeft dichtgedraaid. Om zijn vader te helpen besluit Haroen naar de oceaan van verhalen te reizen. Het wordt een wonderbaarlijke tocht door het land van de duisternis en het land van het licht op zoek naar de woorden om weer te kunnen vertellen. Salman Rushdie schreef het boek voor zijn tienjarig zoontje, maar ook de volwassene wordt aangesproken door Rushdies pleidooi voor vrijheid van mening en respect voor verschillen: *er is niet één verhaal, er zijn er wel duizend en die moeten allemaal verteld kunnen worden*. Deze familievoorstelling, gemaakt met een multiculturele cast, wordt door Guy Cassiers geregisseerd.

Haroun's father is famous for the stories he tells. But one day he cannot remember any stories. Haroun finds out that a water spirit has shut off the flow of stories. To help his father, Haroun decides to travel to the ocean of stories, a wondrous journey across the land of darkness and the land of light, in search of the words to tell stories again. Salman Rushdie wrote the book for his ten year old son but Rushdie's plea for freedom of opinion and respect for differences also appeals to adults: *there is not one story, there must be over a thousand, and they should all be told*. This family show, staged by a multicultural cast, is directed by Guy Cassiers.

03 Jij de stad

Rotterdam 2001 Culturele Hoofdstad van Europa

GLASHANDEL VELLEKOOP B.V.
Nieuwbouw Luxor Theater
Opening voorjaar 2001

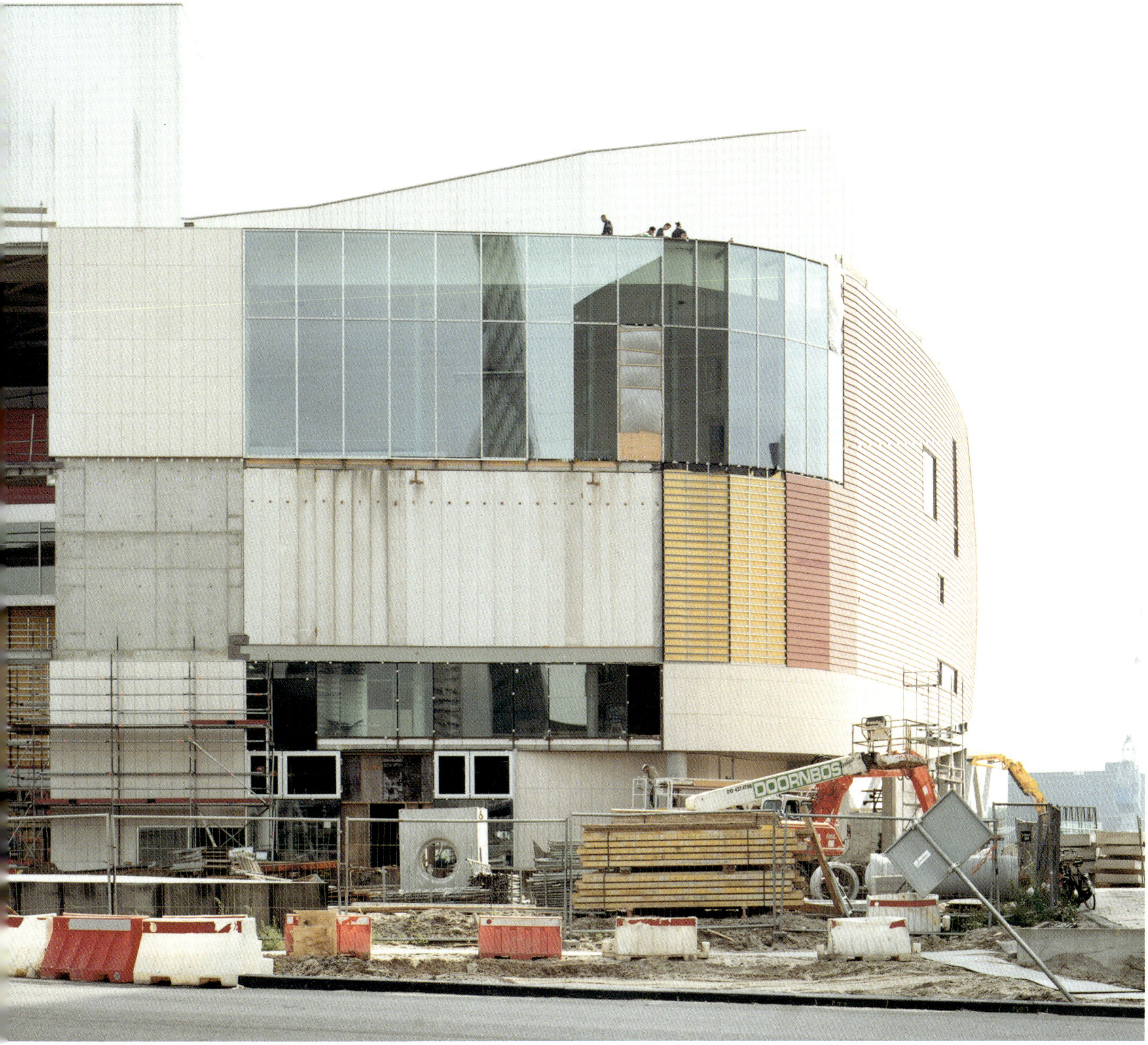
DOORNBOS

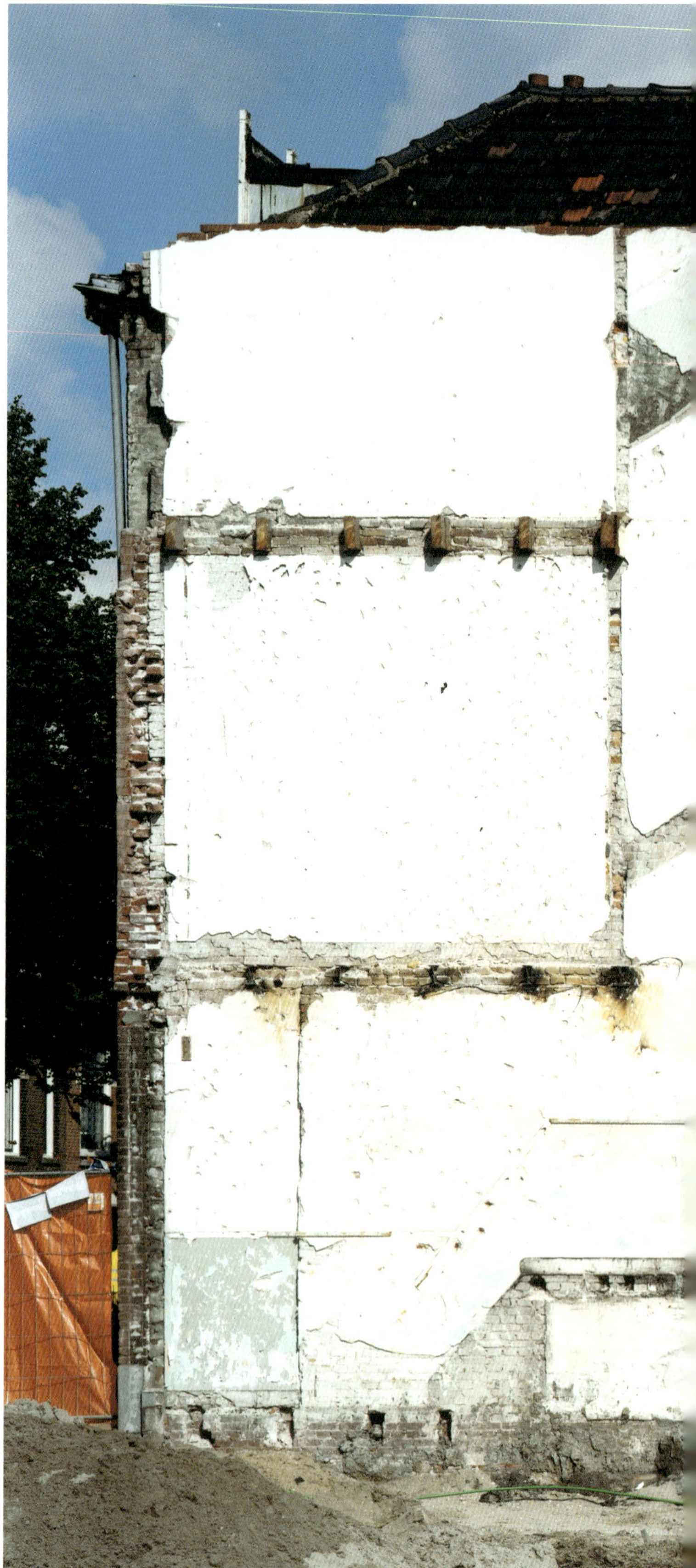

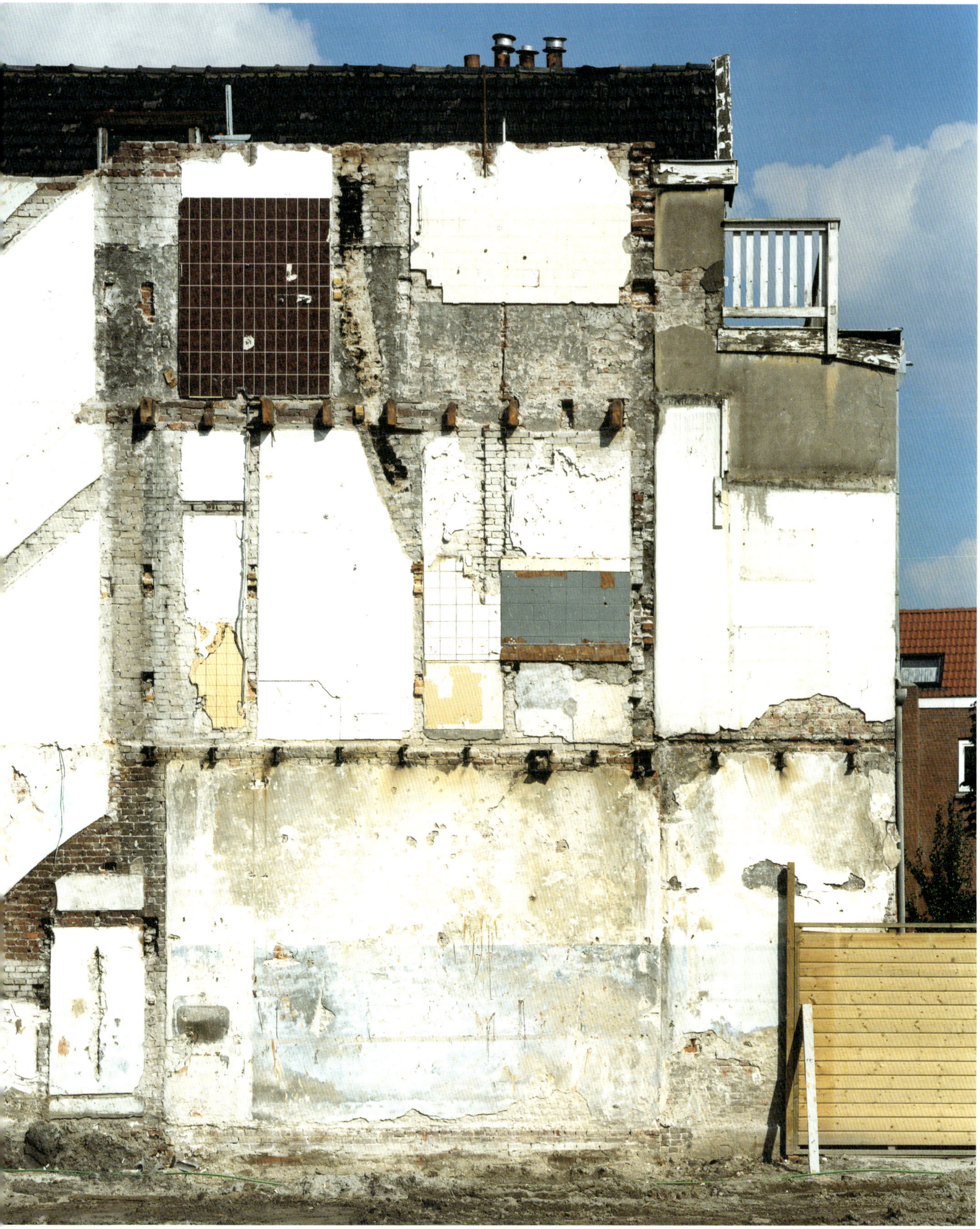

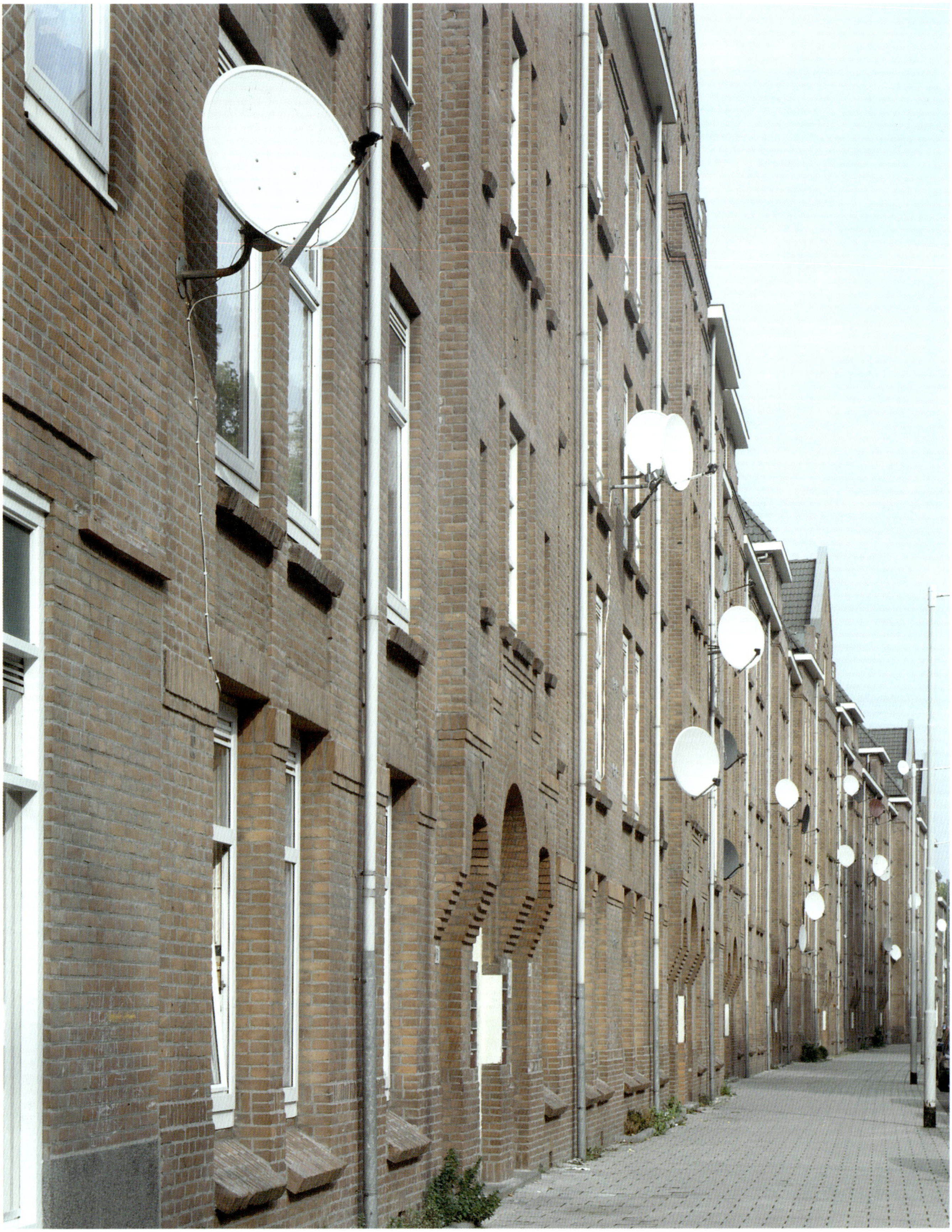

Rotterdam 2001 Culturele Hoofdstad van Europa

04 Vitale Stad
Vital City

In ieder onderzoek naar wat mensen het belangrijkste vinden in het leven scoort één ding altijd het hoogst: gezondheid. Nu zijn gezondheid en ziekte, jeugd en ouderdom niet louter kwesties van medische techniek en tellen en meten. Het is bovenal een beleving, die sociaal en cultureel bepaald is. Gezondheid neemt een belangrijk deel van het recreatieve leven in beslag; het gaat over levensstijlen, over de vele keuzes die mensen maken in hun leven, en over keuzes die het leven voor mensen maakt.

Onderzoek heeft eveneens uitgewezen dat sociaal economische omstandigheden van invloed zijn op de gezondheid van mensen. Gebrek aan respect, zingeving en materiële middelen zijn ziekmakende factoren die mensen een gevoel van tweederangs burgerschap geven. Vitale Stad wil de veerkracht, wijsheid en behendigheid tonen van die groepen mensen die te gemakkelijk het stempel ongezond en afgedankt hebben gekregen. Zij die om welke reden dan ook te oud, te vreemd, te ziek, te zwak of wat dan ook worden gevonden. In de samenleving wordt veel accent gelegd op de vervreemding, het gebrek aan sociale cohesie, gevoelens van angst en onveiligheid, de toename van het geweld op straat enzovoorts. Vitale Stad wil de keerzijde laten zien.

In Vitale Stad zijn culturele programma's ontwikkeld die gezondheid en vitaliteit in hun maatschappelijke context aan de orde stellen. Dit is in harmonie met de gehanteerde definitie van de World Health Organization, die het lichamelijke, psychische en sociale welbevinden van het individu tot het domein van de gezondheid rekent. In Vitale Stad zijn projecten die iets vertellen over het sociale en culturele kapitaal van Rotterdammers, hun levensstijlen en hun strategieën om te overleven en vooruit te komen samengebracht.

De projecten hebben verschillende doelstellingen. Ze maken zichtbaar welke inspanningen Rotterdammers zich getroosten om het leven in de stad vitaal te houden, richten zich op ontmoetingen tussen verschillende generaties en culturele groeperingen, bevorderen de sociale en culturele mobiliteit en dragen bij tot het verdwijnen van vooroordelen. Om die doelstellingen te bereiken heeft de organisatie van Vitale Stad naar landelijke en Europese samenwerkingspartners gezocht, opdat er contacten ontstaan waar Rotterdam 2001, Culturele Hoofdstad van Europa, van leert.

In every study into what people consider most important in life, one item always comes out first: health. Now health and sickness, youth and age are not merely matters of medical technique or computing and measuring. Above all, it is an experience, determined by social and cultural factors. Health occupies an important part of recreational life, since it concerns lifestyles, the many choices that people make in their lives, and the choices that life imposes on people.

Likewise, studies have indicated that socio-economic conditions have an influence on people's health. Lack of respect, of meaning and of material resources are sickening factors that give people a feeling of being second-class citizens. Vital City will demonstrate the resilience, wisdom and skills of those groups of people that are too easily labelled as being unhealthy and discarded. Those who, for whatever reason are labelled too old, too strange, too sick, too weak or whatever else. In society a strong emphasis is placed on alienation, lack of social cohesion, feelings of fear and insecurity, the increase of violence in the street, and so on. Vital City shows the other side of the coin.

In Vital City, the cultural programmes have been developed to raise the subjects of health and vitality within their social context. This is in harmony with the definition employed by the World Health Organization, which considers that the physical, mental and social well-being of the individual belongs in the health domain. Vital City welcomes projects that have something to say about the social and cultural capital of Rotterdam citizens, their lifestyles and their strategies for survival and for making progress.

The projects will have various objectives. They reveal which efforts the people of Rotterdam employ to maintain the vitality of life in the city, they aim at encounters between different generations and cultural groups, promote social and cultural mobility and contribute to the removal of prejudices. In order to reach these objectives, Vital City organizers have searched for national and European partners to bring about contacts from which Rotterdam 2001, Cultural Capital of Europe, can learn.

Rotterdam, een vitale stad / Rotterdam, a vital city
Prof. dr. H.A. Büller

Hoofd Afdeling Kindergeneeskunde Academisch Ziekenhuis Rotterdam/Sophia Kinder Ziekenhuis
Chairman Department of Pediatrics University Hospital Rotterdam/Sophia Children's Hospital

In deze stad aan het water, waar vele soorten mensen hun weg proberen te vinden, bruist het van vitaliteit. Daarbij gaat het niet alleen om de vitaliteit van kinderen, jongeren of studenten, maar ook die van de kunstenaar, de straatkrantverkoper of ouderen. De stad is steeds in beweging en kenmerkt zich door voortvarendheid, veerkracht en vertrouwen in de toekomst bij haar ontwikkeling en bij het oplossen van haar problemen. Deze vitaliteit is overal om je heen voelbaar. Rotterdam, culturele hoofdstad van Europa in 2001, inspireert en enthousiasmeert. Rotterdam als smeltkroes van vele culturen leeft en straalt energie uit. Alleen in een vitale stad worden nieuwe wegen gecreëerd en werelden geopend.

This city on the water's edge, where all sorts of people try to find their way, bubbles with vitality. Not only the vitality of children, young people and students, but also that of the artist, the seller of Straatkranten *(Street Newspapers)* in the street and the senior citizen. The city is always in motion and is characterized by the dynamics, resilience and faith in the future as for its development and the solution of its problems. You can feel this vitality everywhere around you. Rotterdam, cultural capital of Europe in 2001, engenders inspiration and enthusiasm. Rotterdam as the melting pot for many cultures lives, and radiates energy. Only in a vital city new ways can be created and new worlds be opened.

Eurodak

1 jan
Sint Laurenskerk
Muziek, interdisciplinair

Een culturele en kunstzinnige manifestatie waar dak- en thuislozen uit heel Nederland zich presenteren. Ze worden ondersteund door politie, smaakmakende artiesten en beeldend kunstenaars. Doel is een bijdrage te leveren aan een reële beeldvorming van dak- en thuislozen en het tonen van een veelal ongezien onderdeel van cultuur en kunst aan een breed publiek. Dit project wordt gecoördineerd door Bureau de Goede Bromberg en het Projektenburo.
A cultural and artistic manifestation in which homeless people from the whole of the Netherlands will present themselves. They will be supported by the police, trendsetting entertainers and visual artists. The aim is to make a contribution to the real image of the homeless and to show a largely unseen part of art and culture to a broad public. This project will be coordinated by the Bureau de Goede Bromberg and the Projektenburo.

Met dank aan het Ministerie van Volksgezondheid, Welzijn en Sport

Streetwise

Jan – feb
Calypso 2001, diverse locaties
Debat & literatuur, tentoonstelling

In het kader van Vitale Stad initieert Rotterdam 2001, Culturele Hoofdstad van Europa, een conferentie voor de redacties van Straatkranten uit verschillende Europese steden. De conferentie vindt begin 2001 plaats en moet uitmonden in een tentoonstelling van de meest aangrijpende straatfoto's en magazinecovers. De tentoonstelling is te zien op diverse locaties in de stad en op straat. Na Rotterdam zal de tentoonstelling verschillende Europese steden aandoen. De conferentie moet bovendien aanzet zijn tot een gezamenlijke uitgave, waarvoor alle redacties een lokaal getinte bijdrage zullen leveren met *de straat* als onderwerp. In de zomer van 2001 wordt deze Europese Straatkrant in tal van Europese steden aangeboden. De organisatie en uitwerking is in handen van communicatiebureau De Denk Industrie.
Within the framework of Vital City, Rotterdam 2001, Cultural Capital of Europe, has initiated a conference for the editorial teams of the Straatkranten (Street newspapers) from various European towns and cities. The conference will be held early in 2001 and must lead to an exhibition of the most moving street photos and magazine covers. The exhibition can be seen in various locations in the city and in the streets. After Rotterdam, the exhibition will be held in various other European towns and cities. In addition, the conference must lead to a combined publication, to which all editors will provide a locally based contribution, with *the street* as the subject. In the summer of 2001, this European Street Newspaper will be offered for sale in a great many European towns and cities. The organization and production is in the hands of communication bureau De Denk Industrie.

Wereldcircus

Vanaf okt 2000 (werkplaatsen), 19 mei (parade) / 19 – 25 mei (tournee)
Diverse locaties
Podiumkunsten

Er klinkt getimmer en gezaag, trompetgeschal en zang, gejuich en applaus. Clowns en acrobaten oefenen op een pleintje. Er klinkt Arabische muziek en 6 buikdanseressen warmen zich op. Men hoort het gehinnik van een Lippizaner... Op zaterdag 19 mei start het Wereldcircus 2001 met een spectaculaire circusparade, waaraan honderden acrobaten, clowns, vertellers, muzikanten en dansers meedoen. De parade trekt van de Feijenoord naar het Noordplein, waar de eerste voorstellingen van het circus te zien zijn. Na het Noordplein bezoekt het *Wereldcircus 2001* nog 7 andere pleinen. De voorstelling bestaat uit optredens van (inter)nationale artiesten en speciaal voor deze tournee gemaakte acts. Vanaf januari wordt onder begeleiding aan een circusact voor de parade gewerkt. De beste acts mogen mee met de tournee. Voor info over de wereldcircus- of danswerkplaats: Pacific Enterprises (010) 476 10 95 of www.wereldcircus.nl
There is the sound of carpentry and sawing, trumpet scales and song, cheering and applause. Clowns and acrobats rehearse in the square. There is the sound of Arabic music and six belly dancers warm up. One can hear the neighing of a Lippizaner... On Saturday 19 May the World Circus 2001 will start with a spectacular circus parade, in which hundreds of acrobats, clowns, narrators, musicians and dancers will take part. The parade will wend its way from Feijenoord to Noordplein, where the first performances of the circus may be seen. After Noordplein, the *World Circus 2001* will visit 7 other squares. The performance will consist of appearances by national and international performers and acts specially put together for this tour.

Sponsor: Stad Rotterdam Verzekeringen

Internationaal wijktheaterfestival
Neem de Wijk

21– 25 maart
Theater Zuidplein
Theater, debat & literatuur

Een internationaal festival met tal van opvallende, traditionele en verrassende theatervoorstellingen van verschillende stads- en wijkcentra. Theater Zuidplein staat van woensdag tot en met zaterdag geheel in het teken van theater voor en door buurtbewoners uit o.a. Rotterdam, Groot-Brittannië, Duitsland, België en de Verenigde Staten. Men kan deelnemen aan workshops, openbare repetities, presentaties en discussies. Het Rotterdams Wijktheater zorgde eerder voor volle zalen in Theater Zuidplein met *Heeft Spangen dat verdiend?* en *Fawaka*. Onder leiding van de faculteit der Historische en Kunstwetenschappen van de Erasmus Universiteit Rotterdam (EUR) worden tijdens een congres de betekenis en methodiek van wijkgericht theater ter discussie gesteld. Het festival wordt georganiseerd door het Rotterdams Wijktheater, de EUR en Theater Zuidplein.
An international festival with a great many outstanding, traditional but also surprising theatre productions from the halls of various town and district centres. From Wednesday to Saturday the Zuidplein Theatre will be entirely dedicated to theatre for and by neighbourhood residents from among other places Rotterdam, Great Britain, Germany, Belgium and the United States of America. There will be opportunities to take part in workshops, public rehearsals, presentations and discussions. The Rotterdams Wijktheater has previously had full auditoriums in the Zuidplein Theatre with *Heeft Spangen dat verdiend? (Did the district Spangen deserve that?)* and *Fawaka*. In the course of a congress under supervision of the faculty of History and Art Studies of Erasmus University Rotterdam, the meaning and methodology of district related theatre will be the subject of discussion. The festival will be organized by the Rotterdam District Theatre, EUR and the Zuidplein Theatre.

Met dank aan het Prins Bernhard Cultuurfonds Rotterdam

3 x Top

Dec 2000 – juni 2001
Diverse locaties in Delfshaven
Kinderprogrammering, interdisciplinair

Kinderen van 8 tot 18 jaar uit de wijken van deelgemeente Delfshaven kunnen via *3 x Top!* kennismaken met kunst, dans en sport. Zo doen er ongeveer 600 voetballers mee aan de grote straatvoetbalcompetitie op pleinen in hun eigen wijk. De finale heeft plaats tijdens het slotspektakel. Intussen zijn 250 kinderkunstenaars druk bezig met het maken van eigen kunstwerken tijdens workshops, begeleid door kunstenaars uit de deelgemeente Delfshaven. De kinderkunstwerken worden tentoongesteld op verschillende plaatsen in de wijken waar de kinderen wonen. Bij de grootse dansvoorstelling tijdens het slotspektakel in en rond het Eneco Stadion dienen de kunstwerken als decor. De 2001 danser(tje)s hebben dan al een half jaar lang geoefend en try-outs gegeven in kleine accommodaties.

Through *3 x Top!*, children from the districts in the Delfshaven borough can get familiar with art, dance and sport. Some 600 footballers will take part in a great street football competitionion in squares in their own district. The finale will be played during the closing spectacle. In the meantime, 250 child artists will be busy creating their own works of art during workshops, under the guidance of artists from the Delfshaven borough. The children's artwork will be exhibited in various places in the districts where the children live. At the grand dance show during the closing spectacle in and around the Eneco Stadium, the artwork will serve as the décor. The 2001 dancers will have been rehearsing for half a year and will have given try-outs in various smaller accommodations.

Kunst voor de Generaties

Jan – dec
Diverse locaties
Interdisciplinair

Iedereen is het erover eens: een betere culturele infrastructuur leidt tot een groter publieksbereik. Maar waarom zijn er dan nog nauwelijks culturele voorzieningen in bijvoorbeeld dagprogrammering voor ouderen? Wie neemt de moeite om aan kunstinstellingen en publiek te vragen wat hun wensen en belemmeringen zijn? Vitale Stad neemt het voortouw om afname en aanbod beter op elkaar af te stemmen zodat de kunsten alle generaties optimaal kunnen bereiken. In samenwerking met een selecte groep Rotterdamse kunstinstellingen wordt een pilotproject voor dit intergenerationeel publieksbereik voorbereid.

Everyone agrees: a better cultural infrastructure would lead to greater public accessibility. But why then are there still hardly any public facilities for, for example, daytime arrangements for senior citizens? Who will take the trouble to ask art institutions and the public what they wish and what the impediments are? Vital City will initiate a better matching between supply and demand so that all generations will have optimum access to art. In collaboration with a select group of Rotterdam art institutions, a pilot project is being prepared for this intergenerational public.

Recreatie Muziekleider

Jan – dec
SKVR
Muziek

Op 14 september 2000 zijn de eerste zes certificaten uitgereikt aan de eerste Recreatie Muziekleiders door wethouder Els Kuyper. De opleiding is gericht op de muzikale belevingswereld van jongeren bekeken vanuit diverse culturele achtergronden. Eerst volgen de cursisten een popcursus en parallel hieraan vier modules; Afrikaanse, Marokkaanse en Turkse muziek en wereldpercussie. Vervolgens richt de opleiding zich op organisatie, communicatie en sociale vaardigheden en inzicht in de 'culturele staalkaart'. De deelnemers worden bijgeschoold op het gebied van de nieuwe muziektechnologie en lopen ze een stage van ongeveer acht weken. Deze opleiding leidt generalisten op die de weg weten in de Rotterdamse culturele omgeving. Ze kunnen een rol van spelen bij het realiseren van 2001-projecten in de wijken. In november 2000 is een testjaar gestart met 12 deelnemers.

On 14 September 2000 the first six certificates were presented by Alderman Els Kuiper to the first Teacher of Recreational Music. The course is aimed at the young. First, the students follow a course in pop music, together with four parallel modules: African, Moroccan and Turkish music, and global percussion. After this, the course is aimed at organization, communication and social skills and gaining an insight into the 'cultural sample sheet' of Rotterdam. The participants will also receive tuition in the area of new music technology and will follow *on the job* training for about eight weeks. This course is supposed to train generalists who know their way in the cultural environment of Rotterdam. They can play a meaningful role in realizing 2001-projects in the various districts. In November 2000 a test year started with 12 participants.

Culturele ambassadeurs

Jan – dec
Diverse locaties
Interdisciplinair

Culturele ambassadeurs zijn allen die nieuwe publieksgroepen enthousiast maken om kennis te nemen en te genieten van het kunst- en cultuuraanbod in de stad. Om deze methodiek te ontwikkelen biedt Pluspunt een aantal informatieve bijeenkomsten aan voor Rotterdammers die ingezet worden als ambassadeurs van cultuur. Vertegenwoordigers van Rotterdamse kunstinstellingen komen o.a. uitleggen wat programmering, marketing en communicatie voor hen inhoudt.

Cultural ambassadors are those who make new audiences enthusiastic to get to know and enjoy the artistic and cultural offerings in the city. In order to develop this methodology, Plus Point offers a number of informative meetings for those in Rotterdam who are appointed as cultural ambassadors. Representatives of Rotterdam's art institutions will come to explain, among other things, what programming, marketing and communication mean to them.

04 Vitale stad

Vrouwenhuis en Galerie de Brieder

Feb / apr / jun / aug / okt / dec
Vrouwenhuis
Tentoonstelling, beeldende kunst

Het Vrouwenhuis organiseert in samenwerking met *Galerie de Brieder op locatie* 5 tentoonstellingen. Aan het begin van elke even maand wordt een tentoonstelling geopend. Ook toneel, muziek en cabaret maken deel uit van de openingen. De tentoonstellingen zijn alleen toegankelijk voor vrouwen.
Het Vrouwenhuis staat voor diversiteit en is een multiculturele, facilitaire organisatie met als belangrijk doel een ontmoetingsplaats te zijn voor zowel jonge meiden als vrouwen. De optredens en de tentoonstellingen worden, in nauwe samenwerking met Galerie de Brieder, hierop uitgekozen en samengesteld.

In co-operation with the Vrouwenhuis (Women's Centre), *Gallery de Brieder on location* will organize five exhibitions. At the beginning of each even month one exhibition will be opened. Plays, music and cabaret will also form part of the opening. The exhibitions will be open to women only. The *Vrouwenhuis* stands for diversity and is a multicultural service organization, having as an important aim the provision of a meeting place for women and girls. The performances and exhibitions will be chosen in close co-operation with Gallery de Brieder.

Pronkzitting Carnavalsverband Rijneinde

3 feb
Ahoy' Rotterdam
Muziektheater

Carnavalsverband Rijneinde, samengesteld uit de diverse carnavalsverenigingen in Rotterdam, is opgericht om het carnaval zo breed mogelijk te promoten. Daarom organiseert het Carnavalsverband een internationale pronkzitting. Op deze gala-avond presenteren de diverse carnavalsverenigingen zich op ludieke wijze met acts afgewisseld met optredens van diverse kapellen en dansorkesten.
The Rijneinde Carnival Association, composed of the various carnival associations in Rotterdam, was founded with the aim of promoting carnival as broadly as possible. Therefore, the Carnival Association will organize an international showpiece session. On this gala evening the various carnival associations will present light-hearted acts, interspersed with performances by various bands and dance orchestras.

Op de koffie in Calypso

Maart – apr
Calypso 2001
Debat & literatuur, interdisciplinair

Vitale stad en Stad van de Toekomst willen de bewoners van Rotterdam graag inlichten over en betrekken bij het programma van Rotterdam 2001, Culturele Hoofdstad van Europa. Daartoe nodigt de organisatie, in samenwerking met het welzijnswerk, Stichting de Meeuw, medewerkers van buurthuizen, scholen en wijkcentra, groepen bewoners uit op de koffie in Calypso 2001.
Vital City and City of the Future would like to inform the inhabitants of Rotterdam about the programme for Rotterdam 2001, Cultural Capital of Europe, and to involve them in it. So the organization, in collaboration with welfare work agencies, the De Meeuw Foundation and the employees of community centres and schools, will invite groups of inhabitants to join them for coffee in Calypso 2001.

PameijerKeerkring

Feb – nov (symposia) /
Nov (theaterfestival)
Diverse locaties
Interdisciplinair

PameijerKeerkring viert haar 75-jarig jubileum. Er vindt een kleinschalig internationaal theaterfestival plaats voor acteurs met een verstandelijke handicap. Er wordt een minisymposium georganiseerd voor (kunst)journalisten, met wie gepraat wordt over de artistieke waarde van de getoonde voorstellingen. De overige 7 symposia met ieder een eigen thema hebben tot doel de meningen en wensen te vernemen van mensen met een handicap, in verschillende levensfasen en terreinen. Deze worden tijdens de slotmanifestatie voorgelegd aan beleidsmakers, financiers en bestuurders. In de Kinderboekenweek verschijnt, op initiatief van de PameijerStichting, een prentenboek met als thema *De school van mijn dromen*, gemaakt door gehandicapte kinderen en hun niet-gehandicapte klasgenootjes.

PameijerKeerkring celebrates its 75th anniversary. A small-scale international theatre festival for actors with a mental handicap will take place. Together with this festival, a mini-symposium will be organized for art-orientated journalists, with whom a discussion will be held about the artistic value of the performances. The remaining seven symposia each with a different theme, will all aim at understanding the ideas and desires of people with a handicap, in different phases of life and in every area. During the closing event the results will be presented to policy makers, financiers and managers. During the Children's Book Week a picture book will be published on the initiative of the Pameijer Foundation with the theme *The school of my dreams*, made by handicapped children and their non-handicapped classmates.

Vitaliteit in de bloei van je leven

22 feb
Calypso 2001
Wetenschap

Met de Vitaliteitslezing start een jaar vol projecten rond de vitaliteit van 50-plussers. De lezing is gekoppeld aan de presentatie van het 12 jaar durende onderzoek dat de Amerikaan William Sadler deed naar vitaliteit van de *third age*. In december vindt een slotcongres plaats over vitaliteit in 2001. Gasten uit binnen- en buitenland wisselen informatie uit op het gebied van ouderen en cultuurparticipatie.

The Vitality Lecture will start up a year filled with projects associated with the vitality of people over-fifty years old. The lecture will be coupled with the presentation on the 12 years' study by the American William Sadler into the vitality of the *third age*. In December there will be a closing congress dealing with vitality in 2001. Guests from the Netherlands and from abroad will exchange information in the area of senior citizens and cultural participation.

Vrouwen in Feijenoord, kunst, cultuur en ontmoeting

8 maart
Wijk Feijenoord
Interdisciplinair

In de deelgemeente Feijenoord zijn al verschillende groepen vrouwen aan het werk met het thema *Rotterdam, de stad waar ik woon*. De vrouwengroepen bezoeken in dit kader Rotterdamse kunst- en cultuurinstellingen en maken zo kennis met verschillende kunst- en cultuuruitingen, zoals theater, dans, muziek en beeldende kunst. Vanuit deze ervaringen wordt een programma ontwikkeld met verschillende creatieve workshops. De resultaten van de workshops worden op 8 maart, tijdens de viering van de Internationale Vrouwendag in Feijenoord gepresenteerd. Aan het thema wordt gedurende de rest van jaar verder gewerkt aan de hand van het programma van Rotterdam 2001, Culturele Hoofdstad van Europa.

In the Feijenoord borough there are various women's groups working on the subject *Rotterdam, the city in which I live*. Within this framework, the women's groups will visit Rotterdam art and cultural institutions and thus get familiar with various artistic and cultural expressions, such as theatre, dance, music and visual art. From these experiences a programme will be developed with various creative workshops. The results of the workshops will be presented during the celebration of the International Women's Day on 8 March in Feijenoord. Further work will be done on the theme during the rest of the year on the basis of the programme for Rotterdam 2001, Cultural Capital of Europe.

Verrassend anders

14 – 24 maart / 3 – 13 okt

Debat & literatuur

Onder de titel *Verrassend anders, een creatieve waterval* verschijnt rond de Boekenweek in 2001 een verrassend boek met verhalen, gedichten en columns van Hoogvlietse amateurschrijvers van 10 tot 90 jaar. Ook enkele gastschrijvers die 'iets met Hoogvliet hebben', zoals minister van Justitie Korthals en Jan Schildkamp, Rotterdammer van het jaar 1999, leverden een bijdrage. De Hoogvlietse kunstenaars Marcellus Hoornweg en Joyce Naaijkens illustreren de meest bijzondere verhalen.

With the title *Surprisingly different, a creative waterfall*, a surprising book of stories, poems and contributions by amateur authors from 10 to 90 years old in Hoogvliet will be published in connection with the Book Week in 2001. Several guest authors who 'have an affinity with Hoogvliet' such as Justice Minister Korthals and Jan Schildkamp, Rotterdam citizen of the year 1999, will also make contributions. The Hoogvliet artists, Marcellus Hoornweg and Joyce Naaijkens, will provide illustrations for the most exceptional stories.

De Pythiade

Maart – mei
Delfshaven
Interdisciplinair

Het Droomtheaterproject *De Pythiade* is een combinatie van sport, spel, competitie en cultuur. De Klassieke Oudheid biedt enerzijds de mogelijkheid meer te vertellen over de geschiedenis van Europa en anderzijds biedt het een achtergrond ter uitvoering van allerlei spelvormen. In het Droomtheater geeft Joannes Oussoren een performance, geïnspireerd door mythische figuren en verhalen. Naast dit theater- en vertelprogramma worden in samenwerking met TOS (Thuis Op Straat) Pythiade sport- en spelprogramma's gepresenteerd.

The Dream Theatre Project *De Pythiade* is a combination of sport, play, competition and culture. On the one hand, the classic antiquity offers the possibility to tell more about the history of Europe and, on the other hand, it offers a background for the performance of many forms of play. In the Dream Theatre Joannes Oussoren will give a performance inspired by mythical figures and stories. In addition to this theatre and story-telling programme, various Pythiade sports and games programmes will be presented in co-operation with TOS (Home on the Street).

Vitaal en vitaliserend

Maart – okt
Diverse locaties
Interdisciplinair

Zo'n 500 55-plussers uit de deelgemeente Prins Alexander hebben, met Stichting Welzijn Alexander, een bruisend programma samengesteld. Op de openingsdag in het voorjaar zijn exposities, demonstraties, workshops en optredens met o.a. muziek en dans te bezoeken. In de zomer staan onder meer een vierdaagse, een sportdag, een theatervoorstelling en een musical op het programma en op 1 oktober, de jaarlijkse dag van de ouderen, diverse presentaties en een themabijeenkomst.

Some 500 over-55 citizens from the borough of Prins Alexander have, together with the Alexander Welfare Foundation, concocted a sparkling programme. On the opening day in Spring one may visit exhibitions, demonstrations, workshops and performances with music and dance, among other things. In the summer the programme will include a four-day walking event, a sportsday, a theatre performance and a musical, and on 1 October, the annual over-55 day, various presentations and a theme based meeting will be held.

Het Oude Westen Binnenste Buiten

31 maart – 26 apr
Calypso 2001
Tentoonstelling, debat & literatuur

Het onzichtbare wordt zichtbaar in de tentoonstelling *Het Oude Westen Binnenste Buiten*. De Aktiegroep het Oude Westen, die in 2001 haar 30ᵉ verjaardag viert, verzamelt dierbare dingen van bewoners. Dingen die bij iedere verhuizing toch maar weer mee gaan. Die over de hele wereld zijn meegesleept en in een vergeten bestaan terechtgekomen zijn. Deze dierbare dingen worden tentoongesteld als een wonderlijke verzameling emotionele voorwerpen. De combinatie met een serie fotoportretten van families in hun interieurs levert een pregnante reportage op over het rijke leven in een wijk als het Oude Westen. Ook vindt er, naast een aantal emotionele en culinaire ontmoetingen, een levendige openbare discussie plaats over de toekomst van de wijk.

The invisible become visible at the exhibition *The Old West Turned Inside Out*. The Action Group *Oude Westen*, that will celebrate its 30th anniversary in 2001, collects cherished objects from residents. Things that have accompanied them every time they have moved. Things that have been dragged over the whole world and have finally ended up forgotten. These cherished items will be exhibited as a strange collection of emotionally charged objects. In combination with a series of photographic portraits of families in their homes, they will provide a pregnant report on the rich life in a district such as Oude Westen. In addition to a number of emotional and culinary encounters, there will also be a lively public discussion about the future of the neighbourhood.

Plankenfeest

2 – 4 mei
Theater Zuidplein
Kinderprogrammering, theater & toneel

In je eigen soap spelen, vieze littekens schminken, levensechte decors bouwen, een spannend stuk regisseren, wonderbaarlijk licht maken, een romantisch of griezelig toneelstuk schrijven; het kan allemaal in de meivakantie! Iedereen van 8 tot en met 12 jaar die in Rotterdam-Zuid woont is van harte welkom op het Plankenfeest. Elke dag kun je kiezen uit verschillende workshops en kun je kijken naar een theatervoorstelling. In april krijg je op school *De Plankenkrant*. Daarin staat precies wat er allemaal te doen is. In de zomervakantie mag je op een groot podium in het Museumpark laten zien wat je hebt geleerd. Het Plankenfeest is een onderdeel van het project *Theater op Zuid* van Stichting Tar. Dit project heeft als doel kinderen Uit Rotterdam-Zuid in contact te brengen met alle aspecten van theater.

Playing a part in your own soap opera, applying horrifying scars with makeup, building life-sized scenery, directing a thrilling piece, creating fantastic lighting, writing a romantic or a creepy play; all this is possible during the May holidays! Everyone from 8 to 12 years old who lives in South Rotterdam will be very welcome at the *Plankenfeest* (Boards Festival). Every day you can choose between various workshops and you can see a theatre production. In April you will get the *Plankenkrant* (Boards Paper) at school. In it you will find exactly what there is to do. In the summer holidays you can show what you have learned on a large stage in the Museum Park. *Plankenfeest* is part of the *Theatre in the South* project by the Tar Foundation. The aim of this project is to bring children from South Rotterdam into contact with every aspect of the theatre.

Blommenfestijn

30 apr
Kerksingel, Charlois
Interdisciplinair

Het *Blommenfesteijn* in Charlois is ontstaan uit een Opzoomer-lentefeest, waarbij zowel bloemen als de kleurrijke samenstelling van de bevolking een belangrijke rol spelen. Vorig jaar trok het feest meer dan 15.000 bezoekers. Tijdens het zevende *Blommenfesteijn* in 2001 wordt opnieuw een grote vrijmarkt georganiseerd, met vele gratis attracties voor jong en oud, zoals een draaimolen, clowns, een kindercircus, live muziek en verschillende demonstraties.

The *Blommenfesteijn* (Flower Festival) in Charlois arose out of a Sprucing up Spring festival in which both flowers and the colourful composition of the population play an important part. Last year the festival drew more than 15.000 visitors. During the seventh *Blommenfesteijn* in 2001 there will again be a large free market, with many free attractions for the young and old, such as a merry-go-round, clowns, a children's circus, live music and various demonstrations.

Die Goeie Ouwe Radio

22 mei – 20 jun
Calypso 2001
Muziektheater

Het theatrale liedjesprogramma *Die Goeie Ouwe Radio* laat de muziek uit de jaren direct na de bevrijding en de glorieuze jaren '50 herleven. Hits van onder meer Eddy Christiani, Tom Manders, Ted Valerio, Max van Praag, de onvolprezen Alberti's en Jaap Valkhoff passeren de revue, onder leiding van presentator Harry-Jan Bus. Geheel in de stijl van de bonte stoet aan radioprogramma's van weleer volgt een authentiek hoorspel en de muzikale radioquiz *Zing goed of zing mis*. Een fraai muziekmozaïek dat een lust is voor het oog én het oor.

The theatrical song programme *That Good Old Radio* will revive music from the years immediately after liberation and from the 50s. Hits from performers such as Eddy Christiani, Tom Manders, Ted Valerio, Max van Praag, the unsurpassed Albertis and Jaap Valkhoff will be heard, as presented by Harry-Jan Bus. Completely in the style of the colourful tradition of the radio programmes of old, an authentic radio play and the musical radio quiz *Good singing or false singing* will follow. A fine musical mosaic that is a feast for the eye and ear.

Rotterdam 2001 Culturele Hoofdstad van Europa

20 Huiskamers rond een plein

Juli – aug
Bospolder/Tussendijken
Interdisciplinair

Vanaf het metrostation Delfshaven worden bezoekers langs een route gevoerd waar ze woningen kunnen bezoeken. Zo maken ze kennis met de woninginrichting en leefstijlen van diverse culturen uit Bospolder/Tussendijken. Op het pleintje bij de Ganzenpoot kan men vanuit het tegenoverliggende multiculti café kijken naar een groot scherm met o.a. portretten van bewoners, inkijkjes bij bewoners thuis en memorabele wijkgebeurtenissen. Deze centrale plek dient tevens als podium voor verschillende vormen van muziek, dans, voordracht en informatie.

From the Delfshaven underground station, visitors will be led along a route where they can visit homes. In this way they can find out about the way people from various cultures in the Bospolder/Tussendijken live and furnish their homes. From within the multi-cultural café opposite the square near De Ganzenpoot, they can watch a large screen showing portraits of inhabitants, a peek in the homes, and memorable happenings in the neighbourhood. This central spot will also serve as a platform for various types of music, dance, discourses and information.

Europees Jongleerfestival

4 – 10 aug
Diverse locaties
Podiumkunsten

Het Europees Jongleerfestival is een jaarlijks terugkerende happening, waarbij zo'n 2001 jongleurs uit heel Europa elkaar ontmoeten. Er zijn workshops voor beginners en gevorderden, games, een parade en een public show. Iedereen met een festivalpas of dagkaart mag meedoen. Aan het einde van iedere dag wordt een podium opengesteld voor iedereen die zijn kunsten wil tonen. De parade langs een vooraf uitgezette route door de stad en de wervelende public show op een spannende locatie in de stad, vormen de hoogtepunten van het festival.

The European Juggling Festival is an annually recurring event, in which some 2001 jugglers gather from all corners of Europe. There are workshops for beginners and advanced practitioners, games, a parade and a public show. Everyone with a festival pass may take part. At the end of each day a platform is made available for anyone who wishes to display his of her skills. The parade along a predetermined route through the city and the sparkling public show on an exciting location in the city form the highlights of the festival.

Videogedichten van de straat

Sept
Diverse locaties, tv-uitzending
Audiovisuele kunsten

Professionele, aanstormende en vergeten talenten maken videoproducties van circa 5 minuten die zich bewegen op de rand van film en poëzie, met Rotterdam als decor. Deze talenten maken een voorstel, een 'synopsis' voor hun clip, waaruit duidelijk blijkt wat ze willen verbeelden. Deskundige Rotterdammers beoordelen deze synopsissen en selecteren hieruit de meest poëtische, brutale en natuurlijk haalbare plannen. De geselecteerden krijgen vervolgens een workshop bij de Foto- & Videoschool van de SKVR en professionele begeleiding bij het realiseren van hun clip. De resultaten worden vertoond op meerdere plekken in de stad, in de buurt én op de tv. Dit project kwam tot stand in samenwerking met het Filmfonds Rotterdam, het VSB-fonds, het Fonds voor Amateurkunst, het Willem Kloos Fonds, Rotterdam 2001, Culturele Hoofdstad van Europa, SKVR Foto- & Videoschool en Rotterdamse filmmakers.

Professional, up and coming and forgotten talents will make video productions lasting about five minutes, which are bordering on film and poetry, with Rotterdam serving as the background. These talented people will make a proposal, a 'synopsis' of their clip, that makes obvious what they want to show. Rotterdam specialists will assess these synopses and select the most poetic, cheeky and, of course, feasible plans. Those selected will then take part in a workshop at the SKVR Photo and Video School and receive professional guidance in the realization of their clip. The results will be shown at various spots in the city, in the 'neighbourhood' and on TV. This project was conceived in co-operation with the Rotterdam film Fund, the VSB Fund, the Fund for Amateur Art, the Willem Kloos Fund, Rotterdam 2001, Cultural Capital of Europe, SKVR Photo and Video School and Rotterdam film makers.

Euro+Songfestival

1 sept – 9 nov (finale)
Diverse locaties, Concert- en congresgebouw de Doelen
Muziek

Een songfestival voor het rijpere talent. Het Euro+Songfestival gaat naar de mensen toe: de voorrondes worden gehouden in o.a. ontmoetingsruimten voor Turken en Marokkanen (MEKAN), in de woonzorgcentra en de buurttheaters. Na voorrondes in de Rotterdamse wijken, waarbij de nadruk ligt op de culturele diversiteit van de deelnemers, volgt de Grande Finale in De Doelen op 8 november. Porto 2001 doet mee aan het Songfestival. Ook daar worden de beste 50+ talenten geselecteerd om daarna de arena te betreden met hun Rotterdamse medefinalisten.

A song festival for the more mature talent. The Euro+ Song Festival will come to the people: the qualifying rounds are held in meeting places for Turks and Moroccans (MEKAN), in home care centres and in neighbourhood theatres. After the qualifying rounds in the Rotterdam districts where the emphasis is on the cultural diversity of the participants, there will be a Grand Finale in De Doelen on 8 November. Porto 2001 will take part in the Song Festival. There the best over-50 participants will also be selected to subsequently appear in the arena with the fel-low finalists from Rotterdam.

Werelddovendag/ Toneelcursussen doven

22 sept
In en om het gebouw van Swedoro
Debat & literatuur, theater

Onder de titel *Doven en de Toekomst* organiseert de Stichting Welzijn voor Doven in Rotterdam en omgeving (Swedoro) in samenwerking met de Dovenschap de Werelddovendag 2001. In een science-fiction decor kan de bezoeker oefenen met chatten, internetten, (mobiele) telefonie en diverse kunstvormen, zoals fotografie, film en zingen in gebarentaal. Daarnaast is er een Open Podium, een discussie en een museum over de Nederlandse dovengeschiedenis. Ook wordt er een toneelcursus georganiseerd, met als afsluiting een voorstelling tijdens de Werelddovendag.

With the title *The Deaf and the Future*, the Welfare for the Deaf Foundation in Rotterdam and its Environs (Swedoro), in co-operation with the Dovenschap, will organize the World Day of the Deaf 2001. In a science fiction setting the visitor will be able to practice chatting, using the Internet, have discussions and visit a museum dedicated to the history of deafness in the Netherlands. There will also be an Open Platform, a discussion and a museum about the history of the deaf in the Netherlands. Finally, a theatre course will be organized, to be concluded with a performance at the World Day of the Deaf.

Sophiasymfonie

28 – 30 sept
Concert- en congresgebouw de Doelen
Muziek

Sophia, a children's world symphony is het muzikale dagboek van een kind dat de bezoeker meevoert op haar levensweg. Alles wat ze onderweg beleeft neemt ze mee, ieder gevoel levert tonen en melodische fragmenten op, die aan het slot van het stuk uitmonden in een uniek 'levenslied'. We horen instrumenten die de hartslag van zowel moeder als kind vertolken, koperblazers die geluiden laten horen uit de woelige ziekenhuiswereld en onze omgeving. Op de achtergrond klinkt het slaapliedje van een harp als rustgevend element. *Sophia* gaat over dieptepunten en hoogtepunten, over de behoefte van elk mens aan vriendschap en respect. Ze toont haar levenslust en vitaliteit en laat zien dat elk mens uniek is en het waard is om voor te vechten. Dit unieke werk is een initiatief van Joke Mulder en Hans Büller van het Sophia Kinderziekenhuis, de compositie is van Dirk Brossé. In september voert het Rotterdams Philharmonisch Orkest de wereldpremière uit in De Doelen in Rotterdam, samen met het eveneens nieuwe muziekstuk *De Ring van Tolkien*.

Sophia, a children's world symphony is the musical diary of a child that takes the visitor along her path through life. Everything that she experiences along the way she takes with her, every feeling yields tones and melodic fragments which, at the end of the piece, lead to a unique 'life song'. We hear instruments that represent the heartbeat of both mother and child, brass players creating the sounds of the restless world of the hospital and our environment. In the background we hear the sound of a lullaby played on the harp as a restful element. *Sophia* is about the low points and climaxes, about everyone's need for friendship and respect. She shows her zest for living and her vitality, and makes clear that every human being is unique and worth fighting for. This unique work is an initiative of Joke Mulder en Hans Büller of the Sophia Children's Hospital and the composition is by Dirk Brossé. In September 2001 the Rotterdam Philharmonic Orchestra will perform the world premiere of this work in de Doelen in Rotterdam, together with a new musical composition *The Ring of Tolkien*.

Sponsors: Nutricia, Zilveren Kruis Achmea.

De Glazenwassersshow

Sept / nov
In en om het Sophia Kinderziekenhuis
Kinderprogrammering, theater

Stel je voor dat je met andere patiënten in het ziekenhuis ligt. Door de ramen zie je de blauwe lucht en het groene park. Maar jij mag niet naar buiten, want je bent ziek. Dan, plotseling, is daar de glazenwasser. Maar wat ziet hij er gek uit! En kijk, hij heeft een aap bij zich. De glazenwasser schrijft in spiegelschrift iets op het raam. Het is een naam, jouw naam. Hij schrijft *Ga je met ons mee?* Ons? Dan pas zie je dat buiten, voor de andere ramen, veel meer glazenwassers aan touwen hangen of op ladders staan. Zo begint een 3-daags theaterspektakel dat Jeugdtheatergezelschap Het Waterhuis opvoert in samenwerking met het Sophia Kinderziekenhuis, naar een idee van Joke Mulder (eindverantwoordelijk voor Sophia-TV) en Roel Twijnstra (regie).

Suppose you're lying in a hospital with other patients. Through the windows you can see the blue sky and the green park. But you cannot go outside because you are ill. Then, suddenly, there is the window cleaner. But he does look strange! And see, he has a monkey with him. The window cleaner writes something on the window mirrorwise. It is a name, your name. He writes *Will you come with us?* Us? Only then do you see that outside, in front of the other windows, there are many more window cleaners, suspended from ropes or standing on ladders. So begins a three-day theatre spectacle performed by Het Waterhuis Youth Theatre Company, based on an idea by Joke Mulder (who has final responsibility for Sophia TV) and Roel Twijnstra (director).

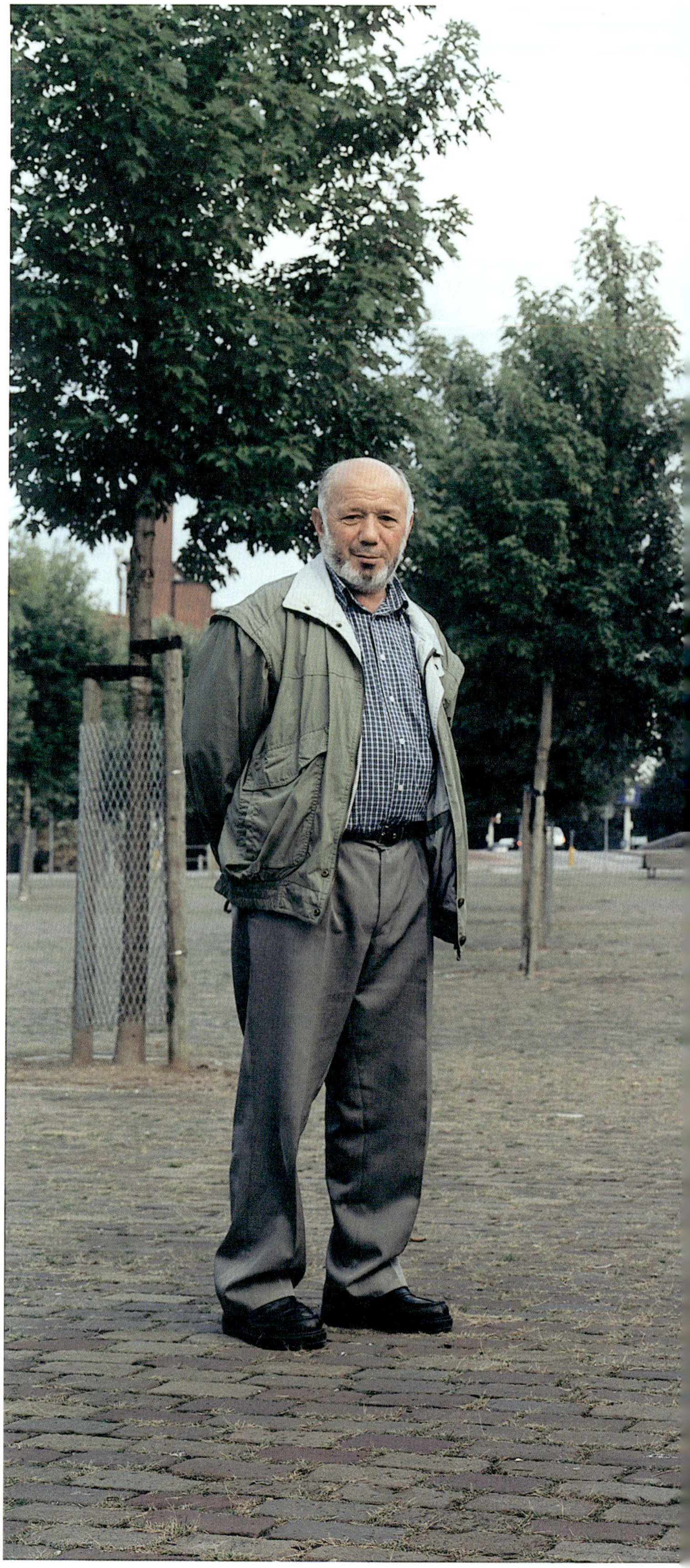

Rotterdam 2001 Culturele Hoofdstad van Europa

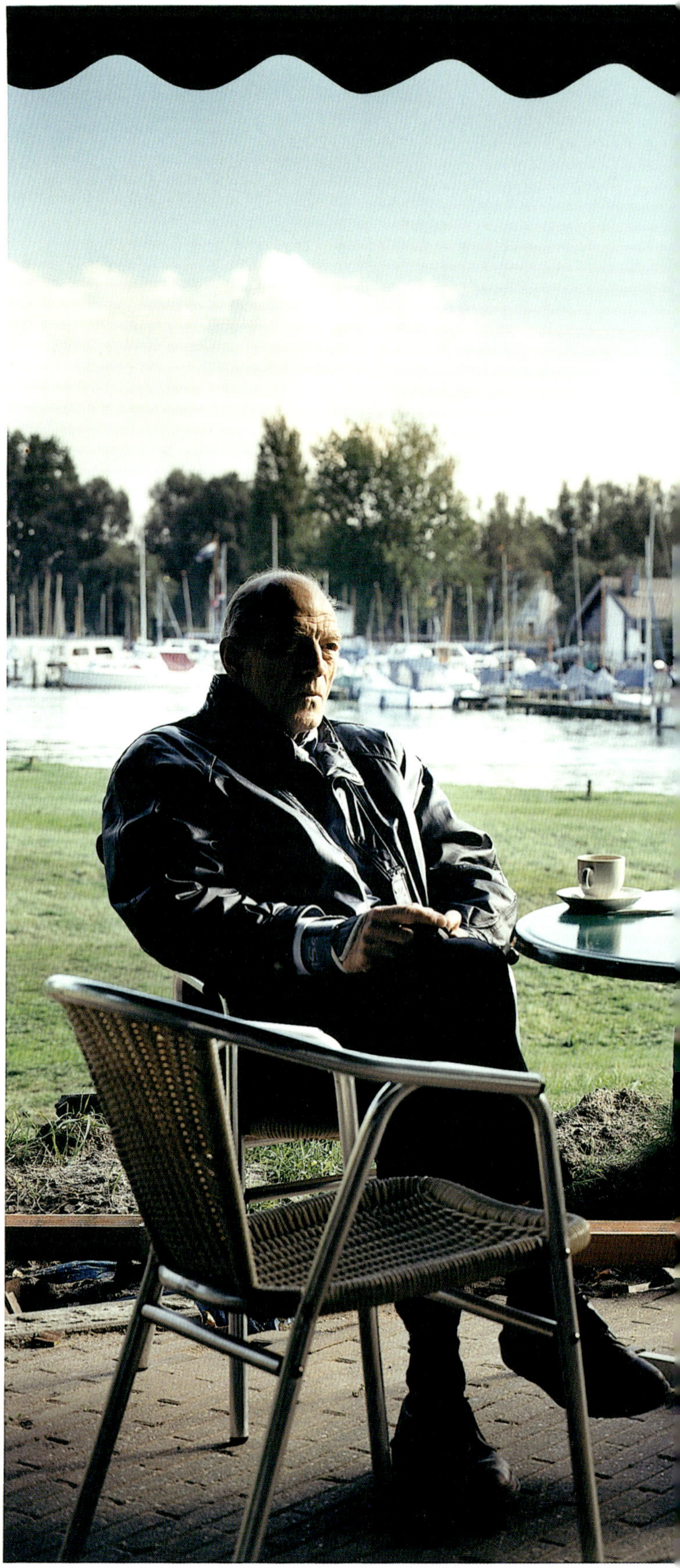

Rotterdam 2001 Culturele Hoofdstad van Europa

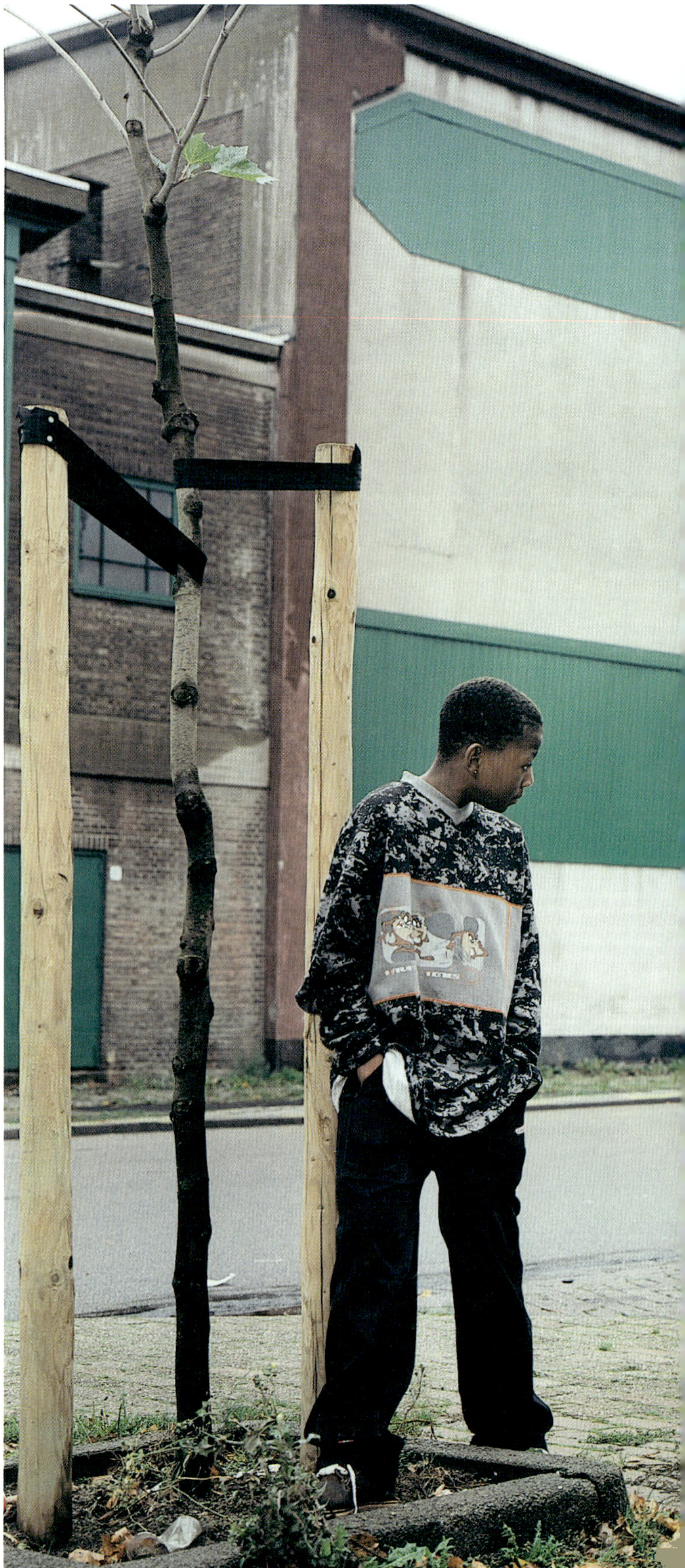

Rotterdam 2001 Culturele Hoofdstad van Europa

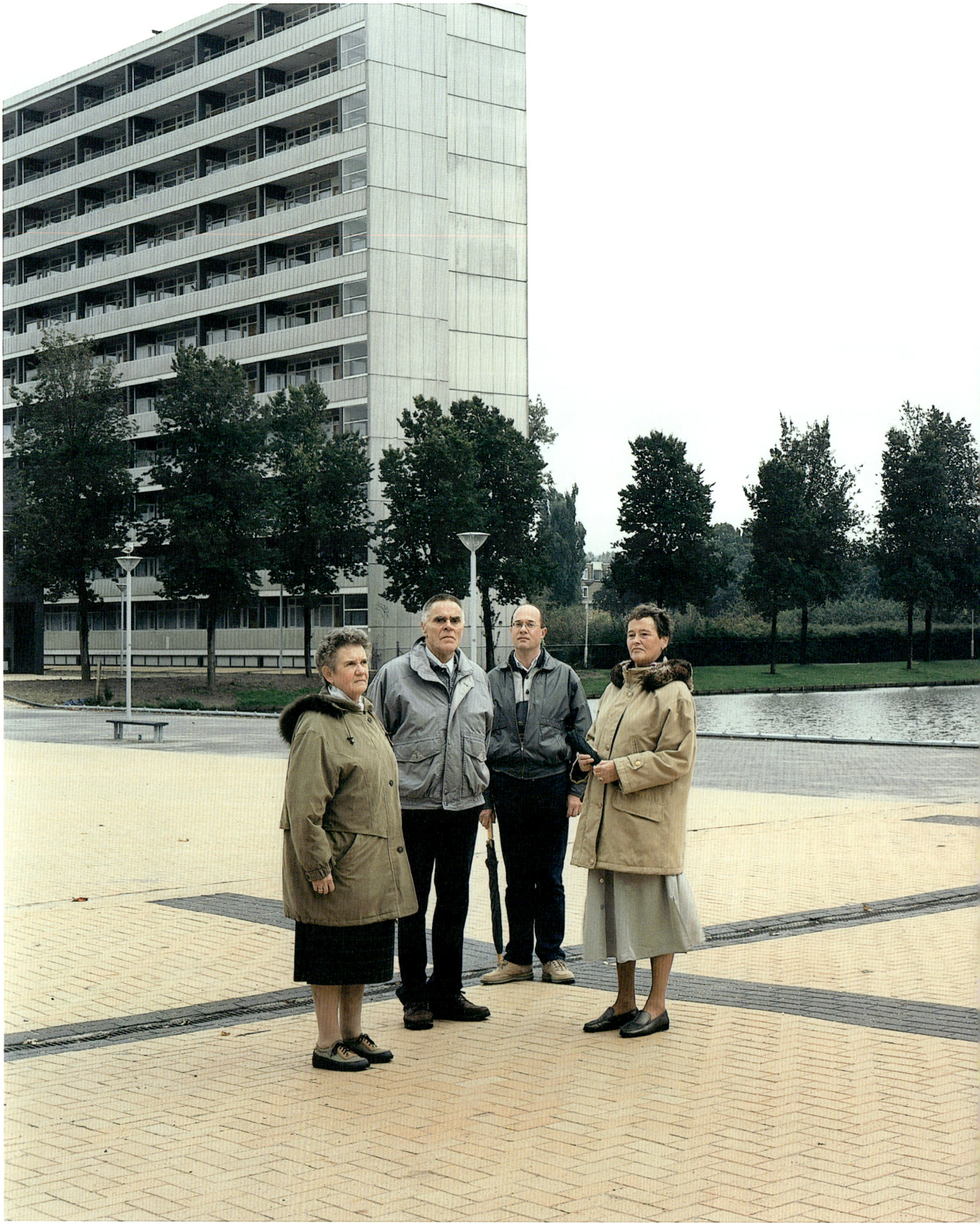

Rotterdam 2001 Culturele Hoofdstad van Europa

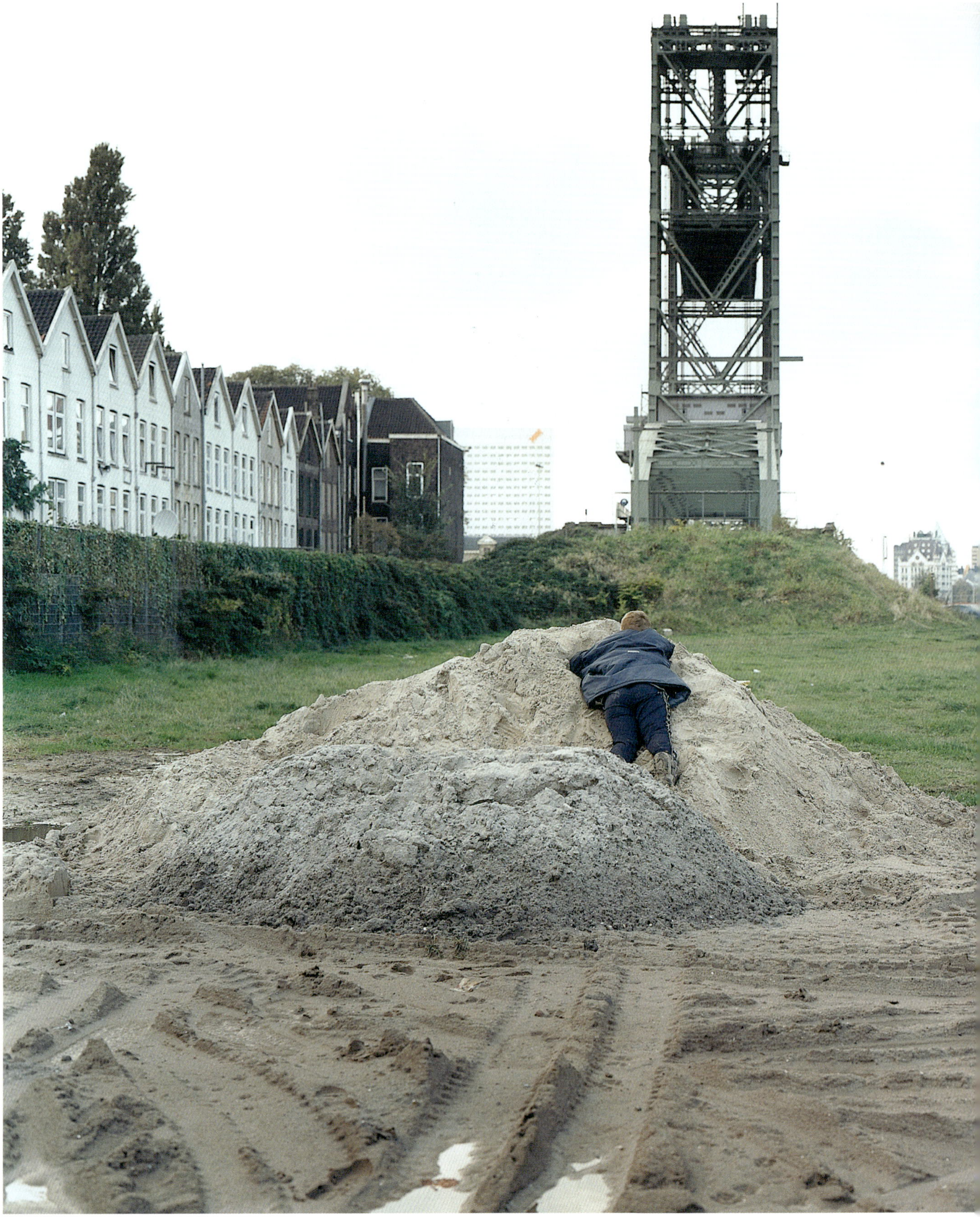

Rotterdam 2001 Culturele Hoofdstad van Europa

05 Young@Rotterdam

Rotterdam 2001 is gericht op *alle* bewoners van de jongste stad van Nederland, en is dus ook jong en multicultureel! Het programma Young@Rotterdam biedt een feestelijk overzicht van de bruisende jongerencultuur van nu. Jongeren uit Rotterdam spelen daarin vaak de hoofdrol. Jongerencultuur is de inspiratiebron voor veel gevestigde kunstenaars en musea, en artiesten kijken geregeld de kunst van jongeren af. Bruisend, vernieuwend en dynamisch is ook het programma van Young@Rotterdam. Veel projecten tonen de laatste ontwikkelingen binnen de vele culturen die Rotterdam rijk is. Naast festivals voor de gevestigde popcultuur is er volop ruimte voor vernieuwende programma's uit subculturen en de diverse segmenten van de multicultuur. Verspreid over het hele jaar worden tentoonstellingen, podiumprogramma's, sportieve activiteiten, debatten en party's georganiseerd. Jongeren zelf spelen in die programma's vaak de hoofdrol. Young@Rotterdam bestaat uit twee uitgebreide programmaseries: *Staalkaarten*, die de drijfveren van jongeren belicht, en *Cultuureducatie*, waaronder diverse onderwijsprogramma's vallen. Daarnaast besteedt Young@Rotterdam aandacht aan belangrijke uitgaanslocaties voor jongeren in 2001, zoals Nighttown, Hal 4 en Theater Zuidplein en aan verschillende op zichzelf staande programma's die speciaal voor jongeren zijn ontwikkeld.

Rotterdam 2001 is oriented towards *all* inhabitants of the youngest city in the Netherlands and is, therefore, young and multicultural too! The program Young@Rotterdam provides a festive overview of the vibrant present-day youth culture. Young people from Rotterdam often play the leading part in it. Youth culture is the source of inspiration for many established artists and museums, and artists regularly copy the art from young people. The programme of Young@Rotterdam is also vibrant, innovative and dynamic. Many projects show the latest developments of the many cultures in Rotterdam. Besides festivals for the established pop culture, there is also plentiful room for innovative programmes from subcultures and the various segments of the multiculture. Exhibitions, stage programmes, sports, debates and parties are organized during the course of the entire year. The young people themselves often play the leading part in these programmes. Young@Rotterdam consists of two extensive programme series: *Sample Sheets (Staalkaarten)*, shedding light on the drives of young people, and *Culture Education*, covering various educational programmes. In addition, Young@Rotterdam pays attention to important entertainment centres for young people in 2001, such as Nighttown, Hal 4 and Zuidplein Theatre, and to various separate programmes that have been developed especially for young people.

Staalkaarten / Sample Sheets

Staalkaart Liefde, Seks of Romantiek
(Love, Sex or Romance)

Feb
Diverse locaties
Interdisciplinair, jongeren

Staalkaart Party

Maart
Diverse locaties
Interdisciplinair, jongeren

De belangrijkste programmaserie in Young@Rotterdam heet *Staalkaarten*. Met ruim 50 dansavonden, themaparty's, debatten, exposities, publicaties, internetprojecten, radio- en tv-programma's en concerten belicht *Staalkaarten* de drijfveren van jongeren. *Wie zijn jongeren? Wat willen ze? Hoe uiten ze zich? Wat drijft hen?* Met de diversiteit aan culturen in Rotterdam zullen de antwoorden en bijbehorende programma's zo kleurrijk zijn als de regenboog.

Dwars door *Staalkaarten* loopt een aantal thema's dat telkens weer opduikt. Speciale programma's voor meiden geven in diverse *Staalkaarten* een extra impuls aan de meidenculturen en tonen hoe belangrijk meiden zijn in de ontwikkeling van cultuur.

Een ander thema dat vaak naar voren zal komen is *Geweld*. Zinloos geweld wordt vaak in verband gebracht met jongeren. Hoe jongeren daar zelf tegenaan kijken en mee omgaan is minder duidelijk. Een veelzijdig en uitdagend programma werd samengesteld door verschillende (jongeren-) organisaties waaronder MAMA, Class Youth Information, Uppertunning en City Team. Het bestaat o.a. uit een confronterende postercampagne, een graffiti-tentoonstelling en een maandelijks terugkerende, multidisciplinaire workshop waarbij met verschillende aspecten van geweld en agressie wordt geëxperimenteerd. Dit programma wordt eind september 2001 afgesloten door de vijfde editie van het *Youth Against Crime Festival*.

Elke Staalkaart, en in het bijzonder de derde Staalkaart *Communicatie*, toont de verschillende manieren van communiceren, de laatste ontwikkelingen en de boeiendste uitingen.

Tenslotte zijn er het hele jaar lang programma's die inspelen op de dagelijkse actualiteiten, bijeengevoegd in de Staalkaart *Blanco*. Uitingsvormen in de jongerencultuur veranderen snel. Staalkaart *Blanco* gaat over de meest recente ontwikkelingen in de drijfveren van jongeren anno 2001. De programma's worden gemaakt en gepresenteerd zodra de actualiteit daarom vraagt.

The most important programme series in Young@Rotterdam is named *Sample Sheets*. With over 50 dancing nights, theme parties, debates, exhibitions, publications, Internet projects, radio- and TV programmes and concerts, *Sample Sheets* sheds light on the drives of the young. *Who are young people? What do they want? How do they express themselves? What is their drive?* In view of the diversity of cultures in Rotterdam, the answers and the matching programmes will be as colourful as the rainbow.

A number of themes throughout *Sample Sheets* occur repeatedly. Special programmes for girls in various *Sample Sheets* provide an extra impulse to the girlie cultures and show how important girls are in the development of culture.

The theme of *Violence* is often related to young people. A versatile and challenging programme put together by various (youth) organizations, including MAMA, Class Youth Information, Uppertunning and City Team shows how young people view and deal with it themselves. This programme consists, among other things, of a confrontational poster campaign, a graffiti exhibition and a monthly multidisciplinary workshop where experiments with various aspects of violence and aggression are carried out. This programme will be ended by the end of September 2001 by the fifth edition of the *Youth Against Crime Festival*.

Each Sample Sheet, and particularly the third Sample Sheet *Communication*, shows the various communication means, the latest developments and the most fascinating expressions.

Finally, all year long there will be programmes that connect with the daily current events, assembled in the Sample Sheet *Blanco* and prepared and presented as soon as the current events demand it. Forms of expression in the youth culture change rapidly. *Blanco* relates to the most recent developments in the drives of young people in the year 2001.

Sponsor: TRS Ontwikkelingsgroep/ TRS Development Group

Liefde is de basis voor veel songteksten, seks is de beste smaakmaker voor een stand-up comedian. Voor jongeren zijn liefde, seks en romantiek vaak nieuwe terreinen. Wat betekenen liefde en seks voor jongeren? Zijn liefde, seks en romantiek onlosmakelijk met elkaar verbonden? Hoe worden ze belicht in popmuziek, stand-up comedy en literatuur? Hoe slaat liefde om in haat of lust, en wat zijn de grensgebieden? Een Internationaal Stand-up Comedy programma in Nighttown zal de toon zetten voor deze Staalkaart. Op een nieuwe website kunnen jongeren anoniem of in alle openheid met vragen en fantasieën terecht. Een nieuwe date of snelle wip is dan zó geregeld, en romances die moeten opbloeien kunnen ook via de website worden aangemoedigd.

Love is the basis for many lyrics, sex is the best inspiration for a stand-up comedian. Love, sex and romance are often new areas for young people. What do love, sex and romance mean for young people? Are they inseparable elements? In what manner does pop music, stand-up comedy and literature shed light on love, sex and romance? How does love change into hatred or lust, and what are the border areas? An International Stand-up Comedy programme in Nighttown will set the tone for this Sample Sheet. On a new website young people can anonymously or in all openness express their questions and fantasies. A new date or quick screw is arranged then just like that, and romances that still have to blossom can also be encouraged via the website.

Staalkaart *Party* toont de enorme diversiteit aan uitgaansculturen in Rotterdam, die het gevolg is van de vele culturen die Rotterdam herbergt. Kleding, muziek, ambiance en bodylanguage bereiken tijdens het uitgaan hun ware proporties. Elke subcultuur heeft haar eigen locaties, codes en muziek. Het belang van uitgaan, de behoefte aan nieuwe mogelijkheden en de invloed van nieuwe ontdekkingen in de partyculturen worden belicht op een fototentoonstelling over de Berlijnse *Love Parade*, in een editie van de Grapevine talkshows en in andere programma's. Een Punkfestival (*A Punk Odyssey*), Boogie Nights en een zinderende *70's Revival Party* geven het party-aanbod in 2001 een extra impuls. Daarnaast zullen 15 discotheken/feestlocaties in en buiten het centrum van Rotterdam het beste laten zien van wat ze in huis hebben. Tenslotte worden de grenzen van party-culturen afgetast met multidisciplinaire projecten als *Kung Fu*, die de theatervoorstelling *Discoteque* koppelt aan dance. Een actuele Party-kalender wordt bijgehouden via de site www.Staalkaarten.nl.

Sample Sheet *Party* shows the enormous diversity of entertainment cultures in Rotterdam, which is the consequence of the many cultures in Rotterdam. Clothing, music, ambiance and body language attain their true proportions during nightlife and entertainment. Each subculture has its own locations, codes and music. The importance of going out, the need for new possibilities and the influence of new discoveries in party cultures are illustrated at a photo exhibition about the Berlin *Love Parade*, in an edition of the *Grapevine* talk shows and in other programmes. *A Punk Odyssey*, *Boogie Nights* and a shimmering *70's Revival Party* provide an extra impulse to the possibilities to party in 2001. Besides, 15 discothèques/party locations in and outside the centre of Rotterdam will show the best of what they have got. Finally, the limits of party and culture will be explored with multidisciplinary projects like *Kung Fu*, which connects theatre performance Discoteque with dance. A current Party calendar is kept up-to-date on the site www,Staalkaarten.nl..

Staalkaart Girl Power

8 maart – 31 dec
Diverse locaties
Interdisciplinair, jongeren

Girl Power besteedt speciale aandacht aan meiden. Vaak zijn meiden de stuwende kracht achter veranderingen en werken ze met grote kracht aan de realisatie van hun plannen. Rondom een groots opgezet Girls Festival op 8 maart worden allerlei speciale meidenprogramma's ontwikkeld. In een grote denktank komen meiden regelmatig bij elkaar om te brainstormen over verschillende programma-onderdelen en debatten. Speciale aandacht gaat uit naar tienermoeders. Tentoonstellingen doen een boekje open over hun belevingswereld. Daarnaast werkt fotografe Tamar de Kemp mee aan een tentoonstelling met portretten van tienervaders. Die worden op hun beurt uitgenodigd om hun eigen droomkind op foto vast te leggen. In een nieuw onderwijsproject van Nighttown wordt een tienermoeder opgevoerd als rolmodel om jongeren te laten denken en werken aan hun Power en drive om hun idealen te verwerkelijken.

Girl Power pays special attention to young women. Often, girls are the driving force behind changes, and energetically work on the realisation of their plans. Around a large-scale Girls Festival on 8th March, all kinds of special girls's programmes are being developed. Girls will regularly meet in a large think tank in order to brainstorm about various programme parts and debates. Special attention is paid to teenage mothers. Exhibitions will tell about their perception of the surroundings. In addition, photographer Tamar de Kemp will contribute to an exhibition with portraits of teenage fathers. In their turn these fathers are invited to record their own dream child on photo. In a new educational project of Nighttown, a teenage mother will act as a role model to make young people think about and work on their Power and drive to realize their ideals.

Staalkaart Oorsprong & Identiteit (Roots & Basics)

Apr
Diverse locaties
Interdisciplinair, jongeren

Foto: Mplex

Kinderen van immigranten in Nederland gaan steeds vaker op zoek naar de oude waarden en gebruiken van hun cultuur. Onder Surinamers is zo een hernieuwde belangstelling voor *kawina* ontstaan, terwijl Marokkaanse jongeren zich herkennen in *chebbi* en *raï*. In verschillende festivals worden de Roots belicht. Een Chinees filmfestival, Marokkaanse en Turkse concertseries en een Kaapverdisch Festival nodigen uit om de eigen cultuur te beleven of kennis te maken met die van de ander. Bezoekers en organisatoren van de evenementen gaan tijdens gesprekken in op hun belevingswereld en het belang van hun moedercultuur in hun leven.

Children of immigrants in the Netherlands are increasingly starting to look for the old values and customs of their culture. A renewed interest for *kawina* has developed among the Surinam people, while Moroccan young people lean towards *chebbi* and *raï*. Various festivals focus on the Roots. A Chinese film festival, Moroccan and Turkish concert series and a Cape Verdean Festival invite to experience the own culture or to get acquainted with the culture of the other. During conversations visitors and organizers of the events discuss their perception of their environment and the importance of the motherculture in their life.

Staalkaart Lifestyle

Mei
Diverse locaties
Interdisciplinair, jongeren

Tegenover de hang naar roots & basics staan nieuwe ontwikkelingen waarin elementen uit verschillende culturen op een nieuwe manier worden samengebracht. Hierover gaat *Lifestyle*. In 2 grote programmablokken worden twee culturen belicht. Het eerste programma belicht de verwantschappen en verschillen tussen de verschillende zwarte jongerenculturen. In R&B, Rap en Stand-up comedy vinden zwarte jongeren met verschillende etniciteiten elkaar. Behalve deze programma's, waarin beleven centraal staat, worden debatten georganiseerd over actuele thema's. Het tweede programma is de *fusion* van *Moha Lifestyle*: modeshows, parties, lounges en andere programma's. Moha, opgeleid tot fotograaf, brengt in een serie programma's in Nighttown een breed spectrum van zijn werk. De presentatie van zijn boek *New York is Rotterdam* vormt daarin een hoogtepunt.

Opposed to the longing for roots & basics are new developments in which elements from various cultures are brought together in a new manner. This is the theme of *Lifestyle*. In 2 large programme units the focus will be on two cultures. The first programme sheds light on the relationships and differences between the various black youth cultures. In R&B, Rap and Stand-up comedy, young black people from various ethnicities come together. Besides these programmes, in which the experience is central, debates are organized about current themes. The second programme is the *fusion* of *Moha Lifestyle*: fashion shows, parties, lounges and other programmes. Moha, trained as a photographer, shows a broad spectrum of his work in a series of programmes in Nighttown. The presentation of his book *New York is Rotterdam* forms a highlight in it.

Staalkaart Sport

Jun
Diverse locaties
Interdisciplinair, jongeren

Foto: Kees Molenbeer

Waar de één sport gebruikt als uitlaatklep of als instrument voor een mooi lichaam, wendt de ander sport aan om als prof geld en status te verwerven of sociale doelen te bereiken. *Staalkaart Sport* gaat vooral in op de invloed van sport op jongerenculturen. Kleding en lifestyle worden sterk door sport beïnvloed. Ook sociale projecten als de *Boksschool van Ome Jan Schildkamp* krijgen aandacht. In het grote, stedelijke sport- en cultuurprogramma voor het middelbaar onderwijs *Schoolchamps* gaan jongeren de strijd met elkaar aan in traditionele sporten en cultuuruitingen. Tenslotte wordt de *Staalkaart Sport* gesierd met het spraakmakende programma *Cultuur en Sport* in de Rotterdamse Schouwburg, waaraan bekende sportlieden en podiumdieren hun medewerking verlenen. Voor en achter de schermen zal Wilfried de Jong een belangrijke rol spelen.

While one person uses sports as an outlet or as an instrument for a beautiful body, the other applies sports to acquire money and status as a professional or to reach social goals. Sample Sheet *Sport* particularly deals with the influence of sports on young people's cultures. Clothing and lifestyle are strongly influenced by sports. Also social projects like *Uncle Jan Schildkamp's Boxing School* are getting attention. In the extensive, municipal sports and culture programme for secondary education, *School Champs*, young people compete with each other in traditional sports and cultural expressions. Finally, the Sample Sheet *Sport* is adorned with the much talked-about programme *Culture and Sports* in the Rotterdamse Schouwburg, to which well-known sportsmen and stage animals provide assistance. In front of as well as behind the scenes Wilfried de Jong will play an important role.

Staalkaart Religie & Spiritualiteit (Religion)

Jul
Diverse locaties
Interdisciplinair, jongeren

In de Staalkaart *Religie & Spiritualiteit* komt de diversiteit aan culturen het meest tot uiting. Pinkster- en Baptistenkerken zitten vol. Vele Surinaamse, Antilliaanse en Afrikaanse jongeren bezoeken deze kerken en vinden daar inspiratie. Black Gospel bloeit daardoor als nooit tevoren. In 2001 vindt het vierde Black Gospel festival in Rotterdam plaats. Voor het eerst komen er artiesten uit het moederland van de Black Gospel op het podium. Daarnaast treden er landelijke professionals op, amateurs en leerlingen van verschillende VMBO-scholen die aan workshops hebben deelgenomen. Surinaamse jongeren zoeken in *Kawina* naar hun roots. Het wintigeloof met al zijn bijzondere rituelen is een rijke bron voor muziek en dynamische geloofsuitingen. In 2001 wordt het *Kawina Festival* uitgebreid met *Gnaoa* en *Tambu*. Deze respectievelijk Marokkaanse en Antilliaanse evenknieën hebben vergelijkbare wortels, ritmes en betekenis. Verwacht wordt dat binnen enkele jaren net zo veel jongeren deze muziek en religies belijden als nu met *Kawina* het geval is.

The diversity of cultures reveals itself mostly in the Sample Sheet *Religion & Spirituality*. Pentecostal and Baptist churches are full. Many Surinam, Antillean and African young people visit these churches and find inspiration there. That is why *Black Gospel* flourishes as never before. In 2001 the fourth Black Gospel festival will take place in Rotterdam. For the first time artists from the motherland of the *Black Gospel* will be on stage. In addition, national professionals will perform, and also amateurs and students of various VMBO-schools [= schools for preparatory intermediate vocational education] who have participated in workshops. Surinam young people search in *kawina* for their roots. The Winti-faith with all its special rituals is a rich source for music and dynamic expressions of faith. The *Kawina Festival* in 2001 will also include *Gnaoa* and *Tambu*. These respective Moroccan and Antillean versions have comparable roots, rhythms and meaning. It is expected that within a few years there will be just as many young people who practise these music and religions as is the case now with *Kawina*.

Staalkaart Communicatie (Body Talk and Digitals)

Sept
Diverse locaties
Interdisciplinair, jongeren

De straat is voor veel Rotterdamse jongeren een vanzelfsprekende ontmoetingsplaats. Praten, hangen, stoeien, flirten; op straat gebeurt het. Met straat- en lichaamstaal communiceren jongeren in hedendaags Rotterdam snel, direct en duidelijk. Het Cultuureducatief programma *Straattaal* van Nighttown speelt hier ook op in. Het I*nternational Breakdance Event* presenteert oorspronkelijk straatgebonden communicatievormen als breakdance, graffitti en rap in Nighttown en op het Schouwburgplein. Ook wordt een programmatische verbinding gelegd tussen de hedendaagse R&B en andere black music cultures. Verder presenteert het letterenfestival *Geen Daden maar Woorden*experimenten met o.a. rap, poezie, proza, door middel van performances.

The street is for many Rotterdam young people an obvious meeting place. Talking, hanging out, playing around, flirting; it happens in the street. Young people communicate in present-day Rotterdam with street and body language in a quick, direct and clear manner. Nighttown's Cultural Education programme *Street Language* focuses on this as well. *The International Break Dance Event* presents original street related forms of communication like break-dancing, graffiti and rap in Nighttown and in Schouwburgplein. Present-day R&B and other black music cultures will be linked together programmatically. Furthermore, the language and literature festival *No Deeds but Words* presents experiments with, among other things, rap, poetry and prose by means of performance.

Staalkaart Ultieme Belevenis (Ultimate Experience)

Aug
Diverse locaties
Interdisciplinair, jongeren

Zoeken naar het uiterste en het sublieme staat centraal in *Ultieme Belevenis*. Veelal wordt bij jongeren gedacht aan bungy jumpen of een wilde party met XTC en andere partydrugs. Dit zoeken naar de ultieme kick wordt in deze Staalkaart geplaatst naast heel andere manieren om het ultieme uit jezelf te halen. In *Fun Town* en de landelijke finale van de Kunstbende tonen jongeren uit heel Europa hoe zij uit kunst en cultuur een ultieme belevenis halen. Andere programma's in de *Ultieme Belevenis*, zoals de *National R&B Dance Contest*, tonen precies diezelfde drijfveren.

The search for the ultimate and the sublime is the focal point in *Ultimate Experience*. Often, when thinking of young people, one thinks of bungee jumping or a wild party with XTC and other party drugs. This Sample Sheet will compare this search for the ultimate with entirely different ways to get the ultimate out oneself. In *Fun Town* and the national finale of the *Kunstbende*, young people from all over Europe will show how they will obtain the ultimate out of art and culture. Other programmes in the *Ultimate Experience*, like the *National R&B Dance Contest*, will show exactly the same drives.

Staalkaart Rouw (Memories and Mourning)

Okt
Diverse locaties
Interdisciplinair, jongeren

Rouw is de minst voor de hand liggende Staalkaart. Het is ook de Staalkaart waarin weinig concrete programma's staan. Rouw is, meer nog dan liefde en seks, bedekt met taboes. Maar evenals liefde, seksualiteit en religie is rouw een begrip dat jongeren langzaam ontdekken. Rituelen rond rouwverwerking worden zichtbaar wanneer een vriend, klasgenoot of familielid overlijdt. Plotseling tonen jongeren nieuwe manieren om hun verdriet te hanteren en de herinnering aan de overledene levend te houden. Op scholen beleven jongeren met verschillende culturele en religieuze achtergronden samen het verlies, en maken daarvoor vanzelfsprekende, nieuwe rituelen. *Rouw* is geen Staalkaart die oproept tot feest of vraagt om grote magneten. Het is wel een Staalkaart die stilstaat bij de persoonlijke beleving, bij het intiemste van het menszijn: afscheid nemen van de ander. Het onderwijsproject *Rouw*, de talkshow *The Grapevine* en een tentoonstelling staan met gepaste terughoudendheid stil bij rouw, afscheid en verdriet. Met de nieuwste editie van *Youth Against Crime* wordt in de Staalkaart *Rouw* het programma rond Jongeren en Geweld afgerond.

Mourning is the least obvious Sample Sheet. It is also the Sample Sheet that lists very few concrete programmes. Mourning is, even more than love and sex, subject to taboos. But just like love, sexuality and religion, mourning is a concept that is slowly discovered by young people. Rituals around the handling of mourning become visible when a friend, classmate or family member dies. Suddenly, young people show new manners to handle their grief and to entertain their memories of the deceased. At schools, young

**Cultuureducatie /
Cultural Education**

Het merendeel van de jongeren van 17 tot 25 jaar volgt een opleiding. De school is daarmee de belangrijkste ontmoetings-, kennismakings- en uitwisselingsplek voor jongeren. Om te belichten wat op schoolpleinen en in klaslokalen zoal gebeurt, maar ook om een bijdrage te leveren aan cultuureducatie op allerlei niveaus, presenteert Rotterdam 2001, Culturele Hoofdstad van Europa, een aantal aansprekende onderwijsprogramma's. Sommige worden eenmalig uitgevoerd en de meeste zijn daarna in de vorm van publicaties voor andere scholen beschikbaar. Alle projecten zijn of worden ontwikkeld door scholen en instanties in Rotterdam. Daardoor zijn programma's direct verbonden aan de multicultuur en diversiteit die de stad rijk is. Een voorbeeld daarvan is *Kawina Kawina*, waarin jongeren kennismaken met Surinaamse muziek en religie. Een ander voorbeeld is *Wereldmoeders*, dat moeders nauwer in contact brengt met school en de wereld van haar kinderen. Een aantal lesprogramma's wordt hier nader toegelicht.

Most of the young people, aged 17 to 25 years, attend education. Therefore, school is the most important meeting and exchange place for young people. To shed light on the sort of things that happen in schoolyards and in classrooms, but also to contribute to cultural education at all levels, Rotterdam 2001, Cultural Capital of Europe, presents a number of appealing education programmes. Some are performed once only but most are thereafter available to other schools in the form of publications. All projects have been or are being developed by schools and authorities in Rotterdam. In this way programmes are directly linked to the multiculture and diversity that the city boasts. An example is *Kawina Kawina*, whereby young people get acquainted with Surinam music and religion. Another example is *World Mothers*, which brings mothers into a closer contact with school and the world of their children. A number of scheduled lessons will be further explained here.

people with various cultural and religious backgrounds experience the loss together, and of course develop new rituals. *Mourning* is not a Sample Sheet that invites to a party or calls for big magnets. However, it is a Sample Sheet that gives thought to the personal experience, the most intimate of human existence, to part from the other. The educational project *Mourning*, the talk show *The Grapevine*, and an exhibition will deal with mourning, parting and grief in an appropriate manner. With the newest edition of *Youth against Crime* the programme around youth and violence will be concluded within the framework of the Sample Sheet *Mourning*.

Wereldmoeders

Jan – dec
Lodewijk Rogiercollege

Het Lodewijk Rogiercollege en Stichting Buitenlandse Werknemers Rijnmond (SBWR) produceren gezamenlijk een uitgebreid onderwijsprogramma waarbij moeders van leerlingen centraal staan. Jongeren voeren samen met hun moeders projecten uit en werken aan presentaties. Moeders volgen speciale lesprogramma's en worden actief bij de school betrokken. Culturele, sociale en educatieve elementen worden in dit programma samengebracht. Het Lodewijk Rogiercollege, dat afgelopen jaren meermaals de Rotterdamse en in 1999 de landelijke Cultuureducatieprijs won, werkt met dit integrale lesprogramma aan een concept dat de belangstelling en betrokkenheid van ouders m.b.t. de school van hun kinderen vergroot. Als het succesvol blijkt, zullen meer scholen dit programma overnemen.

The Lodewijk Rogier College and Foundation for Foreign Workers in Rijnmond (SBWR) will together produce an extensive educational programme focusing on mothers of students. Young people are carrying out projects together with their mothers and work on presentations. Mothers attend special scheduled lessons and will actively be involved in school matters. Cultural, social and educational elements are combined in this programme. The Lodewijk Rogier College, which, in previous years, has won the Rotterdam Cultural Education Prize several times and in 1999 the National Cultural Education Prize, is working at a concept increasing the parents' interest and involvement in their children's school. If succesful, more schools will adopt this programme.

Mijn Rotterdam in 2001

Jan – dec
Diverse locaties

Centrum Beeldende Kunst en Koningskunst ontwikkelden in 1999 samen een onderwijsprogramma waarbij kunstenaars en vormgevers uit diverse disciplines samenwerken met leerlingen uit het Voortgezet Beroepsonderwijs. Na een kennismaking met het werk van de artiest, gaan leerlingen op museumbezoek en maken eigen presentaties. Uitgangspunt zijn de wensen en idealen van de leerlingen zelf. Het lesprogramma mondt uit in een gezamenlijke tentoonstelling. In 2001 wordt het project verder uitgebreid over Rotterdam en zullen naar schatting 750 leerlingen kennismaken met het werk van zo'n 15 Rotterdamse kunstenaars. Ook na 2001 blijft het lesprogramma voor scholen beschikbaar.

The Centre for Visual Arts and *Koningskunst* together developed an educational programme in 1999 in which artists and designers from various disciplines work together with students from the Secondary Vocational Education. After being introduced to the work of the performer, the students visit museums and make their own presentations. The wishes and ideals of the students themselves form the starting point. The school programme ends in a joint exhibition. The project will be further expanded in Rotterdam in 2001 and it is estimated that 750 students will be introduced to the work of about 15 Rotterdam artists. Also after 2001 the scheduled lessons will be available to schools.

Theatergroep Maccus presenteert: Straf

1 maart – 28 apr
Rotterdamse Schouwburg,
Theater Zuidplein

Mooie kleren, een scooter, een dure auto. Ik wil het hebben. Allemaal. Nu! Waarom anderen wel en ik niet? Als je dat geld niet krijgt, moet je het halen. Zo simpel is dat.
Muziektheater over jonge gevangenen van nu. Onder andere gebaseerd op het boek *Op cel* (foto's en interviews uit de zwaarst bewaakte gevangenis van Nederland). Over vrijheid en beperking, straf en beloning. Een Nederlandse acteur, een Duitse percussionist en een Antilliaanse zanger geven verschillende (pop)muziekgenres onverwachte wendingen. Playback, rap, karaoke, het levenslied; alles gaat onder het mes. Wat kun je in het leven nou werkelijk naar je hand zetten? Voor scholen is er rond *Straf* een uitgebreid randprogramma met workshops. En er is een fotowedstrijd waarbij de winnende foto's tentoongesteld worden in theaters en op enorme billboards in Rotterdamse wijken. Muziek: Fant de Kanter. Regie: Jos van Kan. Spelers: o.a. Ewout Bomert, Udo Demandt. Dramaturgie: Berthe Spoelstra. Decor: Jan Rot. Kostuum: Dorien de Jonge. Fotografie: Joep Lennarts. Licht: Robrecht Ghesquière.

Nice clothes, a scooter, a fancy car. I want to have it. All of it. Right now! Everybody else but not me?! If you don't get that money, you'll go and get it. It's as simple as that.
Punished is a musical show about young present-day prisoners. Based on, among other things, the book Op cel (In the cell) with photos and interviews with inmates of the maximum security prison in The Netherlands. About freedom and restriction, punishment and reward. A Dutch actor, a German percussionist and an Antillean singer give unexpected twists to various genres of (pop) music. Playback, rap, karaoke, sentimental songs; everything is affected. What can you really control in life? There is an extensive peripheral programme with workshops for schools in relation to Punished. And there is also a photo competition whereby the winning photos will be exhibited in theatres and on enormous billboards in Rotterdam neighbourhoods. Music: Astrid Kruisselbrink. Direction: Jos van Kan. Players: Ewout Bomert, Udo Demandt. Dramaturgy: Berthe Spoelstra. Dramaturgie: Berthe Spoelstra. Decor: Jan Rot. Costume: Dorien de Jonge. Photographie: Joep Lennarts. Lights: Robrecht Ghesquière.

Foto: Joep Lennarts

Power

Maart – jun

In *Power* staat centraal hoe jongeren hun wensen en verlangens vormgeven. *Power* gaat over de kracht van jongeren en hun vertrouwen in een maakbare toekomst. *Power* laat zien hoe jongerencultuur leidt tot vernieuwing. In een structuur die vergelijkbaar is met die van *Rouw*, met video- en docentenmateriaal, presenteren leerlingen hun toekomstdromen en de mogelijke verwezenlijking daarvan. Jongeren met kleine ambities en aspirant-beroemdheden met grote dromen verbeelden hun wensen en verlangens voor de toekomst in allerlei cultuuruitingen. Maar niet zozeer de dromen staan centraal. Belangrijker is dat jongeren ontdekken en tonen hoe zij hun dromen (kunnen) waarmaken.

Power focuses on how young people give shape to their wishes and desires. *Power* deals with the strength of young people and their trust in a creatable future. *Power* shows how youth culture leads to renewal. In a structure comparable with that of *Mourning*, with video and teaching material, students present their dreams about the future and their possible realization. Young people with little ambition and would-be celebrities with great dreams express their wishes and desires for the future in all kinds of cultural expressions. But the dreams are actually not the main thing. It is more important that young people discover and show how they (can) realize their dreams.

Rouw

Sept – dec

Veel jongeren worden geconfronteerd met dood en afscheid en zoeken zelf naar vormen om hiermee om te gaan. In het multiculturele Rotterdam tonen jongeren, naast op traditie geënte rouwrituelen, geheel nieuwe uitingsvormen. De aardbeving in Turkije heeft veel scholen geconfronteerd met dood en afscheid, waarbij duidelijk werd dat veel scholen er niet goed mee konden omgaan.
Nighttown en Loeder Events ontwikkelen, op initiatief van beeldend kunstenaar Arie Schilperoord en samen met docenten die het wel vorm wisten te geven, een lesprogramma rond afscheid en verlies. In een videopresentatie tonen jongeren hoe zij hun verdriet geuit en verwerkt hebben. Cultuur is daarbij een belangrijk uitgangspunt. Met behulp van een handboek begeleiden de docenten hun leerlingen bij het zoeken naar, omgaan met en vormgeven van begrippen als verlies en afscheid.

Many young people are confronted with death and parting and seek for ways to deal with it. In multicultural Rotterdam, young people show, besides mourning rituals based on tradition, totally new manners of expression. The earthquake in Turkey confronted many schools with death and parting, and many schools could obviously not handle this in an appropriate manner.
Nighttown and Loeder Events develop, on the initiative of visual artist Arie Schilperoord and together with teachers who were able to handle it, a school programme around parting and loss. Young people show in a video presentation how they express their grief and how they have come to terms with it. With the aid of a manual the teachers guide their students in looking for, dealing with and coming to terms with concepts like loss and parting.

Sponsor: HAL Investments

05 Young@Rotterdam

Straattaal

De leukste taalontwikkeling in Nederland is *straattaal*. Jongeren ontwikkelen een heel nieuwe taal: een mix van taalinvloeden van Surinamers, Marokkanen, Antillianen en anderen, het Nederlands, en Amerikaans *slang*. Straattaal is voortdurend in beweging en bevat steeds wisselende codes. Wie deze niet verstaat, valt buiten de groep. Straattaal is nauw verbonden met lifestyle: kleding, begroetingscodes en muzikale voorkeuren.

Cultureel centrum Nighttown en Loeder Events ontwikkelden een lesprogramma voor VMBO-leerlingen. Ze werken in korte workshops aan podiumpresentaties als playback acts, modeshows en gestileerde vechtpartijen, afgewisseld met teksten. Alles wordt op video vastgelegd. Tot slot is er een dansavond (schoolfeest) waarvoor leerlingen zelf licht, geluid, acts en muziek verzorgen. Vanaf 2001 wordt het lesprogramma landelijk aangeboden.

The funiest language development in the Netherlands is *street language*. Young people develop a whole new language: a mix of language influences from Surinam people, Moroccans, Antilleans and others, and Dutch and American slang. Street language is continuously in movement and always contains changing codes. Whoever does not understand these codes, does not belong to the group. Street language is closely connected with lifestyle: clothing, codes of greeting and musical preferences.

Cultural Centre Nighttown and Loeder Events developed a school programme for VMBO-students [= Preparatory Intermediate Vocational Education]. In short workshops they work on stage presentations such as playback acts, fashion shows and stylized fighting matches, alternated with texts. Everything is recorded on video. Finally, there is a dancing evening (school party) for which the students themselves will arrange for lighting, sound, acts and music. As from 2001 the programme of lessons wil be offered nationally.

Nighttown

In het jongerenaanbod van Rotterdam 2001, Culturele Hoofdstad van Europa, neemt Nighttown, in het hart van het Multiculturele Rotterdam, een bijzondere plaats in. Nighttown is één van de meest beeldbepalende dance- en concertzalen van Nederland. In 2001 krijgt ook het andere aanbod van Nighttown bijzondere aandacht, zoals de informatieve programma's, de samenwerkingsprojecten, Cultuureducatie en experimenten. *Popifilm* toont grote aantallen jongerenfilms, *Passionate* presenteert de talkshows *The Grapevine* en vele samenwerkingsprojecten met andere podia in de stad beginnen in Nighttown. Er is een ruim podium voor Mike Redman (Redrum) die als all-round kunstenaar al op jonge leeftijd zijn sporen verdiende. Met multidisciplinaire dansavonden, exposities en concertseries toont zich gedurende een heel jaar de wispelturige homo universalis van de 21e eeuw.

Nighttown, in the heart of Multicultural Rotterdam, takes a special place within the youth events of Rotterdam 2001, Cultural Capital of Europe. Nighttown is one of the high profile dance and concert halls of The Netherlands. In 2001 also the other programmes by Nighttown get special attention, like the informative programmes, the co-operative projects, Cultural Education and experiments. *Popifilm* shows large numbers of films for young people, *Passionate* will present the talk shows *The Grapevine*, and many projects in co-operation with other stages in the city start in Nighttown. There is plenty of stage for Mike Redman (Redrum), who, at an early age, has already showed what he is worth as an all-round young artist. By presenting multidisciplinary dancing nights, expositions and concert series, he will, for an entire year, show himself as the capricious *homo universalis* of the 21e century.

The Grapevine

Jan – dec
Nighttown Theater
Debat & literatuur, jongeren

The Grapevine is Passionate's maandelijkse Late Night Talkshow, die sinds oktober 2000 in het Nighttown Theater plaatsvindt. Het presentatieduo, bestaande uit Natasja Morales en Jeroen Rozendaal, ontvangt jonge auteurs, beeldend kunstenaars, acteurs, muzikanten, filmmakers en organisatoren en medewerkers van culturele evenementen. Kritische interviews worden afgewisseld met optredens, een column en een debat. Het programma wordt aan elkaar gemixt door een DJ. De doelstelling van *The Grapevine* is om jongeren op de hoogte te brengen van wat er speelt in cultureel Rotterdam. Daarnaast dient de talkshow als podium voor actieve jongeren waar zij hun ideeën kunnen verkondigen en uitwisselen.

The Grapevine is Passionate's monthly Late Night Talk show, which takes place in the Nighttown Theatre since October 2000. The presentation duo, consisting of Natasja Morales and Jeroen Rozendaal, welcomes young authors, visual artists, actors, musicians, filmmakers and organizers and employees of cultural events. Critical interviews are varied with performances, a column and a debate. The programme is mixed together by a DJ. The goal of *The Grapevine* is to inform young people about what is going on in cultural Rotterdam. In addition, the talk show acts as a stage for active young people who can vent and exchange their ideas there.

Crime Jazz

Jan – dec
Nighttown Theater
Muziek, jongeren

Crime Jazz is een maandelijks podium met onder meer spoken word, performance-dichters, cabaret, rap, de band Rice en DJ Vincent van Duin. Met hun vernieuwende opvattingen over literatuur en muziek willen de makers de grenzen tussen de verschillende kunstdisciplines verkennen en overschrijden. Poppodium Nighttown en literaire Stichting Passionate, initiatiefnemers van *Crime Jazz*, zijn beide vooruitstrevende organisaties die een breed en grensoverschrijdend publiek willen bereiken.

Crime Jazz wordt gemaakt door Nighttown en Stichting Passionate. Er is elke maand een open podium waarop nieuwe, nog onbekende talenten zich kunnen presenteren.

Crime Jazz is a monthly stage with, among others, the spoken word, performance poets, cabaret, rap, the Rice band, and DJ Vincent van Duin. The makers want to explore the borders between the different art disciplines and transgress these with their innovative concepts about literature and music. Pop stage Nighttown and literary Foundation Passionate, initiators for *Crime Jazz*, are both progressive organizations wanting to reach a broad audience that wishes to break new ground. *Crime Jazz* is made by Marcel Haug (Nighttown), Deniz Alplay and Foundation Passionate. Each month there is an open stage on which new, still unknown talents can present themselves.

Kunstkrakersweekend

26 – 28 Jan
Nighttown, diverse locaties
Interdisciplinair

Op vrijdag 26 januari vormt de opening van het landelijke *Kunstkrakersweekend* het startschot van het jongerenprogramma van Rotterdam 2001, Culturele Hoofdstad van Europa. VO-leerlingen krijgen een bonnenboekje waarmee ze tegen een flinke korting naar voorstellingen, tentoonstellingen, concerten, debatten, enz. kunnen, uit het aanbod van de vier deelnemende steden. Meer dan 100 culturele instellingen bieden programma's die speciaal zijn geselecteerd voor deze leerlingen en andere jongeren die geïnteresseerd zijn.
Een samenwerkingsproject van de SKVR Rotterdam, Het Kunstweb (Amsterdam), Het Koorenhuis (Den Haag), en Het Utrechts Centrum voor de Kunsten.

On Friday 26 January, the youth programme of Rotterdam 2001, Cultural Capital of Europe, will take off with the opening of the national *Kunstkrakerweekend*. By means of special vouchers, pupils from secundary schools enjoy a considerable discount of the prices of the performances, exhibitions, concerts, debates, etc., from the programmes of the four participating cities. More than 100 cultural organizations will offer programmes selected especially for these pupils and other young people who are interested.
A cooperation of SKVR Rotterdam, Het Kunstweb (Amsterdam), Het Koorenhuis (The Hague), and Het Utrechts Centrum voor de Kunsten.

Motel Mozaïque

Jan – dec
Diverse locaties
Interdisciplinair, jongeren

Bezoekers van de vroegere Bazar Curieux in Nighttown weten wat hen te wachten staat: een totaalprogramma waarin bekende podiumartiesten als gastprogrammeur fungeren. *Motel Mozaïque* bouwt met drie edities voort op deze traditie. Podiumartiesten uit internationale circuits worden uitgenodigd om een programma samen te stellen waarin zijzelf de hoofdrol spelen. *Motel Mozaïque* geeft artiesten de mogelijkheid om hun onbekende kwaliteiten te tonen aan een publiek van liefhebbers. Deze gastprogrammeurs kunnen naar believen gebruik maken van het aanbod van kunstenaars en podiumartiesten dat Rotterdam rijk is. Gedurende een langere periode worden zij uitgenodigd om 'het beste van Rotterdam' tot zich te nemen en rustig te bouwen aan cross-over projecten. Met *Motel Mozaïque* toont Rotterdam haar gastvrijheid en verrijkt het zijn klimaat voor jonge artiesten.

Visitors of the earlier Bazar Curieux in Nighttown know what to expect: a complete programme in which well-known stage artists function as host programmers. *Motel Mozaïque* builds further on this tradition. Stage artists from international circuits are invited to make a programme in which they play the leading part themselves. *Motel Mozaïque* gives artists the opportunity to show their unknown qualities to an audience of lovers. These host programmers can, at their discretion, make use of the availability of (stage) artists in Rotterdam. They are invited to make use of 'the best of Rotterdam' over a longer period, and to quietly develop cross-over projects. Rotterdam shows its hospitality with *Motel Mozaïque* and enriches the climate for young artists.

NT.RS

30 – 31 maart
Nighttown, Rotterdamse Schouwburg, Calypso, TENT.
Interdisciplinair

Vanaf 2001 is Nederland een nieuw festival rijker: NT.RS. Op diverse locaties in de stad biedt NT.RS een interessante mix van pop- en dancemuziek, theater en beeldende kunst. Voor iedereen die geïnteresseerd is in de laatste ontwikkelingen van de hedendaagse popcultuur wordt een programma samengesteld van internationaal aansprekende maar ook onbekende aanstormende DJ's en bands. Vanuit Nigttown en de Rotterdamse Schouwburg waaiert het festival uit naar diverse locaties in de stad zoals Calypso en TENT. Een tip van de sluier: Het Gentse gezelschap Kung Fu speelt haar spraakmakende voorstelling *Discoteque* over Party; in TENT. wordt een zinnenprikkelend hotel ingericht. Op zaterdag wordt overdag bovendien een culinair programma aangeboden.

As from 2001 the Netherlands will have a new festival: NT.RS. On several locations in the city NT.RS offers an interesting mixture of pop- and dance music, theatre and visual arts. For everyone thet is interested in the latest developments of the contemporay pop culture a programme will be presented with the internationally appreciated and up and coming DJs and bands. From Nighttown and the Rotterdamse Schouwburg the festival will travel to various other locations in the city like Calypso 2001 and TENT. To raise the veil: the theatre group Kung Fu from Ghent brings her spectacular theatre performance *Discoteque* about Party; a titillating hotel will be realized in TENT. On Saturday a culinary programme will be presented during the day.

Stef Kamil Carlens:
Gentle Ruddy Turnstone in an expanding collection of thoughts

20 sept (vernissage, performance) – 14 okt
TENT., Nighttown
Tentoonstelling, interdisciplinair

Stef Kamil Carlens werkt veel samen met grafische vormgevers en videomakers. Voor het Holland Festival 1999 maakte hij de dansvoorstelling en bijhorende CD *Plague Tattoo* en de soundtrack van de stomme film *Sunrise* (live en CD). Kamil speelt met zijn band Zita Swoon wereldwijd op vele toonaangevende podia en festivals (Lowlands, Nighttown, Paradiso, Zuid-Afrika). Behalve de reguliere optredens van Zita Swoon, is Stef regelmatig te zien en te horen in diverse andere collectieven van jazz, alternatief tot avantgarde. Stef Kamil Carlens is bovenal componist van vele wonderschone liedjes. Speciaal op verzoek van Rotterdam 2001, Culturele Hoofdstad van Europa, laat Stef Kamil Carlens in *Motel Mozaïque* zijn nog totaal onbekende schildertalent zien. De tentoonstelling *Gentle Ruddy Turnstone* gaat vergezeld van een dansvoorstelling, muziek en performances. Organisatie: Nighttown, TENT. en Rotterdam 2001.
www.zitaswoon.com

Stef Kamil Carlens often co-operates with graphic designers and video makers. He made the dance performance and accompanying CD *Plague Tattoo* and the soundtrack for the

Hal 4 en Zuidplein

Jan – dec
Hal 4, Theater Zuidplein
Interdisciplinair, jongeren

Buiten het hart van de stad kent Rotterdam 2 andere podia waar jongeren steeds meer hun weg vinden: Hal 4 en Theater Zuidplein. Zij presenteren in 2001 het nieuwe *Jongeren Theaterfestival* en werken samen aan *Trans Atlanta*, waarin Freddy Hendricks uit Atlanta zijn jongerenprojecten presenteert en versterking biedt aan het jongerentheater van Rotterdams Lef, Made in da Shade en OT. De landelijke premiere van *Straf*, de nieuwste voorstelling van Theatergroep Maccus, gaat op 2 maart in De Rotterdamse Schouwburg in première en is daarna in Theater Zuidplein te zien. De voorstellingenserie, die weken duurt, inspireert jongeren om na te denken over hun eigen waarden en normen.

Outside the centre of the city, Rotterdam has 2 other stages increasingly used by young people: Hal 4 en Zuidplein Theatre. In 2001 they present the new *Young people's Theatre festival* and work together on *Trans Atlanta*, in which Freddy Hendricks from Atlanta presents his youth projects and offers support to the youth theatre of Rotterdams Lef, Made in da Shade and OT. The national opening performance of *Punished*, the latest performance by Theatre Group Maccus, will have its première on 2 March in the Rotterdamse Schouwburg and can, after that, be seen in Zuidplein Theatre. The series of shows, lasting several weeks, will inspire young people to contemplate their own values and standards.

De Grote Muziekdag

10 maart
Concert- en congresgebouw de Doelen
Muziek, jongeren

Na twee geslaagde proefafleveringen zijn er tijdens Rotterdam 2001, Culturele Hoofdstad van Europa voor het eerst echt grootschalige plannen met *De Grote Muziekdag* voor jonge musici van 12 tot 19 jaar. De Doelen staat met alle zalen, foyers en gangen open voor vele duizenden jonge muzikanten uit Nederland en Vlaanderen. Ze spelen samen met professionele musici en andere jonge musici. Jongeren kunnen individueel of in groepen intekenen. Ook ensembles en orkesten kunnen zich aanmelden. Naast workshops zijn er talloze optredens.

During Rotterdam 2001, Cultural Capital of Europe there are, after two successful test episodes, for the first time really large-scale plans for the *Great Music day* for young musicians at ages from 12 to 19 years. All the halls, foyers and corridors of De Doelen will be open to many thousands of young musicians from the Netherlands and Vlaanderen (Belgium). They will play together with professional musicians and other young musicians. Young people can apply individually or as a group. Also ensembles and orchestras can apply. Besides workshops there are several performances.

BulkBoek's Dag van de Literatuur

23 maart
Concert- en congresgebouw de Doelen
Debat & literatuur

mute film *Sunrise* (live and CD) for the Holland Festival 1999. With his band Zita Swoon Kamil plays worldwide on many leading stages and festivals (Lowlands, Nighttown, Paradiso, South Africa). Besides in the regular performances of Zita Swoon, Stef shows up regularly in various other collectives of jazz, alternative and avant-garde music. Stef Kamil Carlens is above all a composer of many wonderful songs. Particularly on request of Rotterdam 2001, Cultural Capital of Europe, Stef Kamil Carlens shows his still totally unknown painting talent in *Motel Mozaïque*. The exhibition *Gentle Ruddy Turnstone* is accompanied by a dance performance, music and stage performances. Organization: Nighttown, TENT., and Rotterdam 2001.
www.zitaswoon.com

Een groot literair festival, dat in 1989 is opgestart met als doel jongeren enthousiast te maken voor de Nederlandstalige literatuur. Ruim 6.500 jongeren hebben zich inmiddels ingeschreven voor dit festival tijdens de Boekenweek, waar ze kennismaken met proza, poëzie, recente boekverfilmingen, cabaret, muziek en veel meer. De leerlingen houden tijdens literaire talkshows zelf interviews en gesprekken met schrijvers, omdat de ervaring heeft geleerd dat deze persoonlijke ontmoeting met auteurs bij jongeren vaak enthousiasme voor de literatuur opwekt. Ook wordt volop aandacht besteed aan het Boekenweekthema: *Schrijven tussen twee culturen*. De volgende auteurs hebben reeds toegezegd op te zullen treden tijdens *BulkBoek's Dag van de Literatuur*: Kader Abdolah, Kees van Beinum, Marion Bloem, Oscar van de Boogaard, Remco Campert, Renate Dorrestein, Ronald Giphart, Kees van Kooten, Tom Lanoye, Rick de Leeuw, Karel Glastra van Loon, Marcel Möring, Ramsey Nasr, Manon Uphoff, Peter Verhelst en Joost Zwagerman. De presentatie is in handen van onder anderen: Tom Egbers, Maria Heiden en Humberto Tan. Na afloop van *BulkBoek's Dag van de Literatuur* verschijnt een Festivalmagazine dat naar alle scholen in Nederland en België wordt gestuurd.

A great literary festival that was started in 1989 with the purpose of making young people enthusiastic for the Dutch-language literature. During the Book Week where young people become acquainted with prose, poetry, recent book filming, cabaret, music and many more, over 6500 young people have applied for this festival. The students themselves have interviews and have discussions with writers in literary talk shows, as experience has taught that these personal meetings with authors often generate enthusiasm in young people for literature. Full attention is also paid to the Book Week theme: *Writing between Two Cultures*. The following authors have already agreed to perform during the *Bulkboek's Day of the Literature*: Kader Abdolah, Kees van Beinum, Marion Bloem, Oscar van de Boogaard, Remco Campert, Renate Dorrestein, Ronald Giphart, Kees van Kooten, Tom Lanoye, Rick de Leeuw, Karel Glastra van Loon, Marcel Möring, Ramsey Nasr, Manon Uphoff, Peter Verhelst and Joost Zwagerman. The presentation is in the hands of, among others: Tom Egbers, Maria Heiden and Humberto Tan. A Festival Magazine is published after the closing of *Bulkboeks Day of the Literature*, which will be sent to all schools in the Netherlands and Belgium.

Stef Kamil Carlens

Glad to be alive
Glad to be in the city
Glad to be on planet earth

Glad to be a man
Glad to be a woman

Glad to run the race
Glad to be lost
Glad to find I'm glad

Glad to tumble
like the water in the waves
crashing into replacement

Glad to know that at the end
of the day
someone else
also finds he's glad

The world delivers its joy and
sadness
with an unpredictable swing of
destiny

Caution:
Microscopic self-development
Might generate
changes!

Bevrijdingsfestival

5 mei
Grote of Sint-Laurenskerk
Muziek, jongeren

In en rondom de Laurenskerk vinden op 5 mei voordrachten plaats van locale en nationale artiesten. Een programma waarin jongeren vermaak vinden en kennismaken met andere culturen en tolerantie. Het *Bevrijdingsfestival* maakt deel uit van een landelijk netwerk. Artiesten worden per helikopter van het ene naar het andere festival gebracht, wat spectaculaire situaties oplevert. Naast de verschillende podiumprogramma's worden tentoonstellingen, een informatiemarkt en andere activiteiten georganiseerd. Het festival richt zich op de gevarieerde bevolkingssamenstelling van Rotterdam.
On 5 May presentations will take place by local and national artists in and around the Laurens church. It is a programme in which young people find amusement and become acquainted with other cultures and tolerance. *The Liberation festival* forms part of a national network. Artists are taken from one festival to another by helicopter, which generates spectacular situations. Apart from the various stage programmes, exhibitions, an information market and other activities will be organized. The festival is directed towards the varied public of Rotterdam.

Cycle messengers en Messengers.nl

1 – 4 jun
Diverse locaties
Jongeren

Fietskoeriers (cycle messengers) vormen de tegenhanger van e-mail. Waar de hele wereld zich op de digitale snelweg begeeft en zonder enige krachtsinspanning berichten over de wereld stuurt, zijn fietskoeriers de archaïsche tegenhangers die, voorzien van stevige fietsen en ruime tassen belangrijke post bezorgen. Het vak getuigt van een manier van leven: de verschijning van de fietskoerier weerspiegelt gezondheid, lichaamsbeweging en fysieke vrijheid. In 2001 communiceren fietskoeriers van *De Versnelling* overal waar ze komen het gezicht van Rotterdam 2001, Culturele Hoofdstad van Europa. Programma's voor jongeren, quotes van jonge schrijvers, prangende vragen en prikkelende kwesties worden via de tassen van de koeriers gecommuniceerd. Bovendien duiken fietskoeriers gedurende het hele jaar op bij activiteiten in het kader van Rotterdam 2001, Culturele Hoofdstad van Europa. Als klap op de vuurpijl halen de fietskoeriers van *De Versnelling* in samenwerking met *Buro Fris* in het voorjaar de Europese Fietskoerierswedstrijd *Messengers.nl* naar Rotterdam. Zevenhonderd fietskoeriers uit heel Europa gaan dan met elkaar de strijd aan om prijzen voor behendigheid, snelheid en inventiviteit.
Cycle messengers form the counterpart of e-mail. While the entire world is using the digital express way and effortlessly sends messages across the world, cycle messengers are the archaic counterparts who, provided with sturdy bicycles and spacious bags, deliver important mail. The trade testifies to a way of life: the appearance of the cycle messenger reflects health, physical exercise and freedom. In 2001 cycle messengers of *De Versnelling* will communicate the face of Rotterdam 2001, Cultural Capital of Europe, everywhere they come. Programmes for young people, quotes by young writers, pressing questions and stimulating questions are being communicated via the bags of these messengers. Moreover, they turn up during the entire year at events within the framework of Rotterdam 2001, Cultural Capital of Europe. To crown it all, the cycle messengers from the *Versnelling* in co-operation with Buro Fris will organize the European Cycle Messenger Competition entitled *Messengers.nl* in Rotterdam in the spring. Seven hundred cycle messengers from all over Europe then compete with each other for prizes on skill, speed and creativity.

Fun Town

15 – 19 aug
Interdisciplinair, jongeren

In het voorjaar strijden Nederlandse jongeren in voorrondes met elkaar bij de *Kunstbende*: een wedstrijd in kunst en cultuur. Aan de finale van dit evenement is een internationaal programma gekoppeld. Honderden jongeren uit Europa komen in Rotterdam samen om 5 dagen lang te werken in workshops. Zo vormt Rotterdam het decor voor een opwindende culturele ontmoeting van Europese jongeren.
In the spring Dutch young people will compete in preliminary rounds with each other at the *Kunstbende*: a competition in art and culture. An international programme is coupled to the finale of this event. Hundreds of young people from Europe will gather in Rotterdam in order to work in workshops for 5 days. In this way Rotterdam will form the decor for an exciting cultural meeting of European young people.

Rotterdam 2001 Culturele Hoofdstad van Europa

Geen Daden Maar Woorden

Sept
Rotterdam
Debat & literatuur

Geen Daden Maar Woorden, Passionate's festival voor de nieuwe letteren, vindt in 2001 voor de vijfde keer plaats. Het is een interdisciplinair festival: naast literaire disciplines als poëzie, storytelling en columns is er ruimte voor rap, theater, dans, kleinkunst, cinema en muziek. Een belangrijk onderdeel vormen de *Geen Daden Maar Woorden* producties, waarin literatuur een verrassend verband aangaat met andere kunstdisciplines. De vijfde editie vindt plaats tijdens één van de weekends van september in Rotterdam.
Daarnaast gaat *Geen Daden Maar Woorden* in 2001 voor het eerst het land in (10 maart Stadsschouwburg Utrecht, 11 april Nieuwe De la Mar theater Amsterdam). Het gaat hierbij om een 'best of' GDMW 2000. Per avond zijn er 8 à 9 optredens gepland. Verder wordt in het programma tenminste één (literair) talent uit de betreffende stad en regio opgenomen.

In 2001 *Words Speak Louder Than Action*, Passionate's festival for the new literature, takes place for the fifth time. It is an interdisciplinary festival: besides literary disciplines like poetry, storytelling and columns there will be room for rap, theatre, dancing, cabaret, cinema and music. An important part is formed by the *Words Speak Louder Than Action Productions*, in which literature forms a surprising link with other art disciplines. The fifth edition takes place in Rotterdam during one of the week-ends in September. In addition, *Words Speak Louder Than Action* will go to other places in the country for the first time (10 March at Stadsschouwburg in Utrecht, 11 April at Nieuwe De la Mar Theatre in Amsterdam). It concerns a best of NDBW 2000. Each evening 8 or 9 performances are planned. Furthermore, the programme will present at least one (literary) talent from the city and region concerned.

Kids in Rotterdam

Okt
Nederlands Foto Instituut
Fotografie, jongeren

Met een boek en een tentoonstelling geeft fotograaf Carel van Hees een persoonlijke impressie van jongeren in Rotterdam.
A personal impression of the young people in Rotterdam by photographer Carel van Hees, presented in a book and on an exhibition.

Rotterdam Nu & Dan

Vanaf nov (première)
Nieuwe Luxor Theater
Theater, jongeren

Rotterdam Nu & Dan is de titel van een uniek vierluik dat een fascinerend beeld geeft over verleden, heden en toekomst van Rotterdam, gezien door de ogen van verschillende generaties jongeren. Dit project kwam in samenwerking met cursisten van het Albeda College, Rotterdamse kunstenaars en culturele instellingen tot stand. De vier kunstdisciplines - film, muziektheater, toneel, multimedia - zijn toegankelijk voor iedereen, maar zeker interessant voor jongeren. Het eerste bedrijf (film) speelt zich af in de oorlogsjaren. Henk Hofland en Kurt Davids schreven het scenario. Het volgende deel is van de hand van Jules Deelder en geproduceerd door het Hofpleintheater. In dit bedrijf staat het conflict tussen de *addestiekelingen* en de *nozems* uit de jaren '50 centraal. Het heden wordt gepresenteerd in het derde bedrijf: muziektheater. Dit staat onder regie van Hildegard Draayer en wordt geproduceerd door Art Productions/Artisjok 020. Het vierde en tevens laatste bedrijf geeft, via dans en multimedia, een beeld van de wijze waarop jongeren in de toekomst met elkaar kunnen omgaan. Dit bedrijf staat onder leiding van de Amerikaanse regisseur Freddie Hendricks en Hal 4.

Rotterdam Now & Then is the title of a unique four-part performance presenting a fascinating impression of the past, present and future of Rotterdam, as seen through the eyes of various generations of young people. This project was developed in co-operation with students of the Albeda College, Rotterdam artists and cultural institutions. The four art disciplines - film, music theatre, stage, multimedia – are open to everybody, but particularly of interest to young people. The first act (film) occurs in the years of the war. Henk Hofland and Kurt Davids wrote the scenario. The following part is from Jules Deelder and produced by the Hofplein Theatre. In this act the conflict between the *addestiekelingen* and the *nozems* (Dutch designation of certain groups of young people) from the fifties is the central theme. The present is shown in the third act: music theatre. This will be directed by Hildegard Draayer and produced by Art Productions/Artisjok 020. The fourth and final act provides, via dance and multimedia, an impression of the way in which young people can associate with each other in the future. This act will be directed by the American Freddie Hendricks and Hal 4.

Going Underground

Jongeren

Onttrokken aan het oog van wet en samenleving vinden de meest interessante ontwikkelingen plaats. Jongeren die zich onttrekken aan elk gezag en aan elke opgelegde norm vieren hun eigen feesten, zetten ontregelende acties op touw of maken tentoonstellingen of performances die op alternatieve locaties worden gepresenteerd. Rotterdam 2001, Culturele Hoofdstad van Europa, licht een tipje van de sluier van deze verborgen culturen. Hier is de toegangscode: 06-28250181
Hidden from law and society, the most interesting developments occur. Young people who withdraw from all kinds of authority and every imposed standard, have their own parties, organize disruptive actions or develop exhibitions or performances presented on alternative locations. Rotterdam 2001, Cultural Capital of Europe, will raise a small corner of the veil hiding these cultures. Here is the access code: (+31) 6-28250181.

Hart voor zekerheid

Stad Rotterdam Verzekeringen is een toonaangevende financiële dienstverlener met een landelijke werkwijze en een typisch Rotterdamse bedrijfscultuur. Begrip voor mensen is en blijft ons belangrijkste uitgangspunt.
Dit merk je aan de hoge kwaliteit van onze producten en aan de waarde die wij hechten aan persoonlijk contact. Stad Rotterdam Verzekeringen voelt zich sterk betrokken bij de maatschappij en steunt daarom sportieve en culturele evenementen. Het spreekt voor zich dat wij actief deelnemen aan een project als Rotterdam 2001, Culturele Hoofdstad van Europa. Als onderdeel van de kunstroute Going Dutch en met de sponsoring van het programma *Mini & Maxi* en het *Wereldcircus 2001* hopen wij de culturele beleving dicht bij de inwoners van Rotterdam te brengen.

Precies in het midden van het Interbellum, op 1 december 1929, wordt het Rotterdamsch Beleggingsconsortium opgericht. Een club Rotterdamse zakenlieden legt de basis voor het huidige Robeco: een moderne, dynamische beleggingsinstelling die wereldwijd actief is. Niet alleen het tijdstip van oprichting maakt Robeco een typisch product van het Interbellum. De zakenelite bundelt haar krachten om de Rotterdamse economie te bevorderen; de belangen te dienen van de stad Rotterdam. Om dit te kunnen bereiken moest de nieuwe beleggingsmaatschappij geen 'onderonsje' zijn van grootkapitalisten, maar juist openstaan voor

% ROBECO

Plezierstad bedankt
Robeco

het grote publiek, dus ook voor de kleine belegger. Karel Paul van der Mandele (1880–1975) was de drijvende kracht achter het Rotterdamsch Beleggingsconsortium. Volgens kleinzoon Martijn van der Mandele was zijn grootvader een visionair. 'Zijn ideaal was Rotterdam te ontwikkelen tot een grootse stad. Er moesten mooie wijken komen, een universiteit, een bibliotheek, een wetenschappelijk blad en dus ook een beleggingsconsortium'. Niet voor niets is Robeco hoofdsponsor van de tentoonstelling *Interbellum*.

Plezierstad bedankt
Allianz Royal Nederland

Plezierstad bedankt
BankGiroLoterij

Steden van Erasmus bedankt
BankGiroLoterij

Van Mini tot Maxi. Ons motto als onderdeel van één van de grootste verzekeraars ter wereld. Daarom zijn wij trots om sponsor te zijn van de show van Mini en Maxi. Royal Nederland Schadeverzekeringen, een onderdeel van de Allianz-groep

Via de Stichting Algemene Loterij Nederland steunt de BankGiroLoterij al veertig jaar een groot aantal Nederlandse Goede Doelen. Steun die ook terechtkomt bij verschillende Rotterdamse projecten. Een goed voorbeeld daarvan is het project *Preken voor Andermans Parochie.*

Rotterdam 2001 bedankt
Metam Light, Ampco Pro Rent, Ampco Audio Products, Martin Audio

Rotterdam 2001 bedankt
NS

Metam Light, Ampco Pro Rent, Ampco Audio Products en Martin Audio hebben gezamenlijk de geluids- en lichtsystemen voor Calypso 2001 verzorgd. Deze bedrijven zijn ervaren in de wereld van entertainment en theater en voelen zich thuis op grote evenementen als Lowlands, Status Quo wereldtoernee, Lee Towers Gala of the Year en in gerenommeerde locaties als de Doelen en de Koninklijke Schouwburg. Een goede party voor Calypso 2001!

NS: ieder z'n trein. De makkelijkste weg naar hartje stad. Door ondersteuning van Rotterdam 2001, Culturele Hoofdstad van Europa willen wij onze bestaande en toekomstige klanten wijzen op de goede bereikbaarheid per trein van Rotterdam, de culturele hoofdstad van Europa in 2001!

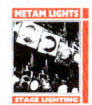

Steden van Erasmus bedankt
ABN AMRO

Als een van de grote internationale banken ter wereld met 3.500 kantoren in bijna 70 landen en gebieden en miljoenen cliënten, wordt ABN AMRO vaak als sponsor benaderd. Sponsoring is voor ABN AMRO een zakelijk middel om haar communicatiedoelstellingen te verwezenlijken. Deze zijn: bijdrage aan de naamsbekendheid, bijdrage aan de corporate identity en het bieden van een commercieel platform voor onder andere relatiemarketingactiviteiten.
Daarnaast wil ABN AMRO door middel van steun aan projecten haar maatschappelijke betrokkenheid tonen en zoekt de bank aansluiting bij de interesses van doelgroepen.

Steden van Erasmus bedankt
ABN AMRO

Steden van Erasmus bedankt
ABN AMRO

Steden van Erasmus bedankt
ABN AMRO

Beeldende kunst en ABN AMRO gaan sinds jaar en dag goed samen. Het past in het sponsorbeleid van de bank om jaarlijks een internationaal belangwekkende tentoonstelling te sponsoren. Met de sponsoring van de tentoonstelling rond de wereldvermaarde en kunsthistorische grootheid Jheronimus Bosch in Museum Boijmans Van Beuningen hopen wij een uniek tentoonstellingsproject voor een breed internationaal publiek mogelijk te maken.

Unilever produceert merkartikelen op het gebied van voeding, huishoudelijke reiniging en persoonlijke verzorging, zoals Lipton, Magnum, Omo en Dove en levert producten en diensten op het gebied van professionele reiniging en hy-giëne. Unilevers producten zijn in ongeveer 150 landen op de markt. Met circa 250.000 werknemers en bedrijven in circa 90 landen behaalde Unilever in 1999 een omzet van ruim 90 miljard gulden.

Unilever voelt zich betrokken bij de samenlevingen waar zij actief is. Zij wil ook op andere wijze haar bijdrage leveren aan belangrijke aandachtsgebieden als duurzame ontwikkeling, gezondheid, educatie en cultuur. Zo is Unilever hoofdsponsor van het nieuwe Oceanium in Diergaarde Blijdorp te Rotterdam, waar aandacht wordt besteed aan leven in en om het water, gericht op een zorgvuldige en duurzame omgang met maritieme ecosystemen.

Steden van Erasmus bedankt Unilever

Door haar bijdrage aan de totstandkoming van de tentoonstelling *Jheronimus Bosch* in Museum Boijmans Van Beuningen hoopt Unilever enerzijds veel mensen in de gelegenheid te stellen kennis te nemen van het werk en leven van deze unieke Nederlandse kunstenaar en anderzijds de belangstelling voor cultuur in het algemeen te stimuleren.

**Steden van Erasmus bedankt
KPN**

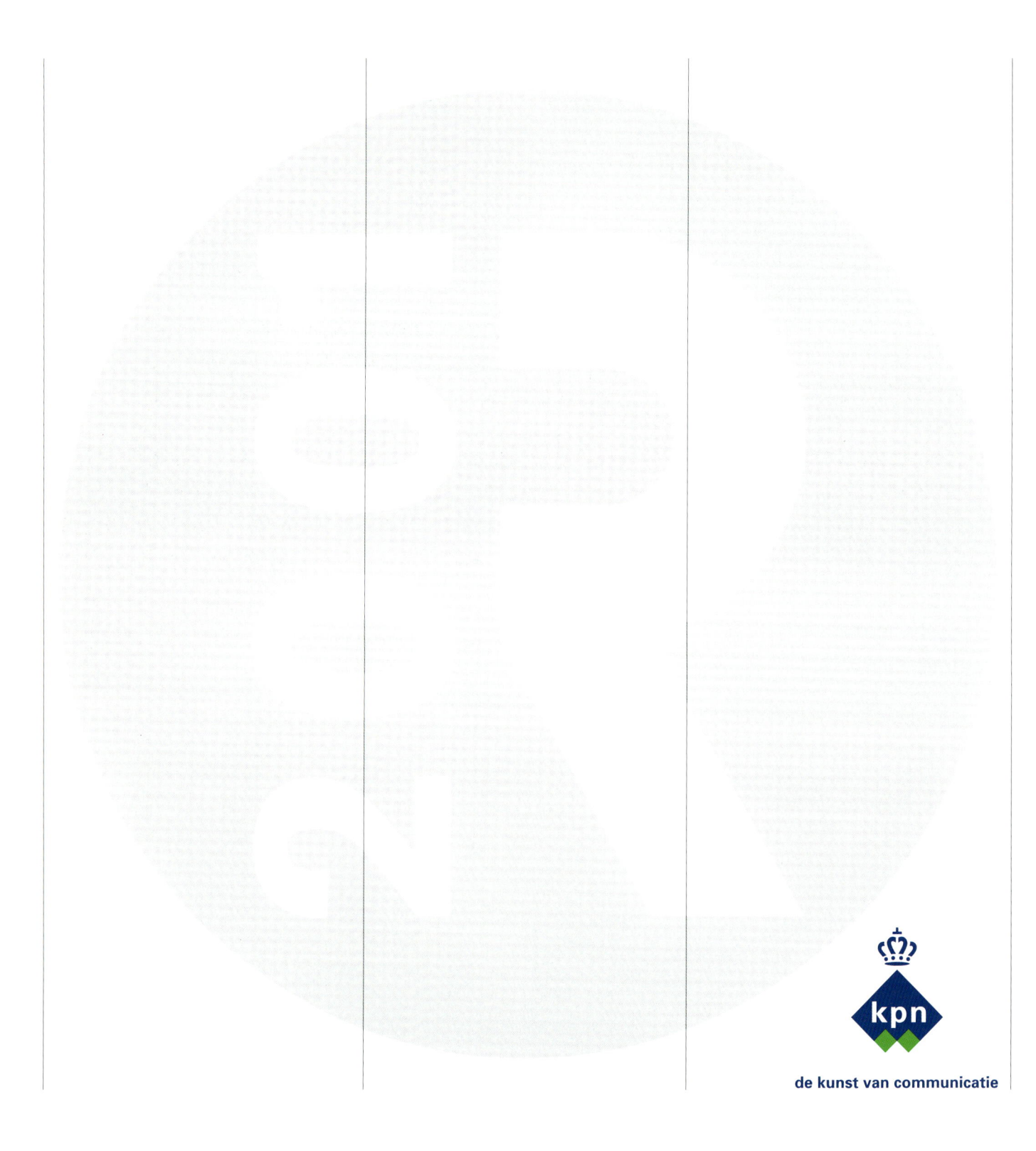

**Steden van Erasmus bedankt
KPN**

**Steden van Erasmus bedankt
KPN**

de kunst van communicatie

Steden van Erasmus bedankt
KPN

KPN is een internationaal telecommunicatiebedrijf dat zijn dienstverlening volledig afstemt op de manier van leven en werken van zijn klanten.

Naast de core business vindt KPN het van belang ook oog te hebben voor andere aspecten binnen de samenleving. Zo draagt ons bedrijf kunst en cultuur een warm hart toe. Dat uit zich onder meer in het ondersteunen van de unieke *Jheronimus Bosch* tentoonstelling in Museum Boijmans van Beuningen in het kader van Rotterdam 2001, Culturele Hoofdstad van Europa.
Een bijzondere gebeurtenis waar de fysieke- (de tentoonstelling) en de virtuele wereld (de Bosch website en de learning & adventure game) hand in hand gaan. Ook bij KPN brengen we dit samen. Door het integreren van internet, mobiel, data en vaste netwerkdiensten.
Daarbij is *Jheronimus Bosch* een van de meest tot de verbeelding sprekende kunstenaars van zijn tijd. Als geen ander gebruikte hij zijn verbeeldingskracht in zijn schilderijen om greep te krijgen op de veranderende wereld om hem heen. In die zin is hij een voorbeeld, ook voor ons. Want zo belangrijk als fantasie en verbeeldingskracht toen was, zo belangrijk is dat nu.

In samenwerking met Museum Boijmans Van Beuningen presenteert Fortis Bank van 24 mei tot en met 5 augustus 2001 de eerste grote tentoonstelling in het museum: Pieter Bruegel de Oude, meestertekenaar en humanist. Fortis Bank is een onderdeel van Fortis, een internationale groep die actief is op het gebied van verzekeren, bankieren, beleggen en bankverzekeren met ruim 62.000 medewerkers in meer dan 200 bedrijven.
Als grootste financiële dienstverlener in de Benelux ondersteunt Fortis Bank deze tentoonstelling en bevestigt daarmee de hechte band die ook op cultureel gebied tussen België en Nederland bestaat.

Steden van Erasmus bedankt
Dura Vermeer

Steden van Erasmus bedankt
Waterbedrijf Europoort

Leven. Elk individu op z'n eigen manier, vanuit een eigen beleving. Leven doe je samen, met al je onderlinge verschillen.

Maar mensen willen niet beperkt worden. Dura Vermeer begrijpt dat. Heeft er oog voor. Wil dus weten wat mensen beweegt en verdiept zich in de wereld van de ander.

Zo kunnen we pas echt bouwen. Om leven te faciliteren. Daarom maken we een wereld van verschil.

Dura Vermeer is een groot bouw- en infraconcern met hele sterke wortels in Rotterdam. Begrippen als warm, krachtig, veelzijdig en vooruitstrevend markeren ons karakter. We willen culturen en hun verschillen begrijpen, we zijn emotioneel gebonden aan de Maasstad en koesteren de waarden in menselijke verhoudingen.
Zijn er betere redenen om Cineac 2001, Hartstocht en Heimwee in Rotterdam te ondersteunen?

Of het nu overdag is of 's nachts, als u de kraan opendraait, komt er altijd water uit. Zoveel u wilt en van een uitstekende kwaliteit. U hoeft er niet over na te denken. Het is er gewoon. Waterbedrijf Europoort zorgt ervoor. In andere delen van de wereld is de aanwezigheid van goed drinkwater niet zo vanzelfsprekend. De tentoonstelling *Een wereld van water* gaat hierover. Wij bevelen de tentoonstelling dan ook van harte bij u aan. Waterbedrijf Europoort, uw drinkwaterleverancier. www.waterbedrijfeuropoort.nl

Jij de Stad bedankt
ENECO Energie

Vitale Stad bedankt
Nutricia

Jij de Stad bedankt
SVZ, Havenondernemingsvereniging

ENECO Energie biedt een totaalpakket energieproducten voor particulieren en bedrijven. Uw leverancier van elektriciteit, gas, warmte, koeling en Ecostroom steunt *De Jas van Rotterdam*. Logisch, omdat dit klank- en lichtspel net zo dynamisch is als ENECO Energie.

Nutricia streeft ernaar de kwaliteit van het individuele leven in elke levensfase te verhogen door toepassing van speciale voeding en voedingssupplementen. Vanuit deze visie en onze historie zijn wij zeer betrokken bij het welzijn en gezondheid van kinderen en ondersteunen daarom de geboorte en eerste levensjaren van Sophie die in de Sophia symphonie ten gehore gebracht zullen gaan worden.

De SVZ, Havenondernemersvereniging Rotterdam behartigt al sinds 1907 de algemene belangen van het havenbedrijfsleven. Rotterdam en haar haven zijn onlosmakelijk met elkaar verbonden, ook in het project *De Jas van Rotterdam* komt dit tot uitdrukking.

Jij de Stad bedankt
Koninklijke Vopak N.V.

Voor Koninklijke Vopak N.V. is Rotterdam de bakermat. Ondanks het wereldwijde karakter van de onderneming - in 1999 ontstaan uit de fusie van Pakhoed en Van Ommeren - blijft een vanzelfsprekende verbondenheid met stad en regio. Geen wonder dus dat Vopak vol enthousiame het project *De Jas van Rotterdam* ondersteunt tijdens Rotterdam 2001, Culturele Hoofdstad van Europa.
De Jas van Rotterdam is een symbolisch spel, waarin water een centrale rol vervult. Licht en geluid onderstrepen de dynamiek van 'De Jas'. Het is Vopak een bijzonder genoegen om dit schouwspel van water en dynamiek aan te bieden - het zijn immers die twee elementen die Vopak zo nadrukkelijk kenmerken.

Jij de Stad bedankt
Gemeentelijk Havenbedrijf Rotterdam

Jij de Stad bedankt
Gemeentelijk Havenbedrijf Rotterdam

Jij de Stad bedankt
Gemeentelijk Havenbedrijf Rotterdam

Het Gemeentelijk Havenbedrijf Rotterdam (GHR) beheert het 10.500 ha. grote Rotterdamse haven- en industriegebied. Het gebied vervult een belangrijke functie als knooppunt in de internationale goederenstromen, als vestigingsplaats voor industrie en logistieke dienstverleners en als 'draaischijf' voor internationale productienetwerken. Het haven- en industriecomplex is van substantiële betekenis voor de nationale en lokale economie. Het GHR heeft twee kerntaken: ontwikkeling, aanleg, beheer en exploitatie van het haven- en industriegebied, en de effectieve, veilige en efficiënte afhandeling van het scheepvaartverkeer.
Het GHR participeert in het culturele jaar o.a. met de *Jas van Rotterdam*. Een spektakel waarbij de unieke combinatie van land en water centraal staat. Een uitgelezen kans om een brede doelgroep kennis te laten maken met de vervlechting van de elementen stad en haven.

Port of Rotterdam

Gemeentelijk
Havenbedrijf
Rotterdam

ROTTERDAM

ROTTERDAM

rotterdam

ROTTERDAM

06 Rotterdam Thuisstad
Rotterdam Home Town

Rotterdam staat bekend als de architectuurstad van Nederland. Veel mensen kennen vooral de hoogbouw aan het Weena, de Erasmusbrug en de Kop van Zuid en wereldmonumenten als de Van Nelle fabriek. Rotterdam heeft echter ook een internationale reputatie op het gebied van woningarchitectuur en volkshuisvesting. Die reputatie en het 100-jarig bestaan van de Woningwet zijn voor Rotterdam 2001, Culturele Hoofdstad van Europa, reden genoeg om uitgebreid aandacht te besteden aan allerlei aspecten van het wonen.

Vanaf het Interbellum realiseerden Rotterdamse architecten en vooruitstrevende opdrachtgevers woningen die in vrijwel elk standaardwerk zijn terug te vinden: Tuindorp Vreewijk, de Kiefhoek, de Bergpolderflat, maar ook particuliere woningen als Villa Van der Leeuw, Huis Sonneveld en complex De Eendracht in Blijdorp. Na de oorlog trokken de vernieuwende stadsuitbreidingen van Pendrecht internationale aandacht, net als de bouw van het nieuwe stadscentrum De Lijnbaan. In de jaren '70 en '80 was er de Stadsvernieuwing en vonden er unieke experimenten plaats als de bouw van de Kubuswoningen en de Peperklip. Ook de laatste jaren bouwt de stad aan zijn klassiekers, op onder meer de Kop van Zuid en in Nieuw-Terbregge.

    Thuisstad gaat echter over meer dan de architectuur van het wonen. Thuisstad gaat ook over de veranderende positie van de bewoner ten opzichte van zijn woonomgeving, over nieuwe verhoudingen tussen wonen en werken, tussen wonen en recreëren, en over het gebruik van de stad als tijdelijke woonplaats. Wonen is en blijft een elementaire behoefte, de behoefte aan een dak boven je hoofd. Zorg voor goede huisvesting is daarmee een vorm van beschaving. Wonen is ook steeds meer een middel tot onderscheiding, een mogelijkheid om levensstijl, status en individuele smaak te tonen. Ook staat Thuisstad daarom stil bij die individuele kant van het wonen.

    Een hoofdonderdeel van Rotterdam Thuisstad is de nationale tentoonstelling *6,5 Miljoen Woningen*, ter viering van de 100e verjaardag van de Woningwet. Deze wet was de aanleiding voor enorme verbeteringen in de volkshuisvesting, lag aan de basis van het bouw- en woningtoezicht, de ruimtelijke ordening, het systeem van bouwvergunningen en het welstandstoezicht. De tentoonstelling blikt terug op 100 jaar architectuur en wonen in Nederland en besteedt aandacht aan de nabije toekomst. Aansluitend zijn onder de titel *Thuis in Rotterdam* 25 museum- en modelwoningen opengesteld

Rotterdam is the most prominent city of architecture. Many people particularly know the tall buildings on Weena, the Erasmus bridge and Kop van Zuid, and world-renowned monuments, such as the Van Nelle factory. However, Rotterdam has also an international reputation in the field of residential architecture and public housing. That reputation and the 100th anniversary of the Housing Act is reason enough for Rotterdam 2001, Cultural Capital of Europe, to pay ample attention to all kinds of aspects of living.

Since the Interbellum, the architects of Rotterdam and progressive developers built homes that can be found in almost any standard reference book: Tuindorp Vreewijk, Kiefhoek, Bergpolderflat, but also private homes, such as Villa Van der Leeuw, Huis Sonneveld and De Eendracht complex in Blijdorp. After the war the innovative urban developments in Pendrecht drew international attention, just as the building of the new city centre De Lijnbaan. In the 70s and 80s urban renewal and unique experiments took place, such as the building of the Kubuswoningen (cube shaped homes) and the Peperklip (the Paper Clip building). Also during the past few years the city has been building its classics at Kop van Zuid and Nieuw-Terbregge, among other places.

    However, Home Town is more than the architecture of living. Home Town is also about the changing position of the inhabitant in relation to his residential environment, about new relationships between living and working, between living and recreation, and about the use of the city as a temporary place of residence. Housing is and remains a necessity of life, the need for a roof over one's head. The provision of proper housing is thus a form of civilization. The home is also increasingly a means of expression, a possibility to show a certain lifestyle, status and individual taste. Home Town will, therefore, pay attention to that individual side of housing.

    A main item of Rotterdam Home Town is the national exhibition *6.5 Million Homes*, celebrating the 100th anniversary of the Housing Act. This Act led to enormous improvements in public housing; it was the basis of building inspection, environmental planning, the system of building licences and regulations regarding the appearance of buildings. The exhibition will look back upon 100 years of architecture in the Netherlands, and will pay attention to the near future. In association with it and under the title of *At home in Rotterdam* 20 museum and model homes can be visited in

Rotterdam 2001 Culturele Hoofdstad van Europa

en staat het wonen centraal in het programma *Van Pendrecht tot Pendrecht* in een aantal Rotterdamse wijken. In Hoogvliet start in het najaar een meerjarige internationale bouwmanifestatie rond de vernieuwing van dit stadsdeel, onder het motto *Welcome Into My Backyard*.

Evenzeer als het wonen maakt de openbare ruimte wezenlijk onderdeel uit van het leven in de stad. Ook de openbare ruimte is voortdurend aan veranderingen onderhevig. Daarom komt in Thuisstad ook dit thema uitgebreid aan bod. De openbare ruimte van de stad gaat over het wezen van de stad zelf. Het is een plaats van ontmoeting, een plek van zien en gezien worden, een omgeving waar je kunt zijn zonder iemand te zijn, een plek van confrontatie en ongeprogrammeerd programma.

De openbare ruimte van de stad lijkt echter op de terugtocht. Er is sprake van een toenemende privatisering van de openbare ruimte, er vindt een toenemende collectivisering plaats van de openbare ruimte en er is een toenemende dominantie van één enkele functie in de openbare ruimte. Dat leidt tot verschijnselen die tot voor kort ondenkbaar leken. Er verschijnen steeds meer bewakingscamera's in het straatbeeld, en op schijnbaar openbare plekken als de 'Koopgoot' (Beurstraverse) mogen geen Straatkranten verkocht worden en moeten filmteams toestemming vragen voor ze er mogen filmen.

Er is daarom in Thuisstad speciale aandacht voor projecten die de betekenis van de openbare ruimte in de stad behandelen en de herwinning van de openbaarheid van die openbare ruimte centraal stellen. Zo vinden activiteiten plaats rond de Rotterdamse singels en is de 7ᵉ editie van AIR gewijd aan stadstuinen. En er staan een ontwerpmanifestatie en een tentoonstelling over de herontwikkeling van het Rotterdamse rivierfront op het programma en een ontwerpmanifestatie over Rotterdam-Zuid, waarin het groen centraal staat.

Thuisstad bestaat uit nog veel meer activiteiten. Er worden publicaties gemaakt en films geproduceerd. Er zijn rondleidingen en routes. Er komen installaties en interventies in het straatbeeld. Er zijn nog meer ontwerpwedstrijden en tentoonstellingen. Er wordt nagedacht, gediscussieerd en onderzoek gepleegd. Het programma begint in januari, en duurt het hele jaar. In Thuisstad wordt samengewerkt met een groot aantal organisaties, diensten, musea en andere instellingen, historici en kunstenaars.

a number of Rotterdam neighbourhoods, and the theme *housing* will be central to the programme entitled *From Pendrecht to Pendrecht*. In Hoogvliet in the autumn a long-term international building event around the renewal of this quarter will be started under the motto *Welcome into My Backyard*.

Like housing, the public area is also an essential part of living in the city. The public area is subject to continuous change, too. Therefore, Home Town will also deal with this theme in detail. The public area of the city is about the essence of the city itself. It is a meeting place, the place of seeing and being seen, an environment where you can be without being somebody, a place of confrontation and an unprogrammed programme.

However, the city's public area seems to be in decline. The public area is increasingly privatized, it is increasingly collectivized and dominated by a sole function in it. That leads to phenomena that seemed unimaginable in the recent past. More and more surveillance cameras appear in the street scene, and in seemingly public areas, such as the Beurstraverse (a prominent shopping street) *Straatkranten* (street magazines) may not be sold and film teams must ask permission to film.

For that reason Home Town will pay special attention to projects dealing with the meaning of the city's public area, and the recovery of the public nature of the public areas. Thus, there will be activities around the Rotterdam canals, and the 7ᵗʰ edition of AIR will be dedicated to city gardens. And a design display and an exhibition on the redevelopment of the Rotterdam river front are planned, and also a design display about South Rotterdam focusing on public parks and gardens.

Home Town will involve many more activities. Publications will be presented and films produced, there will be guided tours and routes. There will be installations and interventions in the street scene. There will be even more design competitions and exhibitions. There will be a lot of reflection, discussions and studies. The programme will begin in January and last during the whole year. Some parts, such as the building display, will not end until far after 2001. Within the framework of Home Town there will be joint-ventures with a great number of organizations, services, museums and other institutions, historians and artists.

6,5 Miljoen Woningen

11 apr – 23 sept
Las Palmas Rotterdam   *Wilhelminakade 66*
Architectuur, tentoonstelling

Dat Rotterdam in 2001 culturele hoofdstad van Europa is, was voor het nationaal comité 100 Jaar Woningwet aanleiding om de nationale expositie ter gelegenheid van 100 jaar woningwet in Rotterdam te laten plaatsvinden. De woningwet uit 1901 stond aan de wieg van de volkshuisvesting maar ook aan die van het bouwvergunningenstelsel en de ruimtelijke ordening en inrichting van Nederland. De wet heeft een aanzienlijke invloed gehad op het uiterlijk van Nederland en op hoe Nederlanders wonen en werken. De ontwikkeling van de woningwet en de wooncultuur in Nederland in de 20ste eeuw zijn veelzijdig en indrukwekkend: van nauwelijks 1 miljoen woningen in 1900 naar meer dan 6 miljoen woningen nu, van 30m^2 voor zes mensen naar 40m^2 per persoon. Van een kolenvuurtje naar een digitaal gestuurde centrale verwarming, van een paar blokjes arbeiderswoningen, naar tuindorpen, VINEX-beleid, agglomeratievorming en netwerksteden, van de woninginspectrice naar televisieprogramma's en tijdschriften over wonen. De tentoonstelling vertelt over woningnood en woningverbetering, over het streven naar efficiency in de huishouding, over karakteristieke woontypologieën en stedenbouw, over de veranderingen in de bouwtechniek en -industrie en over de voortdurende inspanningen om het toenemend ruimtegebruik geordend te laten verlopen. De tentoonstelling vertelt ook over de overgang van paternalisme naar consumentgerichtheid. *Het Woonlaboratorium van de Toekomst* laat zien hoe bewoners in de toekomst zelf mee kunnen denken over de ontwikkeling, het ontwerp en de bouw van hun woning.

The fact that Rotterdam will be the cultural capital of Europe in 2001, was reason for the national committee regarding the 100th anniversary of the Housing Act to situate the national exhibition commemorating the 100th anniversary of the Housing Act in Rotterdam. The Housing Act of 1901 saw the beginning of public housing but also the system of building licensing and environmental planning and structuring in the Netherlands. The Act had a considerable impact on the appearance of the Netherlands and how the people in the Netherlands live and work. The development of the Housing Act and the culture of housing in the Netherlands in the 20t^h century are versatile and impressive: from hardly 1 million homes in 1900 to over 6 million homes now, from 30m2 for every six persons to 40m2 per person. From coal fired heating to digitally controlled central heating, from a few blocks of working-class homes to garden villages, urban zoning policy, agglomeration and network cities, from the home inspector to television programmes and magazines about modern living. The exhibition will inform about housing shortages and home improvement, about the striving for domestic efficiency, about characteristic home typologies and urban development, about the changes in building techniques and the building industry and about the continuous efforts to control the increasing use of space. The exhibition will also deal with the transition from paternalism to consumerism. *The Laboratory of Future Housing* will show how citizens in the future may participate in the development, design and construction of their home.

Sponsors: Dienst Stedebouw + Volkshuisvesting, Bank Nederlandse Gemeenten, Bedrijfspensioenfonds voor de Bouwnijverheid, Amstelland Ontwikkeling, HBG, Ballast Nedam, Era Bouw, Proper Stok, Vesteda, Archipel Arnhem, Portaal, Staedion Den Haag, SSH Utrecht, St. Servatius Maastricht, SWS Eindhoven, Vastgoedfonds Lieven de Key, Vestiagroep Haaglanden, Wonen Zuid Roermond/Heerlen, Woningbouwvereniging Oosterhout, Woonzorg Nederland, SSH Wageningen Hendrik van Lotharingen/Eindhoven, Domijn Enschede.

Met dank aan: Stimuleringsfonds voor de Architectuur, Ministerie van Volkshuisvesting, Ruimtelijke Ordening en Milieu.

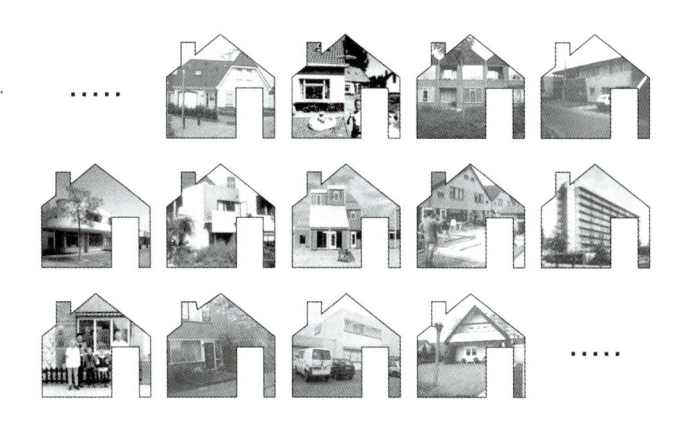

Thuis in Rotterdam

11 apr – 23 sept
Rotterdam
Architectuur

Rotterdam en Amsterdam vormen de bakermat van de Nederlandse volkshuisvesting die internationaal hoog in aanzien staat. Rotterdamse architecten realiseerden tijdens het Interbellum sociale woningbouw, zoals Tuindorp Vreewijk en het Justus van Effenblok. In de particuliere sector kwamen vernieuwende woningen tot stand als de Parklaanflat en Huis Sonneveld. Na 1945 zetten wijken als Pendrecht en Zuidwijk internationaal de toon en in de jaren '70 en '80 trok de Rotterdamse Stadsvernieuwing brede aandacht. Rotterdam is 55 jaar na het begin van de Wederopbouw een unieke, nieuwe stad. Verspreid over Rotterdam zijn 6 maanden lang ongeveer 20 woningen van buiten en binnen te bezichtigen (wo, za, zo), exemplarische voorbeelden van vernieuwing in woningbouw in de 20ste eeuw. De reis gaat o.a. langs een benauwde arbeiderswoning uit begin 20ste eeuw, de groene woonwijk Tuindorp Vreewijk, voorbeelden van het Nieuwe Bouwen zoals Huis Sonneveld uit 1936, de nieuwe stedelijkheid van de Kop van Zuid, de modelwoning voor de 21ste eeuw in de Hoge Heren en het voorbeeld van duurzaam bouwen: Nieuw-Terbregge en herontwikkelde havenlocaties. Suggesties voor fiets- en wandelroutes zijn verkrijgbaar. Tijdens themaweekenden rond b.v. hoogbouw in de binnenstad, wonen aan de Maas, wonen op stand en zelf ontworpen woonhuizen van Rotterdamse architecten, kunnen woningen in bewoonde staat op markante locaties worden bezocht. Deze weekends krijgen een festivalkarakter door ze in te passen in de Dag van de Architectuur (30 juni – 1 juli 2001), de Open Monumentendag (8–9 september 2001), de Binnenstadsdag 2001 en de rondvaarten over de Maas, waarbij het wonen langs de Maas vanaf het water kan worden bekeken.

De Boompjes... Venster op de wereld

21 jun – 21 sept
De Boompjes
Architectuur

Rotterdam and Amsterdam form the cradle of public housing in the Netherlands, which enjoys a considerable international reputation. During the Interbellum the architects of Rotterdam realized housing projects for the public, such as Tuindorp Vreewijk and Justus van Effenblok. In the private sector there was innovating home building, such as the Parklaanflat and Huis Sonneveld. After 1945 such quarters as Pendrecht and Zuidwijk set an international standard, and in the 70s and 80s Urban Renewal in Rotterdam drew broad attention. Fifty-five years after the beginning of the Reconstruction, Rotterdam is a unique, new city. Spread all over Rotterdam and for six months about 20 homes can be visited inside and out (Wed, Sat, Sun). They serve as examples of innovations in residential architecture in the 20th century. The route will lead to, among other places, a confining working-class home dating from the early part of the 20t century, the quarter Tuindorp Vreewijk with a lot of greenery, examples of the trend called *Het Nieuwe Bouwen*, such as Huis Sonneveld dating from 1936, a new urban development at Kop van Zuid, a model home for the 21st century in Hoge Heren and the example of durable building: Nieuw-Terbregge, and redeveloped harbour locations. Suggestions for bicycle and walking routes will be available. During the theme week-ends focusing on, for example, high rise buildings in the inner city, housing along the Meuse, housing in a posh neighbourhood and homes designed by architects of Rotterdam, one may visit occupied homes on striking locations. These week-ends will be incorporated in existing festivals: *Architecture Day* (30 June – 1 July, 2001), *Open Day for Monuments* (8 – 9 September, 2001), *Inner City Day 2001* and the round trips on the Meuse offering a view from the water of housing along the Meuse.

Sponsors: Amstelland, Amvest, SFB Vastgoed, Proper-Stok, Vesteda, De Combinatie, De Nieuwe Unie, Vestia Estrade Groep, Patrimonium Woningstichting, Stadswonen, Stichting Humanitas, Stichting Woongoed, VLWonen, Woonbron/Maasoevers, WoningBedrijf Rotterdam, ING Vastgoed, Ontwikkelingsbedrijf Rotterdam, dinst Volkshuisvesting en Stedebouw, de heer De Graaf (Kubuswoning)
Met dank aan het NAi

In deze manifestatie staat de herontwikkeling van het Rotterdamse rivierfront centraal, in het bijzonder *De Boompjes*. Onderzocht wordt hoe dit deel van het centrum kan worden omgevormd tot een betekenisvolle en attractieve stedelijke ruimte. Een plek die meer dan nu een schakel vormt tussen centrum en rivier, en opnieuw een plaats krijgt in het collectieve bewustzijn van de Rotterdammers.
De basis van het programma is een ontwerpopdracht aan vier teams. Combinaties van opdrachtgevers en architecten uit Baltimore, Hamburg, Barcelona en Londen ontwikkelen een visie op de Rotterdamse rivieroever, uitgaande van ervaringen in hun eigen stad. De resultaten worden zomer 2001 op locatie getoond. Tegelijkertijd zijn presentaties van de waterfronten van de betrokken steden te zien en is er een tentoonstelling over de (ontwerp)geschiedenis van *De Boompjes*. Daarnaast borduren culturele activiteiten voort op thema's die de ontwerpteams hebben meegekregen. Het accent in de programmering ligt op *leisure*, op *De Boompjes* als locatie voor ontspanning en vermaak. Het streven is om in 2002 opnieuw zo'n programma te organiseren, dan met het accent op maritieme activiteiten, wellicht als opmaat voor een jaarlijks Boompjesfestival.
The redevelopment of the riverfront in Rotterdam is central to this event, particularly *De Boompjes*. Studies will be carried out to find out how this part of the centre can be transformed into a meaningful and attractive, urban area. An area that, more than is the case now, forms a link between the centre and the river, and of which the people of Rotterdam collectively will be aware again.
The basis of the programme is a design assignment for four teams. Combinations of principals and architects from Baltimore, Hamburg, Barcelona and London are developing a view on the riverbank in Rotterdam, based on experiences in their own city. The results will be shown on location in the summer of 2001. At the same time, presentations of the waterfront of the cities involved can be seen, and there will be an exhibition on the (design) history of *De Boompjes*. Besides, cultural activities will focus on themes that the design teams were to work on. In the programme the emphasis will be on leisure, on *De Boompjes* as a location for recreation and amusement. It is the intention to organize such a programme in 2002 again, but then with the emphasis on maritime activities, perhaps as a first step towards an annual Boompjes festival.

Sponsors: OntwikkelingsBedrijf Rotterdam, Dienst Stedebouw + Volkshuisvesting, Gemeentelijk Havenbedrijf Rotterdam, v.o.f. de Boompjes, Fortis Investments, Fortress, ING Vastgoed, Innoplan, Vesteda, Johan Matser Projectontwikkeling b.v., Multi Vastgoed en Bouwfonds Financiering Vastgoed B.V.

Waterproject 1854-2001

Jan – sept
Diverse locaties
Architectuur, tentoonstelling

De Westersingel, Spoorsingel, Noordsingel, Crooswijksesingel en Boezemsingel zijn halverwege de 19e eeuw aangelegd als *Waterproject*. Stadsarchitect W.N. Rose (1801–1877) ontwikkelde deze grootschalige stedenbouwkundige structuur ter verbetering van het onaanvaardbare gebrek aan hygiëne in de binnenstad. De vormgeving in landschapsstijl door de familie Zocher maakte het tracé ook geschikt als stads(rand)-wandeling én als geschikt woonmilieu voor de welgestelde burgers.
In 2001 wordt een comeback van het *Waterproject* gepromoot door ontwerpateliers, een externe ontwerpopgave, een buitententoonstelling, een tekeningenkabinet en een wandelgids.
Drie ontwerpateliers informeren de Dienst Stedebouw en Volkshuisvesting die werken aan de herinrichting van de singels over de conceptie en oorspronkelijke aanleg van het Waterproject-tracé. Ze moeten een stimulans bieden tot een 21e-eeuwse interpretatie. Een ontwerpopgave aan externe stedenbouwkundigen brengt ideeën voort over een toekomstige perceptie van de Waterproject-structuur en is bedoeld als kritische stimulans voor de gemeentelijke ontwerpers.
De buitententoonstelling langs de Waterproject-singels presenteert de oorspronkelijke én de toekomstige stedelijke Waterproject-visie en maakt het *Waterproject* fysiek herkenbaar in de stad. De WaterprojectGids en het tekeningenkabinet van Rose, dat héél veel van de originele ontwerptekeningen laat zien, bieden meer achtergrondinformatie. De WaterprojectGids is bestemd voor bewoners en bezoekers en voert langs het Waterproject-tracé met uitvalsroutes. De gids verhaalt van anderhalve eeuw stedenbouw, architectuur, landschapsontwerp, interieur en stedelijke cultuur van Rotterdam.

The Westersingel, Spoorsingel, Noordsingel, Crooswijksesingel and Boezemsingel were dug around the middle of the 19th century within the framework of a project called *Waterproject*. City architect W.N. Rose (1801 – 1877) developed this large-scale urban structure to improve the unacceptable lack of hygiene in the inner city. The landscape design by the Zocher family made the location line also suitable as a walking route on the outskirts, and as a suitable residential environment for the prosperous citizens. In 2001 a combined effort of design studios, a design assignment, an open-air exhibition, a collection of drawings and a walking guide will promote a comeback of the *Waterproject*.
Three design studios are informing of the Department for Urban Development and Public Housing, who are working on redesigning of the canals, of the conception and original location line of the Waterproject. They are to stimulate a 21st century interpretation of it. A design commission awarded to external urban development experts will produce ideas about the future perception of the Waterproject structure, and is intended as a critical incentive for the municipal designers.
The open-air exhibition along the Waterproject canals will present the original and future view on the Waterproject in urban terms, and make the *Waterproject* physically recognizable in the city. The WaterprojectGuide and the Rose collection of drawings that shows a great many original design drawings, will offer more background information. The WaterprojectGuide is intended for citizens and visitors, and will take the interested persons to a route along the Waterproject location line with arterial routes. The guide will tell about urban development, architecture, landscape design, interiors and urban culture in Rotterdam in a period spanning one and a half centuries.

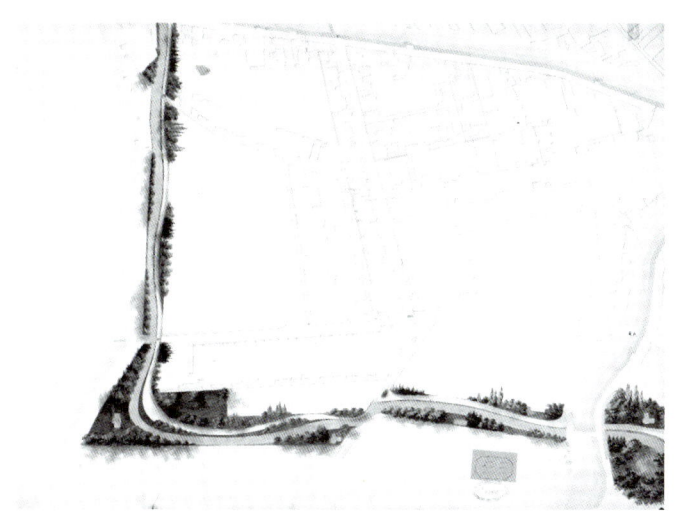

Sponsor Gemeentewerken Rotterdam, Hoogheemraadschap van Schieland.
Met dank aan Stimuleringsfonds voor Architectuur en het Ministerie van Volkshuisvesting, Ruimtelijke Ordening en Milieu

Beelden in vervoering/ Captured Images

16 dec 2000 – 28 jan 2001
(expositie)
Kunsthal Rotterdam
Interdisciplinair

Een multidisciplinair project waaraan Rotterdamse dichters, fotografen, componisten en musici samenwerken en zich laten inspireren door een aantal beelden uit Rotterdam. Het resultaat is een fraai tweetalig boek met cd van de uitgever Bèta Imaginations. Het project omvat nieuw werk van ruim 50 kunstenaars en een vleugje geschiedenis door Jan Oudenaarden. Verder bijdragen van o.a. Jules Deelder, Manuel Kneepkens, Hester Knibbe, Anne Vegter, Rien Vroegindeweij, Ayatollah Musa, Jana Beranová, Vincent Mentzel, Daria Scagliola, Helena van der Kraan, Hans Werlemann, Carel van Hees, Pieter Vandermeer, Eric Vloeimans, Arend Niks, Arthur Sauer, Keimpe de Jong, Hans Koolmees en Paul Middellijn. Dichters en fotografen uit Porto leverden een bijdrage rond enkele historische plekken in hun stad. Op de cd zingt Cristina Branco een fado op het beeld van Zadkine.

A multidisciplinary project where poets, photographers, composers and musicians of Rotterdam co-operate, inspired by images of Rotterdam. The result is a splendid two-language book with CD published by Bèta Imaginations. The project involves new work by more than 50 artists and a touch of history by Jan Oudenaarden. Furthermore, there are contributions by, among others, Jules Deelder, Manuel Kneepkens, Hester Knibbe, Anne Vegter, Rien Vroegindeweij, Ayatolla Musa, Jana Beranová, Vincent Mentzel, Daria Scagliola, Helena van der Kraan, Hans Welemann, Carel van Hees, Pieter Vandermeer, Eric Vloeimans, Arend Niks, Arthur Sauer, Keimpe de Jong, Hans Koolmees and Paul Middellijn. Poets and photographers of Porto made contributions focusing on some historic places in their city. On the cd Cristina Branco sings a fado on the statue by Zadkine.

Going Dutch: 2 dimensionale tentOOnstelling in 1 stad

Nov 2000 – dec 2001
Rotterdam centrum
Beeldende kunst

Een heel jaar lang is de buitententoonstelling *Going Dutch* het 'visuele decor' van Rotterdam 2001, Culturele Hoofdstad van Europa. Het project is een even eenvoudig als krachtig idee. Reusachtige reproducties van kunstwerken uit bedrijfscollecties worden tentoongesteld op de gevels van zo'n 25 gebouwen met een specifieke Rotterdamse architectuur en vormen een beeldende-kunstroute door het centrum van de stad. Rotterdamse bedrijven en multinationals tonen zo wie ze zijn, waar ze zich bevinden, hoe ze zich verhouden tot beeldende kunst en welke kunst ze bezitten. Nooit eerder getoonde kunstwerken, maar ook werken van bekende kunstenaars als Mondriaan en Warhol torenen hoog boven de stad uit. Het conceptidee is van beeldend kunstenaar Liesbeth van Ginneken, het project is van B-produkties.

During one whole year the open-air exhibition *Going Dutch* will be the 'visual décor' of Rotterdam 2001, Cultural Capital of Europe. The project is a simple and powerful idea. Gigantic reproductions of art works from corporate collections will be exhibited on the façades of some 25 buildings with a specific Rotterdam architecture, and will form a visual art route through the centre of the city. In this way companies and multinationals in Rotterdam will show who they are, where they are, their relationship with visual art, and which art they possess. Works of art never shown before, but also works by well-known artists, such as Mondriaan and Warhol will tower high over the city. The idea originates from visual artist Liesbeth van Ginneken; the project is in the hands of B-produkties.

Beeld: Liesbeth van Ginneken,
Publicatie: Van Ginneken&Zoon

Internationale Bouwtentoonstelling Hoogvliet: WiMBY: Welcome into My Backyard!

Jan – dec
Hoogvliet, Rotterdam
Architectuur

De Gemeente Rotterdam heeft samen met andere publieke en private partners het voornemen vanaf 2001 een Internationale BouwTentoonstelling te houden met als titel *Welcome into My Backyard*. WiMBY staat voor een nieuwe ontwerp- en organisatiecultuur waarin de stedelijke complexiteit en dynamiek wordt opgezocht om nooit eerder vertoonde mogelijkheden te realiseren. In Hoogvliet zal de komende 10 jaren 400 à 500 miljoen gulden per jaar worden geïnvesteerd in o.m. herstructurering van de woningvoorraad en vernieuwing en uitbreiding van de infrastructuur. De IBT wil fungeren als denktank en aanjager van zowel nieuwe concepten en programma's voor de stedelijke ontwikkeling als nieuwe samenwerkingsvormen tussen nu nog gescheiden opererende domeinen en actoren. Gepland zijn o.m. een tentoonstelling van modellen van *Parasites* – lichte woon- en werkpaviljoentjes – (zie project *Parasites*), de realisatie van een aantal *Parasites* in en rond Hoogvliet en een internationale competitie voor het ontwerp van het IBT-informatiecentrum. Bovendien wordt het startsein gegeven voor een aantal innovatieve programma's en projecten m.b.t. de ruimtelijke herinrichting van het gebied in en rond Hoogvliet en de daar lopende infrabundels, en wordt er i.s.m. Europan een prijsvraag in Hoogvliet Noord gehouden. Er vindt een feestelijke openingsmanifestatie plaats.

Together with other public and private partners the municipality of Rotterdam intends to organize an international building exhibition under the title of *Welcome into My Backyard* as from 2001. WiMBY stands for a new design and organization culture seeking the urban complexity and dynamics in order to realize possibilities that have never been seen before. In the Hoogvliet quarter 400 to 500 million guilders per year will be invested in the coming ten years in the restructuring of housing and the renewal and expansion of the infrastructure. The IBT wishes to function as a think tank and booster new concepts and programmes for urban development as well as new co-operative forms between domains and actors that are as yet operating separately. An exhibition of models of *Parasites* – light pavillions for living and working – (see the *Parasites* project), the realization of a number of *Parasites* in and around Hoogvliet, and an international competition for the design of the IBT information centre, have also been planned. The starting signal will be given for a number of innovative programmes and projects regarding the environmental restructuring in and around Hoogvliet and local infrastructural concentrations. In co-operation with Europan there will be a contest in North Hoogvliet. A festive opening event will be organized.

Ruimte bezetten

Jan – dec
Stadhuis Rotterdam
Beeldende kunst

Al jaren maken kunstenaarsinitiatieven deel uit van het kunstcircuit in Rotterdam. Wat begon met kunstenaars die samenwerking zochten om goedkope werkplekken te vinden, groeide uit tot creatieve broedplaatsen. Introverte ateliers ontwikkelden zich tot extraverte, actieve gemeenschappen. In Rotterdam behoren de kunstenaarsinitiatieven inmiddels tot de belangrijkste broedplaatsen binnen het culturele klimaat.
In *Ruimte bezetten* staat de openbare ruimte van Rotterdam centraal, in het bijzonder die van het Stadhuis. Het Stadhuis is hét huis waar elke inwoner van Rotterdam wel eens komt, ongeacht culturele afkomst. Dit gebouw, waar privé en openbaar elkaar ontmoeten, is onderwerp voor een ontwerpopdracht. De kunstenaarsinitiatieven ontwikkelen een aantal bijzondere kunstwerken voor specifieke plekken in dit gebouw. In 2001 zijn de resultaten van de ontwerpopdracht in het Stadhuis te zien.
Behalve deze fysieke ruimte nemen de kunstenaarsinitiatieven in 2001 ook 'geestelijke' en virtuele ruimte in. Geestelijke ruimte in bestaande tijdschriften, waarin bijdragen van kunstenaars worden geplaatst. Deze bladen worden, samen met een catalogusdeel van het evenement in het Stadhuis, gebundeld tot één publicatie. Virtuele ruimte met een internationaal georiënteerde website waarin een beeld wordt gegeven van de Rotterdamse kunstenaarsinitiatieven, hun activiteiten en stellingnamen.

For years artists' initiatives have formed part of the art circuit in Rotterdam. What started with artists seeking co-operation to find cheap workshops, grew into creative breeding places. Introverted studios developed into extraverted, active communities. In Rotterdam the artists' initiatives meanwhile belong to the most important breeding places within the cultural climate. In *Occupying Space* the focus is on public space in Rotterdam, especially that at the Town Hall. The Town Hall is the place where every inhabitant of Rotterdam goes to now and then irrespective of cultural origin. This

building where the private and public spheres meet, is the subject for a design commission. The artists' initiatives develop a number of special works of art for specific places in this building. In 2001 the results of the design commission can be seen at the City Hall.
In addition to this physical space the artists' initiatives in 2001 will also occupy 'spiritual' and virtual space. Spiritual space in existing magazines showing contributions by artists. These magazines together with a catalogue of the event at the Town Hall, will be compiled into one publication. Virtual space through an internationally oriented website showing what the artists' initiatives in Rotterdam, their activities and ideas are about.

Internationale BeeldenCollectie Rotterdam

Jan – dec
Culturele as
Beeldende kunst

Rotterdam heeft in de loop der jaren een omvangrijke collectie beeldende kunst voor de openbare ruimte vergaard. Beelden van hoog internationaal niveau. Werken van o.a. Rodin, Mastroianni, Laurens, De Kooning en Picasso staan verspreid door de stad. Als in een museum, worden de meest aansprekende beelden (permanent) herplaatst op de *Culturele as* van Rotterdam. Leemtes in de collectie worden aangevuld met speciaal voor Rotterdam ontworpen werk van onder andere Paul Mc Carthy, Carel Visser, Guiseppe Penone, Joel Shapiro en Jeff Wall. Ook jong aanstormend Nederlands talent krijgt haar plek op de as. In november 2001 verschijnt een uitgebreide catalogus over meer dan vijftig jaar internationale beelden in de stad Rotterdam.

Over the years Rotterdam has collected an extensive collection of visual art for the public areas. Statues of a high international level. Works by, among others, Rodin, Mastroianni, Laurens, De Kooning and Picasso are spread over the city. As in a museum, the most appealing statues will be (permanently) repositioned on the *Cultural Axis* of Rotterdam. Lacunas in the collection will be filled with works especially designed for Rotterdam by, among others, Paul McCarthy, Carel Visser, Giuseppe Penone, Joel Shapiro and Jeff Wall. Also young up and coming Dutch talent will get a slot on the axis. In November 2001 a detailed catalogue about more than fifty years of international statues will be published in Rotterdam.

Sponsor F. van Lanschot Bankiers

V2_001 (Grounding)

Jan – dec
V2_gebouw, diverse locaties
Nieuwe media

V2_001 Grounding verkent de rol die kunst en mediatechnologie spelen in sociale en culturele processen in het snel veranderende stedelijke landschap. Tentoonstellingen, debatten, workshops en publicaties gaan in op het thema Thuisstad. In het programma *Grounding* wordt Thuisstad als concept kritisch bekeken, want sociale en culturele spanningen en emoties de ruimte te geven behoort niet tot de functies van het publieke domein. De kunstprojecten die gepresenteerd worden, zijn gericht op de gelaagdheid van het stedelijk domein, op het in bezit nemen van het publieke domein door de stadsbewoner. *Grounding* veroorzaakt een opzettelijke kortsluiting tussen het digitale domein en de analoge wereld, tussen mediatechnologie en de stad.

V2_001 Grounding will explore the role that art and media-technology play in socio-cultural processes in the rapidly changing urban landscape. Exhibitions, debates, workshops and publications will focus on the theme of Rotterdam Home Town. Within the framework of the programme *Grounding*, Home Town as a concept will be critically considered because allowing socio-cultural tensions and emotions to freely develop, does not belong to the functions of the public domain. The art projects that will be presented, will be focused on the stratification of the urban domain, on taking possession of the public domain by the city dweller. *Grounding* will cause a deliberate short circuit between the digital domain and the analogous world, between media-technology and the city.

Met dank aan het Ministerie van Volkshuisvesting, Ruimtelijke Ordening en Milieu

Een straat... de stad

Jan – dec
Diverse locaties
Audiovisuele kunsten

Voordracht stadhuis: 'Geachte heer Meijer,(....) De straat die u nu aantreft is een verbonden straat, waarin verschillende levens, wonen en werken naast elkaar bestaan, een situatie die niet zomaar verbroken mag worden. Uw perspectief van differentiëren is het maximaliseren van dure koop, opdat dit de kwaliteit van de binnenstad zal verbeteren. In een straatje als het onze betekent dat de deportatie van de bewoners, de destructie van alles wat in de loop der tijd is opgebouwd.
Wij verzoeken u onze straat opnieuw te bezien: Is het niet ook politieke praktijk om ruimte te geven aan de minoriteit? Namens de bewonersgroep, Marieke van der Lippe.'
H.M.: 'Wat doen die camera's hier?' 'M.v.d.L.: 'Ik maak een documentaire.'
De film *Een straat... de stad* van de Rotterdamse cineaste Marieke van der Lippe gaat in januari in première.

Speech at the City Hall:
'Dear Mr. Meijer, (....) The street as it is now, is a united street where different people live and work, exist one next to eachother, a situation that cannot just be broken up. Your perspective of differentiation is the maximizing of expensive homes for sale to improve the quality of the inner city. In a street like ours that will mean the deportation of its residents, the destruction of all that has been built up in the past. We request you to reconsider our street: Should not political practice also make allowance for the minority? On behalf of the organized residents, Marieke van der Lippe.'
H.M.: 'What are those cameras doing here?' 'M.v.d.L.: 'I am making a documentary.'
The *film A street...the city* by the Rotterdam cinematographer Marieke van der Lippe will première in January.

City Life – Rotterdam-Porto 2001 a Cultural Odyssey
The Episode Film

24 jan – 4 feb (première)
Diverse locaties
Audovisuele kunsten

Foto: Dirk Rijneke

Met de stad als achtergrond worden acht korte filmische verhalen verteld, die samen een kaleidoscopisch beeld geven van de twee Europese culturele hoofdsteden in 2001. Niet alleen de zichtbare, maar ook de onzichtbare stad wordt in beeld (én geluid) gebracht. Vier delen spelen zich af in Porto, vier films worden opgenomen in Rotterdam. De Rotterdamse filmmakers zijn Stella van Voorst van Beest, Karel Doing, Sonia Herman Dolz en André van der Hout. Sandro Aguilar, Paulo Rocha, Pedro Serrazina en het duo Tiago Guedes en Frederico Serra tekenen voor het Portugese deel. De films gaan in wereldpremière op het International Film Festival Rotterdam. *City Life* is een Rotterdam Films productie naar een idee van en initiatief van Dirk Rijneke en Mildred van Leeuwaarden.

With the city serving as the backdrop, eight short cinematic stories will be told, that together give a kaleidoscopic picture of the two European cultural capitals in 2001. Not only the visible but also the invisible city will be recorded in pictures (and sound). Four parts will show scenes in Porto; four films will be shot in Rotterdam. The film makers of Rotterdam are Stella van Voorst van Beest, Karel Doing, Sonia Herman Dolz and André van der Hout. Sandro Aguilar, Paulo Rocha, Pedro Serrazina and the duo Tiago Guedes and Frederico Serra look after the Portuguese part. The films will have their worldpremière during the International Film Festival Rotterdam.
City Life is a Rotterdam Films Production based on an idea of and initiative by Dirk Rijneke and Mildred van Leeuwaarden.

Streets of the City: Safe and Secure

7 – 9 feb
Erasmus Expo, Congres Centrum
Interdisciplinair, wetenschap

Het congres *Streets of the City: Safe and Secure* wil een internationaal forum bieden voor ontwikkelingen die de veiligheid(sbeleving) vergroten en daarmee de stad en haar straten weer teruggeven aan de bewoners. Vertegenwoordigers van het gemeentelijk bestuur, de politie en de wetenschap uit Rotterdam en haar zustersteden Gdansk, Shanghai, Durban en Baltimore spreken op dit congres over de belangrijkste veiligheidsproblemen waarmee hún stad wordt geconfronteerd.

The congress *Streets of the City: Safe and Secure* means to offer an international platform for developments enhancing the (feeling of) security and thus returning the city and its streets to its residents. Representatives of the municipal administration, police and the scientific community of Rotterdam and its twin cities Gdansk, Shanghai, Durban and Baltimore will address this congress about the most important security problems with which their city is confronted.

Bamboe Bovenstad

17 feb – 30 sept
Hogeschool Rotterdam
Interdisciplinair

Bamboe Bovenstad is een uitsluitend uit bamboe bestaand bouwsel waarmee de bestaande bouw van de Hogeschool Rotterdam bovenop het dak wordt uitgebreid. De stad bestaat uit steigers, platformen en verbindingen. Bezoekers kunnen vanuit het Museumpark in alle rust genieten van de uitbouw, of een bezoek brengen aan het dak (max. 200 bezoekers tegelijk). Langs de westgevel van het museum Boijmans Van Beuningen wordt, rondom de grote populieren, een bamboe platform gemaakt met daaronder een Chinees theepaviljoen annex winkel. De bouw gaat gepaard met informatieve rondleidingen over bamboe, tentoonstellingen, lezingen, workshops, openluchtconcerten en (bamboe)klimsportevenementen.
Bamboe Bovenstad is een initiatief van beeldend kunstenaar Maik Mager, ontwerper Paul van der Vlis en architect Ineke Hulshof.

Bamboo Summit City will be a bamboo structure on the roof of the existing building of the Rotterdam University for Professional Training and which will serve as an extension of it. The city will consist of scaffolds, platforms and connections. Visitors may enjoy the extension watching it from the Museum Park at leisure, or visit the roof (maximum 200 visitors at a time). Along the Western façade of the Boijmans Van Beuningen Museum and around the tall poplars a bamboo platform will be built, and underneath it there will be a Chinese teahouse with a shop. During the construction there will be an informative guided tour about bamboo, exhibitions, lectures, workshops, open-air concerts and (bamboo) climbing sports events.
Bamboo Summit City is an initiative by visual artist Maik Mager, designer Paul van der Vlis and architect Ineke Hulshof.

Sponsors VNC travel, BOAK Nederland, Bestuursdienst Rotterdam stadhuis, ING-Woningbouw, Pontiaan Rotterdam, Boom Delft, Dura Bouw Rotterdam, Proper-Stok BV Rotterdam, SBS, projectbegeleiding b.v. Rotterdam, Stedelijke vernieuwing & beheer, dS+V Rotterdam, mr. J. van Houdt b.v., Nouwen Notarissen, Bouwfonds Woningbouw, Bontebal Reeuwijk, Mager Beheer b.v., Manhave Vastgoed b.v., Rotterdam, HBG Vastgoed, Koudijs Aannemingsbedrijf, Era Bouw, DHV-AIB, Bricsnet, Concretio b.v., Eurowoningen, XX-architecten, De Combinatie Rotterdam b.v., Cees Reijers architecten, Handelsmaatschappij de Wit b.v., Stichting De Combinatie, RCRO en Moso
Met dank aan Hogeschool Rotterdam, de heer F.W. Faro, de heer W.M.M. Schinkel, Netherlands Business Support Office Hangzhou, de heer J.H. van Steen, de heer G. Vreeburg en het Ministerie van Volkshuisvesting, Ruimtelijke Ordening en Milieu

Alexander Binnenstebuiten

Maart – apr
Prins Alexander
Architectuur

Tijdens *Binnenstebuiten* legt de deelgemeente Prins Alexander de nadruk op interieurarchitectuur en -design. Bewoners brengen letterlijk het binnenste van hun huizen naar buiten: ze laten anderen rondkijken en meegenieten van hun eigen 'woninkrijk'. Deze kortstondige gastvrijheid laat een diversiteit van woninginrichtingen, culturen en persoonlijke smaken zien.

During *Inside Out* the borough of Prins Alexander will emphasize interior architecture and design. Its residents will literally turn their homes inside out: they will allow others to look around and enjoy their own 'domestic realm'. This hospitality of limited duration will show a diversity of home furnishings, cultures and personal tastes.

Promenade Plantée voor groeiende sculpturen

Maart – mei
Diverse locaties
Beeldende kunst

Noordereiland – centrum van de rivier – aan de voet van de Hef... Op die heel bijzondere plek, zo karakteristiek voor de ziel van Rotterdam, zal in de loop van 2001 een parkje worden ontwikkeld met een culturele bestemming. Met een gekleurd tulpenpad – als symbool voor vermenging van culturen – wordt het startsein gegeven. Aan dit project wordt samengewerkt met de bewonerscommissie van het Noordereiland, studenten van het groene Delta College, de afdeling Cluster Groen van het ingenieursbureau Stad, beeldend kunstenaar Anne Mieke Backer en het Centrum voor Beeldende Kunst.

Northern Island – centre of the river – at the foot of the Hef... On this very special spot, which is so characteristic for the soul of Rotterdam, a little cultural park will be developed. A lane of coloured tulips, as a symbol of the cultural mingling, will be starting signal. This project will be realised in cooperation with the residents' association of Noordereiland, students from the Groene Delta College, the department Cluster Groen of the engineering office Stad, visual artist Anne Mieke Backer and the Centre for Visual Art.

De Museumparkvilla's

Maart – mei
Chabot Museum
Architectuur

Voortbouwend op eerdere presentaties en projecten over de zes Museumparkvilla's vestigt het Chabot Museum opnieuw de aandacht op het architectuur-historisch en cultureel belang van deze monumentale villahoek. Dit gebeurt door (foto)presentaties, een straatwandproject en een website i.s.m. de Willem de Kooning Academie en de Academie voor Bouwkunst in Rotterdam. De projecten reizen ook langs Stuttgart en Porto.

Building on earlier presentations and projects about the six Museum Park villas the Chabot Museum will again draw the attention to the architectural, historical and cultural importance of this monumental pocket of villas. This will be manifested through (photographic) presentations, a street board project and a website in co-operation with the Willem de Kooning Academy and the Rotterdam Academy for Architecture. The projects will also visit Stuttgart and Porto.

Huis Sonneveld museumwoning, NAi

Vanaf 24 maart
Huis Sonneveld (Museumpark)
Architectuur

De 'witte villa' Huis Sonneveld is volledig teruggebracht naar de toestand van 1933. Het is een uniek voorbeeld van een vrijstaand huis dat compleet volgens de beginselen van het Nieuwe Bouwen is ontworpen en ingericht. Het interieur van de villa in haar nieuwe hoedanigheid van museumwoning is na een langdurige restauratie voor het eerst te zien. Brinkman en Van der Vlugt, architecten van de wereldberoemde Van Nelle fabriek, ontwierpen het huis voor directeur A.H. Sonneveld en zijn gezin. De inrichting benadert de oorspronkelijke meubilering zo dicht mogelijk. Uniek is dat een deel van de meubelen, lampen en accessoires, afkomstig uit bezit van de familie, weer op hun oude plek staan.

The 'white villa' Huis Sonneveld has been completely restored to its state of 1933. It is a unique example of a freestanding house that was designed and furnished completely according to the principles of the Nieuwe Bouwen school. After a lengthy restoration the interior of the villa can be seen for the first time in its new appearance. Brinkman and Van der Vlugt, architects of the world-famous Van Nelle factory, designed the house for its director A.H. Sonneveld and his family. The interior's furnishings are as close to the original as possible. What is unique is that part of the furniture, lamps and accessories that originate from the family's possession, are in their original places again.

Sponsor: Dienst Stedebouw + Volkshuisvesting
Met dank aan Stichting ter Bevordering van Volkskracht en de Erasmusstichting

Parasites

Apr – sept
Las Palmas Rotterdam
Architectuur

Parasites, Prototypes for Advanced Ready-made Amphibious Small-scale Individual Temporary Ecological Houses, zijn niet-plaatsgebonden kleinschalige woonobjecten voor ongebruikelijke locaties, zoals oude haven- en industriegebieden, slooplocaties, platte daken en locaties op het water.
Het project is bedoeld om deze locaties zicht- en bewoonbaar te maken en brengt experimentele woonvormen en ruimtelijke en technologische concepten onder de aandacht. De maquettes van de objecten, die zijn ontworpen door jonge architecten uit heel Europa, vormen een aanvulling op de tentoonstelling *6,5 Miljoen Woningen* in gebouw Las Palmas. Het plan is om vanaf eind 2001 in Hoogvliet een aantal parasites daadwerkelijk te realiseren.

Parasites, Prototypes for Advanced Ready-made Amphibious Small-scale Individual Temporary Ecological Houses, are movable, small-scale residential objects for unusual locations, such as old harbour and industrial sites.
The project is intended to make these locations visible and fit for living, and to draw attention to experimental housing types and environmental and technological concepts. The scale models of the objects that were designed by young architects from all over Europe, form a complement to the exhibition *6.5 Million Homes* in the Las Palmas building. The actual realization of a number of parasites in Hoogvliet has been planned as from the end of 2001.

Met dank aan Innovatiefonds Rotterdam en Stimuleringsfonds voor de Architectuur.

Rotterdam 2001 Culturele Hoofdstad van Europa

De Verhuiswagen

Apr – sept
Diverse locaties
Architectuur

Een originele verhuiswagen, omgebouwd tot tentoonstellingsruimte, vormt het verbindende element tussen alle woonprojecten van Thuisstad. De verhuiswagen duikt overal op waar activiteiten rond het wonen plaatsvinden. De verhuiswagen wordt gedeeltelijk ingericht als wisselend woninginterieur en toont zo allerlei woonstijlen in de stad. De verhuiswagen is ook ontmoetingsplek, plaats voor uitzendingen op locatie en een rijdend billboard voor Thuisstad.

An original removal van, converted into exhibition space, will form the binding element between all housing projects of Home Town. The removal van will appear wherever there will be activities related to housing. The removal van will partly serve as a changing home interior and will thus show all kinds of styles of living in the city. The removal van will also be a meeting place, a place for on the spot broadcasting and a moving billboard for Home Town.

Met dank aan SAVAM,
brancheorganisatie van erkende verhuizers

Botanische Tuin Rheumaverpleeghuis

Apr
Hillegersberg-Schiebroek
Architectuur

Het Rheumaverpleeghuis is gespecialiseerd is in de behandeling van patiënten met chronische pijn en in het revalideren van ouderen. Er wordt een botanische tuin ontwikkeld die zowel het eigen terrein als het naastgelegen plantsoen beslaat en zo de kwaliteit van de openbare ruimte verhoogt. Het gaat om een vlindertuin, een botanische tuin met vooral geneeskrachtige gewassen en een oranjerie die bescherming en een aangepast klimaat biedt aan de planten en de patiënten. Voor de oranjerie worden nog sponsors gezocht.
The nursing home for rheumatics is specialized in the treatment of patients suffering from chronic pain, and in revalidating elderly people. A botanical garden will be developed involving the nursing home's own grounds and the adjoining public garden and thus enhancing the quality of the public area. It concerns a butterfly garden, a botanical garden with mainly medicinal plants and an orangery offering protection and a suitable climate for the plants and patients. Sponsors are sought for this orangery.

AVL-Ville: vrijstaat en openluchtmuseum

Apr – sept
Vierhavenstraat/Keilestraat 43e
Architectuur, beeldende kunst

De Rotterdamse beeldend kunstenaar Joep van Lieshout, die sinds 1995 onder de naam Atelier van Lieshout (AVL) werkt, bouwde een dorp voor zichzelf en zijn werknemers: AVL-Ville. Doel is om er zelfvoorzienend te wonen en te werken. De gebouwde kunstwerken zijn alle functioneel: woon- en werkunits, een kantine, een generator voor stroom, een kachel voor warm water en verwarming en zelfs een veldhospitaal waar eenvoudige operaties kunnen plaatsvinden. Bij andere kunstwerken staat het illegale karakter voorop. Zo is er een *Atelier des Armes et des Bombes* en een *Atelier de l'Alcool et des Médicaments*. AVL-Ville is openluchtmuseum en vrijstaat tegelijk, met een eigen vlag, grondwet en zelfs munteenheid.

The visual artist Joep van Lieshout of Rotterdam, who has been working under the name of Atelier van Lieshout (AVL) since 1995, built a village for himself and his employees: *AVL-Ville*.
The goal is to live and work there and be self-sufficient. The built works of art are all functional: living and working units, a canteen, a generator for electricity, a heating unit for hot water and heating and even a field hospital for simple operations. With other works of art the illegal nature is evident. Thus, there is an *Atelier des Armes et des Bombes* and an *Atelier de l'Alcool et des Médicaments*. AVL-Ville is an open-air museum and a free state at the same time, with its own flag, constitution and even currency.

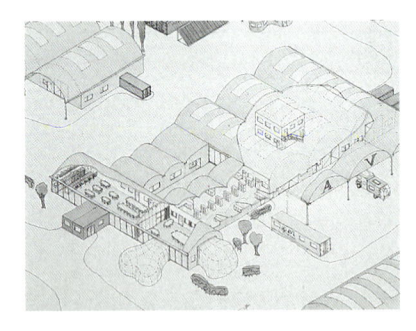

Van Pendrecht tot Pendrecht

10 apr – 23 sept
Pendrecht, diverse wijken
Architectuur, interdisciplinair

Ter gelegenheid van Rotterdam 2001, Culturele Hoofdstad van Europa biedt Maaskoepel – het samenwerkingsverband van regionale woningbouwcorporaties – Rotterdam een cultureel feestprogramma aan. Aanleiding is de viering van 100 jaar Woningwet. Onder de titel *Van Pendrecht tot Pendrecht* organiseert Maaskoepel een Woonkaravaan met als vertrekpunt en eindbestemming Pendrecht, het internationale voorbeeld van stadsuitleg uit de wederopbouwperiode.
De manifestatie start met o.a. een conferentie over de toekomst van het wonen en van de corporaties en een reünie van oud-bewoners. Aansluitend trekt de Woonkaravaan van buurt naar buurt. Eind september vindt, weer in Pendrecht, de slotmanifestatie plaats met onder meer een theatervoorstelling op locatie. De culturele festiviteiten verplaatsen zich van de ene naar de andere wijk en worden door Rotterdammers zelf op touw gezet. Met theater, wijkvertellingen, muziek en veel hapjes en drankjes laten zij bezoekers zien hoe ze wonen en leven in 2001.
Bij de start van het project in april vindt de premiere plaats van *De Flat*, een film van André van der Hout over een woonblok in Pendrecht. Ook verschijnt een boek met wijkvertellingen. Het project eindigt in september met onder meer de opvoering van het theaterstuk *De Straat*.

Sponsor: de Maaskoepel

On the occasion of Rotterdam 2001, Cultural Capital of Europe, Maaskoepel – the co-operative association of regional housing corporations – will offer a cultural, festive programme to Rotterdam. The reason is the celebration of the 100th anniversary of the Housing Act. Under the title *From Pendrecht to Pendrecht* Maaskoepel will organize a caravan based on the theme of housing, which will depart from and arrive at Pendrecht, the international example of an urban extension dating from the Reconstruction period. The event will start with, among other things, a conference about the future of housing and of the corporations, and the reunion of former inhabitants. Following this, the caravan will move from neighbourhood to neighbourhood. By the end of September the final event will take place again in Pendrecht, with, among other things, a theatre performance on location. The cultural festivities will move from one neighbourhood to another, and will be organized by the citizens of Rotterdam themselves. With a theatre performance, tales about the neighbourhood, music and a lot of snacks and drinks they will show the visitors how they are living in 2001.
At the start of the project in April *De Flat*, a film by André van der Hout about a residential block in Pendrecht, will be shown in première. The book with neighbourhood related tales will also be published. The project will end in September with the theatre performance of *The Street*.

Breeze of AIR
Vernieuwende concepten voor stadstuinen in Rotterdam

28 apr – 1 jul
Witte de With (tentoonstelling)
Architectuur

Het openbaar groen en met name de stadstuinen in Rotterdam verdienen herwaardering. Stichting AIR (Architecture International Rotterdam) heeft voor negen locaties ten noorden en zuiden van de Nieuwe Maas, negen gerenommeerde westerse en niet-westerse landschapsarchitecten uitgenodigd. Zij komen met vernieuwende ontwerpen voor stadstuinen in Rotterdam op het gebied van inrichting, beheer, onderhoud en gebruik. *Breeze of AIR* wil op deze manier groene oases in het drukke stadsgewoel creëren - aantrekkelijker en gevarieerder stedelijk groen in Rotterdam. Stichting AIR zet zich in om een aantal tuinen te realiseren. Begin april verschijnt een gratis magazine met uitgebreide informatie en het volledig programma van de manifestatie. De tentoonstelling van de ontwerpen van de landschapsarchitecten en de projecten van de kunstenaars vindt plaats. Er wordt samengewerkt met diverse instellingen, waaronder het Arboretum Trompenburg (zie *Verborgen Tuinen*). De manifestatie wordt afgesloten met een symposium.

Sponsors: OntwikkelingsBedrijf Rotterdam, Dienst Stedebouw + Volkshuisvesting, TRS Ontwikkelingsgroep.
Met dank aan het Stimuleringsfonds voor Architectuur, Gemeente Rotterdam, Prins Claustonds en de Stichting Bevordering van Volkskracht.

The green areas and particularly the public gardens in Rotterdam deserve to be re-assessed.
AIR (Architecture International Rotterdam) has invited nine western and non-western landscape architects of repute for nine locations to the North and South of the river New Meuse. They will come with innovative designs for public gardens in Rotterdam in the field of layout, management, maintenance and use. In this way *Breeze of AIR* wants to create green oases within the turbulent city – more attractive and more varied urban greenery in Rotterdam. AIR is committed to the realization of a number of gardens. Early in April a free magazine will be published with detailed information and the full programme of the event. The exhibition of the designs by the landscape architects and the projects of the artists will take place in Witte de With. There will be co-operation with various institutions including the Arboretum Trompenburg (see *Verborgen Tuinen*. The event will be concluded with a symposium.

Squatters

29 apr – 25 nov
Witte de With
Beeldende kunst

De gedeelde status van culturele hoofdstad in 2001 van Rotterdam en Porto is voor Witte de With aanleiding voor een uniek tentoonstellingsproject, georganiseerd in samenwerking met het Museum Serralves te Porto. *Squatters* bestaat uit een reeks kunstopdrachten en presentaties, die de traditionele kaders van het tentoonstellingsinstituut bevragen en doorbreken. Plekken in de stad worden getransformeerd tot kunstwerken en Witte de With wordt in het verlengde hiervan omgevormd tot openbare ruimte. *Squatters* opent met de tentoonstelling Hortus Conclusus i.s.m. AIR (Architecture International Rotterdam) (zie: *Breeze of AIR*).

The shared status of Rotterdam and Porto as cultural capital in 2001 has been the reason for Witte de With to organize a unique exhibition project in co-operation with the Serralves Museum of Porto. *Squatters* involves a series of art commissions and presentations, that question and break through the traditional scopes of the exhibition institution. Areas in the city will be transformed into works of art, and in line with this Witte de With will be converted into a public area. *Squatters* will open with the exhibition Hortus Conclusus organized in co-operation with AIR (Architecture International Rotterdam). See: *Breeze of AIR*.

Foto-expositie in Rotterdam en Porto

Mei – dec
Nederlands Foto Instituut, Palácio de Crystal
Architectuur

Arboretum Trompenburg in Rotterdam en Jardim do Palácio de Crystal in Porto vertonen verschillen én overeenkomsten, die beide worden belicht op de expositie in het Nederlands Foto Instituut in mei. Vanaf half juni is dezelfde expositie te zien in het auditorium van het Palácio de Crystal. *Arboretum Trompenburg, het jaar rond* werd gefotografeerd door Helena van der Kraan, José Manuel Rodrigues maakte de foto's in Jardim do Palácio de Crystal.

Arboretum Trompenburg in Rotterdam and Jardim do Palácio de Crystal in Porto manifest differences and shared aspects.
Both will be highlighted at the exhibition in the Nederlands Foto Instituut in May. As from mid-June the same exhibition can be seen in the auditorium of the Palácio de Crystal. Helena van der Kraan photographed *Arboretum Trompenburg, the year around*, José Manuel Rodrigues made the pictures in Jardim do Palácio de Crystal.

Verborgen tuinen in Rotterdam

Mei – jun
Arboretum Trompenburg, diverse locaties
Architectuur

De privétuinhekken en -poorten van verschillende soorten tuinen in Rotterdam gaan open voor publiek: grote buitentuinen, kleine stadstuinen, volkstuinen, onder architectuur en zelf aangelegde tuinen. Het initiatief voor dit project ligt bij Arboretum Trompenburg, de bijzondere plantentuin in Rotterdam-Kralingen. Het Arboretum Trompenburg is het hele jaar open, maar in 2001 gaan ook de hekken open die gewoonlijk gesloten blijven: die naar de verborgen tuin. Tijdens de weekends van de tuinarchitectuur zijn alle aan dit project deelnemende tuinen van 10.00 tot 17.00 uur te bezoeken. De gids met adressen en andere info is verkrijgbaar bij Rotterdam 2001, de VVV en het Arboretum Trompenburg.

The private garden fences and gates of various types of gardens in Rotterdam will be open to the public: large outside gardens, small city gardens, allotment gardens, designed and privately laid out gardens. The initiative for this project is in the hands of Arboretum Trompenburg, the special botanical garden in Rotterdam-Kralingen. The Arboretum Trompenburg is open all year round, but in 2001 the gates usually closed will be opened: those that give access to the hidden garden. During the garden architecture weekends all gardens participating in this project can be visited from 10.00 h. till 17.00 h. The guide containing addresses and other information is available at Rotterdam 2001, the tourist office and Arboretum Trompenburg.

Millinxpark-parade

Mei – dec
Charlois
Architectuur

Als onderdeel van de vernieuwing van Charlois wordt een aantal nieuwe buurtparken aangelegd, waaronder het Millinxpark. Bewoners leveren een belangrijke bijdrage aan de ontwikkeling van dit park. Ze denken mee over het ontwerp en kunnen de ontwikkelingen ter plekke volgen in de vorm van een buitententoonstelling. Door een ansichtkaartenproject blijven ook buitenstaanders op de hoogte. Het park wordt eind 2001 aangelegd. Gezien het feestelijke karakter van alle activiteiten is gekozen voor de titel *Millinxpark-parade*.

As part of the renewal of Charlois a number of new neighbourhood parks will be laid out, including the Millinx Park. The inhabitants make a considerable contribution towards the development of this park. They think along about the design and can follow the developments in the form of an open-air exhibition. By means of a picture postcard project also outsiders will stay informed. By the end of 2001 the park will be laid out. Considering the festive nature of all activities the title of *Millinx Park Parade* has been chosen.

Panorama De Hoek

21 jun – 21 sept
Nieuwe Waterweg,
Hoek van Holland
Interdisciplinair

In de zomer staat aan de Nieuwe Waterweg in Hoek van Holland een installatie van vijf 'instrumenten' opgesteld, als zinspeling op de bouw van het Water- en Windpaviljoen eind 2001. Inzet is de gewaarwording van een veranderlijk landschap: havens die worden opgespoten, schepen die in en uit varen, dagjesmensen die komen en gaan, eb en vloed… De installatie prikkelt de zintuigen – ook het zesde: de nieuwsgierigheid naar meer.

In the summer in Hook of Holland along the river Nieuwe Waterweg there will be an installation comprising five 'instruments' alluding to the construction of the Water and Wind Pavilion by the end of 2001. The purpose is to instill awareness of a changing landscape: land that is being raised to construct harbours, ships going in and out, day trippers who come and go, low tide and high tide...The installation titillates the senses – also the sixth: curiosity for more.

4e Europese Biënnale Stedenbouw The Culture of the City

19 – 22 sept
Concert- en congresgebouw de Doelen
Architectuur

De Vierde Biënnale Europese Stedenbouw bestaat uit een 3-daagse conferentie en een tentoonstelling. Doel is stedenbouwers, planologen, ontwerpers en politici bijeen te brengen voor professionele uitwisseling, om een nieuw planningsbeleid te stimuleren in verschillende Europese steden. Het centrale thema is *The Culture of the City*. Veel Europese steden worstelen met ruimtelijke problemen en spanningen tussen verandering en continuïteit, en zijn voortdurend blootgesteld aan culturele invloeden van buitenaf, die het beeld, de identiteit, de ruimte en ontwikkeling van de stad voor aanzienlijk bepalen. *The Culture of the City* heeft twee hoofdthema's: de verandering van culturen in steden onder invloed van globalisering en de betekenis van bestaande culturen en culturele erfenis in de steden. Ook komen de culturele identiteit van de stad en nieuwe ontwerpen voor het gebruik van publieke ruimte aan de orde. Voor de stedenbouwers staan de volgende vragen centraal. Hoe moeten zij hun ontwerptaak in de steden opvatten om ruimtelijke kwaliteit te verenigen met ten eerste de globale en Europese invloeden van buitenaf, ten tweede de nieuwe vitaliteit van historische steden en ten derde de nieuwe en multiculturele identiteiten? En hoe moeten in nieuwe ontwerpen stedelijke culturen worden gereflecteerd?

The Fourth Biennial on European Urban Development will comprise a 3-day conference and an exhibition. The purpose is to bring together urban developers, planners, designer and politicians for professional exchanges, to stimulate a new planning policy in various European cities. The central theme is *The Culture of the City*. Many European cities struggle with environmental problems and tensions between change and continuity, and are continuously exposed to external cultural influences from without, that determine considerably the appearance, identity, environment and development of the city. *The Culture of the City* has two main themes: the change of cultures in cities under the influence of globalization, and the meaning of existing cultures and the cultural heritage in the cities. The cultural identity of the cities and new designs for the use of public areas will also be discussed. For the urban developers the following questions are prominent. How should they conceive their design task in the cities in order to reconcile environmental quality with, firstly, the global and European influences from without, secondly, the new vitality of historic cities and, thirdly, the new and multicultural identities? How should urban cultures be reflected in new designs?

Sensing Mobility

Sept
Academie van Bouwkunst
Architectuur

Presentatie van de resultaten van workshops van de Academie van Bouwkunst in Rotterdam en de ESAP in Porto over de ontwikkeling van de rivieroevers in beide steden. In 1999 werd in Porto gewerkt aan een aantal ontwikkelingslocaties langs de Douro. In november 2000 stond in Rotterdam de dynamiek van de delta centraal. Er waren locaties geselecteerd langs een strip van 50 km, lopend van Kinderdijk tot in de Noordzee.

Presentation of the results of workshops of the Rotterdam Academy of Architecture and Design and the ESAP in Porto about the development of the river banks in both cities. In 1999 a number of locations in Porto along the Douro river was being developed. In Rotterdam in November 2000 the focus was on the dynamics of the delta. Locations along a stretch fifty kilometres long, running from Kinderdijk to the North Sea, were selected.

Autodentity

Sept
Academie van Bouwkunst
Architectuur

De Academie van Bouwkunst presenteert de uitkomsten van *Autodentity*, een tweejarig project over automobiliteit in de architectuur en stedenbouw. Het project wordt uitgevoerd in samenwerking met architectuuropleidingen in onder andere Houston, Sjanghai en Beirut. De slotmanifestatie omvat een conferentie, een tentoonstelling en de presentatie van een publicatie.

The Academy of Building will present the results of *Autodentity*, a two years' project about car use within the framework of architecture and urban development. The project is carried out in co-operation with architecture courses in, among other cities, Houston, Shanghai and Beirut. The final event will involve a conference, an exhibition and the presentation of a publication.

De groene stad
Een nieuw perspectief voor het naoorlogse Rotterdam-Zuid

Sept – okt
Architectuur

In het kader van Rotterdam 2001, Culturele Hoofdstad van Europa oraniseert het Stimuleringsfonds voor Architectuur samen met ontwerpbureau KAAP3 een internationale manifestatie voor architecten, stedenbouwers en landschapsarchitecten. KAAP3 is als medeverantwoordelijke voor de Toekomstvisie Rotterdam Zuid 2030 (*Atelier Zuid*) nauw betrokken bij de planvorming voor Rotterdam-Zuid.
De rol en positie van groen, groenvoorzieningen en ruimte zijn aan herwaardering toe. Hoe moet worden omgegaan met de grote hoeveelheden ongedefinieerd groen in de na-oorlogse wijken en welke eisen stelt de culturele diversiteit aan het groen? Waardeert de nieuwe stedeling het groen slechts als het volledig programmatisch of thematisch is ingevuld, of heeft men juist meer behoefte aan een grasveld met een paar doelpalen en banken en tafels? Hoe individueel of collectief moet het groen zijn, mede in het licht van die eerder genoemde culturele diversiteit? Deze vragen en thema's gelden voor geheel Nederland. Door ze concreet in Rotterdam-Zuid aan de orde te stellen, levert het project enerzijds stof voor het debat over de groene stad in het algemeen en anderzijds winstpunten voor Rotterdam-Zuid zelf.

Together with Rotterdam 2001, Cultural Capital of Europe and the Netherlands Architecture Fund, the designers of KAAP3 will organize an international event for architects, urban developers and landscape architects. Being also responsible for the so-called Vision for the Future of South Rotterdam in 2030 (*Atelier Zuid*) KAAP3 is closely involved in the development of plans for South Rotterdam.
The role and position of public parks and gardens, greenery and the environment must be reassessed. What should be done about the considerable, undefined green postwar areas in these quarters, and what are the requirements of the cultural diversity in relation to the green areas? Does the new city dweller only value the green areas when they will be subjected to a fully programmed or thematic layout, or does one rather require a lawn with a couple of goal posts and benches and tables? To what extent should the public parks satisfy individual or collective needs, also in the light of the cultural diversity mentioned earlier? These questions and themes apply to the whole of the Netherlands. By clearly putting these questions in South Rotterdam the project will produce, on the one hand, food for the debate about the green city in general and, on the other hand, benefits for South Rotterdam itself.

Met dank aan Stimuleringsfonds voor Architectuur

Willem Nicolaas Rose

21 sept – 18 nov (o.v.b.)
Nederlands Architectuurinstituut
Architectuur

Genie-ingenieur W.N. Rose (1801–1877) geldt als één van de belangrijkste Nederlandse architecten van de 19e eeuw. Als stadsarchitect van Rotterdam (1839 –1873) ontwierp hij tientallen openbare gebouwen, waarvan het Coolsingelziekenhuis ongetwijfeld het belangrijkste voorbeeld is. Daarnaast voerde hij vele innovatieve infrastructurele en stedenbouwkundige ingrepen door. De tentoonstelling licht Rose's visie op de ontwikkeling van de 19e-eeuwse stad uit.

Military engineer W.N. Rose (1801–1877) is considered to be one of the most important Dutch architects of the 19th century. As Rotterdam's city architect (1839–1873) he designed dozens of public buildings of which the Coolsingel Hospital is undoubtedly the most important example. In addition, he carried through many innovative, infrastructural and urban projects. The exhibition will focus on Rose's view on the development of the 19th Century City.

Happiness City Space

5 okt 2001 – 10 feb 2002 (o.v.b.)
Nederlands Architectuurinstituut
Architectuur

Happiness City Space is een internationaal project over geluk. De tentoonstelling bestaat uit een installatie die de relatie verbeeldt tussen geluk, stad en ruimte in de tweede helft van de vorige eeuw, van de Oekraïne tot Portugal, van Helsinki tot Tenerife. Geluk wordt gezien als een (vergeten) motor achter de architectonische en stedelijke inrichting van Europa. Hierbij gaat het om de verzameling van stedelijke levensstijlen en het verband met maatschappelijke en culturele rituelen. De geluksvoorstellingen worden in beeld gebracht door bijvoorbeeld de manier waarop de stad als geluksdecor in propaganda gebruikt wordt, posters van wederopbouwmanifestaties, of *stills* uit films over het leven in de grote stad.
Om het geluk van Europa in kaart te brengen verrichten locale correspondenten in 50 steden veldwerk. Zij kijken, luisteren en verzamelen geluksbeelden aan de hand van elf thema's, zoals *Wonen in de buitenwijk*, *De stad als religieus centrum* en *Subculturen*.
Naast architectuur en stedenbouw, spelen film, literatuur, televisie, fotografie en reclame een prominente rol.
Happiness City Space wordt gemaakt in samenwerking met de Akademie der Künste in Berlijn, waar de tentoonstelling in het najaar van 2002 te zien is. Bij de manifestatie verschijnt een publicatie in het Engels en Duits.

Happiness City Space is an international project about happiness. The exhibition will consist of an installation representing the relationship between happiness, the city and the environment in the second half of the previous century, from the Ukraine to Portugal, from Helsinki to Tenerife. Happiness is considered as a (forgotten) engine behind the architectural and urban development in Europe. Here it concerns the collection of urban lifestyles and the relationship with societal and cultural rituals. The conceptions about happiness will be expressed by, for example, the way in which the city as the happiness décor is used in propaganda, posters about reconstruction events, or stills from films about life in the big city.
In order to map happiness in Europe local correspondents will perform fieldwork in 50 cities. They will look, listen and gather images of happiness on the basis of eleven themes, such as *Living in an Outer Neighbourhood*, *The City as a Religious Centre* and *Subcultures*. Apart from architecture and urban development, a prominent role is played by film, literature, television, photography and advertising.
Happiness City Space is made in co-operation with the Akademie der Künste in Berlin where the exhibition can be seen in the Autumn of 2002. With the event a publication in English and German will appear.

Met dank aan EFL Stichting, Akademie der Künsten, Berlijn

Natalie de Vries
Architectenbureau (firm of architects) MVRDV

Toen ik een jaar of vijftien geleden in Rotterdam kwam wonen, kreeg ik het boek *Die stad komt nooit af*. Ik vind dat nog steeds een van de mooiste typeringen van Rotterdam. Wat mij aan Rotterdam het eerste aansprak waren de openheid en de robuustheid. En als je hier enige tijd woont, merk je dat je door de voortdurende toevoeging van nieuwe plekken steeds weer op een andere manier van Rotterdam gebruik gaat maken. Ook ruimtes die ogenschijnlijk het zelfde blijven, veranderen mee; het straatbeeld is ineens gewijzigd doordat er aan de horizon een grote toren is verschenen. Helaas profiteren de bestaande wijken niet altijd van de veranderingen. Maar de nieuwe projecten die momenteel ontwikkeld worden, zoals rondom het CS en aan de zuidrand, bieden nieuwe kansen. Door de dynamiek van deze stad is het alsof je in een huis woont waarin je steeds weer nieuwe kamers ontdekt.

Some fifteen years ago, when I came to Rotterdam to live there, someone gave me the book *Die stad komt nooit af* (That city will never be finished). I still think that's one of the nicest charaterizations of Rotterdam. What I liked about Rotterdam right away was its openness and sturdiness. And if you have been living here for some time, you will notice that the constant addition of new spots makes that you are using Rotterdam in ever changing ways. Spaces that, on first sight, seem to remain the same, change along – street scenes suddenly change as high towers appear on the horizon. Regrettably, the existing districts do not always benefit from the changes. But the new project that are being developed at the moment, such as those surrounding the main railway station and those on the southern outskirts, are offering new opportunities. The dynamics of this city make you feel as if you are living in a house where you keep discovering new rooms all the time.

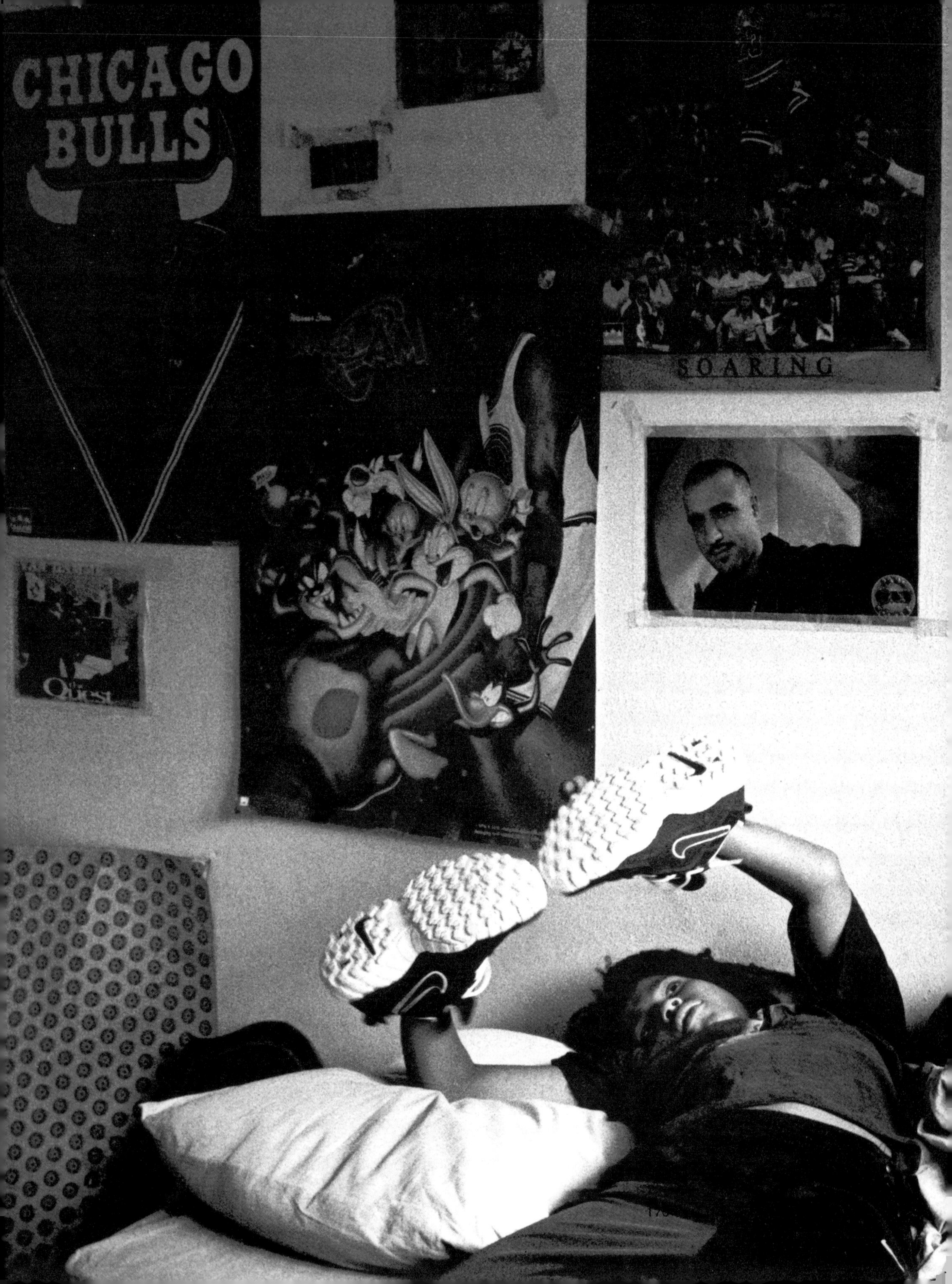
CHICAGO
BULLS
SOARING
Quest

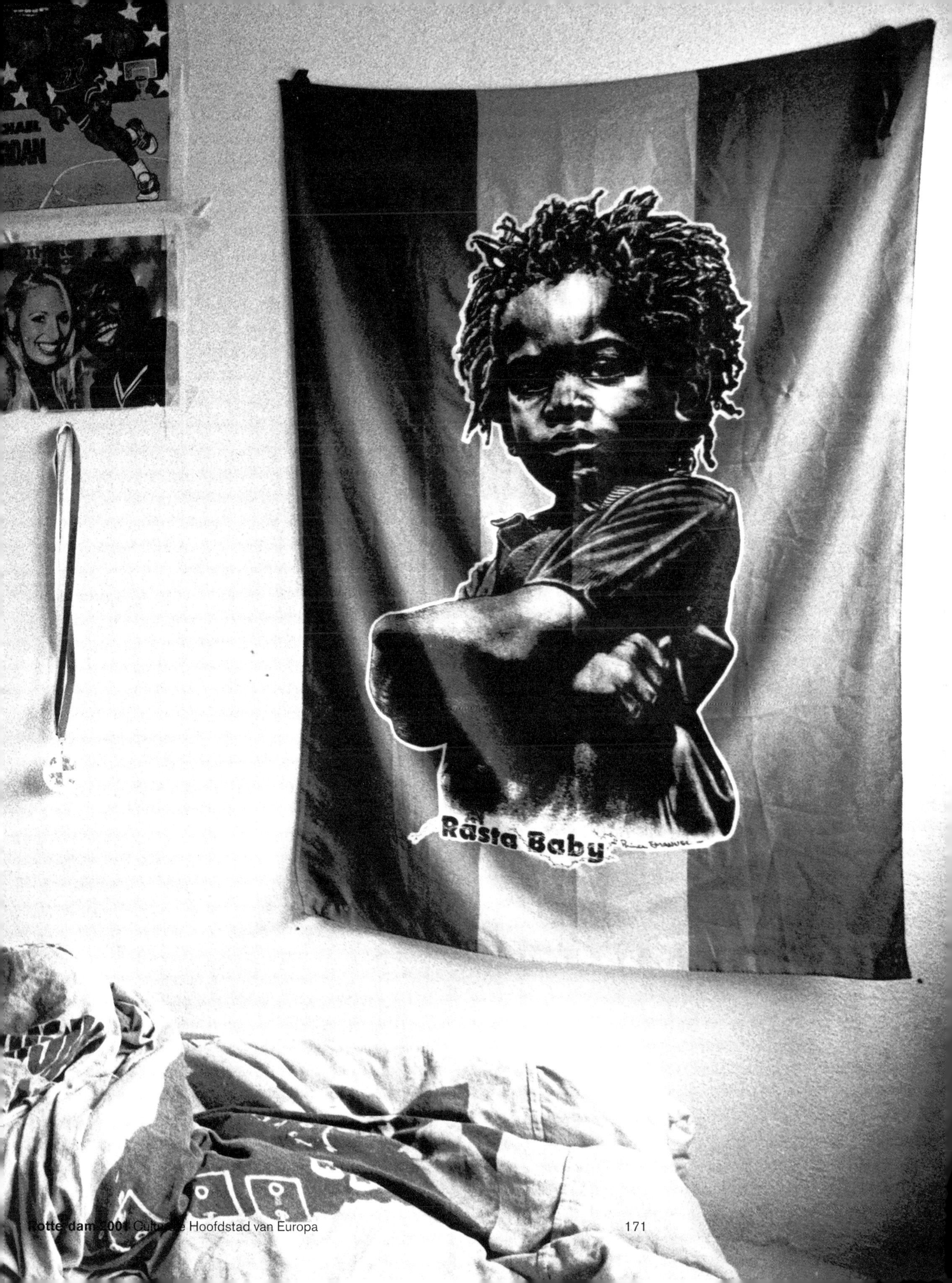
Rasta Baby

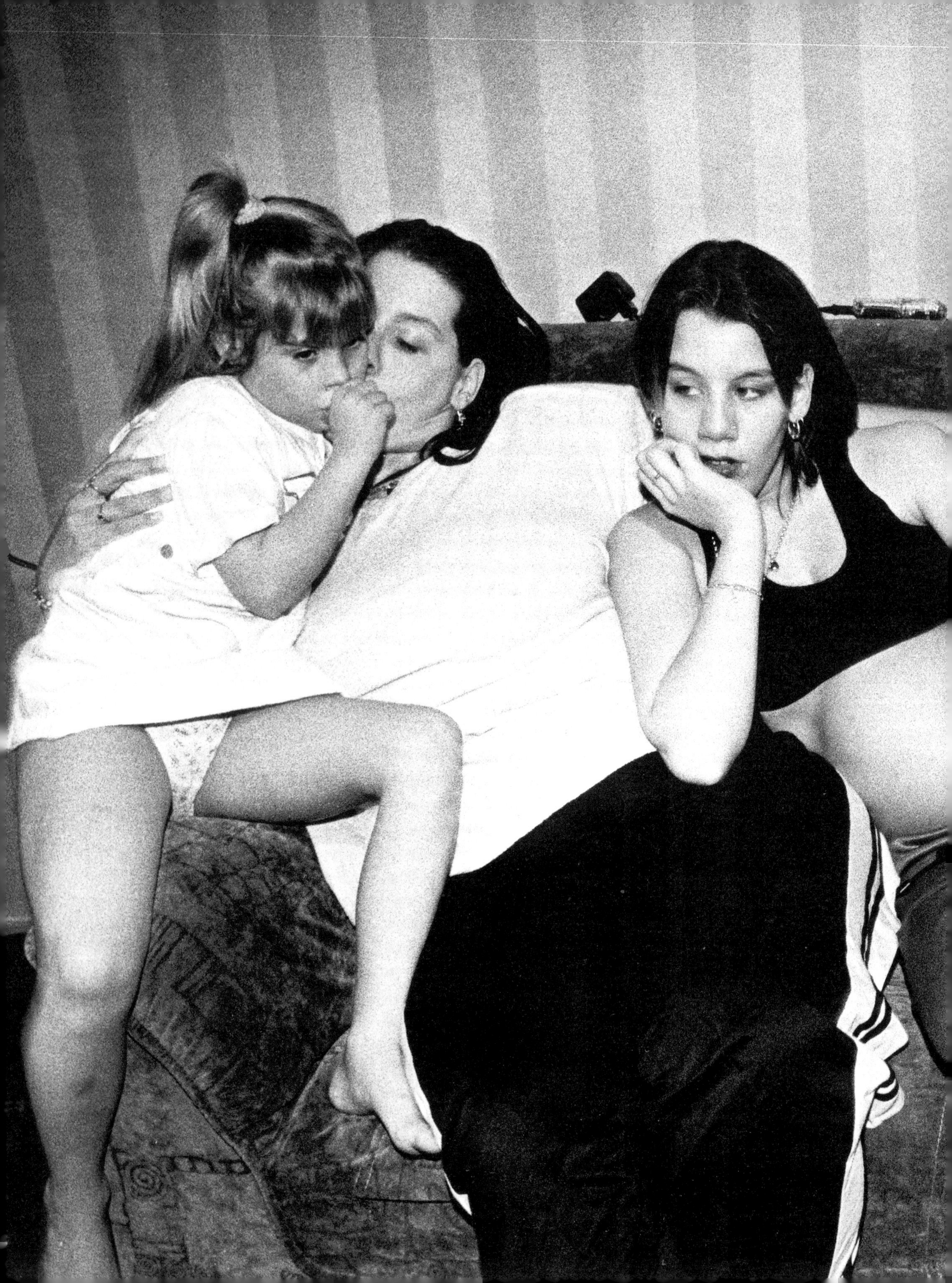

Rotterdam 2001 Culturele Hoofdstad van Europa

174

Rotterdam 2001 Culturele Hoofdstad van Europa

07 Werkstad
Working City

Werkstad is hier niet bedoeld als het meest hardnekkige cliché over Rotterdam: een stad van keihard werken, van geen *woorden maar daden*. Hier is werkstad een gewemel en geritsel van werk in culturele zin: workshops, masterclasses, ateliers en alle andere mogelijke vormen van overdracht. In 2001 staat werkstad voor het experimenteren in culturele laboratoria en artistieke werkplaatsen, als een *nucleus van een culturele industrie*. Enkele van deze projecten in de stad zijn langlopend; ze starten in 2000 en vinden hun voltooiing in het culturele hoofdstadjaar. Zoals de opdracht aan studenten van het Rotterdams Conservatorium om een compositie te maken op basis van de eerder door hen gecomponeerde korte herkenningsmelodie van Rotterdam 2001, de *2001 Tune*. Een tune die het hele jaar tijdens talloze manifestaties ten gehore wordt gebracht.

In de openingsmaand januari start Werkstad met drie bijzondere programma's die in Brussel 2000 hun oorsprong vinden: *La Grande Suite* van het ro theater in de Rotterdamse Schouwburg, *Highway 101* van Damaged Goods in TENT. en de tentoonstelling *Brussel 2000 – Rotterdam 2001* in het Goethe-Institut. Ook de intense band met partner culturele hoofdstad Porto komt in 2001 in samenwerkingsprojecten aan bod, vooral in de disciplines dans, muziek en beeldende kunst.

Werkstad is een kosmopolitische stad waar jonge kunstenaars en wetenschappers zich via masterclasses en lezingen, debatten en ontmoetingen laven aan residerende kunstenaars, wetenschappers en andere kosmopolieten. Aan deze activiteiten dragen niet alleen culturele instellingen bij, maar ook de Erasmus Universiteit Rotterdam en de Hogeschool Rotterdam met talloze creatieve onderwijsprogramma's.

Werkstad herbergt projecten waarin elke kunstdiscipline afzonderlijk aan bod komt en schenkt met *Werkstad in Las Palmas* extra aandacht aan interdisciplinaire samenwerkingen als prelude op dit toekomstige Centrum voor Beeldcultuur.

Werkstad kent vele locaties, ontmoetingsplaatsen en is een open forum voor debat, verleiding en vermaak. Ze levert een belangrijke bijdrage aan de verrijkende ontwikkeling van het culturele leven in Rotterdam.

Working City in this case does not allude to the cliché most indelibly attached to Rotterdam: a city reknown for hard working, a city of *action speaks louder than words*. Working City in this case is a hustle and bustle of work in a cultural sense: workshops, master classes, ateliers and every other forms of conveyance. In 2001, Working City stands for experimentation in cultural laboratories and artistic workshops, as the *nucleus of a cultural industry*. Several of these city projects are long term; they begin in 2000 and reach their culmination during the cultural capital year, such as the assignment given students of the Rotterdam Conservatory to create a composition based on the short theme tune they composed earlier for Rotterdam 2001, the *2001 Tune* – a tune that will be heard during countless events throughout the year.

During the opening month of January, Working City begins with three special programs that originated in Brussels 2000: the ro theatre's *La Grande Suite* in the Rotterdamse Schouwburg (Rotterdam City Theatre), *Highway 101* by Damaged Goods in TENT., and the *Brussels 2000 – Rotterdam 2001* exhibition in the Goethe-Institut. The close link with partner Porto, cultural capital, is also represented in 2001 in cooperative projects, especially in the disciplines of dance, music, and visual arts.

Working City is a cosmopolitan city where young artists and scientists thrive in the presence of resident artists, scientists and other cosmopolitans. Not just cultural orga-nizations, but also Erasmus University Rotterdam and The Rotterdam Hogeschool, with countless creative educational programmes, are contributing to these activities.

Working City encompasses projects in which each art discipline is individually represented and devotes extra attention to interdisciplinary co-operation with *Working City in Las Palmas*, as a prelude to this future Centre for Visual Culture.

Working City includes many locations and meeting places and is an open forum for debate, temptation and entertainment. It is an important contribution to the enriching deve-lopment of Rotterdam's cultural life.

2001 Tune: Vindu Mot Havet

2000 – 2001
Diverse locaties
Muziek

De herkenningsmelodie van Rotterdam 2001, Culturele Hoofdstad van Europa, *Vindu Mot Havet* (Venster Naar de Zee) is het resultaat van de samenwerking tussen twee compositiestudenten van het Rotterdams Conservatorium: Florian Magnus Maier en Lars Skoglund. De tune geeft in precies elf seconden een beeld van de diversiteit, hectiek en dynamiek van Rotterdam zoals deze worden gezien door een Rotterdammer van Duitse afkomst (Maier) en één van Noorse afkomst (Skoglund). Op klassieke leest geschoeid verbindt *Vindu Mot Havet* verschillende muziekstijlen met verbouwings- en havengeluiden, en legt al even gemakkelijk de link tussen 'hoge' en 'lage' cultuur. Een razendsnelle melodielijn, waarin verwijzingen naar bebop opvallen, ligt in drie verschillende lagen over een ruige gitaarrif en een gevarieerde dance beat.
Vindu Mot Havet klinkt tijdens het culturele hoofdstadjaar veelvuldig op bij alle mogelijke presentaties, voorstellingen, tentoonstellingen en concerten, zo mogelijk in live-uitvoeringen van uiteenlopende ensembles en/of solisten. Beide componisten zijn door Rotterdam 2001, Culturele Hoofdstad van Europa, uitgenodigd op om basis van deze Tune, ieder een compositie van vijf minuten te schrijven, die tijdens de officiële opening op 26 januari hun wereldpremière in Rotterdam beleven.
The theme tune of Rotterdam 2001, Cultural Capital of Europe, *Vindu Mot Havet* (Window to the Sea), is the result of a collaboration between two composition students of the Rotterdam Conservatory, Florian Magnus Maier and Lars Skoglund. The tune gives a picture, in precisely eleven seconds, of how diverse, hectic and dynamic Rotterdam is in the eyes of an inhabitant of Rotterdam of German origin (Maier) and one of Norwegian origin (Skoglund). Composed on classical lines, *Vindu Mot Havet* combines divergent musical styles with sounds of building and port activities, and just as smoothly establishes a link between 'high' and 'low' culture. A racing melody line, in which references to bebop stand out, is built in three different layers over a raw guitar riff and a varied dance beat.
Vindu Mot Havet will ring out repeatedly during the cultural capital year, at all possible presentations, performances, exhibitions and concerts, performed live, if possible, by diverse ensembles and/or soloists.
Rotterdam 2001, Cultural Capital of Europe, has invited each of the two composers to write a five-minute composition based on this Tune, each of which will have its world premiere during the official opening on 26 January in Rotterdam.

La Grande Suite
ro theater/Bl!ndman Kwartet

11 – 14 jan Rotterdamse Schouwburg
25 – 27 jan Kaaitheater Luna, Brussel
Muziektheater

Foto: De Filmfabriek

La Grande Suite vormt een verbinding tussen de culturele hoofdsteden Brussel 2000 en Rotterdam 2001. Deze muziektheatervoorstelling is een multimediaal spektakel met de stad als onderwerp. Een betoverend mozaïek van beelden, klanken, herinneringen en visioenen trekt aan ons voorbij: *de stad* volgens oude en jonge bewoners, de stad van de herinnering, maar ook de stad van de toekomst, de stad van de nostalgie en van het verlangen.
Eén van de inspiratiebronnen voor *La Grande Suite* vormt het evenement *Tijdelijk Autonome Zones* van Brussel 2000. Hierin werkten het Bl!ndman Kwartet en kunstenaars uit verschillende disciplines samen onder leiding van Eric Sleichim. Met deze muzikale invalshoek als basis, vertellen oude Rotterdammers verhalen over de stad die enkel nog bestaat in hun verbeelding. Acteurs van het ro theater zetten daar beelden tegenover van een mogelijk toekomstige stad, geïnspireerd door de wereld die Italo Calvino creëerde in zijn roman *De Onzichtbare Steden*.
La Grande Suite vormt de feestelijke opening van een jaar waarin het ro theater nadrukkelijk de confrontatie zoekt met Rotterdam en haar bewoners. Regie: Guy Cassiers en Eric Sleichim.
La Grande Suite forms a link between the cultural capitals Brussels 2000 and Rotterdam 2001. This musical theatre performance is a multimedia spectacle with *the city* as its subject. A spell-binding mosaic of images, sounds, memories and visions unfolds before us: the city according to old and young inhabitants, the city of memory, but also the city of the future, the city of nostalgia and of yearning.
One of the sources of inspiration for *La Grande Suite* is the *Temporary Autonomous Zones* event of Brussels 2000. This was the work of the Bl!ndman Quartet and artists from various disciplines under the direction of Eric Sleichim. With this musical angle as a base, old Rotterdamer citizens tell stories about a city that now exists only in their imaginations. As opposed to this, actors of the ro theatre groupe present images of a potential city of the future, inspired by the world created by Italo Calvino in his novel *The Invisible Cities*.
La Grande Suite marks the grand opening of a year during which the ro theatre will emphatically seek direct encounters with Rotterdam and its inhabitants. Directors: Guy Cassiers and Eric Sleichim.

Guy Cassiers
Artistiek directeur ro theater
Artistic director, ro theatre

Een stad komt nooit tot rust. Een stad werkt altijd aan zichzelf. Een stad is nooit zichzelf omdat ze zich voortdurend ontwerpt in de dynamiek tussen verleden en toekomst. Tegelijk museum en laboratorium, historische site en utopische werf, landschap en landkaart, geografisch afgebakend en cultureel grenzeloos, vertoog en verleiding. Het theater is een werkplek in het midden van die stad, een plek waar voortdurend werelden ontstaan, zich transformeren en dan weer verdwijnen. *La Grande Suite* wordt een ontmoetingsplek tussen Brussel en Rotterdam, tussen de stad die er niet meer is en de stad die er nog niet is, tussen woord en beeld, tussen muziek en tekst, tussen acteurs en inwoners. Verhalen worden verzameld, vermenigvuldigd, verwerkt: 'ik reik de toeschouwer het kleurenpalet aan waarmee hij dan kan gaan schilderen. In plaats van zelf een kunstenaar te willen zijn, hoop ik dat de toeschouwer de ultieme kunstenaar wordt.'

A city is never at rest. A city is always working on itself. A city is never itself because it continually designs itself in the dynamic space between past and future. Simultaneously museum and laboratory, historic site and utopian construction shipyard, landscape and map, geographically marked out and culturally boundless, exposé and temptation. The theatre is a workplace in the middle of that city, a place where worlds continually arise, evolve and then disappear. *La Grande Suite* is a meeting point between Brussels and Rotterdam, between the city that is no more and the city that is yet to be, between word and image, between music and text, between actors and inhabitants. Stories are collected, multiplied, processed: 'I hand the spectator the palette of colours with which he can start to paint. Instead of wanting to be an artist myself, I hope the spectator becomes the ultimate artist.'

Highway 101
Meg Stuart/Damaged Goods

21 – 23 jan, 25 – 27 jan
TENT.
Interdisciplinair

Highway 101 is een bewegend landschap; een 'choreografie' van live en geregistreerde acties die zich verplaatst door de ruimtes, hoeken en gangen van TENT. aan de Witte de Withstraat in Rotterdam. De Rotterdamse Schouwburg volgt Meg Stuarts oeuvre al enkele jaren: als avantgardistisch kunstenaar werkt ze in het spanningsveld tussen theater, dans, beeldende kunst, nieuwe media en architectuur. Haar voorstellingen zijn rijk aan onderzoek, nieuwe gedachten, werkwijzen en presentatievormen. *Highway 101* komt tot stand in nauwe samenwerking tussen Stuart, haar gezelschap Damaged Goods, theaterregisseur Stefan Pucher, videast Jorge Leon en de gekozen 'haltes' in Brussel, Parijs, Wenen, Zürich en nu Rotterdam, in het kader van Rotterdam 2001, Culturele Hoofdstad van Europa. Bij elke halte wordt samengewerkt met kunstenaars ter plaatse. Coproductie: Rotterdamse Schouwburg, Rotterdam 2001, Culturele Hoofdstad van Europa, en TENT.

Highway 101 is a moving landscape: a 'choreography' of live and recorded performances that move through the spaces, corners and corridors of TENT., in Witte de Withstraat in Rotterdam. The Rotterdamse Schouwburg has been following Meg Stuart's work for several years: as an avant-garde artist she makes use of the areas of tension between theatre, dance, visual art, new media and architecture. Her performances are rich in research, new thinking, working methods and presentation forms. *Highway 101* is the result of a close collaboration between Stuart, her Damaged Goods company, theatre director Stefan Pucher, video maker Jorge Leon, and the selected 'stops' in Brussels, Paris, Vienna, Zurich and now Rotterdam, in connection with Rotterdam 2001, Cultural Capital of Europe. At each stop, local artists are involved in the cooperative effort.
Coproduction: Rotterdamse Schouwburg, Rotterdam 2001, Cultural Capital of Europe, and TENT.

Foto: Maria Ziegelböck

Werkstad Las Palmas

Feb – dec
Las Palmas Rotterdam
Interdisciplinair

Het toekomstige Centrum voor Beeldcultuur is de komende twee jaar een centrum-in-wording. Veel van wat in de jaren 2003–2004, als het gebouw is opgeleverd, gestalte moet hebben, ontstaat in de eerste jaren als *work-in-progress*. De activiteiten die in het culturele hoofdstadjaar in gebouw Las Palmas plaatsvinden, kunnen een interessante aanvulling bieden op de inhoudelijke ambities van Las Palmas, Internationaal Centrum voor Beeldcultuur. Van februari t/m december 2001 vinden in de werkplaats laboratoria, workshops en presentaties plaats. Onder andere Galerie MAMA, WORM/Dodorama, V2-organisatie, CELL, Buro Kunstzaken/Arts Office en Racké/Muskens werken er samen met locale, nationale en internationale kunstenaars. De verschillende interdisciplinaire projecten worden elke maand aan het publiek getoond. *Werkstad in het gebouw Las Palmas* is al in 2001 een open laboratorium, een virtuele en lijfelijke ontmoetingsplaats. Een greep uit het programma volgt hierna.

The future Centre for Visual Culture will be a centre-in-progress for the next two years. Much of what should have been realized in 2003–2004 – when the building will be completed – will develop in the initial years as work-in-progress. The activities that take place during the cultural capital year, can provide an interesting contribution to the ambitions for the content of Las Palmas, International Centre for Visual Culture. From February through De-cember 2001, laboratories, workshops and presentations will be taking place in his studio. Galerie MAMA, WORM/Dodorama, V2-organisatie, CELL, Buro Kunstzaken/Arts Office and Racké/Muskens, among others, will be working there together with local, national and international artists. The various interdisciplinary projects Werkstad in the Las Palmas building is an open laboratory, a virtual and physical meeting place. Some of the programmes follow on the next page.

MAMA, showroom for media and moving art

5 feb – 4 maart
Las Palmas Rotterdam
Interdisciplinair

Onder auspiciën van Boris van Berkum en Jeroen Everaert van *MAMA, showroom for media and moving art* werken kunstenaars uit drie disciplines in februari en maart samen: choreograaf Martin Butler, modevormgevers Rozema & Teunissen en een videast. In totaal duurt hun samenwerking een jaar, waarin de kunstenaars confrontaties tussen hun disciplines bewerkstelligen.

Under the auspices of Boris van Berkum and Jeroen Everaert, of *MAMA, showroom for media and moving art*, artists from three disciplines are working together in February and March: choreographer Martin Butler, fashion designers Rozema & Teunissen, and a video maker. Their collaboration lasts for a total of one year, during which the artists effect confrontations between their disciplines.

07 Werkstad

WORM/Dodorama

1 mei – 3 jun
Las Palmas Rotterdam
Audiovisuele kunsten

In de lente werkt een dozijn muzikanten en filmmakers onder leiding van de Radio WORM crew (Henk Bakker, Lukas Simonis en Hajo Doorn) aan *Ruis – soundtrack en filmclip voor de moderne stad*. De kunstenaars proberen de overstelpende hoeveelheid verkeers-, haven- en industriegeluiden te verwerken en te vertalen naar georganiseerd geluid en beeld. Radioprogramma's, concerten, performances en internetpresentaties zijn het resultaat. De film- en muziekwerkplaats maakt deel uit van een drieluik dat eindigt in het *Ruisfestival* aan het eind van 2001. Vervolgens organiseert Dodorama i.s.m. Vista Works in juni een tweetal bustochten door het Rijnmondgebied, onder de bezielende leiding van reisleider en mediakunstenaar Henry Alles. De nachtelijke reis door de immense industriele zone wordt met onverwachte en ontregelende optredens gelardeerd. Aan Dodorama gelieerde kunstenaars ontwerpen speciale beelden en geluiden voor deze *Ruis-route*.
During the spring a dozen musicians and filmmakers under the direction of the Radio WORM crew (Henk Bakker, Lukas Simonis and Hajo Doorn) are working on *Noise – soundtrack and film clip for the modern city*. The artists are attempting to process and translate an overwhelming mass of traffic, port and industrial sounds into organized sounds and images. Radio programmes, concerts, performances and Internet presentations are the result. The film and music workshop is part of a three-part project that culminates in the *Noise Festival* toward the end of 2001. Subsequently Dodorama, in co-operation with Vista Works, is organizing two coach tours through the Rijnmond area, under the inspiring leadership of media artist Henry Alles. The night-time journey through the immense industrial zone is peppered with unexpected and unsettling performances. Artists con-nected with Dodorama are designing special images and sounds for this *Noise Route*.

CELL - Initiators of Incidents

4 jun – 8 jul

Interdisciplinair

CELL werkt in het *Homeport Harbor City Project 2001* (zie Stromende Stad) het gehele jaar met kunstenaars uit zes havensteden aan artistieke 'incidenten' in de openbare ruimte van Bombay, Havanna, Kaapstad, Jakarta, Sjanghai en Rotterdam. In de zomer presenteren zij hun projecten gezamenlijk in het gebouw Las Palmas, dat ook de werk- en ontwikkelingsplaats is van een aantal samenwerkings*incidenten* tussen deze kunstenaars met hun zeer uiteenlopende, veelal niet-westerse culturele achtergronden. In de door een interieurarchitect speciaal vormgegeven internationale lounge, vinden film-, video-, digitale media- en muziekpresentaties en performances plaats.
In the *Homeport Harbor City Project 2001* (see also Flowing City), CELL is working throughout the year with artists from six port cities in creating artistic 'incidents' in the public spaces of Bombay, Havana, Cape Town, Jakarta, Sjanghai and Rotterdam. During the Summer they present their projects together in the Las Palmas building, which is also the workshop and development space for a number of cooperative *incidents* created by these artists, with their highly divergent, mainly non-Western cultural backgrounds. Film, video, digital media and music presentations and performances are held in the international lounge, specially designed by an interior architect.

V2_001 grounding presenteert P.t.t. red

Sept
Las Palmas Rotterdam, diverse locaties
Interdisciplinair

De Berlijnse kunstenaarsgroep *P.t.t.* red zorgt op uitnodiging van de V2_Organisatie voor interventies in de openbare ruimte van Rotterdam. *P.aint t.he t.own red* staat synoniem voor onrust en provocatie in connectie met de specifieke stad waar zij optreden. Dat doen ze met behulp van verschillende media: affiches, schilderkunst, lichtinstallaties en televisie. Het gebouw Las Palmas is als hun werkplek en als uitvalsbasis voor de interventies in de stad, de hele maand september geopend voor bezoekers.
The Berlin artists collective *P.t.t. red* is creating interventions in the public space of Rotterdam on the invitation of the V2_Organization. *P.aint t.he t.own red* is synonymous with unrest and provocation in connection with the specific city in which they appear. They achieve this with the aid of various media: posters, painting, light installations and television. The Las Palmas building, as their workshop and base of operations for the interventions in the city, is open to visitors throughout the month of September.

CyberStudio 2.001

15 okt – 10 nov
Las Palmas Rotterdam
Nieuwe media

Tijdens *CyberStudio 2.001* kan het publiek kennisnemen van de ontwikkelingen op het gebied van theater & nieuwe technologie. Het programma start met een tweedaags congres (15–16 oktober) en de weken erna vinden er voorstellingen en presentaties plaats, die laten zien wat de synthese van theater en technologie aan nieuwe mogelijkheden voor het theater oplevert. Ook biedt *CyberStudio 2.001* een maand lang werkruimte, begeleiding, hardware en software aan kunstenaars uit verschillende disciplines, die in teamverband werken aan plannen voor nieuwe voorstellingen en/of performances. De toepassing van nieuwe media en technologie staat hierbij centraal. Organisatie: Buro Kunstzaken/Arts Office.
During *CyberStudio 2.001* the public can familiarize themselves with developments in the field of theatre & new technology. The programme starts with a two-day congress (15 - 16 October), and during the following weeks performances and presentations are being held, showing what new possibilities the synthesis of theatre and new technology can offer in the theatre. For a month, *CyberStudio 2.001* also provides work space, guidance, hardware and software to artists from various disciplines, who work in teams on planning new shows and/or performances. Applications for new media and technology are the central theme. Organization: Buro Kunstzaken/Arts Office.

Cultuurbrug: Brussel 2000 – Rotterdam 2001
Barbara Obst, Henk van Vessem en Tom Waakop Reijers

24 nov 2000 – 13 jan 2001 (Brussel)
19 jan – 23 feb
Goethe-Institut Rotterdam
Beeldende kunst

Deze tentoonstelling van drie Rotterdamse kunstenaars wordt overgedragen van Brussel naar Rotterdam en slaat zo een brug tussen deze twee culturele hoofdsteden. De Berlijnse kunstenares Barbara Obst werkte na haar studie als fotografe in verschillende landen en leeft nu in de stad waarvan ze het meeste houdt: Rotterdam. Henk van Vessem bezocht de Academie van Beeldende Kunsten in Rotterdam. Onderbroken door korte verblijven in België, Frankrijk en de Verenigde Staten leeft en werkt hij wederom in de Maasstad. De Rotterdamse beeldhouwer Tom Waakop Reijers is een realist en werkt figuratief. In samenwerking met de Ambassade van het Koninkrijk der Nederlanden in Brussel, Goethe-Institut Brussel, de stichting Martin Behaim Haus en de culturele hoofdsteden Brussel 2000 en Rotterdam 2001.

This exhibition by three Rotterdam artists is being transferred from Brussels to Rotterdam and thus forms a bridge between these two cultural capitals. The Berlin artist Barbara Obst worked as a photographer in various countries after her studies and now lives in the city she loves most: Rotterdam. Henk van Vessem attended the Rotterdam Academy of Art and Design. Except for short stays in Belgium, France and the United States he once again lives and works in the City on the Meuse. The Rotterdam sculptor Tom Waakop Reijers is a realist and his work is figurative. In cooperation with the Embassy of the Kingdom of the Netherlands in Brussels, the Goethe-Institut in Brussels, the Martin Behaim Haus Foundation, and the cultural capitals Brussels 2000 and Rotterdam 2001.

De Kas, podium voor amateurdans

21 jan / 8, 22 apr / 24 jun / sept – dec
Theater Zuidplein
Dans

De Kas is het enige amateurdanspodium in Nederland. Het tweemaandelijkse podium voorziet in de grote behoefte van amateurdansers om hun dansproducties aan het publiek te laten zien. Meer dan 70 dansgroepen, duo's en solisten hebben de afgelopen vier jaar al de vloer betreden. Daarnaast vindt er twee keer per jaar een open podium plaats. I.s.m. Theater Zuidplein, RKS, Rotterdam 2001, SKVR.
De Kas is the only amateur dance stage in the Netherlands, held bimonthly. It meets amateur dancers' need to present their dance productions to the public. More than 70 dance groups, duos and soloists have appeared on its stage in the last four years. In addition, an open stage is held twice a year. In association with Zuidplein Theatre, RKS, Rotterdam 2001, SKVR.

Designprijs Rotterdam 2001

17 feb – apr
Museum Boijmans Van Beuningen
Beeldende kunst

De Designprijs Rotterdam is een Nederlandse prijs voor alle disciplines van vormgeving. Alle genomineerde producten voor de Designprijs Rotterdam 2001 worden in het Paviljoen Van Beuningen-De Vriese getoond.
The Rotterdam Design Prize is a Dutch prize for all design disciplines. All products nominated for the Rotterdam Design Prize 2001 are exhibited in the Van Beuningen-De Vriese Pavilion.

Jonge Dans

19 – 25 feb
Theater Lantaren/Venster
Dans

Het festival *Jonge Dans* wordt georganiseerd door de Rotterdams Dansacademie en Theater Lantaren/Venster. In het festival staat de ontmoeting, samenwerking en presentatie van jonge choreografen centraal.
Eindejaarsstudenten van verschillende internationale dansacademies komen met hun docenten naar Rotterdam om overdag een intensief gezamenlijk workshopprogramma te volgen bij de Rotterdamse Dansacademie en 's avonds hun werk te presenteren in Theater Lantaren/Venster. Dit programma wordt aangevuld met optredens van professionele gezelschappen uit het land van herkomst van de studenten en Nederland.
De zesde editie van *Jonge Dans* in 2001 richt haar blik op het oosten, namelijk op Rusland. Het land waar tot tien jaar geleden de bekende klassieke scholen de hoogste graad van perfectie hadden bereikt en waar de politiek elke invloed van buitenaf weerde.
Er worden studenten en docenten verwacht van de School for Modern Dance uit Moskou en het Municipal Dance Theatre uit Chelyabinsk. De Theatre Provincial Dancers uit Ekaterinaburg en het gezelschap van Olga Poona uit Sint Petersburg verzorgen de voorstellingen op professioneel niveau.
The *Young Dance* festival is organized by the Rotterdam Dance Academy and Lantaren/Venster Theatre. The focus of the festival will be on the meeting, collaboration and presentation of young choreographers.
Final-year students from various international dance academies come to Rotterdam with their instructors, to attend an intensive joint workshop programme at the Rotterdam Dance Academy during the day. They present their work at the Lantaren/Venster Theatre in the evenings. This programme is supplemented with performances by professional companies from the students' home countries and the Netherlands.
The sixth edition of *Young Dance* in 2001 focuses on the east, namely Russia – the country where ten years ago the famous classical schools had attained the highest level of perfection and where the political apparatus repelled any outside influence.
Students and instructors are expected from the School for Modern Dance in Moscow and the Municipal Dance Theatre in Chelyabinsk. The Theatre Provincial Dancers from Ekaterinaburg and the company of Olga Poona from St. Petersburg will provide the professional-level performances.

Rotterdam Music Biennial

24 – 28 feb / 2 – 4 maart
Rotterdams Conservatorium,
diverse locaties
Muziek

Het Internationaal Gaudeamus Vertolkers Concours maakt deel uit van de tweede *Rotterdam Music Biennial* – een initiatief van Gaudeamus en het Rotterdams Conservatorium. Deze groots opgezette biënnale bestaat uit het Gaudeamus Vertolkers Concours, een muziektheoretisch symposium, masterclasses, workshops en concerten. De meeste activiteiten vinden plaats in het nieuwe gebouw van het Conservatorium dat bovenop De Doelen staat. Een aantal concerten wordt gegeven in Nighttown, TENT., De Doelen en Hal 4. In de *Rotterdam Music Biennial* is het hoofdthema het gebruik van (live-)elektronica en interactiviteit. De Speciale Prijs gaat naar de deelnemer die (live-)elektronica het beste gebruikt. De eerste ronde van het Concours vindt plaats in de Jurriaanse Zaal van Concert- en congresgebouw de Doelen. De juryleden van het Concours, o.a. Ton Hartsuiker, Melvyn Poore, Pauline Oliveros en David Starobin, geven ook concerten en masterclasses. Op 4 maart is de finale.

The International Gaudeamus Interpreters Competition is part of the second *Rotterdam Music Biennial* – an initiative of Gaudeamus and the Rotterdam Conservatory. This biennial on a grand scale will involve the Gaudeamus Interpreters Competition, a music theory symposium, masterclasses, workshops and concerts. Most activities take place in the Conservatory's new building, which stands atop De Doelen. A number of concerts are given in Nighttown, TENT., De Doelen and Hal 4. The *Rotterdam Music Biennial's* driving theme is the use of (live) electronics and interactivity. The Special Prize goes to the competitor who best applies (live) electronics. The first round of the competition is held in the Jurriaanse Zaal of the De Doelen Concert and Congress building. Members of the panel of judges, including Ton Hartsuiker, Melvyn Poore, Pauline Oliveros and David Starobin, are also giving concerts and masterclasses. The finale will be on 4 March.

Erasmus Podium

Feb – dec
Diverse locaties
Debat & literatuur

Rotterdam heeft niet alleen de grootste haven ter wereld; de metropool is ook een kennishaven van betekenis. De stad ontwikkelt kennis en voert deze – net als goederen – door. Daarnaast is er een constante aanvoer van kennis: tal van wetenschappelijke onderwerpen staan op de agenda in 2001. Het *Erasmus Podium* – een presentatie van medewerkers en studenten van de Erasmus Universiteit Rotterdam en de hogescholen – brengt de wetenschap naar de mensen toe. Dit podium visualiseert de bruikbare kennis die de universiteit voortbrengt voor de samenleving en laat mensen de schoonheid van kennis ervaren. De dilemma's van bepaalde thema's (zoals het werk van Erasmus, denksport, veiligheid, de komst van de Euro, mens en computer) komen naar voren. *Erasmus Podium* brengt tien spraakmakende populair-wetenschappelijke programma's met prikkelende meningen en veel debat.

Rotterdam is not simply the world's largest port; the metropolis is also a significant haven for knowledge. The city develops knowledge and disperses it – just like it transports goods. In addition there is a constant supply of knowledge: myriad scientific subjects are on the agenda in 2001. The *Erasmus Podium*, a presentation by staff members and students of the Erasmus University of Rotterdam and the Universities for Professional Training, brings science to the people. This podium visualizes the usable knowledge that the university produces for the community and makes people experience the beauty of knowledge. The dilemmas of certain themes (such as the work of Erasmus, strategic sport, safety, the coming of the Euro, man and computer) come to the fore. *Erasmus Podium* offers ten stimulating non-specialist programmes with provocative opinions and a great deal of debate.

Smartest Students

15, 16 mei / sept – okt
Theater Lantaren/Venster,
diverse locaties
Interdisciplinair

Studeren in Rotterdam wordt steeds leuker: de stad ontwikkelt zich snel op cultureel gebied en maandelijks komen er veel aantrekkelijke podia en ontmoetingsplaatsen bij. *Questions*, een multimedia-evenement waarin studenten in teamverband strijden om de titel *Smartest students of Europe*, brengt studenten bij elkaar. Fascinatie voor wetenschap en cultuur – in de meest brede zin – ligt aan dit programma ten grondslag. Wetenschappelijke én culturele dilemma's vormen de basis voor opdrachten die de teams voorgelegd krijgen. Het betreft complexe kwesties zónder voor de hand liggende oplossingen. Hierbij gaat het vooral om het nadenken over de best mogelijke en meest creatieve oplossing, en daarvoor zijn wetenschappelijke, culturele, creatieve, technische en communicatieve inzichten en vaardigheden nodig. Studenten spelen ook een hoofdrol tijdens het *Erasmus Cultuurfestival* op 15 en 16 mei in Theater Lantaren/Venster. Een actueel overzicht staat op In-ternet: www.eur.nl/eur2001. Alles over uitgaan en cultuur voor stu-denten is te vinden op www.rotterdamexperience.nl.

Studying in Rotterdam is becoming increasingly pleasant: the city is rapidly developing in cultural areas, and many attractive podiums and meeting places are being added every month. *Questions*, a multimedia event in which student teams compete for the title of *Smartest Students of Europe*, brings students together. Fascination for science and culture – in the broadest sense – is the keystone of this programme. Scientific as well as cultural dilemmas form the basis for the assignments presented to the teams. They involve complex issues without obvious solutions. What is most vital here is to reflect on the most feasible and most creative solution, and this requires scientific, cultural, creative, technical and communicative insights and skills. Students also play a major part during the *Erasmus Culture Festival* on 15 and 16 May in Lantaren/Venster Theatre. An up-to-date overview can be found on the Internet: www.eur.nl/eur2001, Everything about nightlife and culture for students can be found at www.rotterdamexperience.nl.

Coming Soon!

Jun – jul
Van Nelle Ontwerpfabriek
Architectuur

In juni en juli presenteren Archiprix, Europan en Prix de Rome de nieuwe generatie architecten, stedenbouwkundigen en landschapsarchitecten in de Van Nelle Ontwerpfabriek. Europan Nederland organiseert tweejaarlijks in Europees verband een prijsvraag voor jonge ontwerpers. Het initiatief onderscheidt zich van andere door de realisatie van de winnende inzendingen na te streven. De Prix de Rome is de oudste en belangrijkste Nederlandse 'staats'prijs voor jonge kunstenaars en architecten. De prijs wordt uitgereikt op tien terreinen van beeldende kunst en architectuur. Van de laatste discipline komen in 2001 architectuur en stedenbouw & landschapsarchitectuur aan bod. Archiprix organiseert een jaarlijkse prijs voor afstudeerders in architectuur, stedenbouw en landschapsarchitectuur en introduceert daarnaast in het jaar 2001 een internationale versie van de prijs: de Archiprix International.
Ter gelegenheid van Rotterdam 2001, Culturele Hoofdstad van Europa, bundelen de drie initiatieven hun krachten en plaatsen ze het aankomend ontwerptalent uit binnen- en buitenland in de schijnwerpers onder de titel Coming Soon! Het werk van deze nieuwe generatie is te zien in vier overzichtstentoonstellingen en gedurende de zomer worden vier prijzen uitgereikt. Bovendien is in de eerste week van juli, ingeleid met de Dag van de Architectuur, de Van Nelle Ontwerpfabriek het brandpunt van allerlei activiteiten, zoals een congres, debatten, workshops en excursies rond thema's als de overgang van onderwijs naar beroepspraktijk, de betekenis van prijzen voor jonge ontwerpers en internationalisering in de architectuur. De Van Nelle fabriek is het belangrijkste industriële monument in Nederland en zal de komende jaren worden herontwikkeld tot een gerenommeerd centrum voor communicatie en design.

In June and July, Archiprix, Europan and the Prix de Rome introduce the new generation of architects, urban developers and landscape architects in the Van Nelle Design Factory. Europan Nederland organizes a biennial competition for young designers in Europe. This initiative distinguishes itself from others by striving to bring about the realization of its winning entries. The Prix de Rome is the oldest and most important Dutch 'state' prize for young artists and architects. The prize is awarded in ten areas of visual arts and architecture. In 2001, these disciplines are architecture and urban development & landscape architecture. Archiprix organizes an annual competition for graduates in architecture, urban development and landscape architecture and is, in 2001, also introducing an international version of the prize: the Archiprix International. On the occasion of Rotterdam 2001, Cultural Capital of Europe, the three initiatives are joining forces and putting up-and-coming talent from within and outside the Netherlands in the spotlight, under the title Coming Soon! The work of this new generation is shown in four retrospectives, and four prizes will be awarded during the summer. In addition, in the first week of July, starting with the Day of Architecture, the Van Nelle Design Factory becomes a veritable crucible for all sorts of activities, such as a congress, debates, workshops and excursions centred around themes such as moving from education to professional practice, the significance of prizes to young designers and the internationalization of architecture. The Van Nelle factory is the most important industrial monument in the Netherlands and is set to be redeveloped over the next few years into a respected centre for communication and design.

Sponsor: Hunter Douglas Europe

Werelddansfestival

9 jun
Theater Zuidplein
Dans

Dit landelijke festival biedt een podium aan dansen uit alle mogelijke culturen. Ruim 25 dans- en muziekgroepen uit alle windstreken kunnen deelnemen aan een concours, demonstratieoptredens, gastoptredens en workshops. Het thema is in 2001 Traditties en levenswijzen. Groepen uit onder meer Indonesië, Spanje, Portugal, Turkije en India demonstreren in een doorlopend programma dansen uit hun eigen cultuur, vaak begeleid door live muziek.
I.s.m. LCA, RKS, Danskaravaan, Theater Zuidplein en de SKVR.

This national festival provides a stage for dance from every possible culture. Over 25 dance and music groups from all corners of the world are taking part in a competition, demonstration performances, guest performances and workshops. The theme in 2001 is Traditions and Ways of Life. Groups from Indonesia, Spain, Portugal, Turkey, India and elsewhere demonstrate dances from their own culture, often accompanied by live music, in an ongoing programme. In association with LCA, RKS, Danskaravaan, Zuidplein Theatre and the SKVR.

Zuidpool 2001

Jun – jul
Dansateliers
Dans, nieuwe media

Zuidpool 2001 is een twee weken durende workshop, opgezet om ontmoeting, uitwisseling en dialoog tot stand te brengen tussen dansers en choreografen onderling en met andere kunstenaars. Het voortraject van Zuidpool 2001 is een serie ontmoetingen tussen choreografen en mediakunstenaars. Zij maken kennis met elkaars werk en ontwikkelen een 'vraag' voor een samenwerking tijdens Zuidpool. Die is erop gericht om interactie tussen dans(er) en nieuwe media tot stand te brengen.
Zuidpool 2001 is a two-week workshop, designed to bring about meetings, exchanges and dialogue between dancers and choreographers, and with other artists. The preliminary programme for Zuidpool 2001 is a series of meetings between choreographers and media artists. They get acquainted with one another's work and develop a 'demand' for cooperative work during Zuidpool. This is aimed at bringing about interaction between dance(rs) and new media.

Splash@Stubnitz

Jun – sept
Diverse locaties,
Las Palmas Rotterdam
Interdisciplinair

Splash@Stubnitz speelt zich af aan boord van de M.S. Stubnitz, een zeewaardig multimediaschip met diverse podia en studio's, dat gedurende de zomermaanden van 2001 aanmeert aan een aantal Rotterdamse kades.
Binnen het programma worden kunstenaars, musici, ontwerpers en organisatoren uit diverse Europese landen op deze bijzondere locatie bij elkaar gebracht om aan boord te werken, op te treden en te exposeren. De programmering bestaat uit verrassende combinaties van artiesten en disciplines, waarbij diverse publieksgroepen onverwacht worden geconfronteerd met voor hen minder voor de hand liggende kunstuitingen. Bovendien kan een gedeelte van het ontstaansproces van op het schip vervaardigde producties door het publiek gevolgd worden.
Splash@Stubnitz unfolds aboard the M.S. Stubnitz, a seaworthy multimedia ship with various stages and studios, moored alongside a number of Rotterdam quays throughout the summer months of 2001.
Within the programme, artists, musicians, designers and organization leaders from various European countries are brought together in this unique location to work, perform and exhibit on board ship. The schedule includes startling combinations of artists and disciplines, in which the public is confronted with unusual and surprising forms of artistic expression. In addition, the audience can follow part of the process of crea-ting the productions mounted aboard the ship.

Met dank aan het VSB Fonds

Summercourses Rotterdam and Delft

Jul-sept
Rotterdam, Delft
Wetenschap

De gemeenten Rotterdam en Delft hebben samen de internationale zomeruniversiteit *Summercourses Rotterdam and Delft* opgericht, die zich richt op internationale hoger opgeleide deelnemers. Voor actuele informatie: www.summercourses.nl.
The municipalities Rotterdam and Delft have set up the international summer university *Summercourses Rotterdam and Delft*, aiming at highly educated participants. For actual information: www.summercourses.nl.

European Union Youth Orchestra

7 – 12 aug
Concert- en congresgebouw de Doelen
Muziek

Het *European Union Youth Orchestra* werd in 1978 opgericht om jonge musici uit de Europese Unie op het allerhoogste niveau met elkaar te laten samenspelen. Het orkest werd artistiek geleid door achtereenvolgens Claudio Abbado en Bernard Haitink. Het Jeugdorkest treedt vaak aan op de podia van Europese (culturele) hoofdsteden. In Rotterdam komt het orkest begin augustus 2001 om ruim een week te repeteren voor een Europese tournee. Op 12 augustus geeft het orkest een galaconcert in De Doelen o.l.v. de oude maestro Kurt Sanderling, met Emmanuel Ax als solist op piano. Beethovens Derde pianoconcert en de Achtste symfonie van Sjostakovitsj staan eveneens op het programma. De leden van het orkest brengen van 7 tot 11 augustus nog andere stukken ten gehore op diverse locaties in Rotterdam.
The *European Union Youth Orchestra* was founded in 1978 in order to allow young musicians from the European Union to play together at the highest level. The orchestra's first artistic director was Claudio Abbado, followed by Bernard Haitink. The Youth Orchestra often performs on the stages of European (cultural) capitals. The orchestra is coming to Rotterdam for more than a week in early August 2001 to rehearse for a European tour. On 12 August the orchestra is giving a gala concert in De Doelen, under the direction of the old maestro Kurt Sanderling, with Emmanuel Ax as soloist on the piano. The programme includes Beethoven's Third Piano Concerto and Shostakovitch's Eighth Symphony. Members of the orchestra are also performing other works at various locations in Rotterdam from 7 to 11 August.

Foto: Chris de Jong

Rising

20 aug – 12 sept
Diverse locaties
Dans, muziek

Rising is muziek en dans op het moment zelf bedacht en uitgevoerd, waarbij ieders rol in principe gelijkwaardig is. 'Multi-bass-band' *Intermission* en de dansers Toru Iwashita (Japan) en David Zambrano (Venezuela) hebben voor de uitvoeringen niet voor de hand liggende plekken in Rotterdam gevonden. Deze locaties, de theatrale verschijningsvormen van de dansers, de bassaxofoon, drie contrabassen en hun bespelers geven de improvisaties telkens nieuwe impulsen. *Intermission* bestaat uit contrabassisten William Parker (USA), Hideji Taninaka (Japan), Wilbert de Joode (Zaandam) en bassaxofonist Klaas Hekman (Rotterdam). Toru Iwashita is verbonden aan het toonaangevende Butohgezelschap Sankai Juku en danst daarnaast solo en in combinatie met musici, beeldend kunstenaars en puur improviserende dansers. Iwashita en Zambrano geven begin september een masterclass aan de Rotterdamse Dansacademie.
Rising is music and dance conceived and performed spontaneously, in which everyone plays an essentially equal part. 'Multi-bassband' *Intermission* and dancers Toru Iwashita (Japan) and David Zambrano (Venezuela) have found locations off the beaten track in Rotterdam for the performances. These locations, the dramatic role of the dancers, the bass saxophone, three double basses and the musicians playing them continuously give the improvisations new impulses. *Intermission* will involve bass players William Parker (USA), Hideji Taninaka (Japan), Wilbert de Joode (Zaandam) and bass saxophonist Klaas Hekman (Rotterdam). Toru Iwashita is connected with the leading Butoh company Sankai Juku and also dances solo and in combination with musicians, visual artists and purely improvisational dancers. Iwashita and Zambrano are giving a master class in early September at the Rotterdam Dance Academy.

Rotterdam 2001 Culturele Hoofdstad van Europa

Internationaal schrijvers- en regiepodium

Sept
Rotterdamse Schouwburg
Theater

De Rotterdamse Schouwburg, het Goethe-Institut en Rotterdam 2001, Culturele Hoofdstad van Europa, organiseren in september met een aantal belangrijke hedendaagse en internationaal aansprekende theatermakers het *Internationaal schrijvers- en regiepodium*. Elk van de benaderde gezelschappen (Dood Paard en Hollandia uit Nederland, Die Schaubühne uit Duitsland en Forced Entertainment uit Groot Brittannië) heeft een uitgesproken stijl van theatermaken, waarin disciplines als muziek, beeldende kunst en performance art een essentiële rol spelen, maar de tekst de belangrijkste drager van de voorstelling blijft. Ieder van de gezelschappen haalt die tekst ergens anders vandaan, variërend van letterlijk gevonden tekstmateriaal of interviews tot materiaal van jonge schrijvers. Regisseurs, dramaturgen en medewerkers van het Nederlands Schrijverspodium komen een aantal keren bij elkaar en bereiden gezamenlijk het uiteindelijke schrijvers- en regiepodium in september voor. Daar treffen vier van de meest interessante Europese theatergroepen van dit moment elkaar op het podium.

In September the Rotterdamse Schouwburg, the Goethe-Institut and Rotterdam 2001, Cultural Capital of Europe, are organizing the *International Writers and Directors Podium* with a number of important contemporary and internationally active theatre professionals. Each of the companies approached (Dood Paard and Hollandia of the Netherlands, Die Schaubühne of Germany and Forced Entertainment of Great Brittain) has an expressive style of theatre production, in which disciplines such as music, visual art and performance art play an essential role, while the text remains the principal thread in the performance. Each of the companies derives its texts from different sources, varying from text that is literally 'found' or interviews, to material by young writers. Directors, playwrights and staff members of the Netherlands Writers Podium are meeting on several occasions to make preparations for the coming writers and directors podium in September. This is the stage where four of the most interesting European theatre groups of the moment will encounter one another.

Dance Link Rotterdam – Porto

3 – 6 okt
Theater Lantaren/Venster
Dans

Núcleo de Experimentaçao Coreográfica (NEC) creëert met het project *Companhia Instável* professionele mogelijkheden voor jonge dansers. Voor iedere editie van deze reeks wordt een andere, aanstormende choreograaf aangetrokken, die zelf zijn dansers kiest. Speciaal voor de culturele hoofdsteden Porto en Rotterdam heeft NEC de in Rotterdam wonende Portugees Bruno Listopad aangetrokken om een voorstelling te maken. Bruno Listopad bedacht *Dance Link Rotterdam – Porto*, waarin hij de achtergrond van de Portugese en Nederlandse dansers naar voren wil brengen, hun culturele referentie aan de dans en hun eigen bewegingstaal. Het doel is hun individuele danstaal te transformeren in nieuwe ervaringen om zo een nieuwe groepsidentiteit te creëren.

Núcleo de Experimentaçao Coreográfica (NEC) creates professional opportunities for young dancers with its *Companhia Instável* project. For each instalment of this series a different, up-and-coming choreographer is recruited and invited to personally select the dancers. Especially for the cultural capitals Porto and Rotterdam, NEC enlisted Bruno Listopad, a Portuguese choreographer living in Rotterdam, to create a production. Bruno Listopad conceived *Dance Link Rotterdam – Porto*, in which he intends to bring the backgrounds of the Portuguese and Dutch dancers to the fore, including their cultural references to dance and their own movement language. The aim is to transform their individual dance idioms into new experiences and thus create a new group identity.

Jongenskorenfestival en -masterclass

5 – 7 oktober
Diverse locaties
Muziek

Jongenskoren laten hun fraaiste muziek horen tijdens het galaconcert in de Laurenskerk, kerkdiensten, de Vespers de slothappening en andere gelegenheden. Voor dirigenten van kinderkoren wordt een masterclass gehouden door Jos Vranken jr. en Hans de Gilde. Deelnemers aan dit muziekfeest: de Dresdner Kapellknaben, Jongenskoor Bratislava, het Maasstedelijk Jongenskoor, het Rotterdams Jongenskoor en 4 andere Nederlandse Jongenskoren. Organisatie: Pueri Cantores Nederland en het Maasstedelijk Jongenskoor.

Boys' choirs will be showing off their most beautiful music at public events, the gala concert in the St. Laurenskerk, church services, during Vespers and the closing event. Jos Vranken Jr. and Hans de Gilde are holding a masterclass for directors of children's choirs. Participants in this musical celebration include the Dresden Kapellknaben, the Bratislava Boys' Choir, the Maas City Boys' Choir, the Rotterdam Boys' Choir and four other Dutch boys' choirs. Organization: Pueri Cantores Nederland and the Maas City Boys' Choir.

Composer in Residence: Peteris Vasks

Nov – 9 dec
Concert- en congresgebouw de Doelen, Rotterdams Conservatorium
Muziek

De Letse componist Vasks (1946) verblijft op uitnodiging van Rotterdam 2001, Culturele Hoofdstad van Europa, De Doelen, Rotterdams Conservatorium en het RPhO eind november/begin december 2001 in Rotterdam. Hij is aanwezig bij uitvoeringen van zijn werk door o.a. het orkest I Fiamminghi, het Rotterdams Philharmonisch Orkest, het Rotterdam Young Philharmonic en een nader te bepalen koor. Verder geeft Vasks masterclasses in compositie aan het conservatorium en licht hij zijn nieuwe compositie toe tijdens een gesprek met Kees Vlaardingerbroek, Hoofd Programmering van De Doelen. Op 9 december vindt de uitvoering plaats van Vasks' nieuwe werk (wereldpremière van een compositie in opdracht van Rotterdam 2001 en I Fiamminghi) door I Fiamminghi o.l.v. Rudolf Werthen.

Late November, early December 2001, the Latvian composer Vasks (1946) will have his residence in Rotterdam, at the request of Rotterdam 2001, Cultural Capital of Europe, De Doelen, Rotterdams Conservatorium en the Rotterdam Philharmonic Orchestra. He will be present when, a.o., the I Fiamminghi orchestra, the Rotterdam Philharmonic Orchestra, the Rotterdam Young Philharmonic and choir perform his compositions. Additionally, Vasks wil give masterclasses on composition at the conservatory and elaborate on his new compositions in discussion with Kees Vlaardingerbroek, director of programming at De Doelen. The world première of Vasks' new work, on the commission of Rotterdam 2001 ad I Fiamminghi, will take place on 9th December and will be conducted by Rudolf Werthen.

ACT2001: Jongeren Theater & Dans Festival

15 – 31 okt
Diverse theaters, buurtcentra
Podiumkunsten

ACT2001 is een theater- en dansfestival met voorstellingen voor en door jongeren uit Rotterdam en de rest van de wereld, dat probeert de veelheid en verscheidenheid aan jongerenculturen in een stad en de uitwisseling daarvan op het podium te brengen. Rap Poetry, Spoken Word, Breakdance en Streetdance zijn daar voorbeelden van. Het hoofdprogramma bestaat uit zo'n 20 voorstellingen. Variërend van HipHoptheater uit Londen, Rappoets uit Amerika tot Hardcore toneel uit Utrecht en veel crossovers. Verder laten amateurtheatergroepen uit diverse wijken van Rotterdam tijdens voorstellingen, presentaties en workshops hun werk zien en zijn er workshops of masterclasses voor jongeren. Organisatie: Theater Lantaren/Venster, Rotterdamse Schouwburg, Theater de Evenaar, Bibliotheektheater, Theater Zuidplein, Nighttown, Hal 4.

ACT2001 is a theatre and dance festival with performances for and by youngsters from Rotterdam and the rest of the world, which attempts to bring the multitude and diversity of youth cultures in one city, and their interactions, to the stage. Rap Poetry, Spoken Word, Breakdance en Streetdance are some examples. The main programme includes about 20 performances, ranging from hip hop theatre from London and rap poets from America to hardcore theatre from Utrecht and many crossovers. In addition, amateur theatre groups from various neighbourhoods in Rotterdam display their work during performances, presentations and workshops, and there are workshops or masterclasses for youngsters. Organization: Lantaren/Venster Theatre, Rotterdamse Schouwburg, Theatre de Evenaar, Bibliotheektheater, Zuidplein Theatre, Nighttown, Hal 4.

Culturele diversiteit in internationaal perspectief

17 – 10 nov
Theater Zuidplein
Debat & literatuur

De faculteit Historische- en Kunstwetenschappen van de Erasmus Universiteit Rotterdam onderzoekt de nieuwe opdracht en de werking van Theater Zuidplein in 2000/2001. Een keur aan programmeurs, kunstenaars en organisatoren verenigd in IETM (Informal European Theatre Meeting) en werkzaam in het interculturele veld bediscussiëren de onderzoeksresultaten in een klein symposium.

The faculty of History and Art Studies of the Erasmus University Rotterdam will be studying the new commission and the operation of Zuidplein Theatre in 2000/2001. A selection of programmers, artists and organizers, brought together in the IETM (Informal European Theatre Meeting) and active in the intercultural field will discuss the study results in a small symposium.

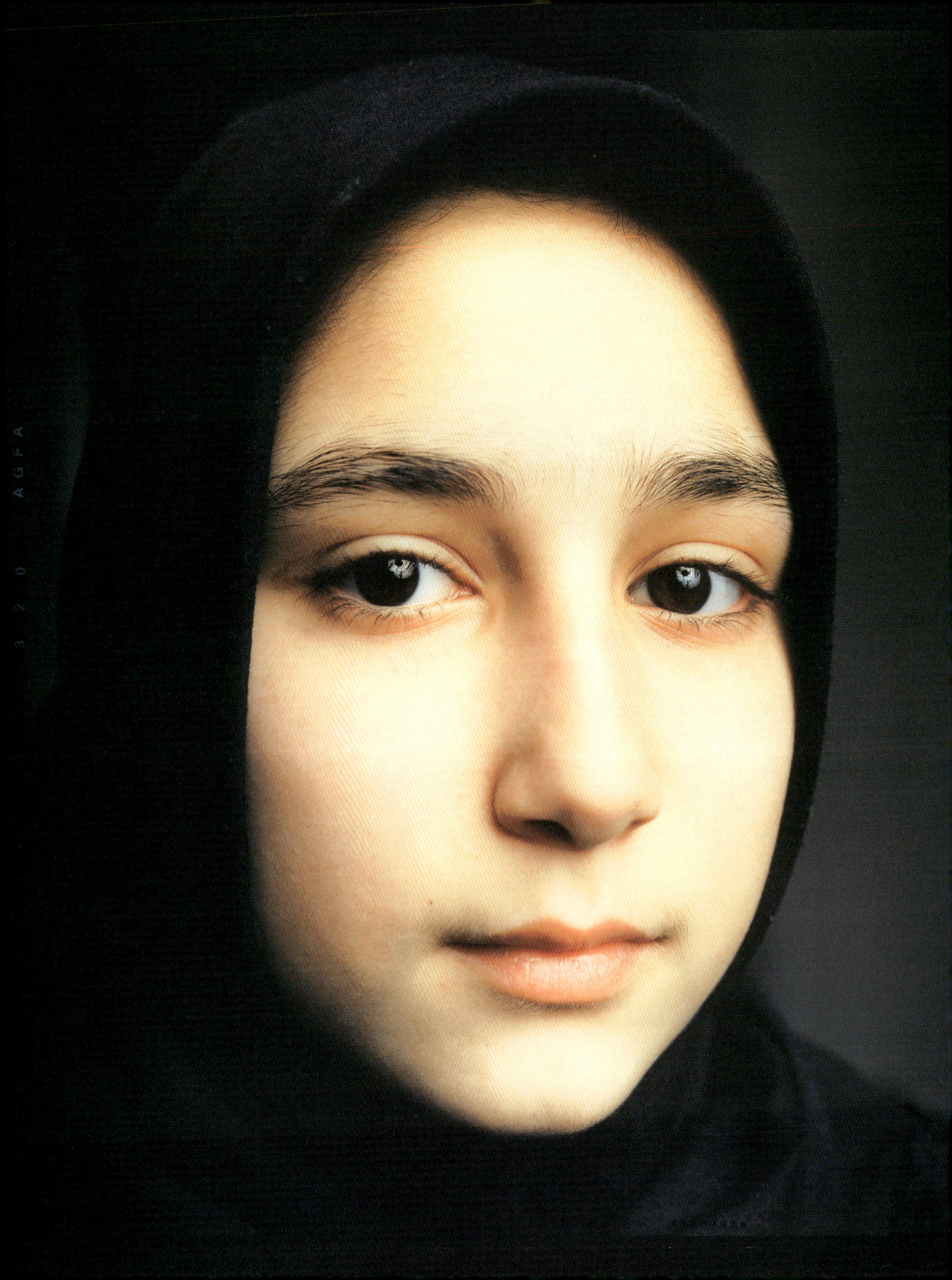
320 AGFA

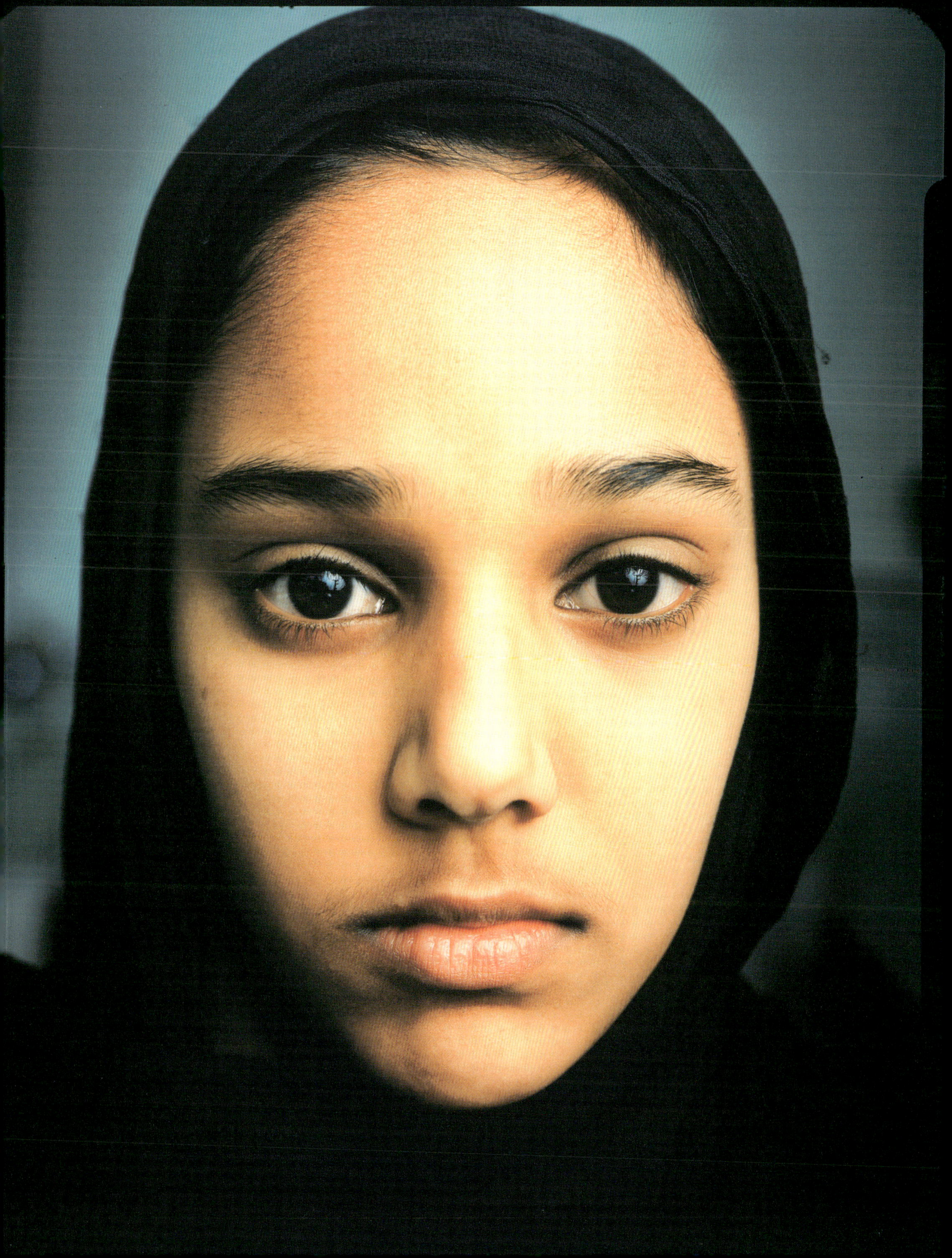

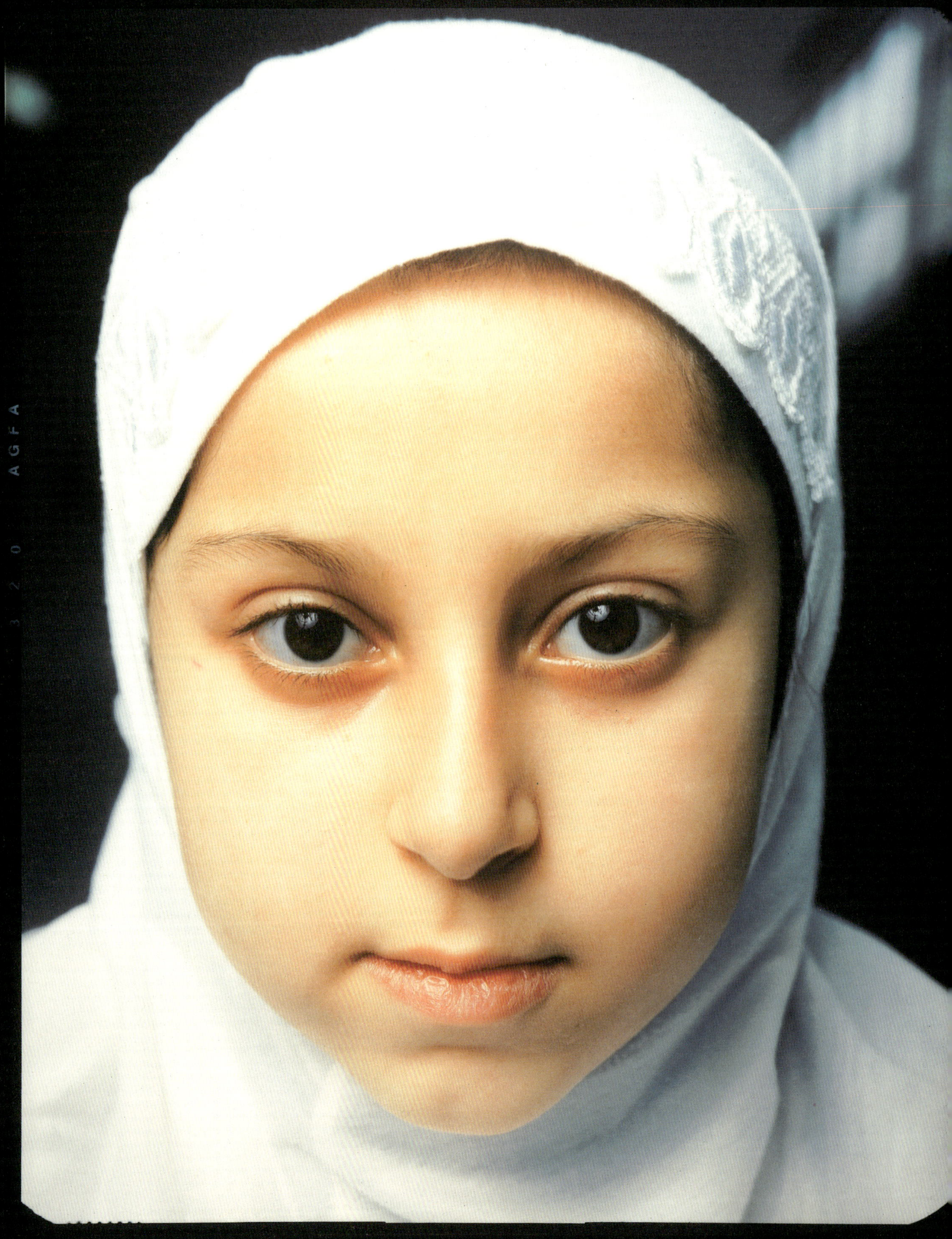

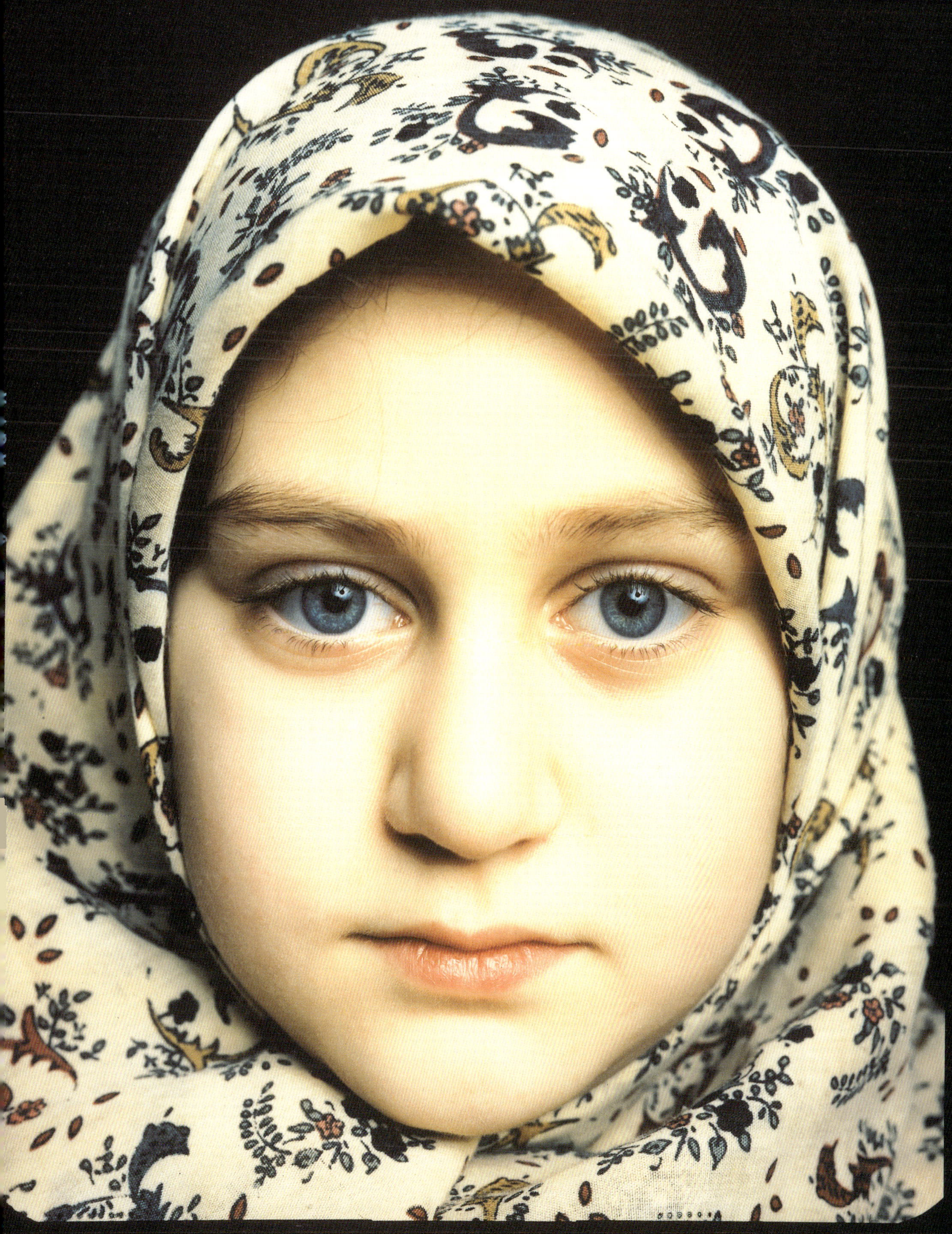

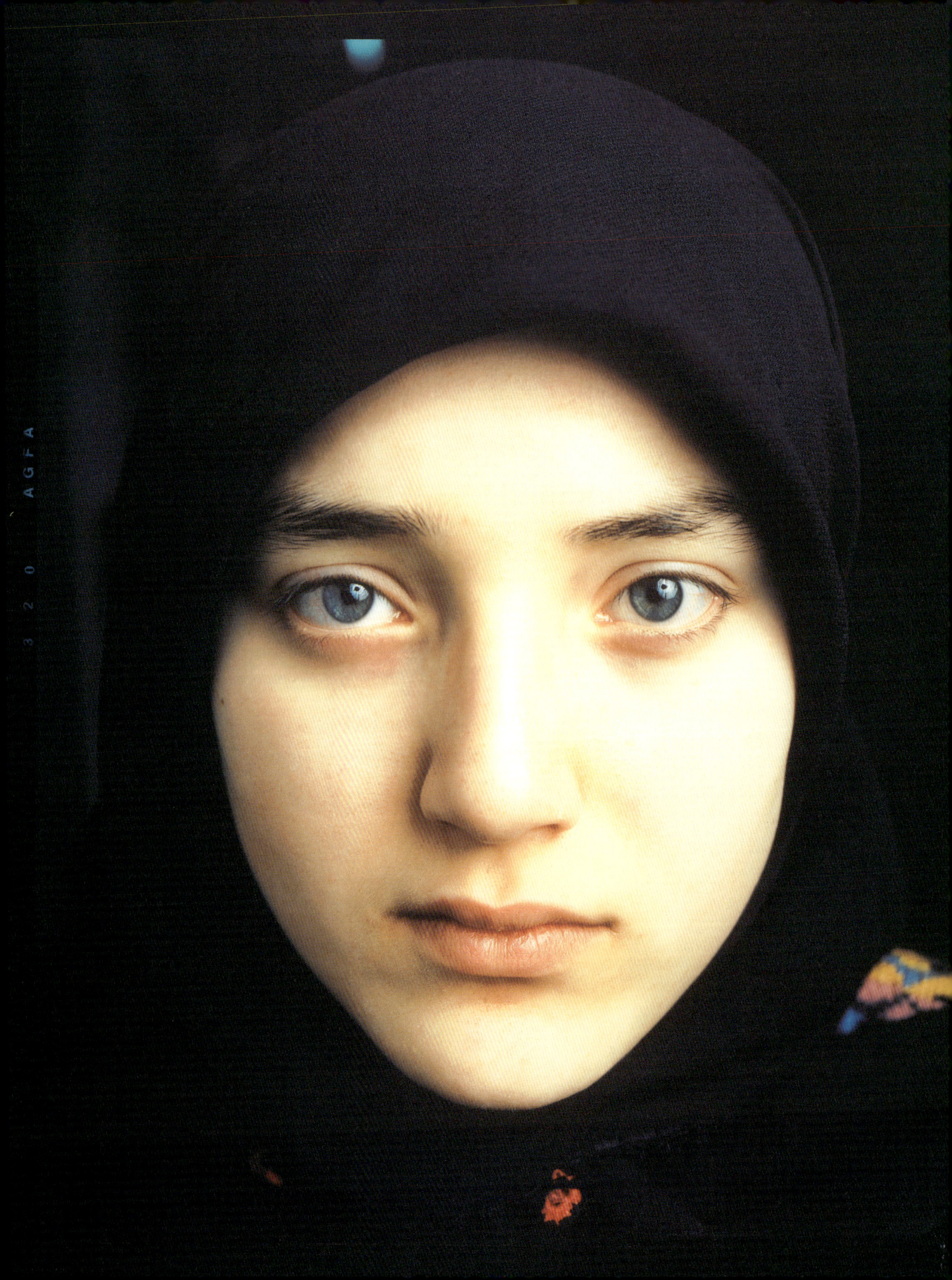
320 AGFA

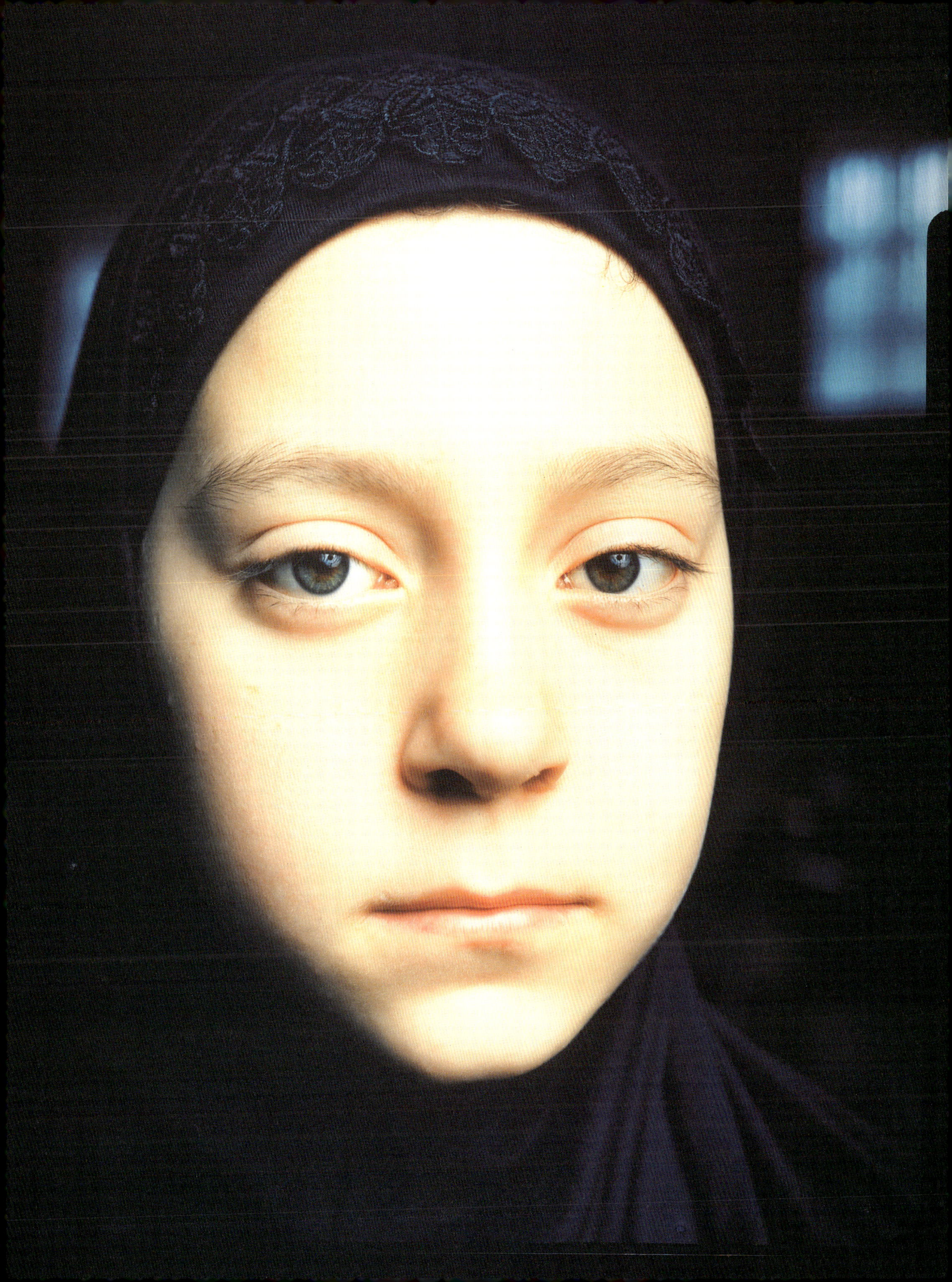

08 Perifere Stad
Peripheral City

Havens & Heerlijkheden

Harbours & Domains

Waren de *heerlijkheden* van vroeger veilige havens? Ik wil het zo graag geloven. Waren de havens van vroeger heerlijk? Dat zag ik nou zo graag.

In 1958, mijn geboortejaar, liep de statige SS Rotterdam van de Holland-America-Lijn in de Rotterdamse haven van stapel. Tien jaar later droeg hetzelfde schip mij vanuit mijn geboorte-eiland Curaçao de mistige Nieuwe Waterweg op. Je kon me glimlachend een vroege allochtoon noemen, want onder melkboerenhondenhaar en lichtgroene ogen schuilde de inborst van een Caribische creool. Rumoerig Rotterdam, de Hollandse herfstwinden rond wat nu hotel New York is, de muisgrijze winterjassen van sigarenrokende mannen; de eerste indrukken van Nederland beklemden mijn borst. Veilig was die wereldhaven allerminst.

Vandaag woon ik al weer tien jaar in Hellevoetsluis. Ik voel me verbonden met de oerhollandse geschiedenis van de kranige vestinghaven onder de rook van Rotterdam. Maar de Shell in Pernis ruikt nog iedere dag naar de raffinaderij op Curaçao. Niet weinig bewoners van het Zuid-Hollandse eiland Voorne-Putten zijn ontheemde eilanders uit de West. Op zomeravonden hoor je vanuit een levendige straat bij mij in de buurt een steelbandje. Het kling-klong van mijn kinderjaren. *Kleine wasjes, grote wasjes…*

Eens per jaar gaan we vanuit Hellevoetsluis, Spijkenisse, Barendrecht, Maassluis en Vlaardingen in een bontgekleurde stoet naar de metropool aan de Maas voor het Caribische carnaval. De dag waarop alle Rotterdammers hun allochtone buren aan het hart drukken. Het is een dag van thuiskomen, met de geuren van bakbanaan, tamarinde, mango, en sambal-kouseband in mijn trillende neusvleugels, met de wereldsmaken op mijn tong.

De buren van Rotterdam, dat zijn ook de havens en heerlijkheden van lang vervlogen tijden. We vergeten het nog wel eens, maar al die Zuid-Hollandse stadjes maakten van het dorp aan de Rotte het Rotterdam van vandaag. Vele steden is Rotterdam. In 2001 heten de gemeenten in de periferie van wereldhaven nummer één ons allemaal van harte welkom. In dat jaar kunt u als bezoeker thuiskomen in elk van die havens en heerlijkheden van weleer, gezellig aanschuiven en een vorkje meeprikken. We gaan het meemaken: de 'fusion'-keuken van *Kunst & Kanen* in de ring rond Rotterdam. Zeventien uitgelezen gangen. Mag ik u voorproeven?

Were the domains of the past safe havens? I'd like to believe it. Were the ports of the past delightful? I like to think so.

In 1958, the year of my birth, the majestic SS Rotterdam of Holland-America Line was launched in the port of Rotterdam. Ten years later that same vessel carried me from my island of birth, Curaçao, into the foggy Nieuwe Waterweg. Smilingly, you could call me an early migrant because the soul of a Caribbean Creole was hiding under mousey hair and behind light green eyes. Bustling Rotterdam, the autumn winds in Holland blowing around what is now New York hotel, the mouse-grey winter coats of cigar smoking men; the first impressions of the Netherlands weighed down on my chest. That international port was not safe in the least.

Today, I have been living in Hellevoetsluis for ten years. I feel attached to the extremely Dutch history of the brave fortified port under the smoke of Rotterdam. But Shell in Pernis still smells of the refinery in Curaçao each day. Quite a number of inhabitants of the South Holland island of Voorne-Putten are uprooted islanders from the West. During summer evenings you hear a steel band from a lively street in the neighbourhood. The metal drum sounds from my childhood years: *Kleine wasjes, grote wasjes…*

Once a year we go to the metropolis on the Meuse from Hellevoetsluis, Spijkenisse, Barendrecht, Maassluis and Vlaardingen in a gaudily coloured procession for the Caribbean carnival. The day on which all the citizens of Rotterdam embrace their migrant neighbours. It is a day of homecoming, with the odours of baked bananas, tamarind, mangoes and hot peppered cowpeas in my trembling nostrils, with the international tastes on my tongue. Rotterdam's neighbours, those are also the ports and domains of times long gone. We tend to forget it but all those townships in South Holland made the village on the Rotte into the Rotterdam of today.

Many towns are Rotterdam. In 2001 the municipalities on the periphery of international port number one cordially welcome all of us. In that year you as a visitor can come home in each of those ports and domains of the past, and join in for a meal. We are going to experience it: the 'fusion cuisine' of *Kunst & Kanen (Art & Dining)* in the ring around Rotterdam. Seventeen exquisite courses. May I taste all that beforehand?

Snoekbaars in roomwitte dillesaus, vers uit een steeds schonere **Dordtse** Kil. Balkenbrij uit **Capelle**, als een el ijsselsteentjes op je maag. **Brielse** billenkoek en watergruwel voor Alva en de zijnen, die zoete wraak - dat wil wel smaken. Zoetzure bonsai-appels uit de 'Greenery' bij **Bleiswijk**, op een bedje van frisse eikenbladsla uit **Bergschenhoek**, vrolijk gelardeerd met **Berkel** uit **Rodenrijs**. 'Paling in het groen' op de snotbodem van het Droogdok in **Hellevoetsluis**. Hup, een forse slok **Schiedamse** jenever om al dat groen weg te spoelen, de korenwalm om je oren. Wat gepekelde haringkoppen uit **Vlaardingen** voor de zilte afdronk. Gepeperd tafelen in de '**Bernisser** Molen'. Dat kan gerust, want na die 'nouvelle cuisine' is er nog voldoende plaats over voor een hapje boterzachte regenboogforel uit het **Oostvoornse** Meer, 'lepelaarsborst afgeblust met sleedoornwijn' uit Voornes Duin en een gebraden Schotse hooglandertong uit… **Rozenburg**. Gezegend zijn de **Barendrechtse** roomboterbabbelaars als intermezzo voor onze overspannen smaakpapillen, want voort moet het met de gastronomie uit de Rijnmond. We nuttigen nog een gepocheerde vlucht regenwulpen in **Maassluis**. We verorberen tien pond grutten te **Spijkenisse**, het hart van de Heerlijkheid van Putten. We tafelen laat-middeleeuws in **Ridderkerk**, in 'het mooiste huis van Nederland' en vegetarisch in **Albrandswaard**, de 'moestuin van Rotterdam'. We gaan in 2001 kortom, onmatig cultureel en culinair innemen. In elke haven een 'schatje', in elke heerlijkheid een 'natje' en tot besluit diep in nacht een 'patatje' bij Bram Ladage op het Binnenwegplein in hartje Rotterdam. Blijft u een hapje eten?

Pike perch in creamy white dill sauce, fresh from an ever cleaner **Dordtse** Kil. Buckwheat flour and raisins from **Capelle**, like a yard of ijssel bricks on your stomach. **Brielle** spanking cake and water gruel for Alfa and his soldiers, that sweet revenge – that will surely taste good. Slightly sour bonsai apples from the Greenery near **Bleiswijk**, on a bed of fresh oak leaf lettuce from **Bergschenhoek**, brightly larded with **Berkel** from **Rodenrijs**. 'Eel embedded in green' on the snotty bottom of the Droogdok (drydock) in **Hellevoetsluis**. Hup, a gulp of **Schiedam** geneva to flush all that green away, the smother of corn around your ears. A couple of pickled herring heads from **Vlaardingen** for the salty aftertaste. Expensive dining in the **Bernisser** Molen. That is possible because after that 'nouvelle cuisine' there is still sufficient room for a bite of very soft rainbow trout from the **Oostvoornse** Meer, 'spoonbill breast sprinkled with blackthorn wine' from Voornes Duin and a roasted Scottish Highland sole from… **Rozenburg**. Blessed are the **Barendrecht** sweets as an intermezzo for our overstressed taste buds, because we must go on with the Rijnmond gastronomy. We also consume a poached flight of whimbrels in **Maassluis**. We eat ten pounds of groats in **Spijkenisse**, the heart of the domain of Putten. We have a late medieval dinner in **Ridderkerk**, in 'the most beautiful house of the Netherlands' and have a vegetarian meal in **Albrandswaard**, the 'vegetable garden' of Rotterdam. In short, we will absorb immoderately in 2001 in cultural and culinary terms. In each port a 'sweetheart', in each domain a drink, and, finally, deep into the night, potato chips at Bram Ladage in Binnenwegplein in the heart of Rotterdam. Do you stay for a bite?

Taco Meeuwsen werd geboren op Curaçao, waar hij z'n jeugd doorbracht. Tegenwoordig is hij parttime beleidsmedewerker Cultuur & Kunst bij de gemeente Hellevoetsluis en auteur van onder andere de roman *De Sodomsappel* (L.J. Veen, A'dam), de verhalenbundel *Nieuwe Zon* (L.J. Veen, A'dam) de gedichtenbundels *Stenen Gezichten, IJstijd* (samen met Frank Herzen) en *Een ark blaft*. Daarnaast schreef hij vele artikelen en columns over kunst en cultuurverschijnselen (o.a. voor het Maandblad Beeldende Vakken, Hollands Maandblad en Pose).

Taco Meeuwsen was born in Curaçao where he spent his childhood years. At present he is a part-time management assistant for the department of Culture & Art with the municipality of Hellevoetsluis, and the author of, among other works, the novel *De Sodomsappel* (L.J. Veen, Amsterdam), a compilation of stories *Nieuwe Zon* (L.J. Veen, Amsterdam), a compilation of poems *Stenen Gezichten, IJstijd* (together with Frank Herzen) and *Een ark blaft*. In addition, he wrote many articles and columns on art and cultural phenomena (for, among other magazines, Maandblad Beeldende Vakken, Hollands Maandblad and Pose).

De *Perifere Stad, Havens & Heerlijkheden* toont zijn gezicht in tal van activiteiten die verschillend van duur en omvang zijn, maar vooral van karakter. Dat heeft alles te maken met het feit dat er maar liefst 18 verschillende gemeenten aan het programma deelnemen. Gemeenten die elk een heel eigen karakter hebben. Een drietal projecten, die in 17 van de 18 gemeenten te bezoeken zijn, typeren het programma van Havens & Heerlijkheden (Hoek van Holland heeft alleen een lokaal programma). Deze projecten zorgen voor een rode draad; ze vormen als het ware het cement tussen de overige 'programmastenen'.

Havens & Heerlijkheden is een initiatief van de provincie Zuid-Holland en gemeenten Albrandswaard, Barendrecht, Bergschenhoek, Berkel en Rodenrijs, Bernisse, Bleiswijk, Brielle, Capelle aan den IJssel, Dordrecht, Hellevoetsluis, Maassluis, Ridderkerk, Rozenburg, Schiedam, Spijkenisse, Vlaardingen en Westvoorne. *Havens & Heerlijkheden* wordt uitgevoerd onder de verantwoordelijkheid van Kunstgebouw, Stichting Kunst en Cultuur Zuid-Holland.

The *Peripheral City, Harbours & Domains* shows its face in numerous activities different in terms of duration and magnitude, but especially different in nature. That is because no fewer than 18 individual municipalities take part in the programme. Municipalities that each have a character of their very own. Three projects that can be visited in 17 of the 18 municipalities, characterize the programme of Harbours & Domains. These projects form a leitmotiv; they form, as it were, the cement between the other programme items.

Harbours & Domains is an initiative of the province of South Holland and the municipality of Albrandswaard, Barendrecht, Bergschenhoek, Berkel en Rodenrijs, Bernisse, Bleiswijk, Brielle, Capelle aan den IJssel, Dordrecht, Hellevoetsluis, Maassluis, Ridderkerk, Rozenburg, Schiedam, Spijkenisse, Vlaardingen and Westvoorne. *Havens & Heerlijkheden* is realized under the responsibility of Kunstgebouw, Stichting Kunst en Cultuur Zuid-Holland.

De Culturele Stadstour

Apr – okt
Alle perifere gemeenten
Architectuur

Speciaal voor Havens & Heerlijkheden hebben 17 gemeenten aan de periferie van Rotterdam een maandelijkse *Culturele Stadstour* ontwikkeld. Een gids informeert de reiziger over de kunst- en cultuurhistorische achtergronden van de stad of het dorp in kwestie en biedt de reiziger een kijkje in de historie en architectuur. Via wapenfeiten en anekdotes ervaart de reiziger de omgeving op een bijzondere wijze en wordt hij verrast door de karakteristieke eigen(aardig)heden van de gemeente.
Especially for Harbours & Domains 17 municipalities on the periphery of Rotterdam have developed a monthly *Cultural Tour of the Town*. A guide informs the traveller on the art and cultural history of the town or village concerned, and offers the traveller a glimpse of the history and architecture. Hearing about martial exploits and anecdotes the traveller will experience the environment in a special way and be surprised by the peculiarities of the municipality.

Nieuwe Barden, Nieuwe geluiden

Mei – okt
Alle perifere gemeenten, Rotterdam
Muziek

In het muziekprogramma *Nieuwe Barden, Nieuwe Geluiden* worden 17 – één per participerende gemeente – gelegenheidsensembles geformeerd, samengesteld uit amateurmusici die wonen of werken in de betreffende gemeente. Het doel is niet om een kopie te maken van bestaande orkesten, maar om nieuwe geluiden te produceren van verschillende aard. Veel van deze ensembles spelen ook in de andere gemeenten en maken bovendien onderdeel uit van andere programma's. Een 'plattegrondconcert' van al die geformeerde ensembles op het Schouwburgplein te Rotterdam vormt de finale van dit project.
In the music programme *New Bards, New Sounds* 17 – one per participating municipality – occasional ensembles are formed, composed of amateur musicians who live or work in the municipality concerned. The purpose is not to make a copy of existing orchestras but to produce new sounds of a different nature. Many of these ensembles will also play in the other municipalities and, besides, form part of other programmes. A composite concert taking place at Schouwburgplein in Rotterdam involving all those ensembles, will form the finale of this project.

Candide door Jeugdtheaterschool Zuid-Holland

19 jun – 15 jul
Alle perifere gemeenten, Rotterdam
Kinderprogrammering

Stel je voor: een zomerse avond. Een park in een dorp of stad. Een karavaan is neergestreken. Een houten vloer wordt neergelegd. Families, buren en vrienden schuiven eromheen. De muziek zet in en de koelboxen met ranja, witte wijn en ander lekkers gaan open. Overal vandaan komen spelers tevoorschijn. Ze beginnen te zingen, te dansen. Ze vertellen het verhaal van *Candide*. Na krap anderhalf uur is het afgelopen. Wat rest is de herinnering. De boel wordt ingepakt en het gezelschap trekt verder. Het park zal nooit meer zijn zoals het was. Speciaal voor de jeugd trekt Jeugdtheaterschool Zuid-Holland met een reizende voorstelling langs 17 gemeenten. De voorstelling vertelt het verhaal van Candide en Cunegonde die door allerlei rampspoeden van elkaar worden gescheiden en dolend door de periferie op zoek gaan naar een thuis. Ze ontdekken dat een thuis uiteindelijk in jezelf zit. *Candide*, in een bewerking van Carel Alphenaar, wordt geregisseerd door Theo Ham. De choreografie is in handen van Ingrid Dalmeijer, de muzieknoten worden aan elkaar geregen door Erik de Reus en Edwin Kolpa tekent voor het decor.
Just imagine: in the evening in summertime. A park in a village or town. A caravan has descended. A wooden floor is laid. Families, neighbours and friends are sitting around it. Music starts and cool boxes containing soft drinks, white wine and other delicacies are opened. Actors appear from everywhere. They start singing, dancing. They tell the story of *Candide*. After just one and a half hours it is finished. What remains is the memory. All their things are packed and the company leaves. The park will never be the way it was before. Especially for the young people Jeugdtheaterschool Zuid-Holland will visit 17 municipalities with this travelling show. The show is about the story of Candide and Cunegonde who are separated by all kinds of misfortunes, and are searching for a home through the periphery. They discover that a home can only be found in yourself after all. *Candide*, is adapted by Carel Alphenaar, and will be directed by Theo Ham. The choreography is in the hands of Ingrid Dalmeijer, the musical notes will be played by Erik de Reus, and Edwin Kolpa will look after the set.

Paul Meurs
Architect, onderzoeker
Architect, researcher

De periferie van Rotterdam is uiteraard de wereldhaven. Of is de wereldhaven het werkelijke centrum en figureert Rotterdam in de periferie? Voor ons, landrotten, vormt de haven een eindpunt, de uiterste hoek van Holland. Tegelijk zien we havens elders als een nieuw begin: New York met Ellis Island, Kaap de Goede Hoop met erachter de Tafelberg of de Guanabara Baai in Rio.
Het landschap van de haven is zo onbestemd als een periferie maar zijn kan: stad noch land. Een zee van lichtjes, een schaal die niet bij mensen past, ondefinieerbare dampen en een bonte biodiversiteit. Door de afwezigheid van de verstikkende gezelligheid van het herbouwde centrum is alles nog mogelijk – de haven kan bij de stad komen, zoals de Kop van Zuid, maar kan ook overwoekerd worden door de natuur. De haven is een tussenstation in een tussenfase, zij biedt een thuis aan de reiziger – op doorreis naar verre continenten of een onbestemde toekomst.

The periphery of Rotterdam is, naturally, the world port. Or is the world port the real centre and does Rotterdam figure in the periphery? To us landlubbers, the port is a terminus, the outermost hook of Holland. At the same time we consider ports elsewehere as a new beginning: New York with its Ellis Island, The Cape of Good Hope with, behind it, its Table Mountain, or the Guanabara Bay in Rio. The landscape of the port is as indeterminate as a periphery can be: town nor land. A sea of lights, a scale that does not go with people, undefinable smoke and a colourful biodiversity. Thanks to the absence of the suffocating cosiness of the rebuilt centre, everything is still possible – the port can join the town, just like the Kop van Zuid, but can also be overgrown with nature. The port is an intermediate station in an interim stage, it offers travellers a home – on their passage to far continents or to an indeterminate future.

Rotterdam 2001 Culturele Hoofdstad van Europa

Naar een 'nieuwe' stad 2020

1 mei – 31 okt
Oude Muziekschool (o.v.b),
Capelle aan den IJssel
Architectuur

Geef jongeren de opdracht om hun eigen stad te ontwerpen en je zult verrast zijn hoe serieus, inventief, praktisch en creatief zij dit invullen. Onder leiding van kunstenaar en bouwmeester Pjotr Müller geven architecten in spé Het Nieuwe Capelle 2020 inhoud en vorm. Bouwkundigen en kunstenaars zetten deze ideeën om in een stad op schaal. Als bouwstenen dient het materiaal waarmee Capelle aan den IJssel internationaal bekend is geworden: de ijsselsteentjes. Zo ontstaat een straat, een wijk en uiteindelijk een stad, die gebouwd wordt vanuit keuzes en denkbeelden van mensen die in 2020 wellicht de stad bewonen. De nieuwe stad wordt op locatie gepresenteerd, om de bewoners kennis te kunnen laten nemen van de creativiteit van hun kinderen en om de discussie te stimuleren welke weg van groei en ontwikkeling Capelle aan den IJssel moet inslaan.

Give young people the assignment to design their own town and you will be surprised how seriously, inventively, practically and creatively they go about it. Under the guidance of artist and architect Pjotr Müller architects-to-be will give shape to The New Capelle 2020. Architects and artists will translate these ideas into a town built to scale. The ijsselsteentjes (typical bricks characteristic for this region), the material with which Capelle aan den IJssel earned international fame, will serve as the building stones. In this way a street, a neighbourhood and in the end a town will be created based on the choices and ideas of people who might inhabit the town in 2020. The new town will be presented on location to show the inhabitants the creativity of their children and to stimulate the discussion on the how Capelle aan den IJssel should grow and develop.

Kolk

9 –13 mei
De Oude Sluis bij het Zakkendragershuisje, Schiedam
Theater

Centraal in het programma van Schiedam staat de openluchttheaterproductie van Stichting Schat Producties. Rondom de bakermat van de stad, in de volksmond De Kolk genoemd, vertelt een anderhalf uur durende avondvoorstelling de geschiedenis van deze plek. *Kolk*, geregisseerd en geschreven door Winfred van Buren en Nancy MacGillavry, is het verhaal van een geslacht van Schiedamse kunstenaars en hun worsteling met het scheppingswerk in de steeds groter wordende stad Schiedam. De groei van de stad wordt (letterlijk) in de voorstelling zichtbaar en de karakteristieken van de locatie worden ten volle benut.

Central to the programme of Schiedam is the open air theatre production by Stichting Schat Producties. Around the cradle of the town, popularly called De Kolk (Chamber), an evening show lasting one and a half hours will inform the audience about the history of this spot. *Kolk*, written and directed by Nancy MacGillavry and Winfred van Buren, is the story of a family of artists in Schiedam, and their struggle with the creative work in the ever-growing town of Schiedam. The growth of the town will be (literally) visible in the show, and the characteristics of the location will be used to the full extend.

Full Moon

Vanaf 9 jun
Eiland Saenredam,
wijk Molenvliet, Barendrecht
Beeldende kunst

Binnen het project *Full Moon* van Joseph Semah en Felix Villanueva neemt het eiland Saenredam een belangrijke plaats in. Bedoeld als hommage aan de 17e-eeuwse Nederlandse kerkschilder Pieter Janszoon Saenredam werd het in 1982 naar een ontwerp van kunstenaar Luciën den Arend midden in een Barendrechtse woonwijk aangelegd. Het 30 meter lange en 30 meter brede eiland, waarop in een regelmatig patroon 256 wilgen zijn geplant, roept het beeld op van een onderaards kerkgewelf. *Full Moon* geeft een beeldend en tekstueel antwoord op de utopistische en apocalyptische opvattingen die tijdens het Humanisme en de Reformatie in het christelijke West-Europa opgeld deden en die geen ruimte boden aan verwante concepten uit de joodse traditie waaraan zij schatplichtig zijn. Tegenover het eiland Saenredam verrijzen, naar een ontwerp van Joseph Semah, acht bronzen kubussen, waarin respectievelijk de acht hoofdstukken van het *Shir Ha-Shirim* (Hooglied) in het Hebreeuws zijn geïnscribeerd. De kubussen verbeelden de fundamenten van de Salomonische Tempel te Jeruzalem. Bij de onthulling van het kunstwerk wordt een *pas de deux* uitgevoerd van de Amsterdamse choreograaf Pieter de Ruiter.

Within the project *Full Moon* by Joseph Semah and Felix Villanueva the island of Saenredam takes an important place. Meant as a tribute to the 17th century Dutch church painter Pieter Janszoon Saenredam it was built in the middle of a Barendrecht residential area in 1982 based on a design by artist Lucien den Arend. The island, 30 metres long and 30 metres wide, on which 256 willow trees were planted in a regular pattern, evokes the image of a subterranean church vault. *Full Moon* gives a visual and textual answer to the utopistic and apocalyptic ideas that prevailed in Christian Western Europe during the epoch of Humanism and the Reformation and that allowed no room to related concepts from the Jewish tradition to which they owe tribute. Opposite the island of Saenredam eight bronze cubes designed by Joseph Semah rise up, in which the eight chapters of the *Shir Ha-Shirim* (Song of Songs) have been inscribed in Hebrew. The cubes represent the foundations of Solomon's temple in Jerusalem. During the unveiling of the work of art a *pas de deux*, choreographed by Pieter de Ruiter of Amsterdam, will be performed.

De stad in gang

Jun
Vlaardingen, Diverse locaties
Beeldende kunst

De stad is nooit klaar. Ze past zich aan, breidt uit en verandert van aanzicht en structuur. Vlaardingen plaatst in 2001 haar eigen stad op de voorgrond. Aan de hand van verschillende gespreksthema's hebben burgers, politiek en belangenorganisaties gediscussieerd over de toekomst van de stad. De uitkomsten van dit stadsdebat zijn vastgelegd in de *Stadsvisie: Vlaardingen Koers op 2020*. Vijf kunstenaars is gevraagd de stadsvisie te bestuderen, deze te toetsen aan hun eigen waarnemingen en er vervolgens voorstellen voor te ontwikkelen. In een aantal wijken krijgen de bewoners een presentatie van die voorstellen en worden ze uitgenodigd erop reageren.

The city is never finished. It adapts itself, expands and changes its looks and structure. In 2001 Vlaardingen will place its own town in the forefront. Citizens, politics and organized interest groups have discussed the future of the town on the basis of various discussion themes. The outcome of this debate has been incorporated in the *Vision on the city of Vlaardingen 2020*. Five artists were asked to study this vision, to test this against their own observations and to consequently develop proposals for this. In a number of neighbourhoods the citizens will get a presentation of those proposals and be invited to respond to these.

De laatste Rede

20 – 23 jun
Maassluis, Diverse locaties
Theater

Heeft men het in Nederland over het loodswezen dan valt automatisch de naam Dirkzwager. De familienaam uit Maassluis is een begrip in de maritieme wereld en heeft de stad aan de Nieuwe Waterweg veel internationaal aanzien gegeven. Dit is de aanleiding geweest om Piet Warnaar, oud-inwoner van Maas-sluis en oud-journalist van het Rotterdams Dagblad, opdracht te geven een script te schrijven waarin de familie centraal staat. Op een aantal spraakmakende locaties in Maassluis kan de bezoeker zien wat de hoogte- en dieptepunten van de Dirkzwagers waren en wat die hebben betekend voor het Maassluis van nu.

If pilotage is the subject of a discussion in the Netherlands then the name of Dirkzwager is automatically mentioned. The family name from Maassluis is a household word in the maritime world, and has given the town on the Nieuwe Waterweg international repute. This has been the reason to ask Piet Warnaar, a former inhabitant of Maassluis and former journalist of the newspaper Rotterdams Dagblad, to write a script focusing on the family. On a number of talked-about locations in Maassluis the visitor can witness the highs and lows of the Dirkzwagers and what they have meant for Maassluis of today.

Zilt

Jun – sept
Hoek van Holland Nieuwe Waterweg, natuurgebieden
Kinderprogrammering, beeldende kunst

In navolging van de kunstroutes *Kunst op de grens* en *Kunst over de grens* ontwikkelt Hoek van Holland in 2001 een kinderkunstroute onder de titel *Zilt*. Wat zit er in die koppies van kinderen, wat interesseert ze, hoe gaan ze met bepaalde ervaringen om, hoe beleven ze gebeurtenissen? Deze vragen zijn vertaald in opdrachten aan kunstenaars, die de belevingswereld van kinderen verbeelden en verwoorden. Het resultaat zal niet alleen kinderen boeien!

In imitation of the art routes *Art on the Border* and *Art over the Border* Hook of Holland will develop a children's art route especially for children in 2001, under the title of *Salty*. What is going on in the minds of children, what is interesting them, how do they deal with certain experiences, how do they experience certain events? These questions have been translated into assignments to artists who will represent the children's perceptions and put those into words. The result will not only fascinate children!

Archipelago

23 – 26 aug
Spijkenisse, Cultureel Centrum De Stoep
Architectuur

Je wilt graag weten: hoe woon ik over 50 jaar? Bestaan er nog wel winkels waar ik boodschappen kan doen en hoe zien ik en mijn omgeving eruit? De mens blijft altijd gefascineerd door de toekomst en wil daar op enigerlei wijze grip op hebben. De Engelse kunstenaar Alan Parkinson wil met een immens grote opblaasbare structuur op een associatieve wijze voeding geven aan die gevoelens. De ballon oogt van binnen als een futuristische stad, als een vervreemdend doolhof, met vormen en kleuren die een hallucinerend effect hebben. Deze opblaasbare structuur, genaamd *Archipelago*, is in het kader van het Binnenstadsfestival 2001 te zien.

You wish to know how you will live in 50 years' time. Will there be shops to do some shoppings, and what will my environment and I look like? People will always be fascinated by the future and want to control it in some manner. The English artist Alan Parkinson wants to feed those feelings in an associative way by means of a huge inflatable structure. From the inside the balloon will look like a futuristic town, like an estranging maze, with shapes and colours that have a hallucinating effect. This inflatable structure, named *Archipelago*, can be visited within the framework of the Inner City Festival 2001.

Rotterdam 2001 Culturele Hoofdstad van Europa

JazzPlus

24 – 26 aug
Albrandswaard, Diverse locaties
Muziek

1 + 1 = 3. Kort samengevat wat de kernen Rhoon en Poortugaal (samen de gemeente Albrandswaard) in 2001 voor ogen hebben. Drie dagen lang worden combinaties aangegaan van verschillende muziekstijlen (R&B, klassiek, hiphop, kerkelijk en wereldlijk) waarvan het resultaat op verschillende passende locaties in de dorpskernen te beluisteren is. Via workshops, masterclasses en uiteraard optredens, van zowel gerenommeerde als speciaal voor dit doel geformeerde ensembles, krijgt de plus in JazzPlus gestalte.

1 + 1 = 3. This sums up what Rhoon and Poortugaal (places that together form the municipality of Albrandswaard) envisage in 2001. For three days different styles of music (R&B, classical, hiphop, ecclesiastical and worldly) are combined. The result will be presented on various suitable locations in the village centres. Via workshops, master classes and, of course, performances by reputable ensembles as well as ensembles especially formed for this purpose, the plus takes shape in JazzPlus.

De Nieuwe Heerlijkheid

Aug – okt, 3 nov
Bergschenhoek en Berkel en Rodenrijs, Bunnik Plants 3 te Bleiswijk, diverse locaties
Interdisciplinair

Een immense, hypermoderne kas als theaterpodium, salon, expositieruimte en als plek waar beeldende kunstenaars, theatermakers en koks een Nieuwe Heerlijkheid scheppen. Met mes en vork in de hand ziet de bezoeker de omgeving en dus de sfeer veranderen. Zo komt de flora tot bloei via een computerprogramma. In dit 24 uur durende slotevenement (3 nov) van Havens & Heerlijkheden laat Adriaan Rees, curator van De Nieuwe Heerlijkheid, een landschap zien dat een 'maakbare wereld' toont met behulp van verschillende kunstdisciplines. De Nieuwe Heerlijkheid is de finale van een reeks activiteiten rond dit thema, die door het jaar heen in de 3B-gemeenten Bleiswijk, Bergschenhoek en Berkel en Rodenrijs plaatsvinden.

An immense, ultramodern greenhouse as a theatre stage, drawing room, exhibition space and a place where visual artists, playwrights and cooks create a New Domain. With knife and fork in hand the visitor will see the environment and, consequently, the atmosphere changing. Via a computer programme the flora is blossoming. In this final event of Harbours & Domains, lasting 24 hours, Adriaan Rees, curator of The New Domain will show a landscape representing a creatable world, with the aid of various art disciplines. The New Domain is the finale of a series of activities around this theme that will take place during that year in the 3B-municipalities of Bleiswijk, Bergschenhoek and Berkel en Rodenrijs.

Zeetijding

6 – 8 sept
Westvoorne, Strand- en duinengebied
Interdisciplinair

Water, vuur en aarde vormen de klassieke ingrediënten van een project dat letterlijk met veel paardenkracht uit zee wordt getrokken. Marc van Vliet van het gezelschap TUIG heeft zich laten inspireren door de tegenstellingen die zich openbaren wanneer je op het autostrand van Oostvoorne de weidse horizon verkent. Aan de ene kant de onstuimige industrie van de Maasvlakte met haar rokende schoorstenen, containerschepen en enorme drijvende kranen. Aan de andere kant de kwetsbare, kleurrijke flora en fauna, overgaand in de zee, die aan de horizon eindigt. Op de immer bewegende grens van zee en land trekken paarden in metaforische en groteske beelden de natuur en de industrie uit elkaar. De productie is, in aangepaste vorm, op vrijwel alle zomerfestivals in 2001 (waaronder Oerol en de Parade) te zien en beleeft haar finale op het strand en in de duinen van Westvoorne.

Water, fire and earth form the classical ingredients of a project that will be literally pulled out of the sea with a lot of horsepower. Marc van Vliet of the company TUIG was inspired by the contrasts that manifest themselves when on the beach of Oostvoorne one surveys the wide horizon. On one side, the turbulent industry on the Maasvlakte with its smoking chimneys, container ships and huge floating cranes. On the other side, the vulnerable, colourful flora and fauna changing into the sea that ends on the horizon. On the ever-moving border between sea and land, horses pull nature and industry apart in metaphorical and grotesque images. In an adapted form the production can be seen during almost all summer festivals in 2001 (including Oerol and the Parade) and its finale will take place on the beach and in the dunes of Westvoorne.

De Vrijheid, de Woede en het Water

14 – 20 sept
Hellevoetsluis, Droogdok Jan Blanken
Muziektheater

Wat Willem Oltmans in de jaren '80 en '90 was, was Jan Blanken begin 19^e eeuw. Een controversiële figuur die het zijn omgeving behoorlijk lastig maakte, maar ook respect afdwong door zijn bijzondere kwaliteiten. Jan Blanken streed met succes tegen het water maar joeg ook veel overheidsdienaren tegen zich in het harnas. Een kleurrijke, boeiende en controversiële persoonlijkheid aan wie de mini-opera De Vrijheid, de Woede en het Water is opgehangen. Frank Herzen, auteur van vele kinderboeken en conservator van het Droogdok Jan Blanken in Hellevoetsluis, schreef het script. Het Droogdok speelt een voorname rol in deze mini-opera. Het vormde een rode draad door Blankens turbulente leven en fungeert nu, mede dankzij zijn architectuur, als modern amfitheater.

What Willem Oltmans was in the eighties and nineties, Jan Blanken was in the early part of the 19th century. A controversial figure who troubled his environment but whose special qualities also demanded respect. Jan Blanken successfully fought the waters but also angered many government officials. A colourful, fascinating and controversial personality who inspired the mini-opera The Freedom, the Anger and the Water. Frank Herzen, author of many children's books, and curator of the Droogdok (drydock) Jan Blanken in Hellevoetsluis, wrote the script. The Droogdok plays an important role in this mini-opera. It formed a leitmotiv in Blanken's turbulent life, and, thanks to its architecture, now functions as a modern amphitheatre.

Verolme Verwoord

9 – 29 sept
Rozenburg, Werf Verolme Botlek
Theater

Wanneer je de poort van de werf Botlek Verolme binnengaat, gelegen op het snijvlak van de Botlek en de Nieuwe Maas, grenzend aan Rozenburg, dan maken de reusachtige kranen, dokken en booreilanden dat je je als mens nietig voelt. Alle gevoel voor verhoudingen gaat hier verloren en het duurt even voordat je hieraan went. De werf trilt van bedrijvigheid en de geur van smeer, staal en vuur verraadt de langdurige ervaring in en de hoge kwaliteit van het dokken, verbouwen, moderniseren en repareren van offshore-units als booreilanden en kraanschepen. In alle hoeken en gaten van deze monumentale scheepswerf liggen verhalen verborgen. Het project *Verolme Verwoord* laat (oud-)werknemers aan het woord, die op verschillende locaties op de werf met trots en toewijding uit hun dagboek vertellen en uitleggen dat de binding tussen werknemer en werkgever van Verolme Botlek verder reikt dan het in ontvangst nemen van het loonzakje.

When you enter the gate of the Botlek Verolme shipyard, situated at the interface between the Botlek and the New Meuse, bordering on Rozenburg, then the giant cranes, dockyards and oil rigs make you feel very small as a human being. Every sense of proportion gets lost and it takes some time to get used to it. The shipyard trembles with activity, and the odour of grease, steel and fire betray long experience with and high quality of docking, rebuilding, modernizing and repairing offshore units, such as, oil rigs and crane ships. All corners and holes of this monumental shipyard hide stories. The *Verolme Phrased* project allows former employees on various locations in the shipyard to tell stories from their diaries with pride and dedication and to explain that, to its employees, the bond with Verolme Botlek means more than just receiving the pay packet.

Luister!

Opening 31 maart
22 sept (slotmanifestatie)
Ridderkerk, Centrale Bibliotheek
Debat & literatuur, cultuureducatie

Londen kent de Speakers Corner: het zeepkistje in Hydepark. Ridderkerk heeft het zeepkistje in de vorm van een rechthoekig beeld van 60 cm hoog met de naam Blauwkai. Beiden zijn van oudsher spreekgestoelten waarop burgers hun genoegens en ongenoegens kunnen uiten. Onder de titel *Luister!* krijgt de Blauwkai in 2001 eenzelfde functie in een eigentijdser gedaante. Tien levensgrote fauteuils dienen als hedendaagse spreekgestoelten waarop inwoners van 8 tot 80 jaar verhalen ten gehore brengen die ze zelf hebben bedacht of samengesteld. Elke fauteuil is anders van vorm en staat op een andere plek in Ridderkerk. Zo ontstaan verhalen met een verschillend karakter die behoren bij een gemeentehuis, museum, politiebureau, wijkcentrum of kerk.

London has the *Speaker's Corner*, the soapbox in Hyde Park. Ridderkerk has the soapbox in the form of a rectangular statue 60 cm high with the name of Blauwkai. Both are of old platforms on which citizens may express their satisfactions and dissatisfactions. Under the title of *Listen!* the Blauwkai will get a similar function in 2001 in a more contemporary appearance. Ten huge armchairs will serve as contemporary platforms on which inhabitants in the ages from 8 to 80 years will tell stories they have thought up or composed themselves. Each armchair has a different shape and has a different location in Ridderkerk. In this way stories with a different character will result, that are related to a townhall, museum, police station, community centre or church.

Akkoorden aan de Bernisse

15, 22, 29 sept / 6 okt
Bernisse/De kerken in Heenvliet, Geervliet, Zuidland, Abbenbroek, Oudenhoorn en Simonshaven/Biert
Muziek

Het riviertje de Bernisse als metafoor voor een vloedstroom van concerten, lezingen, architectuur, historie en bijzondere orgels. Hiermee accentueren de zes dorpskernen van Bernisse hun karakteristieke eigenschappen. Achter de opslagtankers van Shell, de schoorstenen van Pernis en de overslaghavens in het Botlekgebied verrijst een muzikaal landschap dat door haar karakter en samenstelling een uniek beeld geeft van de Nederlandse muziekliteratuur en een relatief onbekende regio voor het voetlicht brengt.

The Bernisse river as a metaphor for a tidal flow of concerts, lectures, architecture, history and special organs. With these the six villages along the Bernisse emphasize their characteristic qualities. Behind the storage tanks of Shell, the chimneys of Pernis and the ports of transhipment in the Botlek area a musical landscape rises, giving a unique picture of the Dutch music literature due to its nature and composition, and highlighting a relatively unknown region.

Dordrecht
Achnaton

5 – 6, 9 – 10, 12 – 13 oktober
Drievierenpunt Dordrecht, Papendrecht Zwijndrecht
Muziektheater

Het karakteristieke stadsgezicht van Dordrecht vormt het decor van een grootschalig muziektheaterspektakel van Muziektheater Hollands Diep. In een voormalige rijstpellerij op de Zwijndrechtse oever van de Oude Maas wordt de opera *Achnaton* van de Amerikaanse componist Philip Glass uitgevoerd. Achnaton vertelt het verhaal van een revolutionaire farao die met alle tradities van zijn tijd brak en bekend is geworden als de eerste monotheïst in de geschiedenis. De muziek van Philip Glass is een mengeling van hallucinerende ritmes uit de Indiase muziekcultuur, popmuziek en klassieke melodieuze lijnen. De algemene muzikale leiding is in handen van de Amerikaanse dirigent Neal Stulberg die voor deze gelegenheid het Nederlands Balletorkest dirigeert. Cilia Hogerzeil is verantwoordelijk voor de regie en het koor staat onder leiding van Niels Kuijpers.

The characteristic townscape of Dordrecht will form the décor of a large-scale music theatre spectacle to be performed by Music Theatre group Hollands Diep. In a former rice-husking plant on the Zwijndrecht bank of the Old Meuse the opera *Achnaton* by the American composer Philip Glass will be performed. Achnaton is about a revolutionary pharaoh who broke all traditions of his time and became known as the first monotheist in history. The music by Philip Glass is a mixture of hallucinating rhythms from the Indian music culture, pop music and classical, melodious lines. The general musical direction is in the hands of the American conductor Neal Stulberg who will conduct the Netherlands Ballet Orchestra on this occasion. Cilia Hogerzeil is responsible for the production and Niels Kuijpers will direct the choir.

Brielle, eersteling in vrijheid

20 – 21, 27 – 28 okt
Brielle, De Catharijnekerk, Maarland, Zuidspui, Langepoortravelein
Theater

Ware, rare, sterke, spannende en ontroerende verhalen gaan Brielle beheersen in het culturele hoofdstadjaar. De boeken van Johan Been vormen de bron van een groot klank- en lichtspel. Als gids leidt hij de bezoeker hoogstpersoonlijk rond in het levendige en historisch rijke decor van het Geuzen- en vestingstadje Brielle.

True, strange, unlikely, suspenseful and moving stories will dominate Brielle in the cultural capital year. The books by Johan Been form the source of a great sound and light spectacle. As guide he will personally show around the visitor in the lively and historically rich décor of the *Beggar's* and fortified town of Brielle.

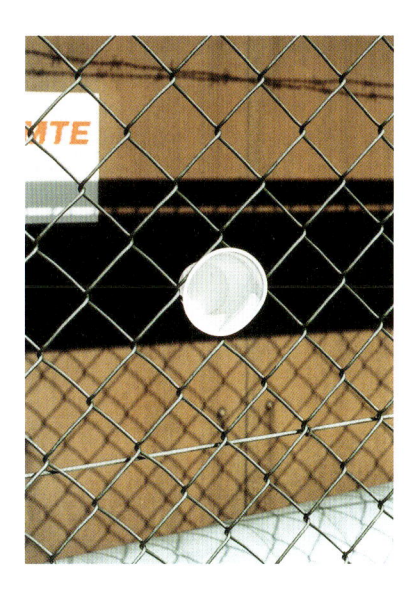

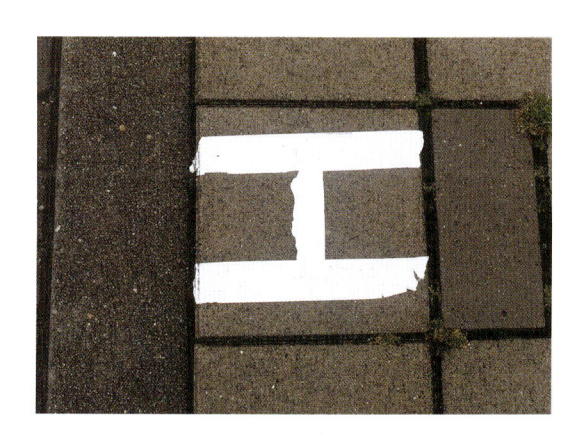

Rotterdam 2001 Culturele Hoofdstad van Europa

205

206

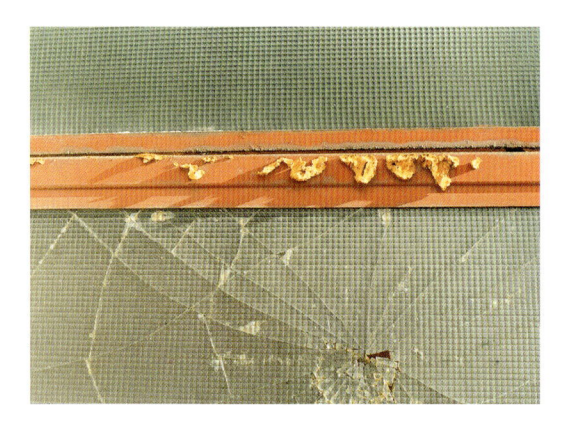

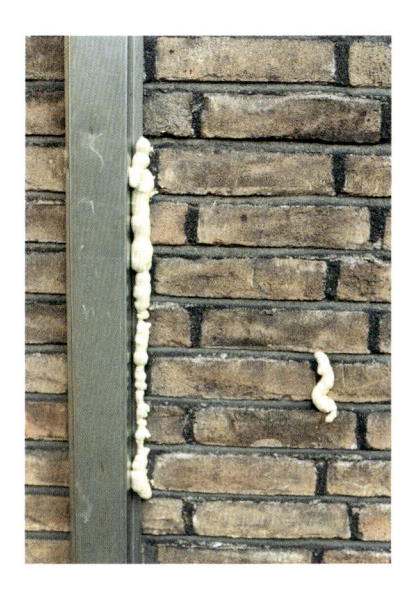

Rotterdam 2001 Culturele Hoofdstad van Europa

208

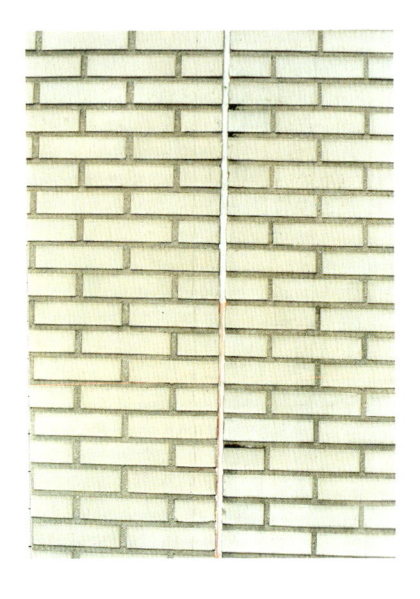

Rotterdam 2001 Culturele Hoofdstad van Europa 209

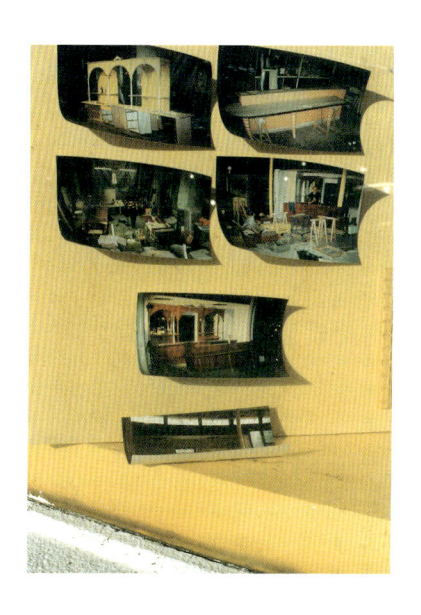

210

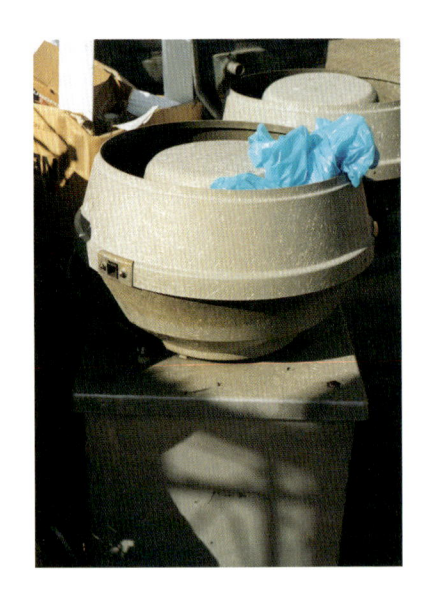

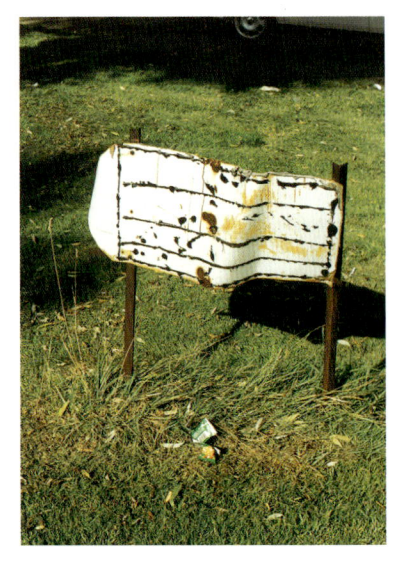

Rotterdam 2001 Culturele Hoofdstad van Europa

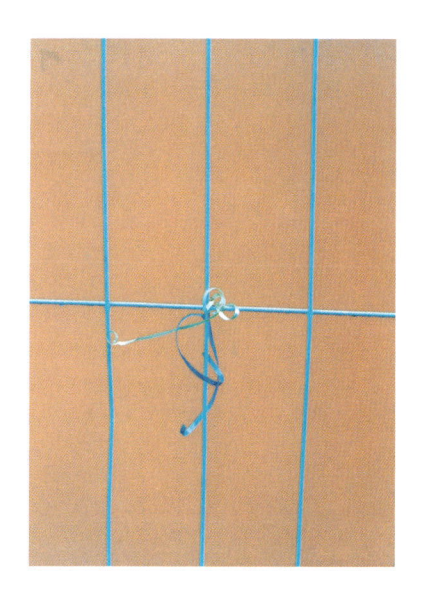

09 Stad van de Toekomst
City of the Future

Rotterdam wordt wel aangeduid als een stad met een uitgestelde identiteit. Als een stad die erin slaagt haar identiteit steeds met het begrip toekomst te verbinden. Rotterdam is behalve in haar aanzien en dynamiek, ook in haar bevolkingssamenstelling een jonge multi-etnische stad. Bijna de helft van de Rotterdamse jonge generatie is van allochtone afkomst. De schaduwzijde van Rotterdam is dat zij de armste en laagst opgeleide stad van Nederland is.

Stad van de Toekomst houdt zich bezig met kinderen, jongeren en hun families en bouwt aan projecten en programma's waarin ontdekking, ervaring en uitwisseling op cultureel en kunstzinnig gebied centraal staan.

Stad van de Toekomst zoekt in culturele vernieuwing een relatie met het onderwijs, sociale vernieuwing, kunst- en cultuurinstellingen en het Grote Stedenbeleid. De Stad is in opbouw herkenbaar, maar staat niet op zichzelf: ze infiltreert ook in de andere steden die in de steigers staan, in het bijzonder in Young@Rotterdam, de stad die over jongeren gaat. Ook daar speelt de inbreng van kinderen een belangrijke rol. Stad van de Toekomst heeft een locale, nationale en een internationale dimensie.

Van Stad van de Toekomst is veel te leren. De projecten en programma's versterken het gevoel van eigenwaarde van kinderen en hun families en verhogen hun bewustzijn van de beleving van de stad. Ook zullen nieuwe netwerken ontstaan die een sterke infrastructuur vormen in de wijken en in Rotterdam als geheel. Deze infrastructuur stelt kinderen in staat zich te onderscheiden, te uiten en gerespecteerd te voelen door deel te nemen aan culturele activiteiten. Rotterdam 2001, Culturele Hoofdstad van Europa, draagt bij aan het leggen van de humuslaag die de stad, de kinderen, de jongeren en hun families ook na 2001 in bloei houdt. In het programma wordt gericht samengewerkt met cultuurdragers die voor de kinderen en hun families belangrijk zijn: ouders, leerkrachten, sociaal cultureel werkers, maar ook de (jeugd)helden van vroeger en nu op het gebied van politiek, sport, mode, muziek, literatuur, film en theater.
Bovendien wordt gezocht naar landelijke en Europese samenwerkingspartners, opdat er nationale en internationale netwerken ontstaan waar Rotterdam in participeert en van leert.

Kortom: Rotterdam 2001 draagt bij aan een gastvrij en uitnodigend klimaat in de stad, waarin kinderen een volwaardige plaats hebben.

Rotterdam is a city with a changing identity, one which it always manages to link to its future. The appearance, dynamics and composition of its population make Rotterdam a young, multi-ethnic city. Nearly half of the younger generation in Rotterdam has an immigrant background. The drawback to this fact, however, is that Rotterdam has the poorest and least educated resident population of the Netherlands.

City of the Future is concerned about its children, youth and their families and cultivates projects and programmes focusing on discovery, experience and cultural and artistic exchange. Rotterdam seeks a relationship with the field of education, social renewal, art and cultural institutions and Urban Policy by means of cultural renewal. It is recognizable in its own right, but does not stand alone; rather it infiltrates other cities that are in the process of change, particularly Young@Rotterdam, a city centred on youth, where the contributions by children also play a key role. This City of the Future has local, national and international dimensions.

There is much to be learned from City of the Future. Its projects and programmes enhance a feeling of self-esteem in children and their families and increase their awareness of how they perceive the city. New networks are in the making, which will form a strong infrastructure in the various neighbourhoods and in Rotterdam as a whole. This infrastructure will enable children to stand out, to express themselves and feel respected by taking part in cultural activities. Rotterdam 2001, Cultural Capital of Europe, helps to lay down the foundation that will keep the city, its children, youth and their families thriving long after 2001. The programme works specifically with purveyors of culture important to children and their families, such as parents, teachers, socio-cultural workers as well as role models from the past and present in politics, sports, fashion, music, literature, film and theatre. Moreover, collaboration is being sought with partners on a national and European level, resulting in national and international networks which Rotterdam participates in and learns from.

In short, Rotterdam 2001 contributes to the hospitable and inviting climate of a city in which children take a valuable position.

Het Nationaal Schoolmuseum: De Nooit Gedachte Toekomst

Vanaf 4 april
Nationaal Schoolmuseum
Nieuwe media, tentoonstelling

De wereld van vandaag wordt overspoeld door nieuwe technologische en biochemische producten. Daarmee staan we op de drempel van een Nooit Gedachte Toekomst, die ons leven drastisch zal veranderen. Het Nationaal Schoolmuseum presenteert de nieuwe realiteiten van de kennissamenleving op spectaculaire wijze aan een breed publiek. Daartoe wordt op de derde verdieping van het museumgebouw een installatie ingericht, waarin de bezoekers allereerst via interactieve computergames spelenderwijs de geheimen van ICT, robotica, biotechnologie en genetica ontdekken. Daarna kunnen de bezoekers deelnemen aan een virtueel symposium, waarbij zij hun denkbeelden en gevoelens over *De Nooit Gedachte Toekomst* – en over de consequenties daarvan voor het onderwijs – kunnen delen met experts en belangstellenden uit alle delen van de wereld.

Today's world is flooded with new technological and biochemical products, putting us on the threshold of an Unimaginable Future, a future that will change our lives drastically. The National School Museum is presenting the new realities of our knowledge society to a broad public in a spectacular manner. An installation is being set up on the third floor of the museum building in which visitors can playfully discover the secrets of ICT, robotics, biotechnology and genetics through interactive computer games. Visitors can then take part in a virtual symposium in which they can share their thoughts and feelings on *The Unimaginable Future* – and the consequences thereof for education – with experts and interested parties from across the world.

Rotterdam Cineac: Hartstocht en Heimwee in Rotterdam

Mei
Calypso 2001
Audiovisuele kunsten

In de eerste week van mei begint in het Calypso 2001 Cineactheater een doorlopende familievoorstelling die de geschiedenis van Rotterdam als thema heeft. De hoofdfilm is *Hartstocht en Heimwee in Rotterdam*, een reconstructie van de stad van vóór het bombardement van 14 mei 1940. Het is een vertelling van vijftig minuten waarin bekende en onbekende helden uit de rijke geschiedenis van Rotterdam een hoofdrol spelen. De bezoekers van de film maken een bijzondere wandeling door de tijd dankzij geavanceerde digitale filmtechnieken.
De film is de bijdrage van het Rotterdams Gemeentearchief aan Rotterdam 2001, Culturele Hoofdstad van Europa. Het is een eerbetoon aan de stad die misschien haar hart verloor, maar nooit haar ziel.

Continuous family-oriented films with the history of Rotterdam as its theme starts during the first week of May in the Calypso 2001 Cineac Theatre. The feature film is entitled *Passion and Nostalgia in Rotterdam*, a reconstruction of the city before the bombing of 14 May, 1940, a narrative lasting fifty minutes in which well-known and unknown heroes from the rich history of Rotterdam play the leading roles. Visitors to the film take an unusual journey through time thanks to sophisticated, digital film techniques.
The film is the Rotterdam Municipal Archives' contribution to Rotterdam 2001, Cultural Capital of Europe. It is an homage to the city that has perhaps lost its heart, but has never lost its soul.

Sponsor: ING Groep, Shell Nederland B.V., Dura Vermeer Groep N.V.
Met dank aan het Stimuleringsfonds voor Architectuur

Educatief traject bij Cineac

Sept – dec
Diverse locaties
Cultuureducatie

Het educatief traject bij Cineac is bedoeld voor kinderen van groep 6 tot en met 8 van het basisonderwijs en leerlingen van 1-vmbo. Deze kinderen zullen zich spelenderwijs en interactief bewust worden van allerlei culturele aspecten van Rotterdam, zoals beeldende kunst, literatuur, historie, multicultuur, rijkdom versus armoede, haven en bedrijvigheid. Kortom: de Rotterdamse cultuur in vele verschijningsvormen. De leerlingen gaan klassikaal en in groepjes aan de slag met uiteenlopende, motiverende opdrachten en spelletjes. Sommige vinden plaats op school, voor andere moeten de kinderen op ontdekkingstocht in de stad of snuffelen in het Gemeentearchief. Elk kind krijgt een doeboek en een bijbehorende cd-rom: een belangrijke informatiebron om de opdrachten te kunnen uitvoeren. Op deze cd-rom staan onder andere beelden van de film *Hartstocht en Heimwee in Rotterdam*.

The educational programme at Cineac is intended for elementary school children in grades 5 through 8 and 1-vmbo students. The children are introduced in a playful and interactive manner to the various cultural aspects of Rotterdam, including visual arts, literature, history, multicultural aspects, affluence vesrus poverty, harbour and industriousness; in short, Rotterdam culture in all its shapes and forms.
The students engage in various motivational assignments and games as a class and in groups. Some of these take place at school, whereas for other assignments the children will have to explore in the city and Municipal Archives. Every child will receive an activity book with a CD-Rom – an important source of information for carrying out the assignments – and which contains footage from the film *Passion and Nostalgia in Rotterdam*, among other things.

Villa Zebra: Kinderhoofdkwartier in 2001

In het Museumpark van Rotterdam komt een waar cultuurpaleis voor kinderen. In 2000 is begonnen met de bouw en in maart 2001 wordt het gebouw geopend onder de naam *Villa Zebra*. De plannen voor het gebouw zijn ontwikkeld door Jet Manrho, bekend van stichting Autoped en het Boekie-Boekie-project. Villa Zebra biedt ruimte aan tentoonstellingen, workshops en culturele activiteiten van en voor kinderen. In 2001 vormt Villa Zebra het hoofdkwartier voor de kinderprogramma's die in het kader van het cultureel hoofdstadjaar zijn ontwikkeld.
Tal van projecten voor kinderen, die veelal plaatsvinden in de wijken, zullen in Villa Zebra voortzetting krijgen en gepresenteerd worden. Gedurende het hele jaar worden kinderen en hun ouders via verschillende media, waaronder de reizende poppenkast en de Uitvinder, geïnformeerd over alle projecten en activiteiten, ook diegene die in een later stadium tot ontwikkeling komen.

A truly cultural palace for children is being erected at the Museum Park in Rotterdam. Construction began in 2000 and the building is expected to open in March 2001 and be called *Villa Zebra*. Jet Manrho, known for the Boekie Boekie project and Autoped foundation, developed plans for the building. Villa Zebra can accommodate exhibitions, workshops and cultural activities by and for children and will be acting as the headquarters for the children's programmes developed as part of the cultural capital year. Numerous projects for children, primarily to take place in the various neighbourhoods, will be continued and presented in Villa Zebra. Children and their parents will be informed throughout the year about all projects and activities, as well as future projects and activities, by means of various media, including a travelling puppet show and the Inventor.

Met dank aan G.Ph. Verhagen Stichting, SNS Reaal Fonds, Stimuleringsfonds voor Architectuur

Kids over de Brug

2000 – 2001
Diverse wijken, Villa Zebra
Theater

Rotterdam kent een grote verscheidenheid aan leefgemeenschappen, wijken en culturen. Zo is het heel anders leven in Alexanderpolder dan in Zevenkamp, Delfshaven, het Oude Westen, Heijplaat of Pernis. Kinderen hebben hierdoor verschillende achtergronden en hebben elkaar dus veel te vertellen. De Stichting Verhalenboot brengt het project *Kids over de Brug*: kinderen tussen de 8 en 12 jaar kunnen hun ervaringen, wensen en dromen omzetten in een podiumact en die presenteren aan kinderen in andere stadsdelen. Het doel is het stimuleren van wederzijds begrip en respect. De mooiste acts zullen gepresenteerd worden in een Grande Finale in Villa Zebra.

Met dank aan de Familiestichting Nolst Trenité

Rotterdam contains a great diversity of communities, neighbourhoods and cultures. Life in Alexanderpolder, for example, is quite different from life in Zevenkamp, Delfshaven, the Oude Westen, Heijplaat or Pernis. As a result, the children from the many different backgrounds have much to tell one another. The Story Boat Foundation's *Kids Crossing Boundaries* project allows children ages 8 to 12 to transform their experiences, wishes and dreams into a podium act and present them to children from other parts of town. The goal is to stimulate mutual understanding and respect. The best acts will be presented during the Grand Finale in Villa Zebra.

The Box

2000 – okt 2001 (uitvoering en eindpresentatie)
Diverse locaties, Villa Zebra
Audiovisuele kunsten

Kinderwerkers en leerkrachten leren een nieuwe methodiek om samen met kinderen animaties te maken. In een pilot wordt een lesopzet gemaakt en in 2001 wordt in vijf wijken en in Villa Zebra met kinderen van 6 tot 14 jaar een animatiefilm gemaakt. Zo kunnen de kinderen hun eigen ideeën, wensen en ervaringen in beelden uitdrukken Het project is ontwikkeld in samenwerking met het basisonderwijs, Rotterdam 2001, SKVR, Sociaal Cultureel Werk, TOS, SWF, DISCK, Cinekid en Theater Lantaren/Venster.

Met dank aan de G.Ph.Verhagen Stichting

Teachers and other people working with children are taught a new methodology for making animations together with children. Within the framework of a pilot study a didactic plan is being prepared, and in 2001 an animation film will be made with children ages 6 to 14 in five neighbourhoods and in Villa Zebra, enabling the children to express their own ideas, wishes and experiences in pictures. The project was developed together with the primary schools, Rotterdam 2001, SKVR, Socio-cultural Work, TOS, SWF, DISCK, Cinekid and Lantaren/Venster Theatre.

KultKaffee

Jan – dec
Diverse locaties, tv-uitzendingen
Audiovisuele kunsten, interdisciplinair

Van Stichting Palaver is de videoproductie *KultKaffee*, een cultureel magazine voor en door kinderen van 8 tot 12 jaar. Uitgangspunt voor het maken van deze videoproductie is het professionele culturele aanbod in de regio Rotterdam. Zowel de jonge makers als de jonge kijkers worden gestimuleerd kritisch te leren kijken naar het culturele aanbod. Voor de vele culturele activiteiten in de regio ontbreken vaak kwaliteitsnormen. Kinderen zijn deelnemer of toehoorder, maar niemand vraagt ze wat ze nu echt van de activiteiten vinden. Soms is het ook niet duidelijk of kinderen de activiteiten zo oppikken als de aanbieders bedoelen. *KultKaffee* fungeert als spreekbuis voor kinderen en in de toekomst misschien zelfs als platform voor het totale culturele aanbod voor kinderen in de regio Rotterdam. Stichting Palaver heeft speciaal voor *KultKaffee* lesmateriaal ontwikkeld, waarbij zelfwerkzaamheid en reflectie van de kinderen voorop staan. De video wordt gratis aangeboden aan de BSO (BuitenSchoolse Opvang) en in een later stadium aan de basisscholen. Iedere productie wordt uitgezonden op Rotterdam tv (kanaal 59).

Met dank aan de G.Ph.Verhagen Stichting

The *KultKaffee* video production from the Palaver Foundation is a cultural magazine for and by children ages 8 to 12. The starting point for creating this video production is the professional cultural offerings in the Rotterdam region. Both the young makers as well as the young viewers are stimulated to critically look at what is offered them culturally. Quality standards are often lacking for the numerous cultural activities in the region. Children participate in these activities or form the audience, but no one asks them how they really feel about the activities. It is sometimes unclear whether the children really get out of the activities what the organisers intended. *KultKaffee* functions as a mouthpiece for children and may possibly serve as a platform in the future for the entire cultural offerings to children in the Rotterdam region. The Palaver Foundation has developed teaching material especially for *KultKaffee* focusing on self-motivation and reflection on the part of the children. The video is offered free to the BSO (After School Centre) and will be offered to the primary schools at a later stage. Every production is broadcast on Rotterdam television (channel 59).

Cont@ct

Jan – maart

Dans

In samenwerking met Rotterdam 2001, Culturele Hoofdstad van Europa, de SKVR en het basisonderwijs geven drie danscontract-scholen een voorstelling over een jongen die dringend zijn vriendje wil bereiken, maar het lukt niet via zijn GSM. Hij probeert het met allerlei andere communicatiemiddelen en komt hierdoor terecht in een wereld van dansende letters, spannende briefjes, pratende stenen en orakels.

In collaboration with Rotterdam 2001, Cultural Capital of Europe, the SKVR and the primary schools, three dance contract schools will give a show about a boy who urgently tries to reach his friend on his cell phone but is unable to reach him. He tries every means of communication and this takes him through a world of dancing letters, exciting notes, talking rocks and oracles.

Dunya KinderFestival

21 jan
Prinses Theater
Interdisciplinair

In januari 2000 werd het eerste *Dunya KinderFestival* gehouden in het Prinses Theater. De tweede editie van dit bijzondere Rotterdamse festival vindt begin 2001 plaats. Dunya blijft kinderen verrassen met wereldculturen. Artiesten uit alle windstreken presenteren hun werk. Het festival is een speelse wandeling door de grenzeloze, veelkleurige fantasie van vertellers, dansers, poppen- en mimespelers, muzikanten en acrobaten!

The first *Dunya Children's Festival* was held in January 2000 in the Prinses Theatre. The second version of this unique Rotterdam festival takes place in early 2001. Dunya introduces children to the cultures of the world. Artists from all corners of the planet present their work. The festival is a playful journey through the limitless, multicoloured imagination of storytellers, dancers, puppeteers, mimes, musicians and acrobats!

Rotterdam kent vele kinderen!

Jan – dec / jun (prijsuitreiking en eindpresentatie)
Villa Zebra
Audiovisuele kunsten

In 2001 kunnen 20 Rotterdamse basisscholen hun leerlingen van groep 8 een week lang fulltime aan de productie van een televisieprogramma laten werken. Aan de hand van een exact format wordt een programma gemaakt over de kindercultuur in de eigen wijk. Docenten van Kuub3 en een medewerker van buurthuis De Gaffel nemen de begeleiding op zich. Verspreid over het hele jaar worden er zo 20 televisieprogramma's van een half uur geproduceerd door, voor en met kinderen, die worden uitgezonden op Rotterdam-tv. Ook wordt er een website gemaakt.

In 2001, 20 Rotterdam primary schools can let their grade 8 students spend an entire week working full-time on the production of a television programme. The programme is based on an exact format and deals with the children's culture of the different neighbourhoods. Instructors from Kuub3 and a member of the De Gaffel community centre staff are in charge. Around twenty television programmes lasting 30 minutes will be produced throughout the year by, for and with children, which will be broadcast on Rotterdam television. There will also be a website.

Met dank aan de G.Ph. Verhagen Stichting

Kunstkijken

12 – 16 maart
Museumpark, Villa Zebra
Interdisciplinair

Het programma *Kunstkijken* wordt jaarlijks door de Stichting Kunstzinnige Vorming Rotterdam georganiseerd. Ruim 50 Rotterdamse kunstinstellingen bieden een gevarieerd programma voor leerlingen van groep 8. In het kader van Rotterdam 2001, Culturele Hoofdstad van Europa, krijgt het programma een extra impuls: een feestelijke opening met muziek en theater in het Museumpark, rondleidingen in Villa Zebra met voorproefjes van kinderprogramma's en extra theatervoorstellingen.

The *Looking at Art* programme is an annual event organized by the Artistic Education Foundation of Rotterdam. More than 50 Rotterdam art institutes offer a varied programme to grade 8 pupils. An extra impulse is given to the programme as part of Rotterdam 2001, Cultural Capital of Europe, consisting of a festive opening with music and theatre in the Museum Park, guided tours in Villa Zebra with a preview of the children's programmes and extra theatre performances.

Prentenboek 2001

16 maart – 12 apr
Villa Zebra
Tentoonstelling, debat & literatuur

Kinderen van 6 t/m 9 jaar ontdekken samen met kunstenaars de prachtige wereld van het prentenboek. Ze leren hun persoonlijke denkbeelden uit te drukken in taal en beeld. Volwassenen kunnen zich op de tentoonstelling laten verrassen door de verbeeldingskracht van kinderen, gebundeld in het prentenboek. Om hen te inspireren om vanuit deze 'taaldrukmethode' zelf met kinderen samen te werken, is een begeleidende informatieve uitgave samengesteld.
In de taaldrukwerkplaatsen van de SKVR wordt al ruim twintig jaar gewerkt volgens een zorgvuldig opgebouwde methodiek. Tijdens de tentoonstelling staan dagelijks openbare lessen op het programma.
De informatieve uitgave die de tentoonstelling *Prentenboek 2001* begeleidt, licht de taaldrukmethode toe en laat stapsgewijs alle werkvormen zien.

Children from ages 6 to 9 will discover the wonderful world of the picture book together with artists. This will teach them to express their private thoughts in words and pictures. At the exhibition grown-ups can admire the imaginative powers of children, captured in a picture book. And to inspire them to work together with children using this 'language printing method', an accompanying informative publication has been made.
A carefully developed methodology has been used at the language printing locations of the SKVR for more than twenty years. Lessons will also be offered to the public during the exhibition as part of the daily programme.
The informative publication accompanying the *Picture Book 2001* exhibition explains the language printing method and shows all the forms of work step by step.

Met dank aan de G.Ph. Verhagen Stichting

09 Stad van de Toekomst

Het Waterhuis: De Verborgen Vallei

Maart – mei
Bloemhof, Bospolder Tussendijken, het Oude Noorden, Feijenoord
Theater

De Verborgen Vallei is een theaterspektakel vol straatacts, muziek en jongleernummers. Het is een familievoorstelling over het (on)zichtbare leven van een illegaal in Nederland wonend meisje. Ze gaat gewoon naar school, haalt zelfs extreem hoge cijfers, want ze wil goed zijn en later belangrijk worden. Haar leven thuis is heel anders dan bij de meeste van haar klasgenootjes: het is geheim, niemand weet ervan. Ze woont met een groep volwassen illegalen, meestal zwervende straatartiesten. En ze heeft een groot talent: ze kan paspoorten vervalsen. Zo zorgt ze, met de meest moderne apparatuur, voor de inkomsten van de groep. Zichtbaar zijn of niet, daar gaat het om in De Verborgen Vallei.
In samenwerking met de SKVR zijn allerlei workshops voor kinderen georganiseerd die na de voorstelling plaatsvinden o.l.v. de acteurs en muzikanten. Die workshops vormen weer de start van het cursusaanbod van de SKVR in de betreffende wijk. *De Verborgen Vallei* speelt in vier verschillende wijken in de hierboven vermelde volgorde. Regie: Dave Swaab
The Hidden Valley is a theatre show full of street, music and juggling acts. It is a family show on the visible and invisible life of a girl living in the Netherlands illegally. She goes to school like the other kids and gets extremely high marks because she wants to be good and be important later in life. Her life at home is very different from that of her classmates: no one knows about her secret life. She lives with a group of illegal adults, mostly wandering street artists. And she has one great talent, namely, she can forge passports. Using ultra modern equipment she provides the group with income. *The Hidden Valley* is all about the visible and invisible. In collaboration with the SKVR all kinds of workshops for children will be organized taking place after the performance and under the guidance of the actors and musicians. At the same time the workshops will be the start for the SKVR to offer courses in the neighbourhood concerned. The Hidden Valley will be performed in four different neighbourhoods in the order stated above. Directed by: Dave Swaab.

Met dank aan het Prins Bernhard Cultuurfonds Rotterdam

Nationale Duimdropdag

Maart – mei,
17 mei (Nationale Duimdropdag)
Diverse wijken, Museumpark
Interdisciplinair

Op een plein in een kinderrijke Rotterdamse buurt wordt in '93, mede op initiatief van Ton Huiskens, een container geplaatst vol aantrekkelijk speelgoed. Spelen op dit plein moet weer mogelijk worden voor alle kinderen. De container wordt bemand door mensen die niet alleen het speelgoed uitlenen maar ook aandacht hebben voor de kinderen. Dit is de start van Duimdrop. In Rotterdam staan nu 19 Duimdroppen verspreid over de stad. Ook in de rest van Nederland en in het buitenland staan inmiddels vergelijkbare voorzieningen. In 2001 wordt de *Nationale Duimdropdag* georganiseerd. In maart 2001 gaan kinderen, voorzien van een ultramoderne zakenreiskoffer, op zakenreis naar Duimdrop. Op *Nationale Duimdropdag* is er een unieke conferentie in en rond het Museumpark. Beleidsmakers, uitvoerders en kinderen worden uitgenodigd. Er is een zeer gevarieerd programma met workshops, presentaties en lezingen. Verschillende steden kunnen met elkaar ervaringen uitwisselen. Natuurlijk worden Duimdroppleinen bezocht. Een speciaal ingericht kinderpersbureau doet verslag van de conferentie. Daarnaast vinden er 6 weken lang op diverse Duimdroppleinen culturele activiteiten plaats. Iedere week is een ander plein aan de beurt met een ander thema; dans, theater, muziek, carnaval, foto's, koken of circus. Aan het einde van de week is er een presentatie op of rond het plein.
In 1993, a container full of inviting toys was placed in a square in a Rotterdam neighbourhood full of children on the initiative of Ton Huiskens. The idea was to make the square a place of play for children once more. The container (a Duimdrop) was staffed by people who not only lent out the toys, but who also paid attention to the children. This was the start of Duimdrop. There are now 19 Duimdrops spread across the city of Rotterdam. Similar initiatives can be found in the rest of the Netherlands and abroad. *National Duimdrop Day* is being organized again in 2001. In March 2001, children, equipped with ultra modern business travelling cases, take a business trip to Duimdrop. A unique conference in and around the Museum Park is planned for *National Duimdrop Day* to which policymakers, executives, and children are all invited. There is a highly varied programme with workshops, presentations and readings. Various cities can trade experiences with each other. Naturally Duimdrop squares will also be visited. A news agency is set up especially for children's reports on the conference. Cultural activities also take place in the various Duimdrop squares for 6 weeks. Each week the focus will be on a different square with a different theme: dance, theatre, music, carnival, photographs, cooking or circus. There will be a presentation in or around the square at the end of the week.

Window 2001: venster op Feijenoord

Maart – jun
De wijk Feijenoord
Interdisciplinair

De ogenschijnlijk saaie volkswijk Feijenoord toont haar kleuren en geuren aan de hand van bijdragen van haar bewoners(groepen), instellingen en organisaties. Er wordt een route uitgezet langs huizen van bewoners, gebouwen van organisaties en instellingen, bedrijfspanden en een aantal markante punten, die samen een indruk geven van de culturele historie, het multiculturele klimaat en de kunst in deze wijk. Zo ervaart de bezoeker beter wat zich er dagelijks afspeelt dan het geval zou zijn bij een ongeleide en toevallige toer door de verschillende buurten. Een informatieve gids is vanaf begin 2001 verkrijgbaar bij Taal&Teken, Oranjeboomstraat 95a en (o.a.) Informatiecentrum Kop van Zuid, Stieltjesstraat 21.
The seemingly uninteresting working-class area of Feijenoord will show its interesting aspects on the basis of contribtions by its residents, institutions and organizations. A route will be planned along the homes of its residents, the buildings occupied by organizations and institutions, business properties and a number of prominent locations that together offer an impression of the cultural history, multicultural climate and art of this neighbourhood, thus enabling visitors to better experience the daily goings-on than would be the case with an unguided and accidental tour through the various neighbourhoods. An informative guide can be obtained as of early 2001 at Taal&Teken, Oranjeboomstraat 95a and at Kop van Zuid Information Centre, Stieltjesstraat 21, and other locations.

Blijf nieuwsgierig, dan ga je niet dood
Stay curious and you will not die
Karel Eykman Auteur/Author

Lieve kinderen, luister even goed. Als je iemand tegenkomt die zegt: 'Mijn stad is niet meer wat hij geweest is', dan moet je uitkijken. Volgens mij heb je dan met een Amsterdammer te maken en niet met een Rotterdammer.
Terugverlangen naar vroeger is niks voor kinderen, want ze hebben nog zo weinig vroeger. Het is helemaal niets voor Rotterdamse kinderen, want er is nog zoveel spannends dat komen gaat.
Sinds 1940 is Rotterdam onaf, op zijn zachtst gezegd. En de stad zal wel nooit meer afkomen ook, hoop ik. De Erasmusbrug is nog niet af of het volgende gekke gebouw staat alweer op stapel. Op die manier blijf je nieuwsgierig. Daarom willen Rotterdammers ook niet dood, ze zijn veel te benieuwd naar het volgende.
Ik ben nou al jaloers op jullie, omdat jullie nog zullen beleven wat ik niet meer mee zal maken.

Dear children, listen well for a moment. If you come across someone who says 'My city is no longer what it used to be', watch out. According to me, you will then be dealing with someone who lives in Amsterdam, not Rotterdam. Longing back to the old days is not what children should be doing anyway, because there are not so many old days for children to look back upon. It is certainly not what Rotterdam children should be doing, because there are so many exciting things yet to come.
Since 1940, Rotterdam has been unfinished – to put it very mildly. And the city will never be finished, I hope. The Erasmus bridge has only just been completed when the next crazy building is already being built. In this way, you remain curious. That's why inhabitants of Rotterdam do not want to die – they are way too curious about what will come next. I'm already jealous of you because you will live to see what I won't.

Poppenkast op wielen

Maart – sept
Op pleinen en pleintjes
Theater

Met zestien kilometer per uur rijdt een vreemd karretje door Rotterdam. Het lijkt op zo'n keet waarin stratenmakers schaften. Zo'n uitgeleefd hok dat ruikt naar koffie, zware shag en sterke verhalen. Maar het is… een rijdende poppenkast! Overal waar kinderen zijn duikt de poppenkast op met een korte, flitsende voorstelling. De poppenkast fungeert ook als stadsomroeper, die de aandacht vraagt voor alle kinderactiviteiten in de wijken en in het Museumpark. *De Poppenkast op Wielen* is een project van poppenspeler Wim Noordegraaf, die al 25 jaar straatvoorstellingen geeft. Zijn heks in de gedaante van poepscooter, zwangere bruid of oud vrouwtje is bij de Rotterdamse jeugd bekend en gevreesd.

An odd little cart will be driving through Rotterdam at sixteen kilometres per hour. It looks like one of those huts that road workers take a break in, one of those wornout little sheds that smell like coffee, heavy tobacco and cock and bull stories. But, no, it's a travelling puppet theatre! Wherever there are children, the puppet theatre is there to give a short, dazzling show. The puppet theatre also functions as a town crier drawing attention to all the children's activities in the neighbourhoods and Museum Park. *The Puppet Theatre on Wheels* is a project by puppeteer Wim Noordegraaf, who has been giving street performances for 25 years. His witch in the guise of a poop scoop, pregnant bride or old woman is known and feared by the Rotterdam youth.

Dromenatlas

Apr – jun (workshops), sept – nov (masterclasses, tentoonstelling)
Diverse buurthuizen, Villa Zebra
Nieuwe media, tentoonstelling

Iedere nacht dromen kinderen. Daardoor kan het gebeuren dat kinderen uit een zelfde gemeenschap op hetzelfde moment over dezelfde plek dromen. Alleen de gebeurtenissen waarover ze dromen zullen per kind verschillen. In het project *Dromenatlas* worden deze gebeurtenissen in de vorm van beeldverhalen per locatie in kaart gebracht, onder begeleiding van docenten Kunstzinnige Vorming. Kinderen van 8 t/m 12 jaar verbeelden hun dromen eerst met traditionele middelen als schilderen, tekenen, knutselen en boetseren. Op basis van deze werkstukken maken de kinderen vervolgens op de computer animatiefilmpjes van hun droomverhalen. Deze filmpjes worden onderdeel van een digitale dromenatlas op cd-rom. Ook zijn de werkstukken het hele jaar te zien op een website met informatie en nieuws over het lopende project. Tot slot is er in Villa Zebra een tentoonstelling van de werkstukken. Het project vindt plaats in samenwerking met de SKVR Foto- & videoschool.

Children dream every night. Children from the same community may even dream about the same place at the same time, though the events they dream about may differ. The *Dream Atlas* project maps out these events by location in the form of comic strips, under the supervision of art instructors. Children aged 8 to 12 will first express their dreams using such traditional methods as painting, drawing, handicrafts and modelling. The children then use these to make computer animation films of their dream stories. These films are part of a digital dream atlas on CD-Rom. The pieces will also be displayed throughout the year on a website with information and news on the continuous project. Finally, the pieces will be exhibited in Villa Zebra. The project is being carried out in collaboration with the SKVR photography & video school.

Kindermusical
De sleutel van de tuin

8 mei
Villa Zebra, De Evenaar, Theater Zuidplein
Muziektheater

Kinderen van 6 tot 14 jaar van het Buurthuis Cool maken samen met regisseuse Dorien Meel de kindermusical *De sleutel van de tuin*. Voor kinderen is het maken van een musical een positieve ervaring. Het uiteindelijk resultaat zal zowel kinderen als hun ouders aanspreken. Het verhaal gaat over een meisje van de sprookjestuin en haar ontmoeting met Eenzaamheid. Een leeuw, doorbreekt die eenzaamheid, op voorwaarde dat het meisje hem temt. Dat lijkt onmogelijk… maar in de tuin ligt de oplossing verborgen.

Children aged 6 to 14 from the Cool community centre will be setting up a children's musical entitled *The Key to the Garden* together with director Dorien Meel. The making of a musical is a positive experience for children. The final result will appeal to children and parents alike. The story is about a girl from a fairytale garden and her meeting with Loneliness. A lion will offer to drive off that loneliness on the condition that the girl will tame him. An impossible task it seems… but the answer is hidden in the garden.

Foto: Wim Noodergraaf

Seminar Creative Cities

14 – 19 mei
Villa Zebra
Debat & literatuur, interdisciplinair

Op initiatief van de onlangs overleden, wereldberoemde violist Lord Yehudi Menuhin werd in 1991 de International Yehudi Menuhin Foundation opgericht, een fonds dat o.a. tot doel heeft kunst en cultuur te verspreiden onder kinderen. Het organiseert het seminar *Creative Cities* in samenwerking met de Yehudi Menuhin Foundation Nederland. Het programma bestaat uit themalezingen over de creatieve stad, kunst, cultuur, storytelling, nomadische vertellingen en multimedia, artistieke workshops voor Europese kunstenaars in diverse disciplines, een expositie in Villa Zebra van kinderkunstwerken uit 12 Europese landen, artistieke masterclasses voor kinderen door MUS-E kunstenaars uit verschillende Europese landen en een interactieve forumdiscussie tussen kunstenaars en publiek.

The International Yehudi Menuhin Foundation was established in 1991 on the initiative of world-famous violinist Lord Yehudi Menuhin who recently died. One of the goals of the foundation is to introduce art and culture to children. The *Creative Cities* seminar has been organized together with the Yehudi Menuhin Foundation Holland. The programme is comprised of lectures on the theme of the creative city, art, culture, storytelling, nomadic tales and multimedia, artistic workshops for European artists in various disciplines, an exhibition in Villa Zebra of children's artworks from 12 European countries, artistic master classes for children by MUS-E artists from various European countries and an interactive forum discussion between artists and the public.

Purno doceert

Jun – dec
MAMA, Buurthuizen, Villa Zebra
Interdisciplinair, tentoonstelling

Purno ontstond begin jaren '90 als digitaal karaktertje voor de VPRO Kindertelevisie en groeide uit tot cultfiguur. Begin 2001 is Purno de Purno weer op de VPRO te zien. In showroom MAMA komt in juni een tentoonstelling van 13 jonge kunstenaars met Purno als centraal thema. De tentoonstelling is vanaf september in Villa Zebra te zien. Als pilot worden er in 2001, in samenwerking met de SKVR, in een nader te bepalen wijk 4 naschoolse cursussen van 10 weken gegeven in een buurthuis of wijkaccommodatie: mode ontwerpen, gebouwen ontwerpen, animaties maken en werken met afvalmateriaal. De inhoud hangt samen met het werk van de 13 kunstenaars. Het werk van de kinderen reist vervolgens langs de scholen. Indien succesvol gaat *Purno doceert* in 2002 door in andere wijken.

Purno was developed in the early 90s as a digital character for the VPRO broadcasting organisation's children's television and grew into a cult figure. Purno the purno will be shown on the VPRO once again in early 2001. An exhibition of 13 young artists with Purno as the central theme will be shown in the MAMA showroom in June and be on display in Villa Zebra starting in September. In collaboration with the SKVR, 4 after-school courses of 10 weeks each have been planned as a pilot that are to be given in the community centre or other neighbourhood building in a quarter to be further determined: fashion design, building design, making animations and working with scrap material. The content is related to the work of the 13 artists. The children's work will then go on display at the various schools. If successful, *Purno teaches* will expand to other neighbourhoods in 2002.

Pleinpoëzie: poëzieplaatjes maken op je eigen plein

Jul – sept
Op 3 pleinen in Rotterdam,
Villa Zebra
Beeldende kunst, debat & literatuur

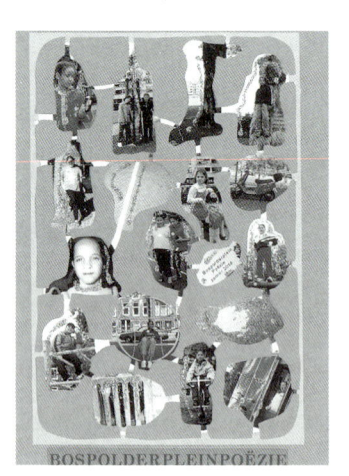

Veel volwassenen hebben dierbare herinneringen aan het poëziealbum, het boekje waarin vriendjes, vriendinnetjes en familie een versje schreven en een poëzieplaatje plakten. Het is een cultureel erfgoed en een tijdsdocument. Een album vol herinneringen voor de toekomst. *Pleinpoëzie* is een initiatief van de Rotterdamse kunstenares Hieke Pars, die al eerder ervaring opdeed in het werken met kinderen uit haar eigen wijk. Het project vindt plaats in de zomervakantie, op 3 pleinen. Kinderen op het plein worden direct uitgenodigd om mee te doen. Ze maken foto's die ze leren te bewerken tot poëzieplaatjes, die ze uitwisselen en voorzien van persoonlijke wensen en gedichtjes. Ieder kind maakt een eigen album. Daarnaast repeteren de kinderen voor de eindpresentatie. Die vindt plaats op de laatste projectdag in de vorm van een openluchttentoonstelling. De kinderen presenteren hun plaatjes en gedichten op feestelijke wijze. Ze maken er muziek bij en zingen rap. Er is een begeleidende projectbeschrijving en een videoband van *Pleinpoëzie* samengesteld.

Many adults have fond memories of their albums of verses, little books in which friends and family wrote a short verse and pasted a picture. It is a cultural legacy and a period piece, an album full of memories for the future. *Poetry in the Square* is the initiative of Rotterdam artist Hieke Pars, who has gained experience in working with children from her own neighbourhood. The project is to take place during the summer holiday in 4 squares in a working class area. Children in the square will be invited to take part on the spot. They will take photographs, which they will learn to transform into pictures for their albums and which they may swap and/or write wishes and poems on. Every child makes his own album. The children will also rehearse for a final presentation to take place on the last project day in the form of an open-air performance. The children are to present their pictures and verses in a festive manner, to music and rap. A project description and videotape will be made of *Poetry in the Square*.

Groeten uit de Afrikaanderwijk

Jul
Villa Zebra
Theater, muziek, dans

In de Afrikaanderwijk maken groepen kinderen onder begeleiding van een dramadocente een viertal korte theatervoorstellingen met als thema Het leven in Rotterdam-Zuid door de ogen van de kinderen. Verschillende dans- en muziekoptredens omlijsten deze korte voorstellingen, zodat er een middagvullend programma ontstaat. Vrienden, vriendinnen en familieleden worden uitgenodigd om te komen kijken.

Under the guidance of a drama instructor groups of children will make four brief theatre performances on the theme of Life in South Rotterdam as the children in the neighbourhood (Afrikaanderwijk) see it. These brief shows will be accompanied by various dance and musical performances, resulting in a programme that will last for a full afternoon. Friends and family will be invited to come and watch.

Een Kindertovertuin in park Schoonoord

Aug
Park Schoonoord
Theater

Er is een tuin alleen voor kinderen, diep verscholen in een park ergens in Rotterdam. De Tuin is er al eeuwen. Maar gek genoeg wordt de Tuin steeds minder zichtbaar en weten steeds minder mensen van zijn bestaan. Of is het anders: wordt de Tuin steeds minder zichtbaar omdát steeds minder mensen ervan afweten? Komt het doordat tegenwoordig overal de radio, televisie en computer aanstaan en er overal mobiele telefoons zijn? Lijkt daardoor de Tuin te vervagen?
Tijdens de zomer van 2001 wordt de *Kindertovertuin* weer ontdekt door een paar oplettende mensen. We weten waar hij is: achter de Westzeedijk, vlakbij Het Park bij de Euromast. En zo kunnen kinderen tussen 6 en 12 jaar de tuin herontdekken tijdens de zomervakantie, onder leiding van druïden, eeuwenoude kunstenaars in de magie. Deze prachtige openlucht theaterproductie wordt verzorgd door Pacific Enterprises.

There is a garden just for children hidden deeply in a park somewhere in Rotterdam. The garden has been there for centuries. But, oddly enough, it has become less and less visible and fewer and fewer people know of its existence. Or is the garden becoming less visible because fewer and fewer people know about it? Is that because radio, television and computers are turned on and cellular phones used everywhere nowadays? Are these things blurring the garden?
During the summer of 2001, a few observant people will rediscover the *Children's Magic Garden*. We know where it is located: behind the Westzeedijk, near Het Park at the Euromast. Children aged 6 to 12 can rediscover the garden during their summer holidays under the guidance of 'Druids', age-old magicians. This charming open-air theatre production will be shown by Pacific Enterprises.

Met dank aan het Prins Bernhard Cultuurfonds Rotterdam

KidsKunst

Buurthuizen
Beeldende kunst

KidsKunst wil een brug vormen tussen beeldende kunst en jeugd in de wijken. Rotterdamse beeldende kunstenaars ondersteunen de kinderen actief in hun ontdekkingstocht naar kunst als individueel expressiemiddel. Daarbij stimuleren zij participatie (ook van de ouders), inspraak en eigen initiatief: de kinderen schilderen hun eigen beeld. *KidsKunst* wil bovendien de groeiende groep allochtone Rotterdammers interesseren voor hedendaagse beeldende kunst. Na de workshopseries volgen daartoe diverse tentoonstellingen, zowel in het centrum van de stad als in de deelgemeenten. Voor Villa Zebra is een speciaal programma in de maak. *KidsKunst* op het internet: www.kunstkoop.net/kidskunst.
Kids'Art is intended to form a bridge between visual art and neighbourhood youth. Visual artists from Rotterdam actively support the children in their quest for art as a means of individual expression. They also stimulate participation (from parents as well), involvement and initiative: the children paint their own image. *Kids'Art* also aims to interest the growing number of immigrants in Rotterdam in modern art. A series of workshops is followed by a number of exhibitions both in the city centre and in the various neighbourhoods. A special programme is being put together for Villa Zebra. *Kids'Art* will have its own website at: www.kunstkoop.net/kidskunst.

KinderUitmarkt

26 aug
Museumpark, Villa Zebra
Interdisciplinair

Stichting Palaver richt haar beleid op het bevorderen van communicatie tussen culturen, door verschillende kunstuitingen toegankelijk te maken voor kinderen en jeugd. De eerste *KinderUitmarkt* die de Stichting in dit kader organiseerde, was een doorslaand succes. Reden genoeg om in 2001 weer een *KinderUitmarkt* te organiseren op de laatste middag van het ZomerPodium. Nog grootser en veelzijdiger van opzet, en net als in 2000 vormgegeven door het jonge ontwerpersduo Somar.
Ook tijdens de *KinderUitmarkt* 2001 draait alles weer om: informeren, kijken, horen, ruiken, proeven en vooral (mee)doen. Kinderen en hun ouders mogen op deze dag ook gratis een bezoekje brengen aan de musea en instellingen rondom het Museumpark. Villa Zebra komt die dag met een speciaal programma.

The Palaver Foundation focuses its policy on promoting communication between cultures by making various forms of artistic expression accessible to children and youth. The first *Children'sCultureFair* organized by the foundation within this framework was a resounding success. Reason enough to organize another one in 2001 in the final afternoon of the Summer Stage, even larger and more all-round in its scope and, as in 2000, designed by the young designing duo Somar.
During the *Children'sCultureFair* 2001, everything revolves around learning, looking, hearing, smelling, tasting and primarily doing and participating. Children and their parents are also invited to visit the museums and institutions around the Museum Park free of charge. Villa Zebra will also be presenting a special programme.

Kunstfestival Schiebroek: de Grote Kinderparade

Sept
Diverse locaties
Interdisciplinair

Tijdens het kunstfestival Schiebroek vindt de *Grote Kinderparade* plaats. Honderden kinderen nemen, aan de hand van een gekozen thema, deel aan diverse workshops, zoals muziek, theater, kleding maken en knutselen. Ter omlijsting van het thema zijn er ook straatartiesten aanwezig. Een expositie van kinderkunst en theatervoorstellingen in wijkgebouw de Castagnet staan ook op het programma.
The *Great Children's Parade* takes place during the Schiebroek Art Festival in 2001. Hundreds of children take part in various workshops centring around a selected theme, such as music, theatre, making clothes or handicrafts. There are also street artists to complement the theme. The programme will also include an exhibition of children's art and theatre performances in the Castagnet community centre.

Kidsparade en Huiskamervoorstelling

Okt
In 3 wijken
Muziektheater

In de herfstvakantie organiseert de SKVR in 3 wijken van Rotterdam een *Kidsparade* voor kinderen van 8 t/m 12 jaar. In elke wijk wordt een dag gewerkt met 3 verschillende theaterworkshops. Aan het eind van de dag trekken de kinderen in een parade door de wijk. De *Kidsparade* is ook een wervingsmiddel voor *Huiskamervoorstellingen*. De kinderen kunnen zich hier tijdens de *Kidsparade* voor opgeven. Met zes kinderen wordt met gebruik van uitklapdecors, vertelkastjes en cassettebandjes een kleine theatervoorstelling gemaakt, die bij de kinderen thuis in de huiskamer worden gespeeld. Er doen in totaal 108 kinderen aan de 18 voorstellingen mee.

The SKVR is organizing a *Kids' Parade* in 3 Rotterdam neighbourhoods for children aged 8 to 12 during the autumn holiday. There are 3 different theatre workshops per day in each neighbourhood. At the end of the day, the children will parade through the neighbourhood. The *Kids' Parade* is also a recruitment campaign for *Living Room Performances*. The children can sign up for this during the *Kids' Parade*. A small theatre performance will be given by six children using collapsible scenery, story boxes and cassette tapes and acted out in the living room of the children's homes. A total of 108 children will take part in the 18 performances.

Het Waterhuis: 1001-Nacht

Sept – dec
Delfshaven
Theater

Sjahrazaad vertelt elke nacht verhalen aan de wrede koning Sjahriaar. Deze verhalen over listige vrouwen, geesten en betoverde steden moeten de koning afleiden en Sjahrazaad beschermen tegen zijn moordlust. De vertellingen voeren hen mee naar vreemde plaatsen. Ook het publiek wordt naar een geheime, bizarre plek in de stad gebracht. Drie regisseurs werkten, naar een vertaling van Richard van Leeuwen, aan een eigentijdse versie van *1001-Nacht*. Irene Kriek heeft de eerste scène voor haar rekening genomen en laat de oriëntaalse wereld in al haar facetten zien. Kees van Loenen maakt het bizar door met tien acteurs te werken die een geestelijke handicap hebben (*1001-Nacht* is geproduceerd met Theater Maatwerk). Youssef Ait Mansour, een jonge regisseur die in Marokko woont, heeft zijn scène in 1001-Nacht tot een eigentijdse soap gemaakt. Eindregie: Roel Twijnstra. Literaire adviezen: Hafid Bouazza. Kostuums: René Zonneville. Met dank aan: Theater Maatwerk.

Sheherazad told the cruel king Shahriar stories each night. These stories about cunning women, ghosts and enchanted cities were meant to distract the king and protect Sheherazad against his bloodthirstiness. The stories took them to strange places. The audience will also be taken to a secret, bizarre place in the city. Three directors worked on a modern-day version of *1001 Arabian Nights* after a translation by Richard van Leeuwen. Irene Kriek was responsible for the first scene and shows the world of the Near East in all its facets. Kees van Loenen's contribution is slightly bizarre, as he works with ten actors with a mental handicap (*1001 Arabian Nights* is co-produced by Theater Maatwerk). The scene by Youssef Ait Mansour, a young director who lives in Morocco, is a modern-day soap opera. Executive director: Roel Twijnstra. Literary advice: Hafid Bouazza. Costumes: René Zonneville. With special thanks to Theater Maatwerk.

RPhO – show Rotterdams Philharmonisch Orkest

21 – 30 nov
Concert- en congresgebouw de Doelen
Muziek

Foto: Arnold Kievit

In 2001 wordt de tweejaarlijkse RPhO-show in het kader van Rotterdam 2001, Culturele Hoofdstad van Europa bijzonder aangekleed. Gedurende ongeveer twee weken ontvangt het Rotterdams Philharmonisch Orkest zo'n 15.000 leerlingen uit groep 7 en 8 van het basisonderwijs. De concerten, gedirigeerd door Ernst van Tiel en geregisseerd door David Prins, vormen een onderdeel van het Kunstenpakket dat de SKVR aanbiedt aan Rotterdamse basisscholen. In een uur worden de kinderen overdonderend door een afwisselende muziekmix en een bijzondere gast. Alle hoeken van de klassieke muziek worden belicht. De show wordt ook tweemaal in het openbaar gegeven; kinderen uit de hele regio kunnen dan hun ouders eens meenemen naar een klassiek concert.

The biennial RPhO Show as part of Rotterdam 2001, Cultural Capital of Europe, is to be a special one. In the course of around two weeks, the Rotterdam Philharmonic Orchestra will be receiving around 15,000 primary school students from grades 7 and 8. The concerts, conducted by Ernst van Tiel and directed by David Prins, are part of the Art Package offered by the SKVR to Rotterdam primary schools. A varied mix of music and a special guest will overwhelm the children during a one-hour programme in which all facets of classical music are touched on. The show will also be given in public twice; children from the entire region can then take their parents to a classical concert for once.

Rotterdam 2001 Culturele Hoofdstad van Europa

5
FIVE AVL
AVL-Ville is open for people that contribute or have made a significant contribution to AVL-Ville or AVL
Litigation: Conflicts are to be solved
BANK OF AVL
F. HOUBEN INV

5
FIVE AVL
AVL-Ville is open for people that contribute or have made a significant contribution to AVL-Ville or AVL
Litigation: Conflicts are to be solved
BANK OF AVL
F. HOUBEN INV

5
FIVE AVL
AVL-Ville is open for people that contribute or have made a significant contribution to AVL-Ville or AVL
Litigation: Conflicts are to be solved
BANK OF AVL
F. HOUBEN INV

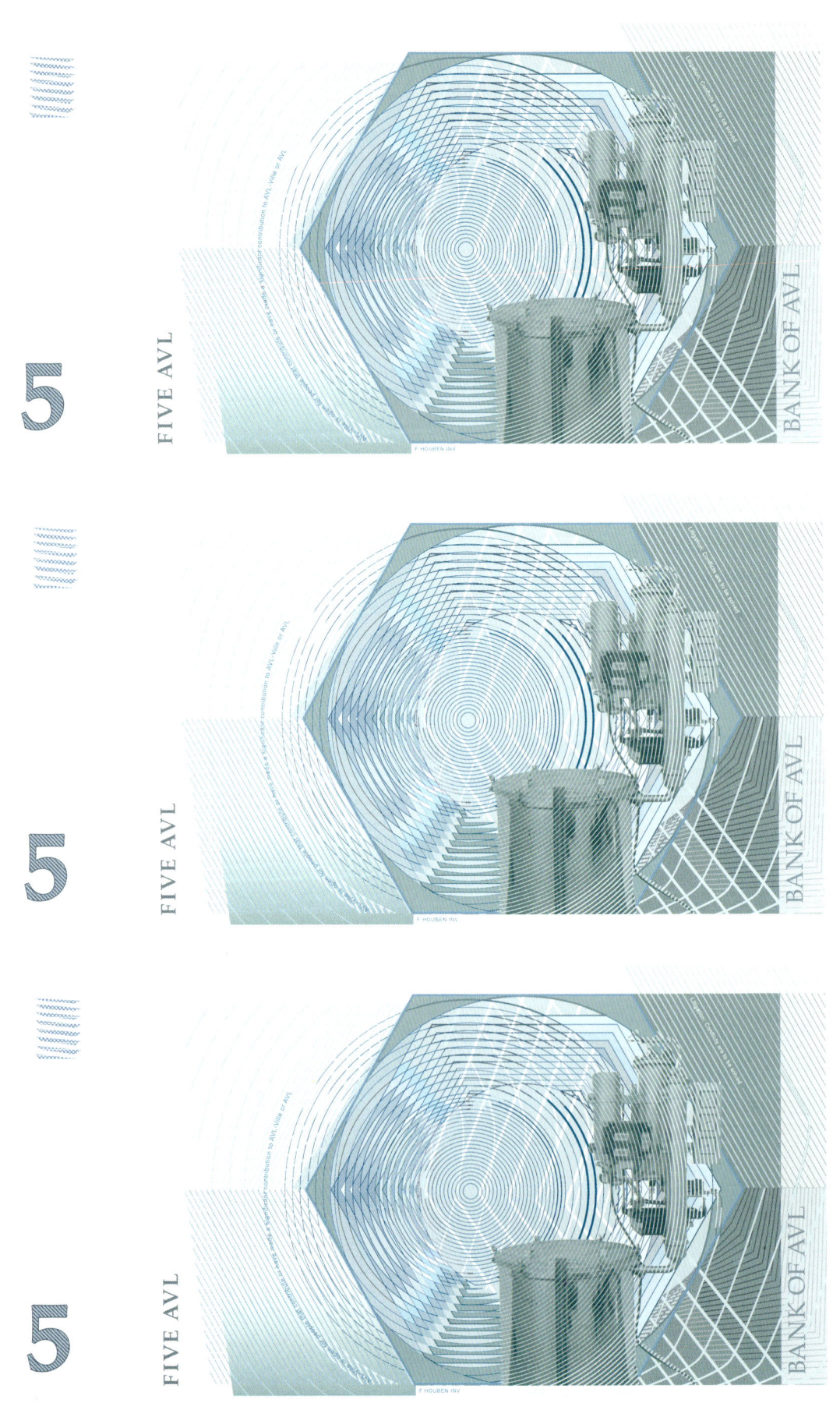

Rotterdam 2001 Culturele Hoofdstad van Europa

225

25 TWENTY - FIVE AVL BANK OF AVL

25 TWENTY - FIVE AVL BANK OF AVL

25 TWENTY - FIVE AVL BANK OF AVL

Rotterdam 2001 Culturele Hoofdstad van Europa

BANK OF AVL

ONE HUNDRED AVL

100

10 Stromende Stad
Flowing City

Rotterdam is in alle opzichten een stromende stad. Allereerst door het water, dat letterlijk voortdurend in beweging is. Maar ook figuurlijk stroomt, golft en bruist Rotterdam als geen andere stad in Nederland. De titel Stromende Stad verwijst dan ook naar alle stromen die Rotterdam karakteriseren. Naar haar functie van internationale havenstad, poort van Europa en mondiaal knooppunt. Naar stromen goederen, stromen mensen en stromen ideeën van en binnen culturen. Rotterdam is een open stad waar mensen uit alle windstreken samenkomen om soms weer naar alle windstreken te vertrekken. Met tentoonstellingen en programma's laat Stromende Stad al deze vormen van stroming zien en ervaren.

Water is de bron van al het leven. Van deze mondiale betekenis van water getuigt de spectaculaire multimediatentoonstelling *Een Wereld van Water* die in 2001 in het Wereldmuseum Rotterdam zal plaatsvinden. Een tentoonstelling over water en haar wereldwijde rituele, religieuze en maatschappelijke betekenissen. Waar water is, is leven. Waar schaarste is aan water, begint een harde strijd. Een strijd die tot oorlogen, sterfte en migratie leidt.

De ligging van Rotterdam, haar open en internationale karakter maakt de stad een magneet voor velen. Ze herbergt inmiddels meer dan 160 nationaliteiten.

Het programma *Face to Face* richt de aandacht specifiek op vluchtelingen. Op hun moed, kracht, talent en vindingrijkheid.

Als wereldhaven is Rotterdam een internationaal centrum, een dynamische knooppunt van allerlei netwerken van verschillende schaalniveaus, zowel lokaal, regionaal, nationaal als internationaal. Multinationals doen hun invloed gelden op de plaatselijke stedelijke omgeving en bepalen zo ook het stadsgezicht. Daarover en over de internationale contacten die van oudsher via het water plaatsvinden gaat het project *Homeport Harbor City*, dat zich behalve in Rotterdam ook afspeelt in Bombay, Havana, Sjanghai, Jakarta en Capetown.

Internationale handelsbetrekkingen bestaan alleen bij de gratie van geld. Stromen geld. In het jaar 2001 nemen de meeste Europese lidstaten afscheid van hun nationale munt. In de Kunsthal Rotterdam wordt interactief stilgestaan bij de geschiedenis van de vormgeving van het Nederlandse geld en de invoering van de Euro.

Het internationale handelsverkeer en de vele culturen hebben Rotterdam echter niet zozeer tot een kosmopolitische stad gemaakt. Kosmopolitisme in de zin van nieuws-

Rotterdam is a flowing city in every sense. First of all, because of the water, which is literally in perpetual motion. But Rotterdam flows, surges and bubbles like no other city in The Netherlands, in a figurative sense as well. The title Flowing City thus denotes all the flows that characterize Rotterdam. It functions as an international port city, gateway to Europe and global junction: flows of goods, flows of people and flows of ideas between and within cultures. Rotterdam is an open city where people from all corners of the world come together, sometimes in order to depart again, bound for all corners of the world. The exhibitions and programmes of Flowing City allow visitors to see and experience all these forms of flow.

Water is the source of all life. The spectacular multimedia exhibition *A World of Water* set to be held in the Rotterdam World Museum in 2001 attests to this global significance of water. An exhibition about water and its ritual, religious and social significance worldwide. Where there is water, there is life. Where water is scarce, a bitter struggle begins. A struggle that leads to wars, death and migration.

The location of Rotterdam, and its open and international nature make it a magnet for many. It is home at present to more than 160 nationalities.

The programme *Face to Face* focuses attention specifically on refugees. On their courage, strength, talents and ingenuity.

As an international port Rotterdam is an international centre, a dynamic junction of all sorts of networks on various scales – local, regional, national and international. Multinationals make their presence felt in the local urban environment and thereby define the cityscape as well. The project *Homeport Harbor City* is about this, as well as the international contacts established across water since ancient times, which, in addition to Rotterdam, also unfolds in Bombay, Havana, Shanghai, Jakarta and Cape Town.

International trade relations exist only thanks to money – flows of money. In the year 2001 most member states of the European Union shall say farewell to their national currency. In the Kunsthal Rotterdam an interactive exhibition will mark the history of the development of the Dutch currency and the introduction of the Euro.

However, international commerce and a multitude of cultures have not really turned Rotterdam into a cosmopolitan city. Cosmopolitanism in the sense of curiosity about the other, shifting identities and unrestrained cultural confrontations. Such a cultural confrontation does take

gierigheid naar de ander, ongefixeerde identiteiten en onbevangen, culturele confrontaties. Zo'n culturele confrontatie vindt wel plaats in het project *Cinema Méditerranée* dat diverse films met verschillende stijlen uit het Middellandse-Zeegebied met elkaar verbindt door de gemeenschappelijke thema's te benadrukken. En voor Rotterdam 2001, Culturele Hoofdstad van Europa, toetsen kunstenaars uit de hele wereld ons kosmopolitisme én het concept Europa in *Unpacking Europe*, een internationale tentoonstelling van hedendaagse beeldende kunst.

Daarnaast geven we ook ruimte aan de traditie en de vernieuwingen daarbinnen. Bijvoorbeeld in de *Cultuurspecial Cabo Verde*, die gericht is op het Kaapverdische cultuurgoed dat zich via de diaspora van Kaapverdiërs over de hele wereld heeft verspreid.

Zoals Rotterdam een aankomsthaven voor velen is geweest, zo was Rotterdam aan het einde van de vorige eeuw één van de belangrijkste Europese doorvoerhavens naar de Nieuwe Wereld. De expositie *Rotterdam Moves* in het Migratiemuseum op Ellis Island in New York geeft deze geschiedenis van Rotterdam weer.

place in the project *Cinema Méditerranée*, which links up a selection of films in various styles from the Mediterranean Sea region by underlining their common themes. And for Rotterdam 2001, Cultural Capital of Europe, artists from all over the world test our cosmopolitanism as well as the concept of Europe in *Unpacking Europe*, an international exhibition of contemporary visual art.

In addition, we also make room for tradition and innovations within it. For example, in the *Culture Special Cabo Verde*, devoted to the culture of Cape Verde, which has spread throughout the world via the diaspora of Cape Verdeans.

Whereas Rotterdam was a port of arrival for many, it was also one of the most important Europeam ports of passage to the New World by the end of the last century. The exhibition *Rotterdam Moves* in the Immigration Museum on Ellis Island, New York, presents this history of Rotterdam.

Een Wereld van Water

30 jun 2001 – 25 aug 2002
Wereldmuseum Rotterdam, Theater De Evenaar
Tentoonstelling, interdisciplinair

Water is heerlijk: we nemen een frisse duik in het zwembad, een koel glas drinkwater, spetteren in de branding of dobberen met een bootje. Met water maken we ons lichaam en de auto schoon. Water is ook heilig: we dopen baby's en volwassenen erin, wassen handen en voeten voor het bidden in de moskee en raken het aan voordat we de kerk betreden. Water heeft soms ook iets mysterieus: er bestaan verhalen over watermonsters en sprookjes over zeemeerminnen.
De interactieve tentoonstelling *Een Wereld van Water* neemt bezoekers van alle leeftijden mee op zoektocht naar de betekenissen van water in verschillende culturen. De tentoonstelling bevat verrassende elementen. Rotterdammers worden uitgenodigd de tentoonstelling aan te vullen met hun eigen fascinatie voor water. Door videomontages krijgen doodnormale handelingen als handenwassen en douchen een buitengewoon karakter en beeldend kunstenaars maken waterkunstwerken. Ook is er een textieltentoonstelling met afbeeldingen van watergoden, -geesten en -beesten en zijn er educatieve programma's voor leerlingen van de basisschool. Theater De Evenaar heeft in het kader van de tentoonstelling storytelling, kinderactiviteiten en films op het programma staan.

Water is a delight: we take a refreshing plunge in the pool, a cool glass of drinking water, splash in the surf, or bob around in a boat. We clean our bodies and our cars with water. Water is also holy: we baptise babies and adults in it, wash our hands and feet before prayers in the mosque, and bless ourselves with it before we enter church. Water sometimes has something mysterious about it, too: there are stories about sea monsters and fairy tales about mermaids.
The interactive exhibition *A World of Water* takes visitors of all ages on a search for the significance of water in various cultures. The exhibition contains surprising elements. Rotterdam residents are invited to contribute to the exhibition with their own fascination with water. Video montages show the most mundane of activities, such as hand washing or showering, an extraordinary character, and visual artists create water artworks. There is also a textile exhibition with depictions of water gods, spirits and beasts, and there are educational programmes for primary school students. The children's theatre De Evenaar has scheduled storytelling, activities for children and films in connection with the exhibition.

Sponsor: Waterbedrijf Europoort

Kunstenaar: Agbagli Kossi

Roots & Routes

26 mei
Het Park bij de Euromast
Muziek

Roots & Routes, traditie en vernieuwing, staan centraal in dit veelzijdige project, dat uit drie onderdelen bestaat: een groots openluchtconcert met topartiesten, een televisietrainingstraject voor een tiental jonge allochtone mediaprofessionals en een live televisieregistratie. Het kwalitatief hoogstaande muziekconcert wordt op de Nederlandse televisie uitgezonden. Juist in de programmering komen *roots* en *routes* terug, met R&B, funk, hiphop en popmuziek, verschillende soorten wereldmuziek en alle mogelijke mengvormen. Authenticiteit en eigenheid van de artiesten spelen een belangrijke rol, maar ook innovatie en cross-over appeal. In alle projectonderdelen en media-activiteiten speelt jong Rotterdams allochtoon talent een grote rol. *Roots & Routes* vindt plaats in het kader van het Dunya Festival 2001, i.s.m. met de NPS en de S.T.O.A.

Roots & Routes, tradition and innovation, are the theme of this multi-faceted project, which comprises three parts: a grand open-air concert with top-class performers, a television training course for ten young media professionals from ethnic minority communities, and a live television recording. The musical concert, of the highest quality, will be broadcast on Dutch television. It is indeed the *roots* and *routes* that are featured in the programme, with r&b, funk, hip-hop and pop music, various kinds of world music, and all possible hybrids. The authenticity and uniqueness of the artists play an important role, but so do innovation and crossover appeal. The talent of Rotterdam's young ethnic minorities plays an important role in every part of the project and media activities. *Roots & Routes* will take place within the framework of the Dunya Festival 2001, in association with the NPS (Netherlands Programme Service) and the S.T.O.A. (Foundation for Cultural Research and Advice).

Sponsor: Heineken. Met dank aan het VSB Fonds

Unpacking Europe

Sopt – dec, n.v.b.
Las Palmas Rotterdam
Beeldende kunst

Unpacking Europe is de titel van een internationale tentoonstelling waarin het concept Europa wordt onderzocht. De curator en kunstcriticus Salah Hassan heeft op uitnodiging van Rotterdam 2001, Culturele Hoofdstad van Europa beeldend kunstenaars gevraagd om vanuit hun veelal niet-West-Europese achtergrond de West-Europese cultuur en de verhoudingen daarbinnen te belichten. Hij vraagt hun een blik te werpen op de Europese cultuur op een manier waarop wij altijd naar hun cultuur hebben gekeken en nog steeds kijken. Doelstelling is om nieuwe beelden en inzichten te verwerven, waarbij zich de volgende vraag opdringt: *hoe Europees is Europa nu eigenlijk?* Enkele deelnemende kunstenaars zijn: Coco Fusco, Keith Piper, Berni Searle en Rachid Koraïchi.

Unpacking Europe is the title of an international exhibition that studies the concept of Europe. The curator and art critic Salah Hassan, at the behest of Rotterdam 2001, Cultural Capital of Europe, asked visual artists to shed light on Western European culture and the relationships within it, from their mostly non-western European backgrounds.
He asked them to view European culture in the manner in which we have always looked at their culture, and still do. The aim is to generate new impressions and insights, which raises the following question: *How European is Europe?* The participating artists include Coco Fusco, Keith Piper, Berni Searle and Rachid Koraïchi.

Sponsor: Caldic

Face to Face

Artikel 1 van het VN Vluchtelingenverdrag heeft zes subartikelen nodig om uit te leggen wat de term *vluchteling* juridisch betekent. Nog veel moeilijker is het echter om uit te leggen wat het betekent om vluchteling te zijn. Het vergt moed, kracht en vindingrijkheid om de vertrouwde omgeving te verlaten en een nieuw bestaan op te bouwen in een onbekende wereld. *Face to Face*, georganiseerd door de Vluchtelingen Organisaties Nederland, VluchtelingenWerk Nederland, Stichting Vluchtelingenorganisaties Rijnmond, Ideëel Organiseren en Rotterdam 2001, Culturele Hoofdstad van Europa, is de titel van een activiteitenprogramma dat hier de aandacht op vestigt. De onderdelen, beschreven op deze pagina, belichten deze thematiek ieder vanuit een andere invalshoek.

Article 1 of the UN Convention on Refugees needs six sub-articles to explain what the term *refugee* means in a legal sense. Yet it is even more difficult to explain what it means to be a refugee. It takes courage, strength and ingenuity to leave a trusted environment and build a new life in an unfamiliar world. *Face to Face*, organized by Refugee Organizations Netherlands, the Dutch Refugee Council, Refugee Organizations Rijnmond, Ideological Organization and Rotterdam 2001, Cultural Capital of Europe, is the title of a programme of activities that focuses attention on this. Each of the components, described on this page, sheds light on this theme from a different angle.

Onbegrensde Ontmoeting

7 jul

Interdisciplinair

Onbegrensde Ontmoeting is de Nationale Vluchtelingendag, een festival waarop vluchtelingen, Nederlanders en diverse culturele organisaties zich presenteren. Doel is om kennis te nemen van initiatieven van andere betrokkenen bij het integratieproces.
Meeting without Borders is the National Refugee Day, a festival in which refugees, Dutch people and various cultural organizations introduce themselves. The aim is to make people familiar with the initiatives of others involved in the integration process.

Internationaal Symposium '50 jaar VN – Vluchtelingenverdrag'

Debat & literatuur

Dit symposium vraagt aandacht voor het fundament van het Vluchtelingenverdrag van Genève. Hoe verhoudt dit verdrag zich t.o.v. de dagelijkse praktijk in the verschillende Europese landen?
This symposium calls attention to the foundations of the Geneva Convention. How does this convention relate to day-to-day practice in the various European countries?

Zonder uitnodiging... een reis als geen andere

7 apr – 30 jun
Las Palmas Rotterdam
Theater, interdisciplinair

Zonder uitnodiging... een reis als geen andere wil de bezoeker confronteren met wat een vluchteling meemaakt. In een indrukwekkend decor neemt de toeschouwer tijdelijk de identiteit van een vluchteling aan en doorloopt een traject waarin een confrontatie plaatsvindt met de verschillende hindernissen die een vluchteling in het dagelijks bestaan tegenkomt. I.s.m.het Centrum voor Educatieve Dienstverlening wordt een zeer gevarieerd onderwijsprogramma voor jongeren ontwikkeld.
Without invitation... a journey like no other aims to confront the visitor with what a refugee experiences. In an awe-inspiring setting the spectator temporarily takes on the identity of a refugee and undertakes a journey that includes confrontations with the various obstacles and hurdles that a refugee faces in everyday living. This project includes a special educational programme for young people.

Met dank aan de Erasmusstichting en het Ministerie van Onderwijs, Cultuur en Wetenschappen

Foto: Lisbeth Lintel

10 Stromende Stad

Vlucht

2 mei – 6 jul
Gemeente Archief Rotterdam
Fotografie, tentoonstelling

Het Goethe-Institut brengt de tentoonstelling *Vlucht* van de fotografen Andreas Herzau, Christian Jungeblodt, Russell Liebman, Michael Meyborg en Clive Shirley. Met deze tentoonstelling beogen de fotografen enerzijds de kwantitatieve en kwalitatieve dimensie van vluchten fotografisch aan het licht te brengen. Anderzijds moeten de werken voelbaar maken dat wanhopige vluchtelingen die in het Westen politiek asiel aanvragen zelf niet schuldig zijn. *Vlucht* ontstond in samenwerking met: Caritas International, Deutsches Rotes Kreuz, Deutsche Stiftung für UNO-Flüchtlingshilfe e.V., Deutsche Welthungerhilfe, Pro Asyl, UNHCR, World Vision Deutschland en werd ondersteund door het AGFA Förderprogramm Fotografie, tijdschrift Brigitte en Springer & Jacoby. De tentoonstelling in Rotterdam werd mogelijk gemaakt door de Stichting Martin Behaim-Haus.

The Goethe-Institut presents the exhibition *Flight* by photographers Andreas Herzau, Christian Jungeblodt, Russell Liebman, Michael Meyborg and Clive Shirley. In this exhibition the photographers seek, on the one hand, to bring to light the quantitative and qualitative dimensions of refugee flight. On the other hand, the works are meant to make palpable the fact that desperate refugees who seek political asylum in the West are not themselves at fault. *Flight* came about in co-operation with Caritas International, Deutsches Rotes Kreuz, Deutsche Stiftung für UNO-Flüchtlingshilfe e.V., Deutsche Welthungerhilfe, Pro Asyl, UNHCR, World Vision Deutschland, and with the support of the AGFA Förderprogramm Fotografie, the magazine Brigitte and Springer & Jacoby. The exhibition in Rotterdam was made possible by the Martin Behaim-Haus Foundation.

Cultuurspecial Cabo Verde

1 jun – 5 jul
Diverse locaties
Interdisciplinair

Cabo Verde, de kleine archipel nabij de Afrikaanse kust, heeft haar vele culturele tradities goed bewaard. De coladeira, de funana en de melancholische morna – die door de blootvoetse diva Cesária Evora wereldwijd bekend is gemaakt – zijn slechts enkele muziekstijlen die op deze eilandengroep zijn ontstaan. Rotterdam herbergt een grote Kaapverdische gemeenschap. Reden genoeg om in de zomer een cultuurspecial te organiseren rond de tradities en de vernieuwingen in het Kaapverdische cultuurgoed. Met aandacht voor muziek, theater, literatuur, film, beeldende kunst, jongerenprogramma's, video-art en workshops. Een programma op initiatief van Theater Zuidplein in samenwerking met de Rotterdamse Schouwburg, Concert- en congresgebouw de Doelen, het Bibliotheektheater, Luxor Theater, Rotterdams Centrum voor Theater, Theater Lantaren/Venster en verschillende Kaapverdische organisaties in Rotterdam, Portugal en Kaapverdië.

Cabo Verde, the small archipelago close to the African coast, has successfully maintained its many cultural traditions. The coladeira, the funana and the melancholy morna – made world-famous by the barefoot diva Cesária Evora – are only a few of the musical styles that originated in this group of islands. Rotterdam is home to a large Cape Verdean community. Reason enough to organize a special cultural event in the summer around the traditions and the innovations in Cape Verde culture. The event will feature music, theatre, literature, film, visual arts, young people's programmes, video art and workshops. The programme is an initiative of Zuidplein Theatre in collaboration with the Municipal Theatre Rotterdam, de Doelen concert hall and conference centre, the Bibliotheek Theatre, Luxor Theatre, Rotterdam Centre for Theatre, Lantaren/Venster Theatre, and various Cape Verdean organizations in Rotterdam, Portugal and Cape Verde.

WOMEX 2001

25 – 28 okt (o.v.b.)
Concert- en congresgebouw de Doelen
Muziek

WOMEX, de WOrldwide Music EXpo, is 's werelds belangrijkste professionele muziekbeurs en netwerkbijeenkomst op het gebied van de wereldmuziek. Ontwikkelingen in de traditionele én crossover-wereldmuziek, roots- en volksmuziek staan hierin centraal. In het kader van Rotterdam 2001, Culturele Hoofdstad van Europa, haalt Stichting Dunya deze beurs naar Rotterdam. WOMEX biedt onderdak aan een wereldmuziekconferentie, showcases, concerten en een handelsbeurs. *WOMEX 2001* in Rotterdam verwacht ruim 1000 professionele deelnemers uit 50 verschillende landen. Daarnaast biedt de expo ook een uitgebreid, voor publiek toegankelijk avondprogramma met tientallen showcases. De productie is in handen van Stichting Dunya, Piranha uit Berlijn en Concert- en congresgebouw de Doelen.

WOMEX, the WOrldwide Music EXpo, is the world's most important professional music fair and networking event in the field of world music. Here the focus will be on developments in traditional and crossover world music, roots and folk music. Within the framework of Rotterdam 2001, Cultural Capital of Europe, the Dunya Foundation is bringing this fair to Rotterdam. WOMEX encompasses a world music conference, show cases, concerts and a trade show. *WOMEX 2001* in Rotterdam is expecting over 1000 professional participants from 50 different countries. In addition, the expo will also offer an extensive evening concert programme, open to the public, with dozens of show cases. Production will be in the hands of the Dunya Foundation, Piranha of Berlin, and the de Doelen concert hall and conference centre.

Hotel Het Reispaleis

26 nov 2000 – 2001
Wereldmuseum Rotterdam
Tentoonstelling,
kinderprogrammering

Het nieuwe *Reispaleis* is een hotel, als metafoor voor de culturele samenleving, compleet met kamers, suites, lobby en een duistere zolder. Ook heeft het hotel een galerie met exposities voor kinderen. In de hotelkamers logeren gasten uit de hele wereld. Aan de inrichting en persoonlijke bezittingen is goed te zien wie er logeert. Als de kinderen in het hotel aankomen, zijn sommige gasten net even weg, en kunnen de kinderen 'stiekem' een kamer bezoeken met een speciale sleutel, die de kamer als het ware in werking zet. Ze horen mensen praten, de televisie gaat aan, de telefoon rinkelt, een lamp gaat aan of uit. Gaandeweg wordt het verhaal van de gast duidelijk. Uiteindelijk gaan de kinderen naar de zolder, waar ze de gast ontmoeten. Tijdens schooltijden zijn er speciale programma's voor het basisonderwijs.

The new *Enchanted Worlds* is a hotel, as a metaphor for the cultural society, complete with rooms, suites, lobby and a dark attic. The hotel has also a gallery with exhibitions for children. The hotel rooms accommodate guests from all over the world. From the furnishings and personal belongings it is easy to see who is staying. When the children will arrive at the hotel, some guests will just have left for a little while, and the children can 'stealthily' enter a room with a special key, which sets the room in operation, as it were. They will hear people talking, the television will come on, the telephone will ring, a lamp will go on or off. Gradually, the guest's story becomes apparent. Finally, the children will go to the attic, where they will meet the guest. During school hours there are special programmes for primary schools.

Manfred Pernice & Anarrations

17 dec 2000 – 11 feb 2001
Witte de With
Beeldende kunst, tentoonstelling

Net als het International Film Festival Rotterdam (24 jan–4 feb), heeft deze tentoonstelling als thema: de kosmologie van de haven. Manfred Pernice (Duitsland, 1963) maakt van verpakkingsmaterialen, zeecontainers, kranten en dozen ingenieuze architectonische installaties: een verbeelding van de concrete resten van de verkeersstromen, goederentransporten en consumptiepatronen die de huidige wereldeconomie kenmerken. Op de tweede verdieping tonen jonge Nederlandse kunstenaars, onder wie Anneke de Boer, Fow Pyng Hu, Gabriel Lester en Pia Wergius, werk dat een relatie met cinematografie aangaat.

Like the International Film Festival Rotterdam (24 Jan.–4 Feb.), this exhibition's theme is the cosmology of the port. Manfred Pernice (Germany, 1963) creates ingenious architectectural installations using packing material, ship containers, newspapers and boxes: a representation of the concrete remnants of the traffic flows, goods transportation and consumer patterns that characterize the global economy of today. On the second floor, young Dutch artists, including Anneke de Boer, Fow Pyng Hu, Gabriel Lester and Pia Wergius, will show work establishing a relationship with cinematography.

Alle haaien! Striphelden op zee

16 dec 2000 – 2001
Maritiem Museum
Tentoonstelling

Alle haaien! is een bekende uitdrukking van stripheld Popeye én de titel van een grote striptentoonstelling. Stap in de wereld van je favoriete stripheld en beleef zijn avonturen op zee mee. Behalve Popeye zijn natuurlijk van de partij: Kapitein Rob, Corto Maltese en Kappie, maar ook Suske en Wiske, Asterix en Obelix, Franka, Thorgal, Kuifje en Douwe Dabbert. Op een heleboel 'stripvragen' wordt in de tentoonstelling op speelse wijze het antwoord gegeven. De openingsmanifestatie belooft een waar spektakel te worden.

Alle haaien! (Holy shark!) is a well-known cry of comic-strip hero Popeye, as well as the title of a large comic-strip exhibition. Step into the world of your favourite comic hero and experience his adventures at sea. Besides Popeye, the following are naturally on board too: Captain Rob, Corto Maltese and Kappie, but also Suske and Wiske, Asterix and Obelix, Franka, Thorgal, Tintin and Douwe Dabbert. A myriad of 'comic questions' are answered in a playful fashion at the exhibition. The opening show promises to be a true spectacle.

Havenkwartier

Dec 2000

Fotografie, debat & literatuur

Havenkwartier – Rotterdam/Porto, het fotoboek met cd-rom dat ingaat op de verschillende gezichten van de twee culturele hoofdsteden van Europa in 2001. Een boek van uitgeverij Duo Duo waarin schrijvers, dichters en fotografen uit Rotterdam en Porto hun havenstad laten zien.
Havenkwartier – Rotterdam/Porto (Port Area – Rotterdam/Porto), the book with photographs plus CD-ROM that deals with the different faces of the two cultural capitals of Europe in 2001. A book published by Duo Duo, in which writers, poets and photographers from Rotterdam and Porto present their port city.

Homeport Harbor City
Project 2001

Jan – dec
Rotterdam en andere havensteden
Interdisciplinair

Sinds mensenheugenis onderhouden havensteden via het water internationale economische en culturele betrekkingen. Deze zijn van grote invloed op de inrichting en de bevolkingssamenstelling. Veel mensen vonden een thuishaven, ver van hun land van herkomst. De mix van culturen geeft havensteden hun bijzondere allure, hoe verschillend ze onderling ook zijn. Hedendaagse communicatiemiddelen als internet hebben internationale contacten geïntensiveerd en fundamenteel gewijzigd: een digitale cultuur overspoelt de wereld, dus ook deze havensteden.
CELL – Initiators of Incidents – gaat in *Homeport* op zoek naar deze veranderingen. Er worden, naast Rotterdam, verschillende niet-westerse havensteden 'aangedaan'. Daar verbeelden lokale kunstenaars in openbare ruimtes hun visie op de eigen, veranderende thuishaven. Deze 'incidenten' worden via een website en lokaal vervaardigde *Homeport*-kranten wereldwijd gepresenteerd. In juni wordt 'aangemeerd' in Rotterdam bij Las Palmas – tijdelijk omgedoopt tot *Homeport Terminal*. Daar worden onder andere (media-)installaties in openbare ruimtes gepresenteerd en internationale presentaties gegeven en kan de sfeer worden geproefd van de andere thuishavens: Bombay, Havana, Jakarta, Kaapstad en Sjanghai. *Homeport* wordt ontwikkeld in samenwerking met het HIVOS Cultuurfonds.

Since time immemorial, port cities have maintained economic and cultural relations across waters. These have a great impact on land use and the composition of the population. Many people have found a home port, far from their country of origin. The mix of cultures gives port cities their particular style, however different the cities may be. Modern means of communication, such as the internet have intensified and fundamentally transformed international contacts: a digital culture is overtaking the world and its port cities as well. CELL – Initiators of Incidents – searches out these transformations in *Homeport*. Apart from Rotterdam the project 'visits' various non-western port cities, apart from Rotterdam. There, in public areas local artists will present their view on their own changing home port. These 'incidents' will be presented worldwide on a website and locally produced *Homeport* newspapers. In June the exhibition will be 'moored' in Rotterdam and Las Palmas – temporarily christened *Homeport Terminal*. The media installations, among other things, will be presented there in public areas, international presentations will be held, and the ambiance of the other home ports can be sampled: Bombay, Havana, Jakarta, Cape Town and Shanghai. *Homeport* is being developed in co-operation with the Hivos Cultural Fund.

Hoofdsponsors: Koninklijke Nedlloyd en P&O Nedlloyd
Met dank aan HIVOS

Wereldhaven – Havenwereld

Jan – dec
Maritiem Museum
Tentoonstelling

Een spectaculaire presentatie over de grootste haven ter wereld. De tentoonstelling bestaat uit 3 onderdelen: een fascinerende film, een vijftien meter lange maquette van de haven en machines waarmee de bezoeker een reis door de tijd kan maken. Het betreft hier een nieuwe, vaste opstelling in het Maritiem Museum.

A spectacular presentation about the world's biggest port. The exhibition will consist of three parts: a fascinating film, a model of the port measuring 15 metres in length, and machines that let the visitor make a trip through time. This new, permanent exhibition is staged in the Maritime Museum.

Tiny Taboos

Jan – dec
Diverse locaties
Cultuureducatie

Tiny Taboos is een project over schaamte en trots, naar een initiatief van schrijfster Marion Bloem. Trots en schaamte bij jongeren staan dikwijls in directe relatie tot hun ouders en leeftijdgenoten. Verliefdheid, een blauwtje lopen, schaamte over wat er in het gezin gebeurt, over niet te beheersen gevoelens… Kun je je tegenover vrienden schamen voor iets waar je van huis uit juist trots op bent? Hoe gecompliceerd is het om deel uit te maken van meerdere culturen? Verandert schaamte met onze maatschappelijke ontwikkeling? Of met het ouder worden? Een groep jongeren van 15 tot 21 jaar zal elkaars ontboezemingen op het gebied van trots en schaamte tijdens een aantal workshops vastleggen op video. Ze worden daarbij begeleid door Marion Bloem, en eventueel andere kunstenaars.

Tiny Taboos is a project about shame and pride, stemming from an initiative by writer Marion Bloem. Pride and shame in kids are often directly related to their parents and peers. Falling in love, being rejected, shame about what's happened within the family, about uncontrollable feelings… Can you be embarrassed in front of your friends about the very thing you've been raised to be proud of? How complicated is it to be part of more than one culture? Does shame change under the influence of our social development? Or as we get older? A group of kids aged 15 to 21 will record one another's confidences in the area of pride and shame on video in the course of a number of workshops. They will be guided in this by Marion Bloem, and perhaps other artists.

Feestdagen Samen Vieren

Jan – dec
Diverse locaties
Interdisciplinair

Behalve Kerstmis, Oud en Nieuw en het Chinese Nieuwjaar manifesteren zich betrekkelijk weinig feestdagen en vieringen in publieke ruimten. Van andere feesten zoals het einde van de Ramadan, Holy Pagua en het Offerfeest beperken de verschijningsvormen in de media zich tot de buitenkant. Er wordt relatief weinig aandacht geschonken aan de rituelen, de godsdienstige achtergronden en de maatschappelijke betekenis van deze feesten. Doel van dit project is een aantal van deze vieringen of feestdagen meer onder de aandacht te brengen in samenwerking met diverse culturele en migrantenorganisaties.

Aside from Christmas, New Year's Eve and the Chinese New Year, relatively few holidays and celebrations are held in public areas. Media coverage of other festivities, such as the end of Ramadan, Holy Pagua and the Feast of Sacrifice, is limited to the outward appearance. Relatively little attention is paid to the rituals, the religious backgrounds and the social significance of these festivities. The aim of this project is to draw more attention to a number of these celebrations or festivities, in collaboration with various cultural and immigrant organizations.

Panorama Rotterdam

13 jan – 15 apr
Kunsthal Rotterdam
Beeldende kunst

Van Turner tot Chabot, van Duchamp tot Jongkind, het Rotterdamse stadsgezicht is gedurende de afgelopen eeuwen vastgelegd door tal van schilders die kortstondig of langdurig in de Maasstad verbleven. Aan de hand van een internationaal samengestelde selectie laat de tentoonstelling zien hoe het stadsbeeld kunstenaars inspireerde. De impressionistische doeken van Luce, Boudin en Signac, de expressionistische havengezichten van Marquet, de dramatische stadsbrand uit 1940 door de Rotterdammer Hendrik Chabot en het imposante en door zijn omvang (3 bij 5 meter) zelden getoonde panorama van Hesmert uit 1904. Daarnaast zijn vroege en vaak weinig bekende stukken van internationale vernieuwers als Kandinsky en Schwitters te zien. Een feest voor Rotterdam- en kunstliefhebbers.

From Turner to Chabot, from Duchamp to Jongkind, over the centuries Rotterdam's cityscape has been immortalized by scores of painters who sojourned, briefly or for a long period, in the City on the Meuse. By means of an internationally compiled selection the exhibition shows how the cityscape has inspired artists. The Impressionist canvases by Luce, Boudin and Signac, the Expressionist harbour views by Marquet, the tragic city fire of 1940 by Rotterdam's Hendrik Chabot and the imposing and, due to its size (3 by 5 metres), seldom exhibited panorama by Hesmert, dating from 1904. In addition, there are early and often little-known works by such international innovators as Kandinsky and Schwitters. A feast for lovers of Rotterdam and of art.

M' Panandro – Compagnie Accrorap

19 jan
Theater Zuidplein
Muziek

Dit multiculturele Franse hiphop- en dansgezelschap Compagnie Accrorap bestaat al tien jaar en weet het rauwe van de hiphop te combineren met het magische van theater. De muziek varieert van klassiek tot Arabisch en kent heftige beats, maar ook rustgevende momenten. *M'Panandro* bestaat uit twee delen: *Rananza* (wortels) en *Prière pour un fou* (gebed voor een gek).

This multicultural French hip-hop and dance company, Compagnie Accrorap, is ten years old and knows how to combine the rawness of hip-hop with the magic of theatre. The music varies from classical to Arabic and features energetic beats as well as soothing moments. *M'Panandro* consists of two parts: *Rananza* (roots) and *Prière pour un fou* (prayer for a madman).

On the Waterfront
International Film Festival Rotterdam

24 jan – 4 feb
Diverse bioscopen en filmzalen
Film

De 30ste editie van het International Film Festival Rotterdam presenteert in het kader Rotterdam 2001, Culturele Hoofdstad van Europa, het programma *On the Waterfront*. De haven is een mythische en legendarische filmlocatie, een plaats van hoop en wanhoop, waar fortuin wordt gemaakt en verloren en waar sinds eeuwen mensen aan wal komen die hun land ontvlucht zijn. Een plaats van handel en handelaars, zeilers en dokwerkers, louche bars en bordelen. Kortom, het duistere en romantische decor voor veel prachtige films. Het programma, dat genoemd is naar Elia Kazans film *On the Waterfront* uit 1954, brengt klassieke en recente films die deze kijk op de haven verbeelden. Ook hebben 10 internationale filmmakers de opdracht gekregen een digitale film te maken in een havenstad naar keuze. Onder hen de New Yorkse filmartiest Laura Waddington, winnaar van de Tiger Award regisseur Lou Ye (China) en de Rotterdamse filmmaker Nathalie Alonso Casale.

The 30th edition of the International Film Festival Rotterdam will present the programme *On the Waterfront*, in association with Rotterdam 2001, Cultural Capital of Europe. The port serves as a mythical and legendary film location, a place of hope and despair, where fortunes are made and lost, and where for centuries people have been coming ashore from countries they have fled. A place of trade and traders, sailors and dockworkers, seedy bars and brothels. In short, the dark and romantic setting for many wonderful films. The programme, named after Elia Kazan's 1954 film, *On the Waterfront*, features classic and recent films that will present this view of the port. In addition, 10 international filmmakers have been commissioned to make a digital film in a port city of their choice. Among them are the New York film performer Laura Waddington, Tiger Award-winning director Lou Ye (China) and Rotterdam filmmaker Nathalie Alonso Casale.

10 Stromende Stad

Exploding Cinema

27 jan – 6 feb
Museum Boijmans Van Beuningen
Tentoonstelling, audiovisuele kunsten

Film- en videokunst in het kader van het International Film Festival Rotterdam.
Film and video art within the framework of the International Film Festival Rotterdam.

De grenzen van de Wereldkunst

Maart – mei
Witte de With
Debat & literatuur

Witte de With organiseert i.s.m. Zaal de Unie een serie debatten onder de titel *De grenzen van de Wereldkunst*. Immigratiestromen en emancipatiebewegingen geven een nieuwe betekenis aan de discussie over de verhouding tussen kunst en maatschappij. In de debatten komen de esthetische en politieke aspecten van wereldkunst aan de orde en daarnaast de grensgeschillen die ze tussen instellingen onderling veroorzaakt.
Witte de With gallery is organizing a series of debates entitled *The Frontiers of World Art*, in co-operation with Zaal de Unie. Immigration flows and emancipation movements lend a new significance to the discussion about the relationship between art and society. The debates will tackle the aesthetic and political aspects of world art, as well as the demarcation disputes this creates among institutions.

ECHo

3 feb – 4 maart
Centrum voor Beeldende Kunst
Beeldende Kunst

ECHo is een expositie van twee IJslandse kunstenaars die de culturele hoofdsteden van Europa Reykjavik (2000) en Rotterdam (2001) met elkaar verbindt. Inga Hlödversdóttir, kunstschilder in Rotterdam, en collega Inga Solveig Fridjonsdóttir, art-fotografe in Reykjavik, kozen ieder een thema uit de 17de eeuw. Hlödversdóttir verbeeldt de avonturen van Jon Hreggvidsson, een veroordeelde IJslander die naar Rotterdam vluchtte. Solveig Fridjonsdóttir maakte fotowerken over de dramatische ondergang van het Hollandse koopvaardijschip *Het Wapen van Amsterdam* op de onherbergzame zuidkust van IJsland. De expositie vond van 6 tot 23 oktober 2000 in Reykjavik plaats. Bij deze tentoonstelling verschijnt een publicatie.
ECHo is an exhibition by two Icelandic artists that interlinks the cultural capitals of Europe, Reykjavik (2000) and Rotterdam (2001). Inga Hlödversdóttir, a painter living in Rotterdam, and her colleague Inga Solveig Fridjonsdóttir, an art photographer living in Reykjavik, each chose a theme from the 17th century. Hlodversdóttir depicts the adventures of Jon Hreggvidsson, a convicted criminal from Iceland who fled to Rotterdam. Solveig Fridjonsdottir made photographic works of the tragic floundering of the Dutch merchant vessel *Het Wapen van Amsterdam* (The Shield of Amsterdam) on the inhospitable southern coast of Iceland. The exhibition was held in Reykjavik from 6–23 October 2000. A publication accompanies this exhibition.

Galeries in Porto en Rotterdam

11 feb – 11 maart
9 galeries
Beeldende kunst

Negen Rotterdamse galeries, verenigd in de Stichting When Summer Has Almost Gone, nemen deel aan Rotterdam 2001. Het betreft een uitwisselingstentoonstelling met zeven galeries in Porto. In februari en maart zijn kunstwerken van jonge Portugese kunstenaars in Rotterdam te zien. De Nederlandse kunstenaars zijn aan het begin van de zomer in Porto te zien.
Nine Rotterdam galleries have formed the When Summer Has Almost Gone Foundation, are taking part in Rotterdam 2001. This entails an exhibition in co-operation with seven galleries in Porto. In February and March, works by young Portuguese artists will be on display in Rotterdam. The work by the Dutch artists will be displayed in Porto early in the summer.

Kunstenaar: Luis Palma

Turkse Nachten

16 – 17 feb
Concert en congresgebouw de Doelen
Muziek

Met als muziekinstrumenten de traditionele Davul (grote trom) en de Zurna (schalmei) brengen solisten Ali Ekber Çiçek, Nuray Hafiftas, Ümit Tokcan en Güler Duman in de eerste Turkse nacht naast eigen repertoire ook liederen en composities van andere bekende Turkse volkszangers, volksdichters en troubadours. De tweede nacht is de nacht van de Fasilmuziek, een van oorsprong licht-klassieke suitevorm. Het is uitgegroeid tot een populair genre dat in de Grand Cafés van Istanbul wordt vertolkt. Na dit concert treden Sahabat Akkiraz & Jasperina de Jong samen op in de Expo Hal: een Turks-Nederlandse ontmoeting tussen twee zangeressen van formaat.
During the first Turkish night, the soloists Ali Ekber Çiçek, Nuray Hafiftas, Ümit Tokcan and Güler Duman will bring songs and compositions by other famous Turkish folk singers, folk poets and troubadours, in addition to their own repertoire. They will be playing the traditional Davul (big drum) and the Zurna (shawm). The second night is the night of Fasil music, a suite form with light classical origins. It has grown into a popular genre performed in the Grand Cafés of Istanbul. After this concert Sahabat Akkıraz & Jasperina de Jong will perform together in the Expo Hall: a Turkish-Dutch meeting of two formidable singers.

Rotterdam 2001 Culturele Hoofdstad van Europa

Niet alle Marokkanen zijn Dieven

8 – 11 maart
Rotterdamse Schouwburg
Theater

Met producties als Moeder & Kind, De broers Geboers, Bernadetje, Mijn Blackie en Allemaal Indiaan manifesteerde de Vlaming Arne Sierens zich als een kroniekschrijver van deze tijd. In zijn nieuwe productie *Niet alle Marokkanen zijn Dieven* neemt hij als biotoop de achterzaal van een sportclub, die door een dievenbende gebruikt wordt als uitvalsbasis voor hun praktijk: portefeuilles en handtassen pikken. Het is een merkwaardig liefdesverhaal over het menselijk lot, met filosofische discussies over bezit en rechtvaardigheid. De cast bestaat uit een paar gekende Sierens-acteurs en talentvolle Marokkaanse spelers. Over het ondergrondse van de stad, pickpockets, schuld en boete. Productie i.s.m. de Rotterdamse Schouwburg.

The Flemish writer Vlaming Arne Sierens manifested himself as a contemporary chronicler with productions such as Mother & Child, the Geboers Brothers, Bernadetje, My Blackie and All Indians. In his new production *Not All Moroccans are Thieves* he uses a hall at the back of a sports club as a biotope. That hall serves as the operating base for a gang of thieves to go out pickpocketing and stealing handbags. It is a remarkable love story about the human lot, with philosophical discussions on property and justice. The cast includes a couple of known Sierens actors and talented Moroccan players. About the underground of the city, pickpockets, guilt and punishment. Production in co-operation with the Rotterdamse Schouwburg.

Auraten ke din – Hindoestaans Vrouwen Muziekfestival

11 maart

Muziek

Hindoestanen in Rotterdam kennen een levendige scene van muziekavonden en grootse feesten. Deze scene blijft echter grotendeels in de marge van de stad. Daarom organiseert Stichting Dosti in het kader van Internationale Vrouwendag een *Auraten ke din*, een muzikale dag van de vrouw. In dit vrouwenmuziekfestival wordt programmatisch een historische lijn bewandeld die de ontwikkeling en de rol van Hindoestaanse vrouwen in de muziekwereld weerspiegelt. Tien bekende en minder bekende zangeressen en muzikanten vertolken liederen uit verschillende muziekstijlen van de Surinaams-Hindoestaanse Hindipop.

Hindustani in Rotterdam are known to organize lively musical evenings and grand feasts. However, this scene largely remains in the margin of the city. For that reason the Dosti Foundation will organize an *Auraten ke din*, a musical day dedicated to women, within the framework of the International Woman's Day. In this women's music festival the programme will follow a historical line reflecting the development and role of Hindustani women in the world of music. Ten known and less known singers and musicians will render songs from different musical styles of the Surinam-Hindustani Hindi-pop.

Les Musiciens de l'Atlas

17 maart
Concert- en congresgebouw de Doelen
Muziek

Vier musici, behorend tot de Ali-Berbers uit de omgeving van Beni Mellal in het Marokkaanse Atlasgebergte, brengen op traditionele instrumenten verschillende soorten berbermuziek die op poëtische wijze verhaal doen van het dagelijkse leven.

Four musicians belonging to the Ali-Berbers from the environs of Beni Mellal in the Moroccan Atlas Mountains, will play on traditional instruments bringing different kinds of Berber music telling about daily life in a poetic manner.

Cheikha Remitti, de Grootmoeder van Raï

27 maart
Theater Zuidplein
Muziek

Het 79-jarige *monstre sacré* van de Algerijnse raï, berucht door haar vrijmoedige en ongezouten teksten. Ondanks haar hoge leeftijd neemt ze met haar stem en danspassen het publiek mee op reis door de nauwe souks in Algiers en Oran. Feministe Remitti dankt haar naam aan de veelgehoorde uitroep in bars: *Remettez-y!*

The 79-year-old *monstre sacré* of the Algerian Raï, notorious for her frank and straightforward texts. Despite her old age she takes the public through the narrow souks in Algiers and Oran with her voice and dance steps. The feminist Remitti owes her name to the cry often heard in bars: *Remettez-y!*

Toen wij naar Rotterdam vertrokken

Apr – mei

Muziek

Rotterdam zingt! Rotterdammers uit verschillende culturen zingen typisch Rotterdamse liedjes in het Nederlands, begeleid door wereldmuzikanten uit de eigen cultuur. Roland Vonk, programma- en reportagemaker voor Radio Rijnmond, heeft de liedjes uitgezocht en stelt de cd samen. Vervolgens wordt de cd opgenomen bij Radio Rijnmond en uitgegeven door boekhandel Donner. De selectie van deelnemers is nog in volle gang.

Rotterdam sings! People of Rotterdam from different cultures will sing typical songs of Rotterdam in Dutch, accompanied by world musicians from their own culture. Roland Vonk, a maker of programmes and commentaries for Radio Rijnmond, has selected the songs and will compose the cd. The cd will then be recorded at Radio Rijnmond and issued by the bookstore Donner. The selection of the participants is still in process.

The Sustainable Journey
Een Duurzame Reis door de Wereld van Kunst & Milieu

Apr – nov

Interdisciplinair

The Sustainable Journey is een samenwerkingsverband van de Stichting Kunst & Milieu, het Erasmus Studiecentrum voor Milieukunde en Rombouts Milieu & Zaken, waaruit de volgende 4 projecten zijn ontstaan: **1** De uitreiking van de Milieukunstprijs, voorafgegaan door een serie debatten en performances. **2** De oprichting van het monument van hoop en duurzaamheid *Hermesheuvel*, bestaande uit een 12 meter hoge heuvel, zo'n 160 grote rotsblokken en op de top een sequoiadendron giganteum, een boom die maar liefst 3500 jaar oud kan worden en 80 meter hoog. **3** Performances, voorstellingen en kunstprojecten ter verbeelding van duurzaamheid, gemaakt door studenten van kunstacademies en de Erasmus Universiteit Rotterdam tijdens de Erasmiaanse Spelen in Theater Lantaren/Venster. **4** Tien Rotterdamse Opzoomerstraten gaan samen met een kunstenaar de uitdaging aan hun straat een duurzame uitstraling te geven. In vijf zustersteden Bourgas, Boedapest, Constantza, Gdansk en Sint Petersburg vindt hetzelfde traject plaats.

The Sustainable Journey is a collaboration between the Art & Environment Foundation, Erasmus Centre for Environmental Studies and Rombouts Environment & Business, which has resulted in the following four projects: **1** *The presentation of the Environmental Art Prize, preceded by a series of debates and performances.* **2** *The construction of the monument of Hope and Durability Hermes Hill, consisting of a hill 12 metres high, some 160 big boulders and, on top of it, a sequoiadendron giganteum, a tree that can grow 3500 years old and 80 metres tall.* **3** *Performances, shows and art projects to represent durability, made by students of art academies and Erasmus University Rotterdam, during the Erasmus Plays in Lantaren/Venster.* **4** *The inhabitants of ten streets in Rotterdam will take up the challenge together with an artist to durably spruce up their streets. In five twin cities: Burgas, Budapest, Constantza, Gdansk and St. Petersburg, the same will happen.*

Sponsor Watco

Verzamelplaatsen

7 apr – 6 mei / dec 2001 – feb 2002
Galerie Tramhuis, Museum Boijmans Van Beuningen
Beeldende kunst

Drie tentoonstellingen, waarin de bijzondere relatie tussen mensen en dingen tot uitdrukking wordt gebracht. Verzamelen is het thematisch uitgangspunt. De eerste tentoonstelling, *Boijmans te gast op Zuid*, is in Galerie Tramhuis. Bewoners maken installaties op basis van kunstwerken en gebruiksvoorwerpen uit voormalige Rotterdamse particuliere collecties, die bewaard worden in het museum. Deze combineren zij met gekoesterde objecten uit hun eigen omgeving. Later maken de bewoners in het museum een tweede tentoonstelling, *Feijenoord te gast in Boijmans* (dec 2001– feb 2002), waarbij ze op dezelfde manier te werk gaan, maar nu juist uitgaande van hun persoonlijke eigendommen. Gelijktijdig wordt in het museum het bijzondere tentoonstellingsproject *Chatten* gepresenteerd, van de Argentijnse kunstenares Alicia Herrero. Elf reusachtige, door haar vervaardigde 'gebruiksvoorwerpen', geïnspireerd op bezittingen van Rotterdammers en het museum, spreken tot de verbeelding van de bezoeker.

Three exhibitions expressing the special relationship between man and things. Gathering will be the thematic starting point. The first exhibition, Boijmans Visiting South Rotterdam, will be in Galerie Tramhuis. Inhabitants will make installations on the basis of art works and implements from former private collections in Rotterdam, which are stored in the museum. They will combine these with cherished objects from their own environment. Later on the inhabitants will build a second exhibition in the museum, Feijenoord Visiting Boijmans (Dec. 2001 – Feb. 2002). They will go about it in the same manner but now they will start from their personal properties. At the same time the special exhibition project Chatten by the Argentinean artist Alicia Herrero will be presented in the museum. Eleven enormous 'implements' made by her, whose inspiration is based on possessions of Rotterdam citizens and the museum, will appeal to the visitors' imagination.

Met dank aan VSB Fonds en de Mondriaanstichting

Dunya Poëzieprijzen 2001

18 apr
Het Prinses Theater
Debat & literatuur

Poëzie speelt in de diverse culturele gemeenschappen van Rotterdam vaak een grote rol. Iraniërs en Turken, Kaapverdiërs en Marokkanen, allen kennen ze hun eigen dichthelden. Dunya Poëzieprijzen 2001 wil (beginnende) dichters uit verschillende culturen, woonachtig in Nederland, stimuleren door hen de gelegenheid te bieden hun werk aan een deskundige jury voor te leggen. De dichters kunnen hun werk in het Nederlands maar ook in een andere taal inzenden.

In the various cultural communities of Rotterdam poetry often plays an important role. Iranians and Turks, Cape Verdeans and Moroccans, they all have their own great poets. Dunya Poetry Prizes 2001 wants to stimulate (beginning) poets, living in the Netherlands, from different cultures by giving them the opportunity to submit their work to an expert panel of judges. The poets may submit their work in the Dutch language but also in another language.

Nationale postzegeltentoonstelling

20   22 apr
Ahoy' Rotterdam
Tentoonstelling

Filatelisten uit heel Nederland exposeren in 700 kaders unieke verzamelingen. Voor Rotterdam 2001, Culturele Hoofdstad van Europa, is er een afdeling met Nederlandse postzegels die gewijd zijn aan Rotterdam en Rotterdammers, zoals die met vliegveld Waalhaven vóór zijn vernietiging in 1940. Ook komt het briefverkeer van en naar Rotterdam van voor 1852 aan de orde, toen de eerste Nederlandse postzegels verschenen.

Stamp collectors from all over the Netherlands will show unique collections in 700 displays. For Rotterdam 2001, Cultural Capital of Europe, there will be a section with Dutch stamps dedicated to Rotterdam and its citizens, like those featuring Waalhaven airfield before its destruction in 1940. Postal services from and to Rotterdam before 1852, when the first Dutch postage stamps appeared, will also be on display.

Art Streams

22 apr – 31 mei
Diverse galeries
Beeldende kunst

Het project *Art Streams* bestaat uit een twintigtal presentaties in Rotterdamse galeries en kunstinstellingen. Beeldend kunstenaars uit verschillende disciplines geven inhoud aan de aspecten van Stromende Stad: de rivier, water, scheepvaart, verontreiniging, haven en vergankelijkheid.

The Art Streams project will consist of some twenty presentations in galleries and art institutions in Rotterdam. Visual artists from different disciplines will represent the aspects of Flowing City: the river, water, shipping, pollution, the port and transitoriness.

J.J.P. Oud – Philip Johnson: een dialoog

12 mei – 9 sep
Nederlands Architectuurinstituut
Architectuur, tentoonstelling

Voor de bijzondere tentoonstelling *J.J.P. Oud – Philip Johnson*: over het leven en werk van een van de beroemdste Nederlandse architecten J.J.P. Oud (1890–1963), staat het hele NAi voor het eerst in het teken van één onderwerp. Het is de grootste overzichtstentoonstelling die ooit over Oud gehouden werd. Speciaal voor deze gelegenheid heeft de Amerikaanse architect Philip Johnson als hommage aan Oud een installatie voor de Grote Zaal van het NAi ontworpen. Johnson was sinds 1928 een goede vriend en is nog steeds een groot bewonderaar van Oud. Ook is er aandacht voor de woonblokken die Oud in de jaren '20 ontwierp in Kiefhoek, Spangen, Oud-Mathenesse en Hoek van Holland. Op de eerste verdieping is ander werk van Oud te zien, geïllustreerd met tekeningen, foto's en meubelen.

For the special exhibition J.J.P. Oud – Philip Johnson: a dialogue, about the life and works of one of the Netherlands' most famous architects J.J.P. Oud (1890 – 1963) the whole Nai will focus on one subject for the first time. It will be the largest retrospective about Oud ever. Especially for this occasion the American architect Philip Johnson has designed an installation for the Main Room of the NAi as a tribute to Oud. Since 1928 Johnson had been a good friend of Oud's and still is an admirer of him. Attention will also be paid to the residential blocks that Oud designed in the twenties and that are situated in Kiefhoek, Spangen, Oud-Mathenesse and Hook of Holland. On the first floor other work by Oud can be seen, illustrated with drawings, photographs and furniture.

Sponsors: NWO, KNAW en de Rijksuniversiteit Groningen

Dunya Festival 2001

26 – 27 mei
Het Park bij de Euromast
Interdisciplinair

Ieder jaar trekt het *Dunya Festival* ruim 200.000 bezoekers uit alle gemeenschappen en lagen van Nederland. Ook in 2001 stelt Stichting Dunya zich ten doel een groots multidisciplinair en multicultureel festival neer te zetten met podiumkunsten van hoge kwaliteit uit de hele wereld. De afgelopen jaren is een vernieuwing ingezet op de invulling van de hoofdpodia. Door meer highlights te programmeren is de aantrekkelijkheid en de naamsbekendheid van het festival toegenomen. In 2001 staat het New Generation Podium hoog op de agenda van Dunya. Ook worden de programma-onderdelen Poetry, Storytelling en Jazzpoetry (Word, Rhythm and Poetry) vernieuwd. Het Mastersprogram op de zaterdagavond krijgt een nieuwe naam: *The Legends*.

Each year the Dunya Festival attracts over 200,000 visitors from all communities and strata in The Netherlands. Also in 2001 the Dunya Foundation intends to organize a great multidisciplinary and multicultural festival with performing arts of a high quality from all over the world. During the past few years the offerings on the main stages has been refurbished. By programming more highlights the attraction and reputation of the festival have been enhanced. In 2001 the New Generation Podium will be Dunya's special project. Such programme items as Poetry, Storytelling and Jazz Poetry (Word, Rhythm and Poetry) will also be renewed. The Masters programme on Saturday evening will get a new name: The Legends.

Uit Alle Windstreken

Debat & literatuur

Al sinds de 18ᵉ eeuw is De Distilleerketel dé ontmoetingsplaats van inwoners van Delfshaven die uit alle windstreken naar het voormalige stadje zijn gekomen. Vele klanten komen naar deze molen om speciaal meel voor hun traditionele gerechten te halen. Van Marokkanen, Eritreeërs en Chilenen tot Friezen. Het kookboek *Uit alle windstreken* portretteert 40 klanten in hun eigen omgeving. Met een deel van een gerecht uit hun land of streek van herkomst, waarvoor ze zelf het recept geven. Deze verzameling recepten én de verhalen erachter levert een prachtig kookboek op. Ook wordt de werking van de molen uitgelegd. *Uit Alle Windstreken* is gemaakt door fotojournalist Peter Paul Klapwijk en journalist Gerard Keijsers.

As far back as the 18ᵗʰ century the Distilleerketel is the meeting place of the inhabitants of Delfshaven who have come to this former town from all corners of the world. Many customers come to this windmill to fetch special flour for their traditional dishes. From Moroccans, Eritreans and Chileans to Friesians. The cookery book Uit Alle Windstreken (From all Corners of the World) portrays 40 customers in their own environment. With a portion of a dish from their country or region of origin, for which they will give the recipe themselves. This collection of recipes and the underlying stories has resulted in a magnificent cookery book. The operation of the windmill will also be explained. Uit Alle Windstreken was composed by press photographer Peter Paul Klapwijk and journalist Gerard Keijsers.

Binnenvaart

Jun – dec
Maritiem Museum
Tentoonstelling

Deze expositie over de binnenvaart betreft een nieuwe, vaste opstelling in het Maritiem Museum. Hoeveel binnenvaartschepen zijn er in Nederland? Hoe leeft een schippersgezin aan boord van zo'n schip? De presentatie geeft onder meer antwoord op deze vragen.

A new, permanent exhibition on inland navigation, staged in the Maritime Museum. How many inland vessels are there in the Netherlands? How does a bargee's family live on such a vessel. The presentation will provide answers to these questions.

10 Stromende Stad

Midzomerfeest Hoogvliet

22 – 24 jun
Hoogvliet
Interdisciplinair

Ooit begonnen als de tweede Taptoe van Nederland groeit het *Midzomerfeest* in 2001 uit tot een groots evenement waarin samengewerkt wordt met scholen, belangenorganisaties, deskundigen uit diverse sectoren en bewoners van Hoogvliet. In het grote aantal publieksevenementen vindt elke groep zijn of haar plaats en ziet zich geconfronteerd met de cultuur van anderen. Muzikanten geven muzieklessen aan verstandelijk gehandicapten, die het resultaat vervolgens laten zien. Allochtone jongeren vullen jongerenprogramma's in, zorgen voor ordehandhaving en spelen natuurlijk mee. De parade die aan de Taptoe voorafgaat, is een nieuw element. Waar de Taptoe vooral westers georiënteerde fanfares en drumbands toont, komt de parade met Surinaamse kawinagroepen, Marokkaanse gnawa-artiesten en Caraïbische drum- en brassbands die voorzien van dansgroepen door Hoogvliet trekken. Het geheel mondt uit in een groots defilé waarin de complete multicultuur zich meet aan de westerse taptoegroepen.

While it started off as the second Tattoo in the Netherlands the *Mid-Summer* Festival in 2001 will be a large-scale event involving the co-operation of schools, interest organizations, experts from various sectors and inhabitants of Hoogvliet. In the great number of public events each group will find their own place, and be confronted with the culture of others. Musicians will teach music to mentally handicapped persons who will subsequently show the result. Migrant youths will perform in youth programmes, will maintain order and play along, naturally. The parade preceding the Tattoo, is a new element. While the Tattoo will particularly feature western oriented brass bands and drum bands, the parade will include performing Surinam kawina groups, Moroccan gnawa performers and Caribbean drum and brass bands moving through Hoogvliet accompanied by dance groups. The whole will end up in a large-scale parade in which the complete multiculture will measure up to the western tattoo groups.

Rotterdam Roze 2001

22 jun – 1 jul
Diverse locaties
Interdisciplinair

In 2001 zal Rotterdam tien dagen Roze zijn, met een breed scala aan projecten en activiteiten.
Een veelzijdig en toegankelijk programma voor iedereen die zich ertoe aangetrokken voelt met als centraal thema *Different Identities*. Het evenement start met een openingsfeest op 22 juni. Van 22 t/m 24 juni organiseren biseksuelen de eerste Europese Bi-conferentie. Met de Rotterdamse Schouwburg als thuislocatie is er een breed theater- en filmprogramma in de Rotterdamse Schouwburg, het Bibliotheektheater, het Luxor Theater, Theater Zuidplein, Theater Lantaren/Venster en Pathé. Het Wereldmuseum creëert drie multiculturele salons toegespitst op diversiteit in liefde en leefstijlen. Pink Power organiseert een prikkelend expositieprogramma *The Face behind the Mask* in de Rotterdamse galeries. De Marokkaanse kunstenaar Rachid Ben Ali exposeert in het Wereldmuseum.
Verder komt er een sportprogramma met o.a. de eerste gay-skate en een internationale stijldanswedstrijd. De 'summerschool' biedt workshops en masterclasses waarin de verschillende identiteiten van homo's en lesbo's uitgelicht worden. Roze ondernemers, kunstenaars en organisaties zorgen 's avonds en in de weekenden voor kleine optredens, lounges, muziek en feesten. Op 30 juni is het *Roze Zaterdag*. Een bonte parade met muziek zal door de Rotterdamse binnenstad trekken die uitmondt in een manifestatie met artiesten, informatie en veel vertier. De dag start met een Stonewall-bijeenkomst, om het ontstaan van de homobeweging in 1969 bij de Gay bar Stonewall Inn in New York te gedenken.

In 2001 Rotterdam will be pink for ten days, with a broad range of projects and activities. A versatile and accessible programme for anybody who may feel attracted to it. The focus will be on *Different Identities*. The event will start with an opening festivity on 22 June. From 22 to 24 June bisexuals will organize the first European Bi-conference. With the Rotterdamse Schouwburg as the home base there will be a broad theatre and film programme in the Rotterdamse Schouwburg, the Bibliotheek Theatre, the Luxor Theatre, Zuidplein Theatre, Lantaren/Venster Theatre and Pathé. The World Museum will create three multicultural lounges focusing on diversity in love and lifestyles. Gay Power will organize a titillating exhibition programme *The Face Behind the Mask* in the galleries of Rotterdam. The Moroccan artist Rachid Ben Ali will arrange an exhibition in the World Museum. Furthermore, there will be a sports programme including the first gay-skate and an international style dancing contest. The 'summer schools' will offer workshops and master classes singling out the different identities of gays and lesbians.
Gay entrepreneurs, artists and organizations will organize small shows, lounges, music and festivities in the evening and during the weekends.
On 30 June it will be *Gay Saturday*. A multicoloured parade with music will move through the inner city of Rotterdam, which will culminate in an event with artists, information and a lot of amusement. The day will start with a Stonewall meeting to commemorate the beginning of the Homo movement in 1969 near the Gay bar Stonewall Inn in New York.

Rotterdam Moves

Mei – sept
Ellis Island, New York
Tentoonstelling

Op Ellis Island, New York, vindt een tentoonstelling plaats over de geschiedenis van Rotterdam als vertrekpunt van emigranten naar de Verenigde Staten. Voor miljoenen emigranten uit Europa was het Vrijheidsbeeld het eerste wat ze van hun nieuwe vaderland zagen, en Ellis Island de eerste grond onder hun voeten. Rotterdam is de plek waar in de 17^e eeuw de Pilgrims begonnen aan hun oversteek, evenals 90% van alle Duitse, Franse, Nederlandse en Scandinavische landverhuizers in de 18^e eeuw. Daarna volgden honderdduizenden Europeanen die via de Holland Amerika Lijn een nieuw leven begonnen, waaronder veel Oost-Europese joden. I.s.m. het Gemeentearchief Rotterdam, Internationaal Instituut voor Sociale Geschiedenis en het Maritiem Museum.

On Ellis Island, New York, there will be an exhibition on the history of Rotterdam as the place of departure for emigrants leaving for the United States. For millions of emigrants from Europe the Statue of Liberty was the first sight of their new country, and Ellis Island the first soil under their feet. Rotterdam was the place where the Pilgrims crossed the ocean in the 17th century, just as 90% of all German, French, Dutch and Scandinavian emigrants in the 18th century. Then followed thousands of Europeans who, via the Holland America Line, started a new life, including many Eastern European Jews.
In co-operation with the Rotterdam Municipal Archives, International Institute for Social History and the Maritime Museum.

Salah M. Hassan
Prof. Kunstgeschiedenis en Visuele Cultuur van Afrika en de Afrikaanse diaspora, curator, kunstcriticus.
Prof. in Art History and Visual Culture of Africa and African Diaspora at Cornell University, curator, art critic.

Het concept van de stromende stad is voor mij absoluut een aantrekkelijke gedachte. Het is in feite mijn inspiratiebron. Stroming is een metafoor voor vermenging, voor constante verandering en de onmogelijkheid om de identiteit te bepalen. Dat is wat de stad, elke stad, tot stad maakt. De stad als optelsom van migratie, verschuiving van mensen en ontmoetingen tussen verschillende culturele stromingen en identiteiten. De stad als dialoog en als voortdurende beweging die je niet door tijd of ruimte kunt omsluiten. In dat opzicht is Rotterdam de Stromende Stad: waar het in het verleden voor stond, wat het vandaag vertegenwoordigt en hoe het er morgen uit zal zien. Het thema Stromende Stad vormt een inspiratiebron voor de verschillende projecten die zijn opgezet om Culturele Hoofdstad vorm te geven.

To me the concept of the 'city' as a flowing domain has certainly been an attraction. It is in fact an inspiration. 'Flowing' stands as a metaphor for impurity, for constant flux, and the impossibility of fixation when it comes to identity. What the city, any city, represents is all that and much more. The city is the sum total of experiences of migration, dislocation of people and intersections of cross-cultural currents and identities. The city is a dialogic moment and a constant flux that are impossible to frame within space and time. In that sence, Rotterdam is the flowing city for what it stood for in the past, what it represents today, and what it will be tomorrow. It is the theme Flowing City that inspires several of the projects engaged in shaping the cultural year.

Europa im Fluss

Jun – sept
Landtong Rozenburg
Beeldende kunst,
muziektheater

Een vlot gebouwd van 2001 boomstammen uit de wouden van Europa vaart over de Rijn naar Rotterdam. Tijdens de tocht wordt gewerkt aan een aantal projecten en een oratorium. Onderweg stopt het vlot in verschillende steden waar culturele activiteiten plaatsvinden. Zowel tijdens het varen als tijdens stops worden er muziek- en dansvoorstellingen gegeven. Zo'n 200 muzikanten spelen o.l.v. Urban Sax. Via de Maas bereikt het vlot Rotterdam, waar de reis een indrukwekkend en memorabel einde krijgt: op de landtong bij Rozenburg worden de 2001 boomstammen door kunstenaars bewerkt tot totems en in de vorm van een Europese ster geplaatst. Naast elke stam zal een jonge boom worden geplaatst. Het oude Europa maakt symbolisch plaats voor het nieuwe Europa. Speciaal voor Rotterdam 2001, Culturele Hoofdstad van Europa, zal het gezelschap in Rotterdam vijf voorstellingen geven van een gloednieuw drama van Gaston Salvatore.

A raft built from 2001 tree trunks from the woods of Europe will float in the Rhine River to Rotterdam. During the voyage several projects will be carried out including an oratorium. On the way the raft will call at various cities where cultural activities will take place. During the voyage as well as during these stops there will be music and dance performances. Urban Sax will conduct some 200 musicians. Via the Meuse the raft will arrive in Rotterdam where the voyage will have an impressive and memorable end: on the peninsula near Rozenburg the 2001 tree trunks will be sculpted by artists into totems and positioned in the form of a European star. Next to each trunk a young tree will be planted. Symbolically, the old Europe will make way for the new Europe. As a gift to Rotterdam 2001, Cultural Capital of Europe, a brand new drama by Gaston Salvatore will be performed five times in Rotterdam.

Sponsor ECT

Watermuziek

15 jul – 31 aug
Rotterdam, Porto
Muziek

Een romantische, theatrale muziekvoorstelling over de zee, degenen die haar bevaren en de wezens die haar bewonen. Een verhaal over de ondernemingszin en veerkracht van de Rotterdammers en… over het water, onze erfvijand en levensbron. De bezoeker stapt op de prachtige salonboot Animathor en wordt meegevoerd naar bijzondere locaties in het havengebied van Rotterdam, zoals een oud dok, een pakhuis en een scheepswerf. Daar zingt Peter Goedhart liederen en vertelt hij verhalen, begeleid door Eric van der Kroft (piano), Jan van Duikeren (trompet) en een percussionist. Goedhart schreef de teksten en componeerde de muziek. Een project in samenwerking met Bent producties.

Romantic, theatrical musical performances about the sea, those who navigate it and the creatures that live in it. A story about the entrepreneurialship and resilience of the Rotterdam people and… about the water, our traditional enemy and source of life. The visitor may get on board the magnificent saloon boat Animathor and be taken to special locations in the harbour area of Rotterdam, such as an old dockyard, warehouse and shipyard. There Peter Goedhart will sing songs and tell stories, accompanied by Eric van der Kroft (piano) and Jan van Duikeren (trumpet) and a percussionist. Goedhart wrote the lyrics and composed the music.
A project in co-operation with Bent Producties.

Chinees Talent in Rotterdam

Sept
MCC Odeon, Chinees Centrum
Wah Fook Wei, Nighttown
Interdisciplinair

Chinees Rotterdam bruist: zowel de jongere als de oudere generatie manifesteert zich steeds vaker en eigenzinniger. Vandaar deze culturele manifestatie waarin vele verrassende facetten van Chinese artiesten en kunstenaars aan bod komen. Met o.a. een kunsttentoonstelling (beeldende kunst, video-art en fotografie), zangers, dichters en vertellers. Ook een klein filmfestival maakt deel uit van het programma. Naast een programmaboekje wordt een eenmalig jongerenmagazine gepubliceerd.

Chinese Rotterdam is effervescent: the younger as well as older generation is increasingly manifesting itself and in its own right. That explains this cultural event showing many surprising aspects of Chinese performers and artists. With, among other things, an art exhibition (visual art, video art and photography), singers, poets and storytellers. A small film festival will also form part of the programme. In addition to a programme booklet a once-only youth magazine will be published.

Afscheid van de nationale munt

Sept 2001 – jan 2002
Kunsthal Rotterdam
Tentoonstelling, interdisciplinair

Het eerste jaar van het nieuwe millennium is tegelijkertijd het laatste jaar van de gulden. Daarom wordt aan het einde van 2001 afscheid genomen van het Nederlandse geld met een unieke interactieve tentoonstelling over de betekenis van geld en de maatschappelijke en uiterlijke aspecten van de nationale munt, in opdracht van de Stichting Geld- en Bankmuseum. Nederland heeft een traditie van mooi geld. Toonaangevende kunstenaars hebben aan verschillende ontwerpen voor zowel munten als biljetten gewerkt. Maar ook inhoudelijk is het Nederlandse geld interessant. Bankbiljetten vertellen een geschiedenis van het zelfbeeld dat Nederland erop nahield.

The first year of the new millennium will also be the last year of the Guilder. That is why one will say farewell to the Dutch currency by the end of 2001 with an interactive exhibition commissioned by the Money and Banking Museum Foundation, about the meaning of money and the social and visual aspects of the national currency. The Netherlands has a tradition of creating beautiful money. Major artists have contributed towards various designs for coins as well as bank notes. But Dutch money has also an interesting content. Bank notes represent the history of the nation's image of itself.

Met dank aan de Stichting Geld- en Bank Museum

Ambiente i Kultura – Antilliaans en Arubaans Cultureel Weekend

1 – 2 sept
Calypso 2001
Interdisciplinair

De Koninkrijksspelen, een groots sportevenement waarin de Antillen en Aruba een belangrijke rol spelen, komt in 2001 naar Rotterdam. Naast sport hoort ook de Antilliaanse en Arubaanse cultuur aandacht te krijgen. Op initiatief van Stichting Welzijn Antillianen en Arubanen vindt een culturele minimanifestatie plaats rond de Antilliaanse en Arubaanse cultuur. Salsa, tumba en saure feesten, beeldende kunst, een Marshe, theater, verhalenvertellers, muziekworkshops en filmvertoningen passeren de revue.

The Koninkrijkspelen (± Commonwealth Games) – a great sports event in which the Antilles and Aruba will play an important role – will be played in Rotterdam in 2001. Apart from sports Antillean and Aruban culture should also get attention. On the initiative of Antillean and Aruban Welfare Foundation there will be a cultural mini-event highlighting the Antillean and Aruban culture. Salsa, tumba and saure festivities, visual art, a Marshe, theatre, storytellers, musical workshops and film shows can be seen and heard.

Ach Europa!

9 sept – 4 nov
Nederlands Foto Instituut
Fotografie

Rotterdam is culturele hoofdstad van Europa. Maar wat is Europa nu eigenlijk? Bestaat het wel? Zijn de verschillen tussen de landen en culturen niet groter dan de overeenkomsten, ondanks de economische (lots)verbondenheid? In *Ach Europa!* geven zo'n 15 kunstenaars en fotografen uit Europa en daarbuiten hun visie op het thema van de Europese eenwording. Al deze beelden – ontstaan vanuit ieder een eigen culturele achtergrond – leveren tezamen een verrassende combinatie, die een zowel kritische als verfrissende kijk geeft op Europa.

Rotterdam will be the cultural capital of Europe. But what exactly is Europe? Does it exist? Are not the differences between the countries and cultures greater than the common grounds despite the economic solidarity? In *Ach Europa!* about 15 artists and photographers from Europe and outside it, give their view on the theme of European unification. All these views together – born of many different cultural backgrounds – create a surprising combination; a critical as well as refreshing outlook upon Europe.

In de spiegel van de Gouden Eeuw

8 sept 2001 – 6 jan 2002
Kunsthal Rotterdam
Beeldende kunst, tentoonstelling

In de Gouden Eeuw zijn in de Nederlanden naar schatting 6 miljoen schilderijen vervaardigd die in hun eigen tijd al vaak op bestelling werden geleverd aan opdrachtgevers uit binnen- en buitenland. Tot op heden worden deze schilderijen via kunsthandel en -veilingen wereldwijd verhandeld en verspreid. De grote bloei van de Hollandse schildersscholen in de Gouden Eeuw heeft een enorme invloed gehad op Europese kunstenaars uit de eigen tijd, maar ook op die van latere generaties. Deze tentoonstelling toont topstukken uit Europese privécollecties en laat de invloed van de Gouden Eeuw zien aan de hand van schilderijen van 17e-eeuwse meesters en werken van onder meer Picasso, Matisse, Chardin en Manet.

It is estimated that 6 million paintings were produced during the Golden Age, many of them commissioned by patrons at home and abroad. To this day these works have been sold and circulated around the world through art dealers and art auctions. The flourishing Dutch schools of painting in the Golden Age had an enormous impact on European artists in those days, but also on those of later generations. This exhibition will show top-class pieces from European private collections, and demonstrate the influence of the Golden Age in paintings by 17th century masters, and works by figures as Picasso, Matisse, Chardin and Manet.

Over the border

Sept – dec
Kunsthal Rotterdam
Tentoonstelling

Een tentoonstelling over producten van Nederlandse ontwerpers die in verschillende opzichten 'over de grens' gaan. Over de grens van hun eigen discipline: producten die vernieuwend zijn in concept en resultaat op het gebied van industrieel ontwerp, architectuur en interieur, grafische ontwerpen, reclame, mode (-accessoires) en website design. En over de grens van Nederland: ontwerpen die Nederlandse vormgevers in samenwerking met buitenlandse opdrachtgevers maakten.

An exhibition about products by Dutch designers who go beyond the border in a number of respects. Beyond the border of their own discipline: products that are innovative in terms of concept and result in the field of industrial design, architecture, interior and graphic design, advertising, fashion (accessories) and website design. And beyond the border of the Netherlands: designs that Dutch designers made in collaboration with foreign clients.

Turkpop

Okt
Nighttown
Muziek

Rotterdam kent de grootste Turkse gemeenschap van Nederland. Uit deze gemeenschap heeft zich een professionele *scene* ontwikkeld van Turkse rappers, zangers en dj's met een geheel eigen stijl. Ze maken Turkpop, een nieuwe mix van westerse en oriëntaalse elementen. Van hip-hop tot R&B, van rock tot Turkse traditionele bruiloftsmuziek. Met artiesten uit deze scene wordt gewerkt aan de invulling van een bruisende en vernieuwende avond Turkpop.

Rotterdam has the largest Turkish community in the Netherlands. This community has spawned a professional *scene* of Turkish rappers, singers and DJs in their own right. They make Turk pop, a new mix of western and oriental elements. From hip-hop to R&B, from rock to Turkish traditional wedding music. Artists from this scene will contribute towards an effervescent and innovative evening of Turk pop.

Rotterdam en de Rijn

6 okt 2001 – 23 feb 2002
Maritiem Museum
Tentoonstelling

DAS RHEINSCHIFF

Rotterdam en de Rijn is een tentoonstelling over de grote rol van Rotterdam in de Rijnvaart. De Rijn was en is een belangrijke levensader van de Nederlandse economie. Veel prachtige havenbeelden uit heden en verleden en aandacht voor het goederenvervoer op deze veel bevaren en bezongen rivier. Ook de verschillende scheepstypen komen aan bod: houtvlotten, Treidelschleppfahrt (sleepvaart met paarden), stoomraderboten, kettingsleepboten, autoschepen en zesbaksduweenheden. Verder zal de rol van enkele Duitse Rijnhavens worden belicht. Uiteraard wordt de romantische Rijn niet vergeten. Tot slot kan men een reisje maken op of langs de Rijn.

Rotterdam and the Rhine is an exhibition about Rotterdam's great role as far as inland navigation on the Rhine is concerned. The Rhine was and is an important lifeline for the Dutch economy. Many magnificent harbour scenes from the past and present, and attention will be paid to the transportation of goods on this busy and much-lauded river. Different types of vessels can be seen: timber rafts, towage using horses, peddle steamers, chain tugboats, car carrying vessels and six barge pushing units. Furthermore, the role of some German ports on the Rhine will be focused on. Of course, the romantic Rhine will not be forgotten. And finally, a cruise on or a trip along the Rhine can be made.

Cinema Méditerranée

11 – 21 okt (o.v.b.)
Theater Lantaren/Venster
Audiovisuele kunsten

Cinema Méditerranée is een programma waarin de filmcultuur van landen rond de Middellandse Zee centraal staat. Het bestaat uit een brede selectie aan recente speelfilms, documentaires en korte films, aangevuld met een filmretrospectief en dans- en muziekoptredens. Met de focus op een aantal thema's:
Wat is flamenco? met films, documentaires, dans en muziek; *Culturele vriendschap tussen Turkije en Griekenland*, waarbij de afgenomen politieke spanningen tussen de twee landen als basis wordt genomen voor een Turks-Grieks filmprogramma;
Spiritualisme, met films over spirituele onderwerpen en een wervelende dansvoorstelling met zwevende Derwisjen uit Turkije; *Albanië en Kroatië*, een onderzoek naar de effecten van de nieuwe politieke en sociale veranderingen op jonge filmmakers. Turkije speelt een belangrijke rol in het programma, maar ook uit andere landen zijn vele films te zien: de Magreb-landen – Marokko, Algerije en Tunesië, Spanje, Griekenland, Egypte en mogelijk Syrië en Libanon. Samen met Stichting Sahne en Stichting Al-Kantara worden filmvertoningen georganiseerd in Rotterdamse wijken met een grote Turkse en Marokkaanse gemeenschap.

Cinema Méditerranée is a programme dealing with the film culture of countries around the Mediterranean. It consists of a broad selection of recent feature films, documentaries and short films, supplemented with a film retrospective and dance and music performances. With the focus on a number of themes:
What is flamenco? with films, documentaries, dance and music;
Cultural friendship between Turkey and Greece, the easing of political tensions between the two countries serving as a basis for a Turkish/Greek film programme;
Spiritualism, with films about spiritual subjects and a whirling dance performance with floating dervishes from Turkey; *Albania and Croatia*, a study of the effects of the new political and social changes on young film makers. Turkey will play an important role in the programme, but many films from other countries can also be seen: the Magreb countries – Morocco, Algeria and Tunisia, Spain, Greece, Egypt and possibly Syria and Lebanon. Together with the Sahne Foundation and Al-Kantara Foundation film shows will be organized in Rotterdam neighbourhoods with large Turkish and Moroccan communities.

100x verloren en verlangen

Over beeldvorming en begripsvorming rond multiculturaliteit.
Nov 2001 – 2002
Theater Zuidplein
Theater

100x verloren en verlangen is een reactie op het onbehagen dat het begrip *multiculturaliteit* oproept. Wat is de betekenis van de samenkomst van en confrontatie tussen verschillende culturen en religies in een stad als Rotterdam? Wat is multiculturaliteit eigenlijk? Is dat een samenleving die open staat voor andere culturen en deze de ruimte biedt zich zelfstandig te ontwikkelen, zodat er een nieuw geheel ontstaat uit de samensmelting van verschillende culturen, of gaat het om een samenleving waarin andere culturen opgaan in een dominante cultuur? Aan de hand van 100 gesprekken rond dit thema met jonge en oude allochtonen en autochtonen worden een theaterproductie en een serie van 100 affiches gemaakt. Het is de bedoeling een theatervorm te creëren waarin de toeschouwers de ruimte krijgen zowel voor, tijdens als na de voorstelling hun ervaringen in te brengen. Het stuk gaat in december in première en zal vervolgens langs diverse (wijk)theaters in en buiten Rotterdam reizen. De affiches (gemaakt door studenten van de Willem de Kooning Academie) worden samen met de tekst van de voorstelling in boekvorm uitgegeven. Een project op initiatief van Stichting Galip-Tiyazro Productie samen met Theater Zuidplein en de Willem de Kooning Academie.
100x lost and desire is a response to the anxiety that the concept of *multiculturality* evokes. What is the meaning of the meeting of and confrontation between different cultures and religions in a city like Rotterdam? What, in fact, is multiculturality? Is that a society that is open to other cultures, and allows for their independent development, thus resulting in a new whole as a product of the fusion of different cultures? Or is it about a society in which other cultures are absorbed by a dominant culture? On the basis of 100 discussions on this theme with young and old immigrants and indigenous people a theatre production and a series of 100 posters will be made. The intention is to create a form of theatre allowing the spectators to discuss their experiences before, during, as well as after the performance. The show will be performed in December for the first time, and can then be seen in various (neighbourhood) theatres in and outside Rotterdam. The posters (made by students of the Willem de Kooning Academy) together with the text of the show will be issued as a book.
A project on the initiative of Stichting Galip-Tiyazro Productie together with Zuidplein Theatre and the Willem de Kooning Academy.

Foto's uit Porto

15 nov 2001 – apr 2002
Maritiem Museum
Fotografie

Een impressie van het heden en verleden van de Portugese havenstad Porto.
An impression from the present and past of the Portuguese seaport city.

Proposals for a Collection

Dec 2001 – feb 2002
Museum Boijmans Van Beuningen
Beeldende kunst

Omvangrijke tentoonstelling samengesteld op basis van de collectie van Museum Boijmans Van Beuningen door gastconservatoren Sarat Maharaj en Okwui Enwezor, de makers van de volgende Documenta in Kassel.
A large-scale exhibition composed by guest curators Sarat Maharaj and Okwui Enwezor, the makers of the next Documenta in Kassel, on the basis of the collection of the Boijmans Van Beuningen Museum.

Door to the River

Debat & literatuur

Op initiatief van wethouder Herman Meijer zal er een boek worden geproduceerd als geschenk aan Rotterdam ter gelegenheid van het culturele hoofdstadjaar. Rotterdam haakt hierbij in op het thema van de boekenweek *Schrijven tussen twee Culturen*. Dit initiatief zal verbonden worden met een project rond Willem de Kooning, waarbij zijn schilderij *Deur naar de rivier* een centrale rol speelt. De schilder Willem de Kooning, die na zijn emigratie naar de Verenigde Staten wereldberoemd is geworden, is in het Oude Noorden geboren en opgegroeid. *Deur naar de rivier* dient als metafoor voor de publicatie met als uitgangspunt: emigratie en immigratie, schrijven tussen twee culturen. Het boek zal tevens een rol spelen op het Rotterdamse lezersfeest dat de gemeentebibliotheek jaarlijks organiseert en in 2001 in het teken zal staan van emigratie en immigratie.

The Millennium Passengers

Fotografie

Twee fotografen, Otto Snoek uit Rotterdam en Antonio Chaves uit Porto, voegen hun werk samen middels een publicatie en tentoonstelling en laten hiermee zien dat de gezichten van het nieuwe millennium hetzelfde zijn als die van het millennium ervoor. Informatie: www.millenniumpassengers.com.
Two photographers, Otto Snoek from Rotterdam and Antonio Chaves of Porto, will compile their work in a publication and exhibition, and thus they will show that the faces of the new millennium are the same as those of the previous millennium. Information: www.millenniumpassengers.com.

On the initiative of alderman Hermann Meijer a book will be produced serving as a present for Rotterdam on the occasion of the cultural capital year. Rotterdam will hereby take up the theme of the book week *Writing between two Cultures*. This initiative will be connected to a project around Willem de Kooning focusing on his painting *Door to the river*. The painter Willem de Kooning, who became world-famous after his emigration to the United States, was born and bred in the Oude Noorden quarter. *Door to the river* serves as a metaphor for the publication having as its starting point: emigration and immigration, writing between two cultures. The book will also play a role during the festival of reading in Rotterdam, which is annually organized by the municipal library, and will focus on emigration and immigration in 2001.

Rotterdam Thuisstad bedankt
Maaskoepel

Maaskoepel is een organisatie, waarbij 37 woningcorporaties in de stadsregio Rotterdam zijn aangesloten. Het is een platform voor onderlinge informatieuitwisseling, coördinatie en beleidsontwikkeling op het gebied van de volkshuisvesting. Van Pendrecht tot Pendrecht is de naam van het programma van Maaskoepel ter gelegenheid van de viering van 100 jaar Woningwet in 2001. Dit programma voor bewoners van Rotterdam en medewerkers van corporaties ondersteunt en versterkt *Thuis in Rotterdam*, de 20 museumwoningen. Het programma loopt van half april tot eind september. Naast de start- en slotmanifestatie in Pendrecht, is er een film over Pendrecht en theater op locatie. Er zijn wijkvertellingen en een rondtrekkend programma langs de buurten van de museumwoningen, de Woonkaravaan.

Maaskoepel

Rotterdam Thuisstad bedankt
De Combinatie / De Nieuwe Unie / Estrade Wonen / Patrimonium Woningstichting / Stadswonen / Stichting Humanitas

Rotterdam Thuisstad bedankt
Stichting Woongoed / VL Wonen / Woonbron Maasoevers / Woningbedrijf Rotterdam / Amstelland / Amvest

Rotterdam Thuisstad bedankt
SFB Vastgoed / Proper-Stok / Vesteda / Nai / ING-Vastgoed / Kijk kubus

Thuis in Rotterdam is een ontdekkingsreis door de tijd. Die reis leidt de bezoeker langs twintig woningen in Rotterdam. Van een benauwde arbeiderswoning uit het begin van de vorige eeuw naar hoogstandjes van het Nieuwe Bouwen, via het groene Tuindorp Vreewijk en voorbeelden van stadsvernieuwing naar nieuwe stedelijkheid van de Kop van Zuid. Maar ook langs het hoogtechnologisch wonen in de Hoge Heren en de nieuwe duurzame wijk Nieuw Terbregge.
Thuis in Rotterdam dankt alle deelnemers.

Het Stimuleringsfonds voor Architectuur is een cultureel fonds voor architectuur, stedenbouw en landschapsarchitectuur dat projectsubsidies verleent voor bijvoorbeeld tentoonstellingen, ontwerpwedstrijden en educatieve activiteiten. Het fonds heeft subsidie verleend voor verschillende projecten die in het kader van Rotterdam 2001, Culturele Hoofdstad van Europa plaatsvinden, zoals *Villa Zebra* van Stichting Acupro (een workshop voor het ontwerp van een semi-permanent kinderkwartier), de manifestatie *6,5 miljoen woningen* van de gemeente Rotterdam en de film *Hartstocht en Heimwee in Rotterdam* over de architectonische en stedenbouwkundige ontwikkelingen van de afgelopen eeuw in Rotterdam. Met deze projecten verwacht het fonds dat de ontwikkeling van architectuur en stedenbouw wordt bevorderd en de belangstelling hiervoor toeneemt.

Telefoon: (010) 4361600.

Stimuleringsfonds voor Architectuur

Rotterdam Thuisstad

Rotterdam Thuisstad bedankt BNG

Rotterdam Thuisstad bedankt BNG

'100 jaar wonen' is een landelijke manifestatie. In Rotterdam vindt de nationale tentoonstelling *6,5 miljoen woningen* plaats. Het Projectbureau Thuisstad, dat de tentoonstelling organiseert, bedankt al zijn sponsors.

Ruim 6,5 miljoen woningen in Nederland. Een groot deel daarvan is in de afgelopen 87 jaar gefinancierd door de BNG. De BNG draagt met gespecialiseerde financiële dienstverlening bij aan het zo laag mogelijk houden van de kosten van maatschappelijke voorzieningen voor de burgers.
Goed en betaalbaar wonen hoort daar bij. Want wat is er nou mooier dan een bank te zijn voor het algemeen belang? BNG. Daar heeft iedereen iets mee.

100 jaar wonen
woningwet 1901-2001

BANK NEDERLANDSE GEMEENTEN

Rotterdam Thuisstad bedankt
BPF Bouw

Het Bedrijfspensioenfonds voor de Bouwnijverheid (BPF Bouw) is het pensioenfonds voor mensen werkzaam in de bouw. Vanuit deze achtergrond belegt BPF Bouw graag in vastgoed met een hoge maatschappelijke waarde. Aandacht voor de woonconsument staat centraal. Dit komt tot uiting in de kwaliteit van de complexen, gekoppeld aan veiligheid en leefbaarheid van de omgeving. In Rotterdam heeft BPF Bouw een belangrijke bijdrage geleverd aan de ontwikkeling van Kop van Zuid.

Rotterdam Thuisstad bedankt
Vesteda

Vesteda is een vastgoedonderneming gespecialiseerd in de ontwikkeling en exploitatie van duurdere huurwoningen. Deze in totaal 40.000 woningen bestaan uit appartementen en grondgebonden woningen en liggen in Nederland, in binnenstedelijke gebieden en op goede locaties daarbuiten. De onderneming participeert in de nationale tentoonstelling *6,5 Miljoen Woningen* en zal voor het programma *Thuis in Rotterdam* het wonen in de 21^e eeuw belichten in een modelwoning in de Hoge Heren.

Rotterdam Thuisstad bedankt
HBG

100 jaar wonen in Nederland; hieraan heeft HBG een belangrijke bijdrage geleverd.
Het huidige wonen staat voor individualiteit en kwaliteit. Vanuit haar consumentgerichte en creatieve visie heeft HBG tal van aansprekende projecten gerealiseerd. Projecten die een impuls geven aan het woonklimaat.

Rotterdam Thuisstad bedankt
Proper-Stok

Rotterdam Thuisstad bedankt
ERA Bouw B.V.

Rotterdam Thuisstad bedankt
Amstelland Ontwikkeling

Proper-Stok is een van de meest toonaangevende projectontwikkelaars van Nederland, gespecialiseerd in exclusieve woonconcepten en integrale planontwikkeling.
Nieuw-Terbregge in Rotterdam is in 2001 een voorbeeldwijk op het gebied van duurzame energie, vernieuwende woonvormen en landschappelijke inpassing.

ERA Bouw werkt, als vooruitstrevende onderneming in projectontwikkeling en bouw, met ambitie, visie en gevoel aan duurzaam woongenot.
De Horsten, de Landtong en Stadstuinen zijn recente voorbeelden van onze positieve bijdrage aan de stad Rotterdam en haar inwoners.

Amstelland Ontwikkeling brengt wonen tot leven.

Amstelland Ontwikkeling geeft vorm en inhoud aan woonomgevingen, toegesneden op uw individuele woonwensen. Als top 3-woningaanbieder maken wij *6,5 miljoen woningen*, onderdeel van Rotterdam 2001, Culturele Hoofdstad van Europa, graag mede mogelijk.

PROPER STOK

era bouw

AMSTELLAND ONTWIKKELING

**Rotterdam Thuisstad bedankt
Woonzorg Nederland**

**Rotterdam Thuisstad bedankt
Ballast Nedam Bouw en Ontwikkeling B.V.**

Rotterdam Thuisstad

Woonzorg Nederland is de grootste landelijke corporatie voor seniorenhuisvesting met inmiddels 50 jaar ervaring.
Zij is 1 januari 1996 ontstaan na een fusie.
Woonzorg Nederland wil senioren de beste combinatie van wonen, zorg en welzijn bieden.
In 2001 viert Woonzorg Nederland haar vijfjarig bestaan.
Om dit feestelijk met u te vieren, sponsoren wij de tentoonstelling
6,5 miljoen woningen.

Ballast Nedam biedt de totaaloplossing door de samenwerking tussen de werkmaatschappijen Ballast Nedam Ontwikkelingsmaatschappij, Utiliteitsbouw en Woningbouw te bundelen binnen de nieuwe divisie: 'Ballast Nedam Bouw en Ontwikkeling' die garant staat voor duurzame en zorgvuldige oplossingen.

Woonzorg *Nederland*

Ballast Nedam
Bouw en Ontwikkeling

100 jaar wonen
woningwet 1901-2001

De dienst Stedebouw en Volkshuisvesting bouwt mee aan een aantrekkelijke stad. We maken plannen op het gebied van ruimtelijke ordening, wonen en infrastructuur. Ook houden we toezicht op de kwaliteit van de gebouwde omgeving door bouw-, woning- en welstandstoezicht. Al deze instrumenten komen voort uit de Woningwet, waarvan Nederland in 2001 het honderdjarig bestaan viert.

Vanzelfsprekend dus dat de stad Rotterdam de viering van 100 jaar woningwet koppelt aan Rotterdam 2001, Culturele Hoofdstad van Europa. Logisch ook dat dS+V in 2001 bijdraagt aan projecten die Rotterdam als aantrekkelijke woonstad in het zonnetje zetten. De dienst levert een financiële en personele bijdrage aan de tentoonstelling *6,5 miljoen woningen* en aan *Thuis in Rotterdam*. Ook is de dienst actief betrokken bij *Boompjes, venster op de wereld, het Waterproject 1854–2001* en *Geloven in Rotterdam*.

Op website www.wonen.rotterdam.nl kunt u de dienst bezoeken.

dS+V
gemeente Rotterdam
dienst Stedebouw+Volkshuisvesting

Het OntwikkelingsBedrijf Rotterdam (OBR) werkt er als gemeentelijke organisatie hard aan om de stad voor de bewoners, de bezoekers en de ondernemers in alle opzichten aantrekkelijk te maken. 'De ondernemende schakel tussen ruimte en economie', dat wil het OBR zijn. Daarom ontwikkelt het bedrijf bijvoorbeeld grond en gebouwen voor woningbouw, bedrijventerreinen en wegen, en is het ook verantwoordelijk voor de opzet en uitvoering van een breed economisch beleidsprogramma. De 'quality of life' in Rotterdam - bijvoorbeeld als het gaat om wonen, werken en vrije tijd - speelt daarin een belangrijke rol.

Het OBR draagt bij aan Rotterdam 2001, Culturele Hoofdstad van Europa, omdat het programma daarvan in velerlei opzicht kan bijdragen aan die kwaliteit van stedelijk leven.

Rotterdam is veelzijdig: dat zal in 2001 blijken. Meer aandacht, meer bezoek, beelden en gebeurtenissen die blijven hangen: die maken dat Rotterdam zich in 2001 én in de jaren daarna op nieuwe manieren kan presenteren. Het OBR werkt daar graag aan mee; de stad en de regio worden er in alle opzichten beter van.

OBR
Gemeente Rotterdam

Gemeentewerken Rotterdam staat voor technische expertise op vele gebieden. En voor betrokkenheid bij Rotterdam, de bestuurlijke opgaven en de inwoners. Werkt met anderen samen aan een plezierige, schone en hele woonomgeving, met openbare voorzieningen die naar behoren werken. Aan een omgeving die uitnodigt tot verblijf, ontmoeting en contact: in sociale en culturele zin, maar ook in economisch opzicht. Maakt mobiliteit mogelijk. Lopen, rijden, met openbaar vervoer. Over voetpaden, wegen, viaducten, bruggen en door tunnels. Infrastructuur voor woonomgeving, haven en openbaar vervoer. De 'hardware' van deze stad: daar staat Gemeentewerken voor. Vanaf het eerste plan tot en met het onderhoud van voorzieningen.

Rotterdam vernieuwt en wordt steeds aantrekkelijker. Wandelen over de opgeknapte historische Westersingel. Skaten in het middengebied van de opgewaardeerde Westblaak. Hoge verblijfskwaliteit op verschillende plaatsen langs de rivier. Een aantrekkelijke buitenruimte als podium voor Rotterdam 2001, Culturele Hoofdstad van Europa. Gemeentewerken helpt 't realiseren. En zet haar kennis van de stad en haar gebruiken in om de organisatie van culturele hoofdstad met raad en daad te ondersteunen.

Gemeentewerken Rotterdam, daar kan de stad op bouwen
Buitenruimte - Infrastructuur - Milieu

Gemeente werken
ROTTERDAM

Rotterdam 2001 bedankt
Ernst & Young

Werkstad bedankt
Hunter Douglas Europe

Ernst & Young steunt Rotterdam als culturele hoofdstad 2001. Niet in een hoofdrol, maar achter de schermen. We weten namelijk als geen ander dat zo'n groot cultureel project staat of valt bij een goede zakelijke organisatie. Daarom doen we waar we het beste in zijn, we verlenen diensten op het gebied van accountancy, belasting en juridisch advies. En zo vertolken wij de rol die ons het beste past.

Hunter Douglas is wereldwijd marktleider op het gebied van raambekledingproducten en een belangrijke producent van bouwproducten. Hunter Douglas ondersteunt het project *Coming Soon!*; een expositie van het werk van internationale jonge architecten in de inspirerende omgeving van het Van Nelle Fabrieksgebouw.

ERNST & YOUNG
FROM THOUGHT TO FINISH.™

HunterDouglas®

De RET verbindt wat mensen beweegt

Elke dag spannen een paar duizend RET-medewerkers zich in om 600.000 reizigers zo optimaal mogelijk te vervoeren per bus, tram en metro. Met modern materieel en een uitstekende infrastructuur. Om te zorgen voor een zo groot mogelijke bereikbaarheid in de regio Rotterdam.
Met veel aandacht voor service en veiligheid. Om de klant zo snel, veilig en comfortabel mogelijk op de plaats van bestemming te brengen, werkt de RET aan de ontwikkeling van grote projecten. De belangrijkste projecten zijn de Beneluxlijn, Randstadrail en TramPlus.

/RET

De RET in 2001

Voor het goed functioneren van een wereldstad als Rotterdam en de omliggende gemeenten, is het openbaar vervoer een belangrijke factor. De RET hoort bij Rotterdam en treedt daarom voor Rotterdam 2001 op als makelaar voor alle vervoersvragen. Als hoofdsponsor van Rotterdam 2001 is de RET de Official Carrier voor alle bezoekers.
RET: Regionaal vervoerder voor een culturele hoofdstad in beweging!
Voor meer informatie: www.ret.rotterdam.nl

Havens & Heerlijkheden
April tot en met november 2001

Een culturele en culinaire reis per tram, metro, auto, fiets, boot of bus door zeventien gemeenten rondom Rotterdam. Elk met een geheel eigen karakter, tot uiting komend in verschillende projecten op het gebied van architectuur, muziek, theater, beeldende kunst, literatuur en (cultuur)historie.

Havens & Heerlijkheden wordt financieel mede mogelijk gemaakt door:

Provincie Zuid-Holland
Gemeente Albrandswaard, Barendrecht, Bergschenhoek, Berkel en Rodenrijs, Bernisse, Bleiswijk, Brielle, Capelle aan den IJssel, Dordrecht, Hellevoetsluis, Maassluis, Ridderkerk, Rozenburg, Schiedam, Spijkenisse, Vlaardingen, Westvoorne.

VSB Fonds
Prins Bernhard Cultuurfonds Zuid-Holland
Stadsregio Rotterdam
Stichting Cultuurfonds van de Bank Nederlandse Gemeenten

ABN AMRO
Bunnik Plants
De Haas Maassluis BV
Diverse lokale Rabobanken in de omgeving van Rotterdam
J.E. Jurriaanse Stichting
JCP Stichting
Koninklijke Scheepsagentuur Dirkzwager BV
KPMG
SHV Holdings N.V.
SNS Reaal Fonds
Stichting Europoort/Botlek Belangen
Thuiskopiefonds
Van Gilst Binnenhuiskunst BV
Vrienden van Muziektheater Hollands Diep

Conceptontwikkeling Havens & Heerlijkheden en projectorganisatie:
Kunstgebouw, stichting Kunst en Cultuur Zuid-Holland

Stad van de Toekomst bedankt Shell

Shell is al sinds 1902 zichtbaar aanwezig in de Rotterdamse regio.
Uiteraard zijn de stad zowel als Shell ingrijpend veranderd in die bijna honderd jaar. Een van de zichtbare resultaten is de mix van mensen, culturen en nieuwe economische activiteiten. De filmproductie *Cineac 2001, Hartstocht en Heimwee in Rotterdam* geeft daarvan een prachtig beeld; hoe Rotterdam was en nu is. Vanwege haar sterke band met Rotterdam en omgeving heeft Shell graag financieel bijgedragen aan deze film, die binnenkort te zien is in Calypso 2001.

Stad van de Toekomst bedankt ING

Stad van de Toekomst bedankt ING

Stad van de Toekomst bedankt ING

ING is in tien jaar tijd uitgegroeid tot één van de koplopers in de internationale financiële dienstverlening, met meer dan honderdduizend medewerkers en 25 miljoen klanten ter wereld. Ondanks deze spectaculaire expansie koestert ING haar Nederlandse oorsprong. Want wie zou zich de skyline van Rotterdam nog kunnen voorstellen zonder de *Delftse Poort* met de oranje N? En hoe zou de Kop van Zuid er uit zien zonder de inspanningen van ING Bank en ING Vastgoed? ING is volop betrokken bij verleden, heden én toekomst van Rotterdam. Dat moge ook blijken uit de financiële ondersteuning van drie bijzondere projecten in het kader van Rotterdam 2001, Culturele Hoofdstad van Europa.

Stad van de Toekomst bedankt
ING

Stad van de Toekomst bedankt
ING

Stad van de Toekomst bedankt
ING

Nationale-Nederlanden is ook dit jaar weer de steunpilaar voor een nieuwe, spectaculaire editie van *Opera in Ahoy'*. Begin september vormt de Kop van Zuid het decor van een nieuw opmerkelijk operaproject. Het Rotterdams Philharmonisch Orkest begeleidt, in een spraakmakende enscenering, een keur van internationale solisten in Verdi's *Rigoletto*. En voor alle oude en nieuwe Rotterdammers wordt *Cineac 2001: Hartstocht en Heimwee* een must.
Want Rotterdam is een stad om trots op te zijn.

Rotterdam 2001 bedankt
Koninklijke Nedlloyd en P&O Nedlloyd

Koninklijke Nedlloyd heeft als hoofdactiviteit containerlogistiek via het 50% belang in P&O Nedlloyd, één van de grootste rederijen ter wereld.
Rotterdam vormt in het wereldwijde netwerk van P&O Nedlloyd een zeer belangrijke schakel.
Daarom zijn wij graag betrokken bij Rotterdam 2001, Culturele Hoofdstad van Europa en in het bijzonder bij het *HOMEPORT Harbor City Project 2001*.
De internationale contacten via het water, in dit project gesymboliseerd door zes havensteden over de gehele wereld, vormen het werkterrein van P&O Nedlloyd.

Rotterdam 2001 bedankt
Consonant communicatiegroep

Consonant communicatiegroep is een Rotterdams bureau met grote affiniteit voor de stad en de dynamiek die er van uitgaat. In 2001 is Rotterdam een bron van culturele energie waaraan iedereen zich met plezier zal laven. Consonant staat graag aan die bron.
www.consonant.com

Rotterdam 2001 bedankt

Hoofdsponsors

ING
ROBECO
kpn — de kunst van communicatie
ABN·AMRO
Unilever
VSBfonds
Gemeente Rotterdam
Ministry of Economic Affairs
OCenW — Ministerie van Onderwijs Cultuur en Wetenschappen
Ministerie van Buitenlandse Zaken

Official Carrier

RET

Project sponsors

Port of Rotterdam — Gemeentelijk Havenbedrijf Rotterdam
Vopak
Maaskoepel
het nieuwe museum over geld

Project sponsors

STAD ROTTERDAM VERZEKERINGEN
DURA VERMEER
FORTIS BANK
P&O Nedlloyd
Nedlloyd
Gemeente werken ROTTERDAM
Shell
ERNST & YOUNG — From Thought to Finish.
dS+V gemeente Rotterdam dienst Stedebouw+Volkshuisvesting
TRS Ontwikkelingsgroep
OBR Gemeente Rotterdam
BankGiroLoterij
Bank Nederlandse Gemeenten
Zilveren Kruis | Achmea
Waterbedrijf Europoort
ENECO energie
NUTRICIA

CONSONANT communicatiegroep
SVZ Havenondernemersvereniging Rotterdam
AON — Insure your vision
hbg
Woningbedrijf Rotterdam
NASM — HAL Investments B.V.
PlantijnCasparie — Prepublishing | Drukwerk | Direct marketing
HunterDouglas
era bouw
Royal Nederland
Heineken
Ballast Nedam — Bouw en Ontwikkeling
Vesteda — Huren • Wonen • Leven!
TRENITÉ VAN DOORNE — Advocaten Notarissen Belastingadviseurs
HOLLAND CASINO
Kunst ZAKEN
Historisch MUSEUM ROTTERDAM

Woonzorg Nederland
BPF BOUW
Provimi
AMSTELLAND ONTWIKKELING
Nederlandse Spoorwegen
PROPER STOK
CALDIC
orion.nl
INTERNATIO-MÜLLER
NAi Nederlands Architectuurinstituut
WATCO NEDERLAND ROTTERDAM
ect
BIJL
Vest
Gemeente Rotterdam — Veelkleurige stad

DE COMBINATIE
stadswonen
Bunnik Plants
Maastricht
Oosterhout
Woonbron Maasoevers
woongoed Rotterdam
ARCHIPEL WONINGSTICHTING — Arnhem
VESTIA | ESTRADE GROEP — Haaglanden
Nederlandse PersDatabank
ebb — Stichting Europoort/Botlek Belangen
stichting humanitas
SSH Utrecht
sshw Wageningen
van Gilst

Rotterdam 2001 Culturele Hoofdstad van Europa

Project sponsors vervolg

SWS Eindhoven
14h1 Eindhoven
Woningstichting PWS
ING Vastgoed
SHV
Stædion vastgoed Den Haag
WonenZuid Roermond/Heerlen
KPMG
VL Wonen
de Nieuwe Unie

Samenwerken aan wonen

en vervolgens:

TBI Holdings B.V
Hoogheemraadschap van Schieland
Hoogheemraadschap van Delfland
Waterschap IJsselmonde
DaimlerChrysler
Siemens
Van den Bergh Nederland
Mazars Paardekooper en Hoffman
Compaq
Interim Technology
Microsoft
McKinsey & Company
A.G.L. Tuns, architect HBO BNA
Vastgoedfonds Lieven de Key
Portaal, Nijmegen
Vrienden van Muziektheater Hollands Diep
Koninklijke Scheepsagentuur Dirkzwager BV
Huntsman
Woningstichting Domijn
De Haas Maassluis BV
P&O Rotterdam
I&O Automatisering
Shipmate Vlaggen
Bingham Vlaggen
Erasmus Universiteit Rotterdam
Kamer van Koophandel Rotterdam
v.o.f. de Boompjes
EFL Stichting
Akademie der Künsten, Berlijn
VNC travel
BOAK Nederland
Bestuursdienst Rotterdam stadhuis
ING Woningbouw
Pontiaan Rotterdam
Hogeschool Rotterdam
Boom Delft
SBS, projectbegeleiding b.v. Rotterdam
Stedelijke vernieuwing & beheer
Mr. J. van Houdt b.v.
Nouwen Notarissen
Bouwfonds Woningbouw
Bontebal Reeuwijk
Mager Beheer b.v.
Manhave Vastgoed b.v. Rotterdam
Koudijs Aannemingsbedrijf
DHV-AIB
Netherlands Business Support Office Hangzhou
Bricsnet
Concretio b.v.
Eurowoningen
XX-architecten
De Combi Rotterdam b.v.
Cees Reijers architecten
Handelsmaatschappij de Wit b.v.
RCRO
Moso
Fortis Investments
Fortress
Innoplan
Johan Matser Projectontwikkeling b.v.
Multi Vastgoed
Bouwfonds Financiering Vastgoed B.V.
SAVAM, brancheorganisatie van erkende verhuizers
NWO
KNAW
Rijksuniversiteit Groningen

Official Suppliers

Haine ludio
HULSKAMP

Overheden

Holland
Stadsregio Rotterdam
Bernisse
Barendrecht
Albrandswaard
Bergschenhoek
Berkel en Rodenrijs
Bleiswijk
Brielle
Capelle aan den IJssel
Dordrecht
Hellevoetsluis
Maassluis
Rozenburg
Gemeente Schiedam
Spijkenisse
Gemeente Vlaardingen
Westvoorne

Ministerie van Volkshuisvesting, Ruimtelijke Ordening en Milieu
Ministerie van Volksgezondheid, Welzijn en Sport
Ministerie van Justitie
Ministerie van Binnenlandse Zaken

Fondsen

Prins Bernhard Cultuurfonds
Prins Bernhard Cultuurfonds Zuid-Holland
Cultuurfonds Stichting Cultuurfonds van de Bank Nederlandse Gemeenten
SNS REAAL GROEP
Thuiskopie Fonds
Goethe Institut Rotterdam
J.C.P. Stichting jong talent, cultuur & podia

Fondsen vervolg

Rotterdamse Kunststichting
Stimuleringsfonds voor Architectuur
HIVOS
Stichting Bevordering van Volkskracht
stichting fonds podiumkunsten voor de
Erasmusstichting
Stichting Elise Mathilde Fonds
K.F. Hein Fonds
G. Ph. Verhagen Stichting
NCDO
Stichting Verzameling van Wijngaarden-Boot
Prins Bernhard Cultuurfonds Rotterdam
Stichting Physico Therapeutisch Instituut
Maatschappij tot Nut van 't Algemeen
Innovatiefonds Rotterdam
Prins Clausfonds
Van Cappellen Stichting
Pittetfonds
M.A.O.C. Gravin van Bylandt Stichting
Fonds voor Publieksverbreding
Stichting H.M.A. Schadee Fonds
Familiestichting Nolst Trenité
Stichting Swart-van Essen
Vereniging Blindenbelangen
J.E. Jurriaanse Stichting
Organisatie van Effectenhandelaren Rotterdam
Stichting Katholieke Noden
Stimuleringsfonds Nederlandse Culturele Omroepproducties
Stichting Praemium Erasmianum

Valery Gergiev
Chefdirigent RPhO

Het fascinerende van Rotterdam is dat de stad voortdurend opnieuw wordt gebouwd. De Erasmusbrug is nog niet afgebouwd, of de eerste palen van het Nieuwe Luxor Theater gaan de grond in. Ook mijn samenwerking met het *Rotterdams Philharmonisch Orkest* zie ik als een 'bouwervaring'. Als ik met het orkest naar het buitenland ga, worden de musici van Londen tot Japan geprezen om hun kwaliteit van musiceren. In de afgelopen jaren hebben we samen aan magnifieke festivals en prachtige muziekproducties gewerkt en we blijven uitkijken naar nieuwe gelegenheden. Het feit dat Rotterdam culturele hoofdstad is, heeft ons geïnspireerd tot het maken van nieuwe programma's. Het is een eer voor me om in 2001 een bijzondere editie van het *Rotterdam Philharmonic Gergiev Festival* te mogen presenteren, gewijd aan *Sjostakovitsj' War Symphonies*. Een emotioneel thema in een stad die zoveel geleden heeft in de Tweede Wereldoorlog. We zullen ook moeten proberen om het rijke operaleven, zoals Rotterdam dat kende in het Interbellum, te laten herleven. We blijven bouwen. We zien het huis al voor ons.

The fascinating thing about Rotterdam is that the city is always being rebuilt. No sooner was the Erasmus Bridge completed, than building on the New Luxor Theatre has started. I also see my co-operation with the *Rotterdam Philharmonic Orchestra* as a building experience. When I take the orchestra abroad, the Rotterdam musicians are praised from London to Japan for the quality of their music making. In the past few years we have worked together on some magnificent festivals and wonderful music productions and we keep looking for new opportunities. Rotterdam as Cultural Capital has inspired us once again to organize new events. It will be an honour for me to present an extraordinary edition of the *Rotterdam Philharmonic Gergiev Festival* in 2001, dedicated to *Sjostakovich's War Symphonies*. It will be an emotional statement in a city that suffered so much during the Second World War. We must also try to re-establish the exciting opera life which Rotterdam enjoyed before the war. We keep on building. We can already see the house.

Kunstenaars bijdragen
Artists contributions

Pag. 1 – 6 / 8 – 10
Jan Kempenaers
Na zijn studie kunstfilm en -fotografie aan de Koninklijke Academie voor Schone Kunsten in Gent, volgt Jan Kempenaers (Heist o/d Berg, België, 1968) de Jan van Eyck Academie in Maastricht. Momenteel fotografeert hij met name landschappen en architectuur. Kenmerkend voor zijn fotografie zijn het uitzonderlijk hoge standpunt van zijn camera en de distantie, factoren die een gevoel van vervreemding oproepen. Zijn werk is terug te vinden in diverse publicaties en tijdschriften, waaronder NUPSH (Etablissement d'en face, Brussel), Metropolis (Brussel/Bruxelles 2000), A+U, de Architect, Wallpaper, A+ en Techniques & Architecture. Kempenaers neemt in het jaar 2000 ook deel aan diverse groepstentoonstellingen, waaronder Brussels by Light (KBC Galerij te Brussel), Scripted Spaces: The Chase and the Labyrinth (Witte de With te Rotterdam) en L'invitation à la ville (Brussel/Bruxelles 2000, Brussel).

After studying art film and photography at the Royal Academy of Fine Arts in Gent, Kempenaers (Heist o/d Berg, Belgium, 1968) attended classes at the Jan van Eyck Academy in Maastricht. At the moment he photographs landscapes and architecture in particular. His photography is characterised by an unusually high camera position and a sense of detachment, factors that evoke feelings of alienation. His work can be found in various publications and magazines including NUPSH (Etablissement d'on face, Brussels), Metropolis (Brussel/Bruxelles 2000), A+U, the Architect, Wallpaper, A+ and Techniques & Architecture. Kempenaers has also taken part in various group exhibitions in 2000 ,such as, Brussels by Light (KBC Gallery in Brussels), Scripted Spaces: The Chase and the Labyrinth (Witte de With in Rotterdam) and L'invitation à la ville (Brussel/Bruxelles 2000, Brussels).

Pag. 28 – 33
Harmen Liemburg en Richard Niessen
Harmen Liemburg (1966) en Richard Niessen (1972) studeren grafische vormgeving aan de Gerrit Rietveld Academie en beginnen in 1999 serieus samen te werken. Wars van grafische vormgeving die pas na uitgebreide uitleg begrijpelijk wordt, hebben ze zich tot doel gesteld intelligent, krachtig werk te maken dat de grote hoeveelheid energie en plezier uitstraalt die ze erin hebben gestoken. Een groot deel van hun werk komt in eigen opdracht tot stand. Trefwoorden: kleuren, muziek en de geur van inkt. Liemburg en Niessen werken onder meer in opdracht van KPN, Stichting Exerdra, Bno en Jacob de Baan, geven samen met Yolanda Huntelaar en Roosje Klap het tijdschrift Sec. uit, een vrij podium voor beeldmakers, en organiseren onder de naam Jack avonden over de drijfveren van kunstenaars uit diverse disciplines. Niessen is bovendien zanger/gitarist van de popband Howtoplays.

Harmen Liemburg (1966) and Richard Niessen (1972) studied graphic design at the Gerrit Rietveld Academy. Their serious co-operation started in 1999. Averse to graphic design that can only be understood after detailed explanation, they set themselves the goal to create forceful work that exudes the large amount of energy and pleasure they put into it. A considerable part of their work was self-commissioned. Key words are colour, music and the smell of ink. Liemburg and Niessen work for such clients as KPN, Stichting Exerdra, BNO and Jacob de Baan. Together with Yolanda Huntelaar and Roosje Klap they also publish the magazine Sec., a free platform for visual artists, and organize evenings under the name of Jack about the motives of artists from different disciplines. Besides, Niessen is a singer/guitar player in the pop band Howtoplays.

Pag. 49 – 55
Daniël J.H. van de Ven
Daniël J.H. van de Ven is achttien jaar lang zelfstandig publiciteitsfotograaf voor de Holland Amerika Lijn en fotografeert in de periode 1948-1975 voor bedrijven en scheepswerven in de Rotterdamse Haven. Hij maakt een groot aantal audiovisuele presentaties voor onder andere de Unie van Waterschappen, Unilever, het NRC Handelsblad, het Rotterdams Philharmonisch Orkest en de Gemeente Rotterdam. In 1985 vervaardigt hij in opdracht van het Maritiem Museum Prins Hendrik de eerste analoge beeldplaat voor museumgebruik. Van de Ven ontwikkelt zich tot een specialist op het gebied van kunstfotografie, maar zijn hart blijft bij de haven van Rotterdam.

Daniël J.H. van de Ven was an independent publicity photographer for the Holland America Line for eighteen years and photographed for companies and shipyards in the Rotterdam Harbour from 1948 to 1975. He had prepared a great number of audiovisual presentations for the Association of District Water Boards, Unilever, the commercial newspaper NRC Handelsblad, the Rotterdam Philharmonic Orchestra and the Municipality of Rotterdam. In 1985 he made the first analogue videodisc for the Prins Hendrik Maritime Museum for museum applications. Van de Ven has developed himself to become a specialist in the field of art photography, but feelingswise he remains attached to the Rotterdam Harbour.

Pag. 68 – 75
Nasrin Tabatabai
Nasrin Tabatabai (Teheran, Iran, 1960) bezoekt de Academie van Beeldende Kunsten te Rotterdam en doorloopt vervolgens in Maastricht de Jan van Eyck Academie, postacademisch instituut voor Beeldende Kunst, Ontwerpen en Theorie. Met Rotterdam als leef- en werkgebied houdt zij zich bezig met verschillende kunstvormen en projecten, waarvan het maken van video en installaties de belangrijkste zijn. In het jaar 2000 is haar werk te zien op diverse groepstentoonstellingen, waaronder Manifesta 3 in Lujbljana (Slovenië) en Stranger & Paradise in Witte de With te Rotterdam, en exposeert zij solo in het Kuenstlerhaus in Stuttgart, Duitsland. Bovendien neemt Tabatabai dat jaar de aanmoedigingsprijs voor film & video in ontvangst van het Amsterdams Fonds voor de Kunst.

Nasrin Tabatabai (Teheran, Iran, 1960) studied at the Rotterdam Academy of Art and Design in Rotterdam and completed her studies at the Jan van Eyck Academy in Maastricht, an institute for postgraduate courses in plastic arts, design and theory. Tabatabai lives and works in Rotterdam, where she engages herself in various art forms and projects, the most important of which involves the making of videofilm and installations. Her work was on display at various group exhibitions in 2000, including Manifesta 3 in Lujbljana, Slovenia and Stranger & Paradise in Witte de With in Rotterdam. She had a solo exhibition in the Kuenstlerhaus in Stuttgart, Germany. Besides, Tabatabai was awarded the incentive prize for film & video by the Amsterdam Fund for the Arts in that year.

Pag. 89 – 95
Johannes Schwartz
Johannes Schwartz (München, Duitsland, 1970) studeert fotografie aan de Gerrit Rietveld Academie in Amsterdam en specialiseert zich in het fotograferen van interieurs, architectuur en stillevens. In de details van zijn foto's liggen verhalen verborgen die zich op het eerste gezicht nog niet openbaren. In 1998 ontvangt hij de Esther Kroon Prijs voor zijn werk. Schwartz publiceert in onder meer de Duitse Vogue, Wallpaper en De Volkskrant. In 1999 is zijn fotoserie Cut and Paste te zien tijdens een groepstentoonstelling in Galerie Ulrich Fiedler in Keulen en in 2000 exposeert hij solo in galerie BULLET in Brussel (zonder titel) en maakt zijn serie Domestic Loneliness deel uit van een groepstentoonstelling in Galerie Annet Gelink in Amsterdam.

Johannes Schwartz (Munich, Germany, 1970) studied photography at the Gerrit Rietveld Academy in Amsterdam and specialises in photographing interiors, architecture and still lifes. His photographic details contain hidden stories, which do not readily reveal themselves at first glance. He was awarded the Esther Kroon Prize for his work in 1998. Schwartz has been published in the German Vogue, Wallpaper and the Volkskrant newspaper, among others. His series of photographs Cut and Paste were displayed in 1999 during a group exhibition at the Ulrich Fiedler Gallery in Cologne and he held a solo exhibition (untitled) in the BULLET Gallery in Brussels in 2000. His series Domestic Loneliness was part of a group exhibition at the Annet Gelink Gallery in Amsterdam.

Pag. 106 – 115
Dana Lixenberg
Dana Lixenberg (Amsterdam, 1964) studeert fotografie aan de London College of Printing en vervolgt haar studie aan de Gerrit Rietveld Academie in Amsterdam. In 1990 verhuist zij naar New York. Tijdens een opdracht ten behoeve van Nederlandse publicaties, maakt ze met behulp van een projectsubsidie van WVC in Los Angeles een serie portretten van bewoners van het housing project Imperial Courts in Watts. De publicatie van deze reportage in Vibe leidt tot andere opdrachten, zoals voor New York Times Magazine, The New Yorker, Newsweek en Rolling Stone. In 1999 exposeert ze in Los Angeles haar Imperial Courts en een selectie uit haar recente Haven House project over daklozen in de Amerikaanse staat Indiana. In hetzelfde jaar maakt de NPS een documentaire over haar werk voor het programma Het Uur van de Wolf waarin deze projecten centraal staan. In 2001 heeft ze een tentoonstelling in de Rotterdamse Kunsthal.

Dana Lixenberg (Amsterdam, 1964) studied photography at the London College of Printing and continued her studies at the Gerrit Rietveld Academy in Amsterdam before moving to New York in 1990. Lixenberg created a series of portraits in Los Angeles of residents of the Imperial Courts housing project in Watts under an assignment for Dutch publications and aided with a project subsidy from the WVC. The publication of this series in Vibe led to assignments for the New York Times Magazine, The New Yorker, Newsweek and Rolling Stone. In 1999 she exhibited her Imperial Courts series and a selection from her recent Haven House project on the homeless in the American state of Indiana. During that same year, the NPS produced a documentary on her work for the programme Het Uur van de Wolf which focused on these projects. She will be exhibiting in the Rotterdam Kunsthal in 2001.

Pag. 150 – 153
75B
Ontwerpers Robert Beckand (Den Haag, 1972), Pieter Vos (Utrecht, 1971) en Rens Muis (Rotterdam, 1974) worden in 1997 bij elkaar gebracht door een commercieel strateeg van de Hogeschool van Rotterdam & Omstreken. Aanvankelijk voelen ze er niets voor om een samenwerking aan te gaan, maar als de HR&O dreigt hun niet de benodigde studiepunten toe te kennen, heeft het

drietal geen keus meer. Zo ontstaat 75B. Het werk van 75B kenmerkt zich door een hoge mate van computertechnische kennis. Het trio ontwerpt onder meer de huisstijl voor het Nederlands Instituut voor Vliegontwikkeling en Ruimtevaart (NIVR), heeft in 1998 een overzichtstentoonstelling in de gemeentebibliotheek in Vlaardingen en is verantwoordelijk voor diverse logo rip-offs.

Designers Robert Beckand (The Hague, 1972), Pieter Vos (Utrecht, 1971) and Rens Muis (Rotterdam, 1974) were brought together in 1997 by a commercial strategist from the Rotterdam University for Professional Training. Initially they did not fancy the idea of collaborating, but when the school threatened not to award them the necessary credits, this threesome was given no choice and 75B was born. 75B's work is characterised to a high degree by computer know-how. This trio designed the house style for the Netherlands Agency for Aviation and Aerospace (NIVR), held a retrospective in the municipal library of Vlaardingen in 1998 and is responsible for various logo rip-offs.

Pag. 170 – 175
Carel van Hees

Carel van Hees (Rotterdam, 1954) breekt zijn studie aan de Academie van Beeldende Kunsten in Breda af om te gaan werken voor fotopersbureaus. Hij maakt reportages voor Het Vrije Volk en NRC Handelsblad. Als zelfstandig fotograaf volgt hij voor Vrij Nederland Indianen in Peru tijdens een bedevaartstocht en fotografeert in Beyruth tijdens de burgeroorlog (1989). Van Hees werkt mee aan het boek Rotterdam Dynamische Stad (1990) en maakt het boek en de film Saxman (1992) over saxofonist Pierre Leblanc. De laatste gaat in première op het International Film Festival Rotterdam 1996. Zijn taboe-doorbrekende project over mensen die besmet zijn met het HIV-virus (1991-1995) resulteert in het boek Weerstand/Resistance, waarvoor hij de Maria Austria Prijs van het Amsterdams Fonds voor de Kunst ontvangt. Vanaf 1996 fotografeert Van Hees jonge mensen, aan het eind van de 20e eeuw in een multiculturele samenleving. Het project zal in 2001 verschijnen als boek én tentoonstelling.

Carel van Hees (Rotterdam, 1954) broke off his studies at the Academy of Art in Breda to start working for photo press agencies. He reported for the newspapers Het Vrije Volk and NRC Handelsblad. As an independent photographer working for the news magazine Vrij Nederland he followed Indians in Peru during a pilgrimage and took photos in Beirut during the civil war (1989). Van Hees contributed to the book Rotterdam, Dynamic City (1990) and wrote the book and made the film Saxman (1992) about saxophonist Pierre Leblanc, which premiered at the 1996 International Film Festival Rotterdam. His taboo-breaking project on HIV-infected persons (1991-1995) resulted in the book Weerstand/Resistance, for which he was awarded the Maria Austria Award by the Amsterdam Fund for the Arts. Since 1996 Van Hees has been taking photographs of Young people in a multicultural society by the end of the 20th century. In 2001 this project will be published and exhibited.

Pag. 188 – 193
Céline van Balen

Céline van Balen (Amsterdam, 1965) volgt verschillende fotocursussen bij De Moor in Amsterdam en studeert vervolgens fotografie aan de Gerrit Rietveld Academie. Ze specialiseert zich in portretten. De mensen die voor het oog van haar camera verschijnen zijn niet-doorsnee mensen met uitstraling bij wie Van Balen een gevoel van persoonlijke betrokkenheid heeft. In mei 1999 exposeert het Rijksmuseum te Amsterdam onder de titel *Zeven* haar serie portretten van kinderen van zeven in Nederland. In september van dat jaar levert Van Balen met haar Conditions humaines, portraits intimes een bijdrage aan een Nederlandse groepstentoonstelling op de fotografiebiennale in Montreal, Canada. In november 2000 is haar serie portretten onder de naam Berlin te zien op een groepstentoonstelling in het Fotomuseum van Winterthur in Zwitserland.

Céline van Balen (Amsterdam, 1965) took a number of photography courses at De Moor in Amsterdam before studying photography at the Gerrit Rietveld Academy where she specialised in portraiture. Her subjects are non-average individuals with charisma for whom Van Balen has a feeling of personal involvement. In May 1999, an exhibition was held at the Rijksmuseum in Amsterdam entitled *Seven* showing her series of portraits of 7 year old children in the Netherlands. In September of that year Van Balen contributed towards a joint Dutch exhibition at the photography Biennale in Montreal, Canada, with her portraits entitled Conditions humaines, portraits intimes. Her series of portraits entitled Berlin was shown in November 2000 at a group exhibition in the Winterthur Museum of Photography in Switzerland.

Pag. 205 – 211
Tariq Alvi

Tariq Alvi (Newcastle-upon-Tyne, Groot-Brittannië, 1965) studeert achtereenvolgens aan de Brighton Academy of Fine Art en de Jan van Eyck Academie in Maastricht. Uit zijn fotografie spreekt zijn fascinatie voor onder meer ruimte, sexualiteit, details binnen een groter geheel en het gebruik van dagelijks drukwerk, zoals ordercatalogus, magazines en clubflyers. De afgelopen jaren zijn verschillende exposities van zijn werk te zien, waaronder Peiling 5 in het Stedelijk Museum te Amsterdam (1996), The Mothership Connection in het Stedelijk Bureau te Amsterdam (1997), Pictures of Lily in 30 Underwood Street in Londen (1997) en Same Player Shoots Again in Artis te Den Bosch (1998).

Tariq Alvi (Newcastle-upon-Tyne, Great Brittain, 1965) studied at the Brighton Academy of Fine Art and the Jan van Eyck Academy in Maastricht, respectively. His photography reveals his fascination for space, sexuality, details within a greater whole and the use of such everyday printed matter as order catalogues, magazines and club flyers. His recent exhibitions include Peiling 5 at the Stedelijk Museum in Amsterdam (1996), The Mothership Connection at the Stedelijk Bureau in Amsterdam (1997), Pictures of Lily in 30 Underwood Street in London (1997) and Same Player Shoots Again in Artis in Den Bosch (1998).

Pag. 223 – 228
Atelier Van Lieshout

Beeldend kunstenaar Joep van Lieshout (Ravenstein, 1963) doorloopt de Academie van Beeldende Kunsten in Rotterdam en vervolgt zijn opleiding bij Ateliers '63 in Haarlem en Villa Arson in Nice. In 1995 richt hij Atelier Van Lieshout op (AVL) omdat de meeste kunstwerken tot stand komen met behulp van assistenten. Inmiddels heeft hij zo'n 15 werknemers. Het meeste werk is praktisch van aard, degelijk en eenvoudig in de uitvoering en varieert van polyester meubels, badkamers en mobiele woonunits tot complete architectonische verbouwingen. De met glasvezel versterkte polyester constructies, meestal in felle kleuren, vormen het visitekaartje van AVL. Van Lieshout ontwerpt in 1995 een Mobile Home voor het Kröller Müller Museum in Otterloo, exposeert in 1997 in Museum Boijmans Van Beuningen, in 1999 in het Museum Für Gegenwartskunst in Zürich en neemt in 2000 deel aan de groepsexpositie Wonderland in St. Louis. Sinds enkele jaren is de aandacht in het werk verschoven van gestandaardiseerde, op bestelling verkrijgbare meubelstukken naar werk ten behoeve van de zelfvoorzienendheid en onafhankelijkheid van AVL. Binnen het project AVL-Ville dat Atelier Van Lieshout i.s.m. Rotterdam 2001 tot stand brengt, wordt die onafhankelijkheid onder meer tot uiting gebracht in het door Floor Houben ontworpen AVL-geld.

Visual artist Joep van Lieshout (Ravenstein, 1963) attended the Rotterdam Academy of Art and Design, continuing his education at Ateliers '63 in Haarlem and at Villa Arson in Nice. In 1995 he founded Atelier Van Lieshout (AVL) as most of his works of art came about with contributions by assistants of his. By now, the atelier employs some 15 staff. Most of the work is practical in nature, of a solid and simple design, varying from polyester furniture, bathrooms and mobile living units to complete architectural alterations. The glassfibre-reinforced polyester structures, usually of bright colours, are AVL's frontpieces. In 1995 Van Lieshout designed a mobile home for the Kröller Müller Museum in Otterloo; in 1997 his work was exhibited in the Boijmans Van Beuningen Museum; in 1999, it was on display in the Museum für Gegenwartskunst in Zürich; and in 2000 he contributed to the group exhibition Wonderland in St. Louis. Since a couple of years, the focus of the work has shifted from standardised furniture, available on request, to work that is aimed at AVL occupying a self-supporting and independent position. Within the project AVL-Ville, produced in co-operation with Rotterdam 2001, this independance is articulated by, among other things, theit own AVL- money, designed by Floor Houben.

Disciplinaire/alfabetische index

Architectuur
4ᵉ Europese Biënnale Stedenbouw, 167
6,5 miljoen woningen, 157
Alexander Binnenstebuiten, 162
Archipelago, 201
Autodentity, 167
AVL-Ville: vrijstaat en openluchtmuseum, 164
Bamboe Bovenstad, 162
De Boompjes... Venster op de wereld, 158
Botanische Tuin Rheumaverpleeghuis, 164
Breeze of AIR, 165
Coming Soon!, 184
De Culturele Stadstour, 198
Erasmustuin, 66
Foto-expositie in Rotterdam en Porto, 166
De Groene stad, 168
Happiness City Space, 168
Huis Sonneveld museumwoning, 163
Internationale Bouwtentoonstelling Hoogvliet, 160
J.J.P. Oud – Philip Johnson: een dialoog, 242
Millinxpark-parade, 166
De Museumparkvilla's, 163
Naar een 'nieuwe' stad 2020, 200
Parasites, 167
Sensing Mobility, 167
Thuis in Rotterdam, 157
Van Pendrecht tot Pendrecht, 165
Verborgen tuinen in Rotterdam, 166
De Verhuiswagen, 164
Waterproject 1854–2001, 159
Willem Nicolaas Rose, 168

Audiovisuele kunsten/film
Blind Date in Shanghai, 85
The Box, 215
Cinema Mediterranée, 247
City Life, Rotterdam – Porto 2001, a Cultural Odyssey, 162
Een straat... de stad, 161
Exploding Cinema, 239
De Jas van Rotterdam, 80
Kultkaffee, 215
Ik wijk voor niemand, 65
Een ongemakkelijk sprookje, 82
On the Waterfront, 238
Rotterdam Cineac: Hartstocht en Heimwee in Rotterdam, 214
Het Rotterdamgevoel, 88
Rotterdam kent vele kinderen!, 216
S.O.S.,86
Touch, 82
Twaalf, 81
Videogedichten van de straat, 104
Week van de spirituele film, 62
WORM/Dodorama, 181

Beeldende kunst
Art Streams, 241
AVL-Ville: vrijstaat en openluchtmuseum, 164
Bruidsschat, 83
Cultuurbrug: Brussel 2000- Rotterdam 2001, 182
Designprijs Rotterdam 2001, 182
ECHo, 239
Europa im Fluss, 245
Full Moon I, 200
Galeries in Porto en Rotterdam, 239
Going Dutch: 2 dimensionale tent00nstelling in 1 stad, 160
Promenade Plantée voor groeiende sculpturen, 163
In de spiegel van de Gouden Eeuw, 246
Interbellum, 37

Internationale BeeldenCollectie Rotterdam, 161
Jheronimus Bosch, 60
KidsKunst, 221
Madness Gekkenwerk, 68
Manfred Pernice & Anarrations, 236
Panorama Rotterdam, 238
Pleinpoëzie: poëzieplaatjes maken op je eigen plein, 220
Proposals for a Collection, 248
Rotterdam Feest, 38
Ruimte bezetten, 160
Squatters, 166
De stad in gang, 201
De sterke stad: Rotterdamse beelden van Willem Verbon, 86
Tentoonstelling over de Bijenkorf 1932, 45
Pieter Brueghel de Oude: Meestertekenaar en humanist, 63
Tuin der Lusten, 66
Twintig Kamers van Mevrouw Elias, 81
Uitgaan in Rotterdam, 41
Unpacking Europe, 233
Verzamelplaatsen, 241
Vrouwenhuis en Galerie de Brieder, 101
Zilt, 201

Cultuureducatie
Educatief traject bij Cineac, 214
Luister!, 203
Mijn Rotterdam in 2001, 121
Straf, 122
Power, 122
Rouw, 122
Straattaal, 123
Tiny Taboos, 237
Wereldmoeders, 121

Dans
Cont@ct, 216
De DANScombinatie, 39
Dance Link Rotterdam - Porto, 186
Danskaravaan 2001 Rotterdam, 41
Groeten uit de Afrikaanderwijk , 220
FFWD Heineken Dance Parade, 45
High Ho!, 39
Jonge Dans, 182
De Kas, podium voor amateurdans, 182
Romeo & Julia, 43
Twaalf, 81
Touch, 82
Mana, 85
Rising, 185
Werelddansfestival, 184
Zuidpool 2001, 184

Debat & literatuur
BulkBoek's Dag van de Literatuur, 125
Culturele diversiteit in internationaal perspectief, 187
Creative Cities (seminar), 220
Door to the River, 248
Dunya Poëzieprijzen 2001, 241
Erasmus Podium, 183
Geen Daden Maar Woorden, 128
Geloven in Rotterdam, spirituele stromingen in een wereldhaven, 62
The Grapevine, 123
De Grenzen van de Wereldkunst, 239
Havenkwartier, 236
Ik wijk voor niemand, 65
Internationaal wijktheater festival 'Neem de Wijk', 99

Internationaal Symposium '50 jaar VN • Vluchtelingenverdrag', 234
Lof der Zotheid van de 21e eeuw, 61
Luister!, 203
The Millenium Passengers, 248
Op de koffie in Calypso, 101
Het Oude Westen Binnenste Buiten, 103
Pleinpoëzie: poëzieplaatjes maken op je eigen plein, 220
Preken voor Andermans Parochie, 59
Prentenboek 2001, 216
Rondom Erasmus: cultuur van vrede en geweldloosheid, 63
Rotterdam Inner Cities, 82
Streetwise, 99
Uit Alle Windstreken, 242
Verrassend anders, 102
Vers in de etalage, 85
Werelddovendag/toneelcursussen doven, 105

Fotografie
Ach Europa!, 246
Breitner in Rotterdam, 87
Foto-expositie in Rotterdam en Porto, 166
Foto's uit Porto, 248
Havenkwartier, 236
Kids in rotterdam, 221
The Millennium Passengers, 248
Rotterdammers, 80
Rotterdam Inner Cities, 82
Rotterdams Verenigingsleven in beeld, 87
Vlucht, 235

Interdisciplinair
2001 Wereldsmaken, 78
20 huiskamers rond een plein, 81
3 x Top, 100
Afscheid van de nationale munt, 245
Ambiente i Kultura - Antilliaans en Arubaans Cultureel Weekend, 246
Bamboe Bovenstad, 162
Beelden in vervoering/Captured Images, 159
Blommenfesteijn, 103
Bosch bestaat!, 67
CELL – Initators of incidents,181
Chinees Talent in Rotterdam, 245
Creative Cities (seminar), 220
Culturele ambassadeurs, 100
Cultuurspecial Cabo Verde, 235
Dining International/Rotterdam, 88
Dunya Festival 2001, 242
Dunya KinderFestival, 216
Dunya on Stage, 67
Erasmus 2001, 59
Eurodak, 99
Feestdagen Samen Vieren, 238
Full Moon II, 68
Fun Town, 127
Girls Festival, 83
Highway 101, 180
Homeport Harbor City Project 2001, 237
KinderUitmarkt, 221
Kultkaffee, 215
Kunstkijken, 216
Kunstkrakersweekend, 124
Kunstfestival Schiebroek: de Grote Kinderparade, 221
Kunst voor de Generaties, 100
Live, 81
MAMA, showroom for media and moving art, 180
Mana, 85
McOpera, 48
Midzomerfeest Hoogvliet, 243

Motel Mozaïque, 124
Nationale Duimdropdag, 217
De Nieuwe Heerlijkheid, 202
NT.RS, 124
Onbegrensde Ontmoeting, 234
Op de koffie in Calypso, 101
PameijerKeerkring, 101
Panorama De Hoek, 167
Purno doceert, 220
De Pythiade, 102
Religieus Rotterdam en route, 63
Rondom Erasmus: cultuur van vrede en geweldloosheid, 63
Rotterdam Roze 2001, 243
Rotterdams Straatfestival, 45
Smartest Students, 183
Splash@Stubnitz, 185
Staalkaart Communicatie, 120
Staalkaart Liefde, Seks of Romantiek, 118
Staalkaart Party, 118
Staalkaart Girl Power , 119
Staalkaart Roots & Basics (Oorsprong & Identiteit), 119
Staalkaart Lifestyle, 119
Staalkaart Sport, 119
Staalkaart Religie & Spiritualiteit, 120
Staalkaart Ultieme Belevenis, 120
Staalkaart Rouw, 120
Stef Kamil Carlens: Gentle Ruddy Turnstone in an expanding collection of thoughts, 124
Streets of the City: Safe and Secure, 162
The Sustainable Journey, 241
V2_001 (Grounding) presenteert P.t.t. red, 181
Van Pendrecht tot Pendrecht, 165
De Viering, 67
Vitaal en vitaliserend, 102
Vrouwen in Feijenoord, kunst, cultuur en ontmoeting, 102
Een Wereld van Water, 233
Werkstad in Las Palmas, 180
Window 2001: Venster op Feijenoord, 217
Zeetijding, 202
Zonder uitnodiging... een reis als geen andere, 234

Jongeren
ACT2001: Jongeren Theater & Dans Festival, 187
Bevrijdingsfestival, 127
Bulkboek's Dag van de literaruur, 125
Crime Jazz, 123
Cyclemessengers en Messengers.nl, 127
Fun Town, 127
Girls Festival, 83
Geen Daden Maar Woorden, 128
Going Underground, 128
The Grapevine, 123
De Grote Muziekdag, 125
Kids in Rotterdam, 128
Kunstkrakersweekend,124
Motel Mozaïque, 124
NT.RS, 124
Rotterdam Nu & Dan, 128
Staalkaart Communicatie, 120
Staalkaart Liefde, Seks of Romantiek, 118
Staalkaart Party, 118
Staalkaart Girl Power, 119
Staalkaart Roots & Basics (Oorsprong & Identiteit), 119
Staalkaart Lifestyle, 119
Staalkaart Sport, 119
Staalkaart Religie & Spiritualiteit, 120
Staalkaart Ultieme Belevenis, 120
Staalkaart Rouw, 120

Kinderprogrammering
1001-nacht, 222
3 x Top, 100
The Box, 215
Candide, 198
Cont@ct, 216
De Nooit Gedachte Toekomst, 214
Dromenatlas, 219
Dunya KinderFestival, 216
KinderUitmarkt, 221
De Glazenwassersshow, 103
Groeten uit de Afrikaanderwijk, 220
Hotel Het Reispaleis, 236
KidsKunst, 221
Kids over de Brug, 215
Kidsparade en Huiskamervoorstelling, 222
Kindermusical 'De sleutel van de tuin', 219
Een Kindertovertuin in park Schoonoord, 221
Kultkaffee, 215
Kunstfestival Schiebroek: de Grote Kinderparade, 221
Kunstkijken, 216
KinderUitmarkt, 221
Nationale Duimdropdag, 217
Plankenfeest, 103
Pleinpoëzie: poëzieplaatjes maken op je eigen plein, 220
Poppenkast op wielen, 219
Prentenboek 2001, 216
Rotterdam kent vele kinderen, 216
RPhO-show, 222
De Verborgen Vallei, 217
Villa Zebra, 214
Zilt, 201

Muziek
2001 Tune: Vindu Mot Havet, 178
Akkoorden aan de Bernisse, 204
Auraten ke din – Hindoestaans Vrouwen Muziekfestival, 240
Bang the Drum, 42
Be Brassy: Groot Koperblazersweekend, 42
Bevrijdingsfestival, 127
Cheikha Remitti, de Grootmoeder van Raï, 240
Composer in residence, 187
Crime Jazz, 123
Euro+Songfestival, 104
Eurodak, 99
European Union Youth Orchestra, 185
Eurotaptoe, 48
Fairuz, 65
Groeten uit de Afrikaanderwijk, 220
De Grote Muziekdag, 125
JazzPlus, 202
Jongenskorenfestival en -masterclass, 187
Klinkt Goed!, 40
Les Musiciens de l'Atlas, 240
Mauthausencyclus, 62
M' Panandro - Compagnie Accrorap, 238
Nederlands Koorfestival 2001, 47
Nieuwe Barden, Nieuwe geluiden, 198
Nieuwjaarsconcerten, 38
De Ontmoeting/Jeh Milan, 68
Orgelmuziek aan de Maas, 43
Recital met liederen van Rotterdamse componisten, 85
Recreatie Muziekleider, 100
Rising, 185
Rotterdam Jazzeral: City to City Jazz, 39
Rotterdam Jazz Festival, 47
Rotterdam Music Biennial, 183
Rotterdam Philharmonic Gergiev Festival, 47
Roots & Routes, 233
RPhO-show, 222

Sophiasymfonie, 105
Toen wij naar Rotterdam vertrokken, 240
Turkpop, 246
Turkse Nachten, 239
Watermuziek, 245
WOMEX 2001, 235

Muziektheater
Achnaton, 204
Aïsja en de vrouwen van Medina, 61
Attila, 43
Europa im Fluss, 245
Giustino, 47
Die Goeie Ouwe Radio, 103
Foxtrot, 46
De Helden van Rotterdam – Bep van Klaveren, 83
Kidsparade en Huiskamervoorstelling, 222
Kindermusical 'De sleutel van de tuin', 219
La Grande Suite, 178
Manifest, 42
Midzomernacht met Sondheim, 43
Nabucco, 39
Pronkzitting Carnavalsverband Rijneinde, 101
Rent, 38
Straf, 122
Rigoletto, 46
Soapera's, 46
Vreemde melodieën/Melodias estranhas, 60
De Vrijheid, de Woede en het Water, 202

Nieuw media
CyberStudio 2.001, 181
Dromenatlas, 219
De Nooit Gedachte Toekomst, 214
V2-001 (Grounding), 161
www.rotterdamsdagboek.nl, 80
Zuidpool 2001, 184

Podiumkunsten
ACT2001: Jongeren Theater & Dans Festival, 187
City, 36
Europees jongleerfestival, 104
De Parade, 45
Paul De Leeuw in het Oude Luxor Theater, 38
Wereldcircus, 99
ZAP City Extra, 37

Tentoonstelling
6,5 miljoen woningen, 157
Afscheid van de nationale munt, 245
Alle haaien! Striphelden op zee, 236
Binnenvaart, 242
Dining International/Rotterdam, 88
Dromenatlas, 219
Exploding Cinema, 239
Expositie Rotterdam stad van Laurentius, 66
Foto's uit Porto, 248
Hotel Het Reispaleis, 236
In de spiegel van de Gouden Eeuw, 246
Jheronimus Bosch, 60
J.J.P. Oud – Philip Johnson: een dialoog, 242
Madness Gekkenwerk, 68
Manfred Pernice & Anarrations, 236
Nationale postzegeltentoonstelling, 241
De Nooit Gedachte Toekomst, 214
Het Oude Westen Binnenste Buiten, 103
Over the border, 246
Panorama Rotterdam, 238

Pieter Brueghel de Oude: meestertekenaar en humanist, 63
Prentenboek 2001, 216
Purno doceert, 220
Rotterdam en De Rijn, 247
Rotterdam feest, 38
Het Rotterdamgevoel, 88
Rotterdammers, 80
Rotterdam Moves, 243
Stef Kamil Carlens: Gentle Ruddy Turnstone in an expanding collection of thoughts. 124
Streetwise, 99
Tentoonstelling over de Bijenkorf 1932, 45
Uitgaan in Rotterdam, 41
Unpacking Europa, 233
Verzamelplaatsen, 241
Vlucht, 235
Vrouwenhuis en Galerie de Brieder, 101
Waterproject 1854-2001, 159
Wereldhaven - Havenwereld, 237
Een Wereld van Water, 233

Theater
100x verloren en verlangen, 248
1001-Nacht, 222
Apocalyps nu!, 67
Art, 40
Brielle, eersteling in vrijheid, 204
Candide, 198
Coup^e Royal^e, 40
Feminine Follies of de Matras, 83
De Glazenwassersshow, 105
Groeten uit de Afrikaanderwijk, 220
Haroen en de zee van verhalen, 88
Internationaal schrijvers- en regiepodium, 186
Internationaal wijktheater festival 'Neem de Wijk', 99
Internationale Keuze van de Schouwburg, 45
Ja ja maar nee nee, 86
JIJ – De Stad, 79
Kids over de Brug, 215
Een Kindertovertuin in park Schoonoord, 221
Kolk, 200
De Laatste rede, 201
Lazarus, 79
Niet alle Marokkanen zijn dieven, 240
O Amor Natural - de liefde natuurlijk, 86
Plankenfeest, 103
Poppenkast op wielen, 219
Reprise Theatervoorstelling Hildegard von Bingen, 65
De Rode Roos van Rotterdam, 85
Rotterdam in het Interbellum, een speurtocht naar een verdwenen stad, 48
Rotterdam Nu & Dan, 128
De Verborgen Vallei, 217
Verolme Verwoord, 203
Werelddovendag/theatercursussen doven, 105
Zonder uitnodiging… een reis als geen andere, 234

Wetenschap
Streets of the City: Safe and Secure, 162
Summercourses Rotterdam and Delft, 185
Vitaal en Vitaliserend, 102
Vitaliteit in de bloei van je leven, 101

Overig
Solero Zomercarnaval, 45
De Spaanse rijschool, 48

Disciplinaire/alfabetische index

Chronologische index

Einde 2000

2001 Tune: Vindu Mot Havet
178
2000–2001

Kids over de brug
215
2000–2001
Diverse wijken, Villa Zebra

Geloven in Rotterdam, spirituele stromingen in een wereldhaven
62
Okt 2000–dec 2001
Diverse locaties

Rotterdam Feest
38
15 okt 2000–2 sept 2001
Het Schielandshuis en De Dubbelde Palmboom

Going Dutch: 2 dimensionale tent00nstelling in 1 stad
160
Nov 2001-dec 2001
Rotterdam centrum

Schoolplaten – maritieme geschiedenis aan de wand

Dertig schoolplaten die te maken hebben met varen en water. Zij herinneren aan de lagere school en het onderwijs in vakken als geschiedenis en natuurkunde in een tijd, die nog maar net achter ons ligt.

11 nov–13 mei
Maritiem Museum Rotterdam

Rotterdammers
80
23 nov 2000 (special in magazine Rails)

Rotterdammers
80
Vanaf 25 nov 2000-2001
Wereldmuseum Rotterdam

Hotel Het Reispaleis
236
Vanaf 26 nov 2000
Wereldmuseum Rotterdam

3 x Top
100
Diverse locaties in Delfshaven, Sparta Stadion
1 dec 2000–30 jun 2001

Vis a vis
16 dec– 3 jan
ro theater in De Rotterdamse Schouwburg

Beelden in vervoering
159
16 dec 2000–28 jan 2001
Kunsthal Rotterdam

Alle haaien! Striphelden op zee
236
16 dec 2000–sep 2001
Maritiem Museum Rotterdam

Manfred Pernice & Anarrations
236
17 dec 2000–11 feb 2001
Witte de With

Rent
38
20 dec 2000– 20 jan 2001
Het Oude Luxor Theater

Peter Pan
22 dec 2000– 11 feb 2001
Jeugdtheaterschool Hofplein

Havenkwartier
236
Eind 2000

Januari

Eurodak
99
1 jan
Grote of Sint Laurenskerk

Kerstcircus
1–3 jan
Ahoy' Rotterdam

Cont@ct
216
Jan–maart
Buurthuizen Rotterdam

High Ho!
39
De Meekers
Jan
Diverse locaties

Streetwise
99
Jan, feb
Calypso 2001, diverse locaties

ZAP City Extra
37
Jan–9 sept
Diverse locaties

Waterproject 1854–2001
159
Jan–sept
Diverse locaties

Erasmus 2001
59
Jan–nov
Rotterdam

2001 Wereldsmaken
78
Jan–dec
Diverse locaties, Schouwburgplein

The Box
215
Jan–dec
Villa Zebra

Crime Jazz
123
Jan–dec
Nighttown Theater

Culturele ambassadeurs
100
Jan–dec
Diverse locaties

Een straat... de stad
161
Jan–dec
Diverse locaties

Feestdagen Samen Vieren
238
Jan–dec
Diverse locaties

The Grapevine
123
Jan–dec
Nighttown Theater

Internationale BeeldenCollectie Rotterdam
161
Jan–dec
Culturele as

Internationale Bouwtentoonstelling Hoogvliet
160
Jan–dec
Hoogvliet, Rotterdam

Kids over de brug
215
Jan doo
Diverse wijken, Villa Zebra

Kultkaffee
215
Jan–dec
Diverse locaties

Kunst voor de Generaties
Jan-dec
Diverse locaties

Live
81
Jan–dec
Diverse locaties

McOpera
48
Sis Josip/Off Corso
Jan–dec
Off Corso

Motel Mozaïque
124
Jan–dec
Diverse locaties

Mijn Rotterdam in 2001
121
Jan–dec
Diverse locaties

Paul De Leeuw in het Oude Luxor Theater
38
Jan–dec
Het Oude Luxor Theater

Preken voor Andermans Parochie
59
Jan–dec
Rotterdam, Grote of Sint Laurenskerk

Recreatie Muziekleider
100
Jan–dec
SKVR

Rotterdam kent vele kinderen
216
Jan–dec
Villa Zebra

Ruimte bezetten
160
Jan–dec
Stadhuis Rotterdam

Twaalf
81
Rogie & Company
Jan–dec
Diverse locaties

Twintig Kamers van Mevrouw Elias
81
Jan–dec
Kralingsmuseum

V2-001 (Grounding)
161
Jan–dec
V2-gebouw, diverse locaties

Wereldmoeders
121
Jan–dec
Lodewijk Rogiercollege

Homeport, Harbour City Project 2001
237
Vanaf jan
Rotterdam en andere havensteden

Wereldhaven – Havenwereld
237
Jan–dec
Maritiem Museum Rotterdam

www.rotterdamsdagboek.nl
80
Jan–dec

Nieuwjaarsconcerten
38
2 + 4 jan
Concert- en congresgebouw de Doelen

Bloed

Van Onafhankelijk Toneel. Eerste aflevering van een serie ontmoetingen van choreograaf en danser Ton Lutgerink met andere kunstenaars. In Bloed ontmoet hij acteur Hans Dagelet. Ze vinden elkaar in het thema broers.

10–13 jan
Rotterdamse Schouwburg

La Grande Suite 178
11–14 jan
Rotterdamse Schouwburg

Henri Berssenbrugge, Passie-energie-fotografie
13 jan–15 apr
Kunsthal Rotterdam

Panorama Rotterdam 238
13 jan–15 apr
Kunsthal Rotterdam

Hengst
Van John Buijsman/Rotterdamse Schouwburg Producties. In de regie van Paul Feld en Jeroen Kriek toont John Buijsman de fictieve doodsstrijd van bokskampioen Henry Cooper. Keimpe de Jong laat zich inspireren door populaire Engelse muziek uit de jaren vijftig en zestig.

16–20 jan
Rotterdamse Schouwburg

DeaDDogsDon'tDance/DJames-JoyceDead

Door Needcompany Ballet Frankfurt. Jan Lauwers regisseert een herinnering aan de meester der moderne literatuur met onder meer Viviane De Muynck, Antony Rizzi en Dana Caspersen.

17–18 jan
Rotterdamse Schouwburg

M' Panandro – Compagnie Accrorap 238
19 jan
Theater Zuidplein

Macbeth van William Shakespeare
Door Meno Fortas Theatre Company. Regie van Eimuntas Nekrosius. Concentreert zich op het liefdesverhaal, het lijden en de dood van het echtpaar Macbeth. Nederlands boventiteld.

19–20 jan
Rotterdamse Schouwburg

Cultuurbrug:
Brussel 2000– Rotterdam 2001
19 jan–23 feb
Goethe-Institut Rotterdam

Dunya KinderFestival 216
21 jan
Het Prinses Theater

De Kas, podium voor amateurdans 182
21 jan
Theater Zuidplein

TRIPLE BILL
Van de Rotterdamse Dansgroep. Met de Nederlandse première van een nieuw werk van Bill T. Jones, THE VOICE GHOST van Jacopo Godani en SURRENDER van Stephen Petronio.

21–22 jan
Rotterdamse Schouwburg

Highway 101 180
22–27 jan
TENT.

Asko Ensemble
o.l.v. George Benjamin
22 jan
Concert- en congresgebouw de Doelen

International Film Festival Rotterdam
24 jan–4 feb
Diverse bioscopen en filmzalen

Binnen het programma van het International Film Festival Rotterdam presenteert de Rotterdamse Schouwburg cross-overs tussen theater en cinema met Miranda July.

City Life Rotterdam – Porto 2001, a Cultural Odyssey 2001 162
24 jan–4 feb
Diverse bioscopen en filmzalen

On the Waterfront 238
24 jan–4 feb
Diverse bioscopen en filmzalen

Een ongemakkelijk sprookje 82
24 jan–4 feb
Diverse locaties

Touch 82
24 jan–4 feb
Diverse locaties

Exploding Cinema 239
27 jan–6 feb
Museum Boijmans Van Beuningen

Landelijke gedichtendag
25 jan
Centrale Bibliotheek, Rotterdam

Lof der Zotheid van de 21e eeuw 61
25 jan

l'Orfeo
Van Claudio Monteverdi door de Nationale Reisopera, het Orfeo-koor en Combattimento Consort o.l.v. Jan Willem de Vriend.

25–26 jan
Rotterdamse Schouwburg

Nabucco 39
25–28 jan
Ahoy' Rotterdam

Rotterdam Jazzerall: City to City Jazz 39
1e concert: 26 jan
Diverse locaties

Kunstkrakersweekend 124
26–28 jan
Nighttown, diverse locaties

Tiny Taboos 237
26 jan–dec
Diverse locaties

De grote oorlog
Door Hotel Modern/Rotterdamse Schouwburg Producties. Een live-animatiefilm over de ervaringen van soldaten in de Eerste Wereldoorlog met medewerking van beeldend kunstenaar Herman Helle en componist Arthur Sauer.

28 jan–10 feb
Rotterdamse Schouwburg

Februari

Openingscongres Rotterdam Kennishaven en Studentenstad
1 feb
Erasmus Expo- en Congrescentrum

Het Museum van de Toekomst
Feb
Berlage Institute

Staalkaart Liefde, Seks of Romantiek/Love, Sex or Romance 118
Feb
Diverse locaties

Vrouwenhuis en Galerie de Brieder 101
Feb
Het Vrouwenhuis

PameijerKeerkring 101
Feb–nov (symposia)

Erasmus Podium 183
Feb–dec
Diverse locaties

Werkstad in Las Palmas 180
Feb–dec
Las Palmas Rotterdam

De DANScombinatie 39
2–3 feb
Theater Zuidplein

Pronkzitting Carnavalsverband Rijneinde 101
3 feb
Ahoy' Rotterdam

ECHo 239
3 feb–4 maart
Centrum voor Beeldende Kunst

MAMA, showroom for media and moving art 180
5 feb–4 maart
Las Palmas Rotterdam

Streets of the City: Safe and Secure 162
7–9 feb
Erasmus Expo en Congres Centrum

Aïsja en de vrouwen van Medina 61
8–11 feb
Zuidplein Theater e.a

Galeries in Porto en Rotterdam 239
11 feb–11 maart
9 galeries

Double Points
Double Points: one & two van Emio Greco & PC. In ONE gaat choreograaf/danser Emio Greco de confrontatie aan met Ravels 'Bolero'; TWO is een duet tussen Greco en de Spaanse danseres Bertha Bermudez Pascual.

Chronologische index

13 feb
Rotterdamse Schouwburg

Erasmus Podium over Veiligheid in de stad

183
14 feb
Erasmus Universiteit Rotterdam

Huis der verborgen muziekjes

Componist Dick Van der Harst toont een staalkaart van de levende muziek uit Brussel. Met onder meer de vrouwengroep Lalma, het Keltisch ensemble Orion, jazzpercussionisten Malempré en Fiorini, flamencozangeres Amparo Cortès.

15 feb
Rotterdamse Schouwburg

Hamlet

Van Jan Decorte, door Het Toneelhuis.
By Jan Decorte, performed by Het Toneelhuis
16–17 feb
Rotterdamse Schouwburg

Turkse Nachten
239
16–17 feb
Concert- en congresgebouw de Doelen

Designprijs Rotterdam 2001
182
17 feb–apr
Museum Boijmans Van Beuningen

Bamboe Bovenstad
162
17 feb-30 sept
Hogeschool Rotterdam

ABN-AMRO World Tennis Tournament

19–25 feb
Ahoy' Rotterdam

Jonge Dans
182
19–25 feb
Theater Lantaren/Venster

Snatched by the gods/Broken strings

Van Param Vir door Muziektheater Transparant en het Asko Ensemble o.l.v. David Porcelijn.
Westers georiënteerde toonzetting door componist Param Vir van een verhaal uit India en een boeddhistische legende. Herneming van een productie van De Nederlandse Opera geregisseerd door Pierre Audi.

20–21 feb
Rotterdamse Schouwburg

Vitaliteit in de bloei van je leven
101
22 feb
Calypso 2001

Dynamix

Van Dansgroep Krisztina de Châtel. Voorstelling voor twee skaters, zeven dansers en sample-componist Dirk Haubrich. Choreografe Krisztina de Châtel stelt de ruimtelijke patronen, de snelheid en bewegingen van het skaten tegenover de menselijke maat van de dans.

23 feb
Rotterdamse Schouwburg

Art
40
23 feb–1 jun
Het Oude Luxor Theater

Rotterdam Music Biennial
183
24–28 feb
Rotterdams Conservatorium, diverse locaties

Orkest van de Achtiende eeuw

o.l.v. Simon Rattle
27 feb
Concert- en congresgebouw de Doelen

Zusje Harmonica

Van Het Paleis/Firma Rieks Swarte. Grote familievoorstelling (6+) in de succesvolle traditie van Kleine Sofie en Ja Zuster, Nee Zuster. Rieks Swarte regisseert en verzorgt de vormgeving van sprookje bewerkt door Els Pelgrom.

27 feb–1 maart
Rotterdamse Schouwburg

Maart

Erasmus Podium met denksport
183
Maart
Erasmus Universiteit Rotterdam

Staalkaart Party
118
Maart
Diverse locaties

Alexander Binnenstebuiten
162
Maart–apr
Prins Alexanderpolder

Op de koffie in Calypso
101
Maart-apr
Calypso 2001

De Grenzen van de wereldkunst
239
Maart–mei
Witte de With

Museumparkvilla's
163
maart–mei
Charbot Museum

Nationale Duimdropdag
217
Maart–mei
Diverse wijken, Museumpark

Promenade Plantée voor groeiende sculpturen
163
Maart–mei
Diverse locaties

De Verborgen Vallei
217
Maart–mei
Diverse wijken in Rotterdam

Botanische Tuin Rheumaverpleeghuis
164
Maart–jun
Hillegersberg-Schiebroek

Power
122
Maart–jun

Window 2001: venster op Feijenoord
217
Maart–jun
De wijk Feijenoord

Poppenkast op Wielen
219
Maart–sept
Diverse pleinen

Straf
122
1 maart–28 apr
Rotterdamse Schouwburg, Theater Zuidplein

Cameliashow 2001, Portugese Camelia's in het Arboretum Trompenburg

De bloem van de Camellia is het symbool van de stad Porto. Jardin do Palácio de Crystal in Porto schenkt de stad Rotterdam 2001 camelliabloemen als symbool van vriendschap tussen de twee steden.

2–4 maart
Arboretum Trompenburg

Rotterdam Music Biennial
183
2–4 maart
Rotterdams Conservatorium, diverse locaties

Het Lied van Don Quichot

2 maart– 6 mei
Jeugdtheater Hofplein

Nederlands Balletorkest

o.l.v. Thierry Fischer
4 maart
Concert- en congresgebouw de Doelen

Multiculturele Boekenmaand

4–31 maart
Rotterdamse Bibliotheken

Bruidsschat
83
8 maart
Het Schielandshuis

Girls Festival
83
8 maart
Nighttown

Vrouwen in Feijenoord, kunst, cultuur en ontmoeting
102
8 maart
Feijenoord

Niet alle Marokkanen zijn Dieven
240
8–11 maart
Rotterdamse Schouwburg

Staalkaart Girl Power
119
8 maart–31 dec
Diverse locaties

De Grote Muziekdag
125
10 maart
Concert- en congresgebouw de Doelen

Auraten ke din – Hindoestaans Vrouwen Muziekfestival
240
11 maart
Locatie nog onbekend

Kunstkijken
216
12–16 maart
Museumpark, Villa Zebra

Feminine Follies of de Matras
83
13–29 maart
Rotterdamse Schouwburg

Arbeidsmarkt

14–15 maart
Ahoy' Rotterdam

Boekenweek

14–24 maart
Centrale Bibliotheek, Rotterdam

Coupe Royale
40
14–24 maart
Calypso

Verrassend anders
102
14–24 maart

Prentenboek 2001
216
16 maart–12 apr
Villa Zebra

Les Musiciens de l'Atlas
240
17 maart
Concert- en congresgebouw de Doelen

Elvis, the Concert

21 maart
Ahoy' Rotterdam

Boomfeestdag in Porto

Jardim do Palácio de Crystal te Porto
Stichting Arboretum Trompenburg schenkt een boom aan Jardim do Palacio de Crystal; een Querces x libanerris Rotterdam. Aan Burgemeester Opstelten is gevraagd de boom te willen planten.

21 maart

Internationaal wijktheater festival 'Neem de Wijk'

99
21–25 maart
Theater Zuidplein

The Solo's 1978–1998

Door Compagnie Marie Chouinard.
Heruitvoering van de uitdagende en omstreden solo's die Chouinard, enfant terrible van de Canadese dans, voor zichzelf maakte; uitgevoerd door drie danseressen van haar gezelschap.

22 maart
Rotterdamse Schouwburg

Bulkboek's Dag van de Literatuur
125
23 maart
Concert- en congresgebouw de Doelen

Des feux dans la nuit

Door Compagnie Marie Chouinard.
Verkenning van het masculiene universum in de eerste mannensolo van choreografe Marie Chouinard.
Uitvoering door Elijah Brown.

23–24 maart
Rotterdamse Schouwburg

Klinkt Goed!
40
A large-scale amateur music festival
24 maart
Concert- en congresgebouw de Doelen

Huis Sonneveld museumwoning
163
Vanaf 24 maart
Villa Sonneveld (Museumpark)

Aïsja en de vrouwen van Medina
61
25 en 31 maart
Zuidplein Theater e.a.

Cheikha Remitti, de Grootmoeder van Raï
240
27 maart
Theater Zuidplein

Alien

28–29 maart
Rotterdamse Schouwburg

Macbeth/Bloetwollefduivel

Naast Shakespeares origineel wordt de Macbeth-bewerking Bloetwollefduivel vertolkt door acteurs, kinderen en operazangers.

28 maart–28 april
ro theater

NT.RS
124
30–31 maart
Nighttown, Rotterdamse Schouwburg, Calypso 2001, TENT.

Het Oude Westen Binnenste Buiten
103
31 maart–26 apr
Calypso 2001

De Museumparkvilla's
163
Maart–mei
Chabot Museum

De Pythiade
102
Maart–mei
Delfshaven

Vitaal en vitaliserend
102
Maart–okt

April

Botanische Tuin Rheumaverpleeghuis
164
April
Hillegersberg-Schiebroek

Erasmus Podium over DNA en het recht
183
Apr
Erasmus Universiteit Rotterdam

Lezing door Richard Rogers over de Stad van de Toekomst

Apr
Berlage Instituut

Staalkaart Roots & Basics (Oorsprong & Identiteit)
119
Apr
Diverse locaties

Vrouwenhuis en Galerie de Brieder
101
Apr
Het Vrouwenhuis

Toen wij naar Rotterdam vertrokken
240
Apr–mei

Dromenatlas
219
Apr–jun (workshops)
Diverse buurthuizen, Villa Zebra

Parasites
163
Apr–sept
Las Palmas Rotterdam

De Verhuiswagen
164
Apr–sept
Diverse locaties

AVL–Ville
164
Apr–sept
Vierhavenstraat/Keilestraat 43e

De Culturele Stadstour
198
Apr–okt
Alle perifere gemeenten

The Sustainable Journey
241
Apr–nov

De Nooit Gedachte Toekomst
214
Apr–dec
Nationaal Schoolmuseum

Kleurrijk zwart-wit

Van Jirí Kylián door het Nederlands Dans Theater. Het wereldberoemde NDT danst een betoverend programma van zes balletten van meester-choreograaf Jirí Kylián.

3 apr
Rotterdamse Schouwburg

Week van de spirituele film
62
4–8 apr
Theater Lantaren/Venster

Woyzeck

Van Georg Büchner door Het Zuidelijk Toneel/Hollandia. Johan Simons regisseert onder meer Bert Luppes, Fedja van Huêt en Carola Arons in Büchners toneelstuk over de strijd van een soldaat tegen geld en macht.

6–7 apr
Rotterdamse Schouwburg

Goethe in Dachau – Leben und Taten des Enthusiasten Nico Rost

6 apr–7 mei
Sint Laurenskerk Rotterdam

Uitgaan in Rotterdam
41
6 apr–31 dec
Het Schielandshuis

Verzamelplaatsen
241
7 apr–6 mei
Galerie Tramhuis, Museum Boijmans Van Beuningen

Zonder uitnodiging… een reis als geen andere
234
7 apr–30 jun
Las Palmas Rotterdam

De Kas, podium voor amateurdans
182
8 apr
Theater Zuidplein

Van Pendrecht tot Pendrecht
165
10 apr–23 sept
Pendrecht, diverse wijken

6,5 miljoen woningen
157
11 apr–23 sept
Las Palmas Rotterdam

Thuis in Rotterdam
157
11 apr–23 sept
Diverse locaties

Chronologische index

282

**De Helden van Rotterdam –
Bep van Klaveren**
83
13 apr–10 jun
Diverse locaties

**Cas Oorthuys,
l'Europe/Europa/Europe 1945–1965**

14 apr–1 sept
Kunsthal Rotterdam

City van Mini & Maxi
36
17–22 apr (try-outs)
Het Nieuwe Luxor

Dunya Poëzieprijzen 2001
241
18 april 2001
Het Prinses Theater

The show must go on

19 apr
Rotterdamse Schouwburg

Nationale postzegeltentoonstelling
241
20–22 apr
Ahoy' Rotterdam

De Kas, podium voor amateurdans
182
22 apr
Theater Zuidplein

**Heike Jeschonnek – union of the
flowing Eutopia**

22 apr–25 mei
Goethe-Institut Rotterdam

Art Streams

22 apr–31 mei
Diverse galeries

Requiem van Compagnie Ea Sola

Choreografe Ea Sola geeft met veertien dansers/zangers, tien musici en een verteller (allen afkomstig uit Vietnam) een nieuwe, hedendaagse en persoonlijke visie op de cultuur en geschiedenis van Vietnam.

25 apr
Rotterdamse Schouwburg

De grote oorlog

Door Hotel Modern/Rotterdamse Schouwburg Producties. Een 'live-animatiefilm' over de ervaringen van soldaten in de Eerste Wereldoorlog met medewerking van beeldend kunstenaar Herman Helle en componist Arthur Sauer.

25–28 april
Rotterdamse Schouwburg

Charms

Van Peter Vermeersch door Muziektheatercollectief Walpurgis. Sprankelende uitvoering door Benjamin Verdonck (spel), Judith Vindevogel (zang) en anderen van door Peter Vermeersch verklankte kindergedichten van Daniil Charms.

28 apr
Rotterdamse Schouwburg

Breeze of AIR
165
28 apr–1 jul
Witte de With

Nacht van Oranje

29 april
Ahoy' Rotterdam

Squatters
166
29 apr–25 nov
Witte de With

Blommenfesteijn
103
30 apr
Kerksingel, Charlois

Mei

Staalkaart Lifestyle
119
Mei
Diverse locaties

Vers in de etalage
85
Mei
Rotterdam centrum

WORM/Dodorama
181
1 mei–3 jun
Las Palmas Rotterdam

City van Mini & Maxi
36
1 mei–29 jul
Het Nieuwe Luxor

Rotterdam Moves
243
Mei–sept
Ellis Island

Nieuwe Barden, Nieuwe geluiden
198
Mei–okt
Alle perifere gemeenten. Rotterdam

Naar een 'nieuwe' stad 2020
200
Mei–okt
Oude Muziekschool (beoogd),
Capelle aan den IJssel

Foto-expositie in Rotterdam en Porto

166
Mei–dec
Nederlands Foto Instituut, Palácio de Crystal

Millinxpark-parade
166
Mei-dec
Charlois

**Rotterdam Cineac:
Hartstocht en Heimwee**

214
Mei–dec
Calypso 2001

Verborgen tuinen in Rotterdam
166
2e weekend mei/juni
Arboretum Trompenburg, diverse locaties

Plankenfeest
103
2–4 mei
Theater Zuidplein

Vlucht
235
2 mei–6 juli
Gemeente Archief Rotterdam

Mauthausencyclus
62
4 mei
Concert- en congresgebouw de Doelen

Bevrijdingsfestival
127
5 mei
Grote of Sint Laurenskerk

Allemaal Indiaan

Les Ballets C. de la B. Slot van de samenwerking tussen schrijver Arne Siernes en choreograaf Alain Platel. Mix van soul, dans, liefde, plezier en verdriet rond twaalf personages in twee levensechte huizen.

5–7 mei
Rotterdamse Schouwburg

Kindermusical 'De sleutel van de tuin'
219
8 mei
Villa Zebra, De Evenaar, Theater Zuidplein

Kolk
200
9–13 mei
De Oude Sluis bij het Zakkendragershuisje, Schiedam

**Recital met liederen van
Rotterdamse componisten**
85
11 mei
Stadhuis

Kingdom of Desire

Door The Contemporary Legend Theatre (Taiwan). Bewerking van Shakespeares MACBETH door Taiwanees muziektheatergezelschap.

11 mei
Rotterdamse Schouwburg

Mana
85
Scapino Ballet Rotterdam
11–19 mei
Theater Zuidplein

Religieus Rotterdam en route
63
12–13 mei
Rotterdam

De Rode Roos van Rotterdam
85
Rotterdams Centrum voor Theater
12 mei–17 jun (weekends)
Mathenesserdijk

J.J.P. Oud – Philip Johnson: een dialoog

242
12 mei– 9 sept
Nederlands Architectuurinstituut

Seminar 'Creative Cities'
220
14–19 mei
Villa Zebra

**De sterke stad: Rotterdamse beelden
van Willem Verbon**

86
14 mei-dec
Eva Cohen-Hartoghkade (Kop van Zuid)

Smartest Students
183
15-16 mei
Theater Lantaren/Venster, diverse locaties

JIJ – de stad
79
15 mei–9 jun
De Rotterdamse Schouwburg

Creatie 2001

Door Rosas/De Munt. Voor Creatie 2001 brengt regisseur/choreograaf Anne Teresa De Keersmaeker de top van de Vlaamse dans (haar gezelchap Rosas), couture (Dries Van Noten), nieuwe muziek (Fabrizio Cassol, Aka Moon) en theatervormgeving (Jan Versweyveld) bijeen.

16–17 mei
Rotterdamse Schouwburg

Nationale Duimdropdag
217
17 mei
Diverse wijken, Museumpark

Danskaravaan 2001 Rotterdam
41
17–20 mei
Heemraadsplein

Rondom Erasmus: cultuur van vrede en geweldloosheid
63
18 mei
Grote of Sint Laurenskerk

'House' van Peter Maxwell
18–19 mei
Rotterdamse Schouwburg

Be Brassy: Groot Koperblazersweekend
42
18–20 mei
Concert- en congresgebouw de Doelen, Schouwburgplein

150 jaar Koninklijke Roei- en Zeilvereniging De Maas
18 mei–11 nov
Maritiem Museum Rotterdam

Religieus Rotterdam en route
63
19, 20 mei
Rotterdam

Wereldcircus
99
19–25 mei, parade en tournee
Diverse locaties

Krsytian Zimmerman piano
21 mei
Concert- en congresgebouw de Doelen

Die Goeie Ouwe Radio
103
22 mei–20 jun
Calypso 2001

Pieter Bruegel de Oude: meestertekenaar en humanist
63
24 mei–5 aug
Museum Boijmans Van Beuningen

Hans en Grietje
25 mei–4 juni
Jeugdtheater Hofplein

2001 Wereldsmaken
78
25 mei–15 jul (Wereldsmaken Lenteplein)
Diverse locaties, Schouwburgplein

Roots & Routes
233
26 mei
Het Park bij de Euromast

Manifest
42
26–27 mei
Rotterdamse Schouwburg

Dunya Festival 2001
242
26–27 mei
Het Park bij de Euromast

TWOOLS 4
Door Scapino Ballet Rotterdam. Vierde editie van een reeks 'high-energy'-danscollages van 75 minuten non-stop dans met medewerking van het gehele dansersensemble in de regie van choreograaf en artistiek directeur Ed Wubbe.

30 mei–2 jun
Rotterdamse Schouwburg

Juni

Metropolis Festival
Metropolis staat voor een festival dat nationale en internationale 'breaking' acts presenteert en nieuwe trends signaleert. Verspreid over meerdere podia kan men een goede indruk krijgen van de muziek van morgen en tegelijkertijd genieten van een gezellige festivalmarkt.

1 jun
Zuiderpark

Cycle messengers en Messengers.nl
127
1–4 jun
Diverse locaties

Purno doceert
220
Jun
Galerie MAMA

Rotterdam kent vele kinderen
216
Jun (prijsuitreiking)
Villa Zebra

Staalkaart Sport
119
Jun
Diverse locaties

Vrouwenhuis en Galerie de Brieder
101
Jun
Het Vrouwenhuis

Cultuurspecial Cabo Verde
235
1 jun–5 jul
Diverse locaties

Coming Soon!
184
Jun–jul
Van Nelle Ontwerpfabriek

Zuidpool 2001
184
Jun–jul
Dansateliers

Summercourses Rotterdam en Delft
185
Jun–sept

De Boompjes... Venster op de wereld
158
Jun–sept
De Boompjes

Europa im Fluss
245
Jun–sept
Landtong Rozenburg

Panorama De Hoek
Jun–sep
Nieuwe Waterweg, Hoek van Holland

Splash@Stubnitz
185
Jun–sept
Diverse locaties, Las Palmas Rotterdam

Zilt
201
Jun–sept
Langs de Nieuwe Waterweg en natuurgebieden, Hoek van Holland

Binnenvaart
242
Jun–dec
Maritiem Museum Rotterdam

Purno doceert
220
Jun–dec
Galerie MAMA, buurthuizen, Villa Zebra

Bang the Drum
42
3 jun
Afrikaanderplein

Orgelmuziek aan de Maas
43
3 jun
Hoflaankerk

CELL - Initiators of Incidents
181
4 jun–8 jul
Las Palmas Rotterdam

Les Veilleurs
Van Compagnie Josef Nadj. Twaalf performers combineren mime, dans en muziektheater in een reeks Kafkaëske droombeelden op muziek van Mauricio Kagel.

6 jun
Rotterdamse Schouwburg

Orgelmuziek aan de Maas
43
8 jun
Hoflaankerk.

Full Moon
200
9 jun
Eiland Saenredam, wijk Molenvliet, Barendrecht

Werelddansfestival
184
9 jun
Theater Zuidplein

Reprise Theatervoorstelling Hildegard von Bingen
65
9–14 juni
5 Rotterdamse kerken

Lazarus
79
11 jun–7 jul
Diverse locaties

Fairuz
65
Rotterdams Philharmonisch Orkest
14–15 jun
Concert- en congresgebouw de Doelen

Poetry International Rotterdam
16–23 jun
Rotterdamse Schouwburg

De stad in gang, eindpresentatie
201
18–27 jun
Diverse locaties, Vlaardingen

Candide
198
19 jun–15 jul
Alle perifere gemeenten, Rotterdam

Midzomernacht met Sondheim
43
21 jun
Schouwburgplein

Romeo & Julia
43
21–24 jun
Ahoy' Rotterdam

Chronologische index

**De Jas van Rotterdam,
een spektakel aan de Maas**

80

22 jun–4 aug
Leuvehoofd

Openingsfeest Rotterdam Roze 2001

243

22 juni

Orgelmuziek aan de Maas

43

22 jun
Hoflaankerk

Open Roze Podium

22–23 jun
Theater Zuidplein

Europese Bi-conferentie

243

22–24 jun

De laatste Rede

201

22–23 jun
Diverse locaties, Maassluis

Midzomerfeest Hoogvliet

243

22– 24 jun
Hoogvliet

De Parade

45

Mobiel theaterfeest, met het publiek in het midden en de artiesten eromheen. Door de bonte verzameling theatertenten, fonteintenten, de zweefmolen, een minireuzenrad en de vijf wereldrestaurant ziet het Paradeterrein eruit als een kermis uit vroeger tijden. Het publiek kan kiezen uit verschillende voorstellingen, die tegelijkertijd op het Paradeterrein spelen.

22 jun–1 jul
Museumpark

Rotterdam Roze 2001

243

22 jun–1 jul
Diverse locaties

24–uurs sportmarathon

23 jun

**Rotterdam Danst Roze,
internationale stijldanswedstrijd**

243

23–24 jun

**Rotterdam Roze;
theater, muziek, dans en film**

243

22–30 jun
Rotterdamse theaters

**The Face Behind the Mask, exposities
in Rotterdamse galeries**

243

23 jun–1 jul
Rotterdamse galeries

Tentoonstelling Rachid Ben Ali

243

23 jun–1 jul
Wereldmuseum

De Kas, podium voor amateurdans

182

24 jun
Theater Zuidplein

Summerschool Rotterdam Roze

243

25–29 jun
In en om de Rotterdamse Schouwburg

Multiculturele salons en interdisciplinair loungeprogramma

243

25–29 jun

Rotterdam Roze Gala

243

29 jun
Luxor Theater

**Roze Labyrinth,
programma voor en door jongeren**

29 jun

**Sabbathviering Sjalhomo,
Rotterdam Roze**

29 jun

Concert aan de Maas

30 jun
Veerhaven

Roze Zaterdag

243

30 jun

Een Wereld van Water

233

30 jun–25 aug
Wereldmuseum, De Evenaar

Juli

Groeten uit de Afrikaanderwijk

220

Jul
Villa Zebra

Staalkaart Religie & Spiritualiteit

118

Jul
Diverse locaties

20 huiskamers rond een plein

104

Jul–aug
Bospolder-Tussendijken

Summercourses Rotterdam en Delft

185

Jul–sept
Rotterdam, Delft

Attila

43

5–8 jul
Vertrekhal Holland Amerika Lijn

Orgelmuziek aan de Maas

43

6 jul
Hoflaankerk

**Solero Zomercarnaval
(koninginneverkiezing)**

45

7 jul

Onbegrensde ontmoeting

7 jul

Rotterdam Zomerpodium

220

Acht weken lang, elk weekend programma's in het Museumpark. Elke zondagmiddag verschillende – en podium optredens en workshops in de Rozentuin voor jong en oud.

8 jul–26 aug
Museumpark

Kolkconcert

220

Een festival voor liefhebbers van klassieke muziek.

14–15 jul
Delfshaven

Tropical Beach Party

Elke zaterdagavond dansen op de warmste en hipste muziek van Rotterdamse DJ's.

14 jul–4 aug

Watermuziek

245

15 jul–31 aug
Rotterdam, Porto

**Pleinpoëzie, poëzieplaatjes maken
op je eigen plein**

220

18 jul–sept
Diverse pleinen in Rotterdam en Villa Zebra

Orgelmuziek aan de Maas

43

20 jul
Hoflaankerk

Solero Zomercarnaval (warming-up)

45

27 jul

Solero Zomercarnaval (Straatparade)

45

28 jul

Augustus

**Een Kindertovertuin in park
Schoonoord**

221

Aug
Park Schoonoord

**Staalkaart Ultieme Belevenis/Ultimate
Experience**

120

Aug
Diverse locaties

Vrouwenhuis en Galerie de Brieder

98

Aug
Het Vrouwenhuis

De Nieuwe Heerlijkheid

202

Aug–okt
Bunnik Plants 3 te Bleiswijk, diverse locaties

Tentoonstelling over de Bijenkorf 1932

45

Aug–nov
Chabotmuseum

Orgelmuziek aan de Maas

43

3 aug
Hoflaankerk

Europees Jongleerfestival

104

4-10 aug
Diverse locaties

European Union Youth Orchestra

185

7–12 aug
Concert- en congresgebouw de Doelen

FFWD Heineken Dance Parade

45

11 aug
Rotterdam centrum

Kaskawi Festival

Na Kawina, is Kaskawi de meest opzwepende muziek uit Suriname. Een nationale selectie orkesten zal strijden om een wisselbokaal.

11 aug

Art Connexion

11–16 aug

Fun Town
127
15–19 aug

Orgelmuziek aan de Maas
43
17 aug
Hoflaankerk

Rotterdams Straatfestival
45
17–19 aug
diverse locaties in Rotterdam

Interbellum
37
17 aug–dec
Las Palmas Rotterdam

Pink Party

Een verzameling van Screen mothers, travo's en macho's aller gezindten zorgt voor een warme afsluiting van een Roze Rotterdamse zomer.

18 aug

Mr Zap Pleinbioscoop

Opvallende films worden vertoond op het grootste scherm van Europa in het Museumpark. Er is een keuze uit een internationaal en bijzonder filmaanbod.
19–26 aug
Museumpark

Rising
185
20 aug–12 sept
Diverse locaties

Archipelago
201
23–26 aug
Omgeving Cultureel Centrum de Stoep, Spijkenisse

JazzPlus
202
24–26 aug
Diverse jongerencentra in Albrandswaard, het Wapen van Rhoon

Hindi Festival

De Hindustaanse dans in al zijn verscheidenheid getoond. Traditionele podiumkunsten worden gekoppeld aan de meest opzwepende Bollywoodfilms.

25 aug

KinderUitmarkt
221
26 aug
Museumpark, Villa Zebra

Orgelmuziek aan de Maas
43
31 aug
Hoflaankerk

Wereldhaven Festival

Drie dagen lang krijgen de bezoekers van het Wereldhaven Festival een kijkje achter de schermen van de Rotterdamse Haven. For three days the visitors of the World Port Festival may get a look behind the scenes of the Rotterdam Port
31 aug–2 sept

September

Ambiente i Kultura – Antilliaans en Arubaans Cultureel
246
1–2 sept
Calypso 2001

Expositie Rotterdam stad van Laurentius
66
1–15 sept
Grote of Sint Laurenskerk

Autodentity
167
Sept
Academie van Bouwkunst

Chinees Talent in Rotterdam
245
Sept
MCC Odeon, Chinees Centrum Wah Fook Wei en Nighttown

Erasmustuin
66
Sept
Arboretum Trompenburg

Geen Daden Maar Woorden
128
Sept
Rotterdam

High Ho!
39
Sept
Diverse locaties

Internationale keuze van de Schouwburg
45
Sept
Rotterdamse Schouwburg

Internationaal schrijvers- en regiepodium
186
Sept
Rotterdamse Schouwburg

Kunstfestival Schiebroek: de Grote Kinderparade
221
Sept
Schiebroek

O Amor Natural – de liefde natuurlijk
86
Sept
Theater

Sensing Mobility
167
Sept
Academie van Bouwkunst

Staalkaart Communicatie/Body Talk and Digitals
120
Sept
Diverse locaties

September in Rotterdam, kunst- en cultuursensaties
128

Rotterdam opent het culturele seizoen met vijf weekenden theater, beeldende kunst, muziek, dans, literatuur, comedy en computergames.
• Keuze van de Schouwburg
• Zap Nation
Zappend een eigen cultuurprogramma samenstellen. Voor jongeren tussen 16 en 26 jaar.
• Zaptalks
Tijdens de vijf weekenden in September zullen jongeren makers en uitvoerenden van voorstellingen, evenementen of tentoonstellingen bestoken met vragen.
• Zapcity
• De R'Uitmarkt
Feestelijke en informatieve opening van het culturele seizoen in Rotterdam en regio. Presentatie van de Groot Rotterdamse theaters, concertzalen, gezelschappen, orkesten, musea, galeries, kunstinstellingen en aanverwante organisaties voor het nieuwe culturele seizoen 2001/2002.
• Cultuurparade
Amateurs uit de multicultuur strijden op verschillende pleinen in Rotterdam voor een plaatsje in de finale op de R'Uitmarkt. Daar wordt een winnaar gekozen die later die dag de Cultuurprijs Rotterdam krijgt uitgereikt.
• De Wereld van Witte de With
De Witte de Withstraat dient als podium en decor voor verhalen van de stad. Honderden stedelingen doen ieder op geheel eigen wijze verhaal. Grote voorstellingen en kleine presentaties, binnen en buiten, in de bekende kunstinstellingen en op onverwachte plekken.
• R'Uitreisbureau
Elk weekend in september kan het publiek bij het R'Uitreisbureau ontdekkingsreizen maken langs verrassende plekken in Rotterdam.

V2_001 grounding presenteert P.t.t. red
181
Sept

Videogedichten van de straat
104
Sept
Diverse locaties, tv-uitzending

Bosch bestaat!
67
Sept–okt
Kunst & Complex

Dromenatlas
219
Sept–okt (Masterclasses)/ nov (tentoonstelling)
Diverse buurthuizen, Villa Zebra

De Groene Stad
168
Sep–okt

Smartest Students
183
Sept–okt
Theater Lantaren/Venster, diverse locaties

Lof der Zotheid van de 21e eeuw
61
Sept–okt

Chronologische index

De Glazenwassersshow
105
Sept–nov
In en om het Sophia Kinderziekenhuis

Hans en Grietje
Van Jeugdtheater Hofplein
By Hofplein Youth Theatre
Sept–nov

Euro+Songfestival
104
1 sept–9 nov
Diverse locaties, Concert- en
Congresgebouw de Doelen
(finale op 9 november)

Jheronimus Bosch
60
1 sept–11 nov
Museum Boijmans Van Beuningen

Foxtrot
46
1 sept–28 dec
Het Oude Luxor Theater

1001-Nacht
222
Sept–dec
Delfshaven

Dining International/Rotterdam
88
Sept–dec
Wereldmuseum Rotterdam

Educatief traject bij Cineac
214
Sept–dec
Diverse locaties

De Kas, podium voor amateurdans
182
Sept–dec
Theater Zuidplein

Over the border
246
Sept–dec
Kunsthal Rotterdam

Rouw
122
Sept–dec

Soapera's
46
Sept–dec
Theater Lantaren/Venster

Unpacking Europe
233
Sept–dec
Las Palmas Rotterdam

De Viering
67
Sept–dec
Kerken

Afscheid van de nationale munt
245
Sept 2001–jan 2002
Kunsthal Rotterdam

Zeetijding
202
6–8 sept
Strand- en duinengebied, Westvoorne

Rigoletto
46
6–9 sept
Wilhelminapier

Ja ja maar nee nee
86
6 sept–30 sept
ro theater

Religieus Rotterdam en route
63
8,9 sept
Rotterdam

ZAP City Extra
37
8,9 sept (eindspektakel)
Schouwburgplein

In de spiegel van de Gouden Eeuw
246
8 sept 2001– 6 jan 2002
Kunsthal Rotterdam

Tuin der Lusten
66
9 sept–7 okt
Diverse galeries

Ach Europa!
246
9 sept–4 nov
Nederlands Foto Instituut

Verolme Verwoord
203
10–30 sept
Werf Verolme Botlek, Rozenburg

Orgelmuziek aan de Maas
43
14 sept
Hoflaankerk

De Vrijheid, de Woede en het Water
202
14–20 sept
Droogdok Jan Blanken, Hellevoetsluis

Akkoorden aan de Bernisse
204
15 sept
De kerken in Heenvliet, Geervliet, Zuidland,
Abbenbroek, Oudenhoorn en
Simonshaven/Biert

**Rotterdam Philharmonic
Gergiev Festival**
47
16–22 sept
Concert- en congresgebouw de Doelen

Orgelmuziek aan de Maas
43
17 sept
Hoflaankerk

4ᵉ Biënnale Europese Stedenbouw
167
19–22 sept
Concert- en congresgebouw de Doelen

**Stef Kamil Carlens: Gentle Ruddy
Turnstone in an expanding collection
of thoughts**
124
20 sept–14 okt
TENT., Nighttown

Willem Nicolaas Rose
168
21 sept– 18 nov
Nederlands Architectuurinstituut

Blind Date in Shanghai
87
21 sept–31 dec

Luister!
203
22 sept (slotmanifestatie)
Centrale Bibliotheek in Ridderkerk

Akkoorden aan de Bernisse
204
22 sept
De kerken in Heenvliet, Geervliet, Zuidland,
Abbenbroek, Oudenhoorn en
Simonshaven/Biert

**Werelddovendag/theatercursussen
doven**
105
22 sept
In en om het gebouw van Swedoro

Sophiasymfonie
105
28–30 sept
Concert- en congresgebouw de Doelen

Rotterdam Jazz Festival
47
28–30 sept
Nighttown, Calypso 2001

Rotterdams Verenigingsleven in beeld
87
28 sept 2001–31 jan 2002
De Dubbelde Palmboom

Akkoorden aan de Bernisse
204
29 sept
De kerken in Heenvliet, Geervliet, Zuidland,
Abbenbroek, Oudenhoorn en
Simonshaven/Biert

**Eerste zondagopening en
grote Boekenmarkt**

30 sept
Binnenrotte

Oktober

Manfacts
Scapino Ballet Rotterdam
1–7 okt
Rotterdamse Schouwburg

The Box
215
Okt
Villa Zebra

Kids in Rotterdam
128
Okt
Nederlands Foto Instituut

Kidsparade en huiskamervoorstelling
222
Okt
In 3 wijken

**Staalkaart Rouw/Memories and
Mourning**
120
Okt
Diverse locaties

Turkpop
246
Okt

Vrouwenhuis en Galerie de Brieder
101
Okt
Het Vrouwenhuis

Het Rotterdam gevoel
88
Okt–aug
Het Schielandshuis

Madness Gekkenwerk
68
Okt–nov
Galerie Atelier Herenplaats

De Hudson
Okt–dec
Leuvehaven

Breitner in Rotterdam
87
Okt–2002
Nederlands Foto Instituut

Dance Link Rotterdam – Porto
186
3–6 okt
Theater Lantaren/Venster

Jongenskorenfestival en –masterclass
187
5–7 okt
Diverse locaties

Achnaton
204
5–13 okt
Voormalige Rijstpellerij in Zwijndrecht

Happiness City Space
168
5 okt–10 feb 2002
Nederlands Architectuurinstituut

Akkoorden aan de Bernisse
204
6 okt
De kerken in Heenvliet, Geervliet, Zuidland, Abbenbroek, Oudenhoorn en Simonshaven/Biert

Rotterdam en de Rijn
247
6 okt 2001– 23 feb 2002
Maritiem Museum Rotterdam

Kinderboekenweekfeest
7 okt
Centrale Bibliotheek, Rotterdam

Giuistino
47
8 okt
Concert- en congresgebouw de Doelen

Il Complesso Barocco
8 okt
Concert- en congresgebouw de Doelen

Rondom Erasmus: cultuur van vrede en geweldloosheid
63
11 okt
Grote of Sint Laurenskerk

De Koopman van Venetië
11–14 okt
Rotterdamse Schouwburg

Cinema Méditerranée
247
11– 21 okt (o.v.)
Theater Lantaren/Venster

**ACT2001:
Jongeren Theater & Dans Festival**
187
15–31 okt
Diverse theaters, buurtcentra

CyberStudio 2.001
181
15 okt–10 nov
Las Palmas Rotterdam

Nederlands Koorfestival 2001
47
17 okt
Concert- en congresgebouw de Doelen

Leonce and Lena
Alize Zandwijk regisseert Leonze en Lena van Georg Büchner, over een groep welgestelde mensen die hun zinloze bestaan in overdaad, verveling en onverschilligheid doorbrengt.
17–27 okt
ro theater in de Rotterdamse Schouwburg

Brielle, eersteling in vrijheid
204
20–21 okt
De Catharijnekerk, Maarland, Zuidspui, Langepoortravelein

WOMEX 2001
235
25–28 okt (beoogd)
Concert- en congresgebouw de Doelen

Nederlands Koorfestival 2001
47
27 okt
Concert- en congresgebouw de Doelen

Brielle, eersteling in vrijheid
204
27–28 okt
De Catharijnekerk, Maarland, Zuidspui, Langepoortravelein

ACT 2001
187
31 okt–3 nov
Rotterdamse Schouwburg

November

Dunya on Stage
67
Nov
Rotterdamse Schouwburg

Composer in residence: Peteris Vasks
187
Nov–9 dec
Concert- en congresgebouw de Doelen, Rotterdams Conservatorium

100x verloren en verlangen
248
Nov–dec
Theater Zuidplein

Rotterdam Nu & Dan
128
Vanaf nov (première)
Nieuwe Luxor Theater

Eurotaptoe
48
3 nov
Rotterdams Topsportcentrum
(naast het Feijenoord Stadion)

Nederlands Koorfestival 2001
47
3 nov
Concert- en congresgebouw de Doelen

De Nieuwe Heerlijkheid
202
3 nov (slotevenement)
Bunnik Plants 3 te Bleiswijk en diverse locaties in de gemeenten Bleiswijk, Bergschenhoek en Berkel en Rodenrijs

Lezersfeest 2001
248
10 nov
Centrale Bibliotheek, Rotterdam

Nederlands Koorfestival 2001
47
10 nov
Concert- en congresgebouw de Doelen

De vrouw die tegen een deur aanliep
Engelstalige opera op basis van de roman van Roddy Doyle. Het ro theater i.s.m. DeSingel Antwerpen, De Munt Brussel en Beethoven Academie Antwerpen.

14–17 nov
Rotterdamse Schouwburg

De Spaanse rijschool
48
15–18 nov
Ahoy' Rotterdam

Rotterdam in het Interbellum, een speurtocht naar een verdwenen stad
48
15–25 nov
Theater 't Kapelletje

Foto's uit Porto
248
15 nov 2001–1 apr 2002
Maritiem Museum Rotterdam

Nederlands Koorfestival 2001
47
17 nov
Concert- en congresgebouw de Doelen

Culturele diversiteit in internationaal perspectief
187
17–19 nov
Theater Zuidplein

Operette
19–20 nov
Rotterdamse Schouwburg

RPhO-show
222
21–30 nov
Concert- en congresgebouw de Doelen

December

Vrouwenhuis en Galerie de Bieder
101
Dec
Het Vrouwenhuis

Verzamelplaatsen
241
Dec 2001– feb 2002
Galerie Tramhuis, Museum Boijmans Van Beuningen

Proposals for a Collection
248
Dec 2001– feb 2002
Museum Boijmans Van Beuningen

Vreemde melodieën/Melodias estranhas
60
12–15 dec
Rotterdamse Schouwburg

De Ontmoeting/Jeh Milan
68
15–16 dec
Muziek

Haroen en de zee van verhalen
88
19 dec 2001– 6 jan 2002
Rotterdamse Schouwburg

Data onbekend

Apocalyps nu!
67
Rotterdamse Schouwburg

Door to the River
248

Full Moon
68
Diverse locaties, Barendrecht

Going Underground
128
Locatie op te vragen/Location on request

Ik wijk voor niemand
65
Zaal de Unie

Internatioinaal Symposium '50 jaar VN-vluchtelingenverdrag'
234

KidsKunst 2001
221
Villa Zebra

The Millennium Passengers
248

Rotterdam Inner Cities
82

S.O.S.
86

Straattaal
123

Uit alle windstreken
242

Chronologische index

Adressen

Ahoy' Rotterdam
Ahoyweg 10 / 3084 BA Rotterdam
(010) 293 31 41 / fax (010) 293 31 49
info@ahoy.nl / www.ahoy.nl

Bibliotheektheater
Hoogstraat 110 / 3011 PV Rotterdam
(010) 281 62 62 / fax (010) 281 62 97
theater@bibliotheek.rotterdam.nl
www.bibliotheek.rotterdam.nl

Bonheur
Eendrachtsstraat 79/81
3012 XH Rotterdam
(010) 404 67 16 / fax (010) 413 38 72
bonheur@bonheur.nl / www.bonheur.nl

Calypso 2001
Mauritsweg 5 / 3012 JR Rotterdam
(010) 201 09 99
reserveringsnummer (010) 402 20 19
fax (010) 201 09 90
calypso@rotterdam01.nl
www.calypso2001.nl

Cinerama
Westblaak 18 / 3012 KL Rotterdam
(010) 411 53 00 / 412 17 81
fax (010) 414 97 21
mail@cineramabios.nl
www.cineramabios.nl

Concert- en congresgebouw de Doelen
Postbus 972 / 3000 AZ Rotterdam
Bezoekadres: Schouwburgplein 50
(010) 217 17 17 / 217 17 00
fax (010) 213 09 13
communicatie@dedoelen.nl
www.dedoelen.nl

Dans Ateliers
's-Gravendijkwal 58-b
3014 EE Rotterdam
(010) 436 99 37 / fax (010) 436 09 15
dans.atlrs@worldonline.nl

Hal 4
Watertorenweg 200 / 3063 HA Rotterdam
(010) 412 60 3 / fax (010) 453 18 17
hal4@hal4.nl / www.hal4.nl

Jazzcafé Dizzy
's Gravendijkwal 127/ 3021 EK Rotterdam
(010) 477 30 14 / fax (010) 477 99 03
dizzyjazzcafe@hotmail.com
www.dizzy.nl

Jeugdtheater Hofplein
Benthemstraat 13 / 3032 AA Rotterdam
(010) 243 50 55 / fax (010) 243 50 59
info@jeugdtheaterhofplein.nl
www.jeugdtheaterhofplein.nl

Lantaren/Venster
Gouvernestraat 133 / 3014 PM Rotterdam
(010) 277 22 66 / fax (010) 277 22 86
mail@lantaren-venster.nl
www.lantaren-venster.nl

Las Palmas
Wilhelminakade 66 / 3072 AR Rotterdam

Maastheater
Boompjes 751 / 3011 XZ Rotterdam
(010) 413 40 91 / 476 24 52
fax (010) 476 12 73

Nieuwe Luxor Theater
Posthumalaan 1 / 3072 AG Rotterdam
(010) 414 11 16 / fax (010) 411 60 09
info@luxortheater.nl

Nighttown
West Kruiskade 28 / 3014 AS Rotterdam
(010) 436 12 10 / fax (010) 436 35 32
info@nighttown.nl / www.nighttown.nl

Now & Wow
Lloydstraat 30 / 3024 EA Rotterdam
(010) 477 10 74 / fax (010) 477 56 07
gilbert@now-wow.com
www.now-wow.com

O.T. Theater a/d Mullerpier
St. Jobsweg 3 / 3024 EH Rotterdam
(010) 476 90 29 / fax (010) 425 79 15
ot@ot-rotterdam.nl / www.ot-rotterdam.nl

Off Corso
Kruiskade 22 / 3012 EH Rotterdam
(010) 265 61 88 / fax (010) 265 61 88
off-corso@hotmail.com

Oude Luxor Theater
Kruiskade 10 / 3012 EH Rotterdam
(010) 414 11 16 / fax (010) 411 60 09
info@luxortheater.nl

Pathé Cinema
Schouwburgplein 101
3012 CL Rotterdam
(010) 411 15 11

Prinses Theater
Schiedamseweg 19 / 3026 AB Rotterdam
(010) 425 50 50 / fax (010) 425 50 70
info@prinsestheater.nl
www.prinsestheater.nl

ro theater
Willem Boothlaan 8 / 3012 VJ Rotterdam
(010) 404 70 70 / fax (010) 404 77 17
info@rotheater.nl / www.rotheater.nl

Rotown
Nieuwe Binnenweg 19
3014 GB Rotterdam
(010) 436 26 69 / fax (010) 436 32 33
info@rotown.nl / www.rotown.nl

Rotterdams Centrum voor Theater
Mathenesserdijk 293
3026 GB Rotterdam
(010) 477 38 91 / fax (010) 425 79 54
theater&school@rcth.nl / www.rcth.nl

Rotterdams Conservatorium
Kruisplein 26 / 3012 CC Rotterdam
(010) 217 11 00 / fax (010) 217 11 01
rc@hmtr.nl / www.hmtr.nl

Rotterdamse Schouwburg
Schouwburgplein 25 / 3012 CL Rotterdam
(010) 411 81 10 / 404 41 11
fax (010) 413 24 04
info@schouwburg.rotterdam.nl
www.schouwburg.rotterdam.nl

Theater De Evenaar
Willemskade 25 / 3016 DM Rotterdam
(010) 270 71 72 / fax (010) 270 71 82
secretariaat@wereldmuseum.rotterdam
www.wereldmuseum.nl

Theater 't Kapelletje
Van der Sluysstraat 176
3033 SR Rotterdam
(010) 467 70 14 / 243 03 03
fax (010) 466 36 98

Theater Maatwerk
Willem Buytewechstraat 42
3024 BN Rotterdam
(010) 276 30 39 / fax (010) 2763026
maatw@xs4all.nl
www.welkom-to.theatermaatwerk.nl

Theater West
Postbus 63112 / 3002 JC Rotterdam
Bezoekadres: Westzeedijk 513
(010) 476 65 86 / fax (010) 425 9017
stemwerk@stemwerk.com
www.stemwerk.nl

Theater Zuidplein
Zuidplein 60-64 / 3083 CW Rotterdam
(010) 481 65 00 / 203 02 07
fax (010) 480 33 40
kassa@theaterzuidplein.rotterdam.nl

Theatercafé Floor
Schouwburgplein 28 / 3012 CL Rotterdam
(010) 404 52 88 / fax (010) 404 52 83
mail@cafefloor.nl

Waterfront
Boompjeskade 10 –15
3011 XE Rotterdam
(010) 414 52 88 / fax (010) 213 21 37

Zaal De Unie
Mauritsweg 35 / 3012 JT Rotterdam
(010) 433 35 34 / fax (010) 413 51 95

Bonheur
Eendrachtsstraat 79/81
3012 XH Rotterdam
(010) 404 67 16 / fax (010) 413 38 72
bonheur@bonheur.nl / www.bonheur.nl

Connie Janssen danst…
p/a Ketenstraat 3 a / 3061 MH Rotterdam
(010) 452 25 51/ fax (010) 452 25 51

Dansateliers
's Gravendijkwal 58B / 3014 EE Rotterdam
(010) 436 99 37 / fax (010) 436 09 15
dans.atlrs@worldonline.nl

Dodorama
Rochussenstraat 169
3021 NP Rotterdam
(010) 476 22 90 / 476 71 59
fax (010) 476 78 32
dodorama@dodorama.nl www.dodorama.nl

Droomtheater
Beukelsdijk 21 b / 3021 AB Rotterdam
(010) 477 81 71 / droomtheater@freeler.nl
www.dds.nl\~dream

Erasmus Kamerkoor
Postbus 21888 / 3001 AW Rotterdam
(010) 265 37 24
erasmuskamerkoor@welcome.to
welcome.to/erasmuskamerkoor

Fact
's Gravendijkwal 58 b
3014 EE Rotterdam
(010) 436 79 97 / fax (010) 436 79 59
fact@fact.nl / www.fact.nl

Hotel Modern
Frank van Borsselestraat 15c
3021 RJ Rotterdam
(010) 477 30 37 / fax (010) 477 30 37

Jeugdtheatergezelschap het Waterhuis
Van Oldenbarneveldstraat 116
3012 GV Rotterdam
(010) 240 98 46 / fax (010) 240 98 47
waterhuis@wxs.nl

De Meekers
Coolhaven 100 A / 3024 AH Rotterdam
(010) 244 98 93 / fax (010) 244 98 94
meekers@hetnet.nl / www.ek.nl-demeekers

Onafhankelijk Toneel/Opera OT
St. Jobsweg 3 / 3024 EH Rotterdam
(010) 478 02 81 / fax (010) 425 79 15
ot@ot-rotterdam.nl / www.ot-rotterdam.nl

Pacific Enterprises
Postbus 2763 / 3000 CT Rotterdam
(010) 476 10 95 / fax (010) 478 07 42
pacificenterprises@planet.nl

Passionate
Postbus 25264 / 3001 HG Rotterdam
(010) 276 26 26 / fax (010) 276 26 07
passionate@passionate.nl
www.passionate.nl

Pueri Cantorei
Steven v/d Haghenstraat 11
3151 CN Hoek van Holland
(0174) 38 36 18 / fax (0174) 38 48 48
munckpen@ouronet.nl

ro theater
Postbus 2656
3000 CR Rotterdam
Bezoekadres: William Boothlaan 8
(010) 404 68 88 / fax (010) 414 77 17

Rotterdamse Dansgroep
's Gravendijkwal 58 A / 3014 EE Rotterdam
(010) 436 45 11 / fax (010) 436 41 47
info@drd.org / www.drd.org
info@rotheater.nl

Rotterdamse Opera (Ropera)
Overstortpad 51 / 3063 SK Rotterdam
(010) 452 97 61

Rotterdams Philharmonisch Orkest
Kruisstraat 2 / 3012 CT Rotterdam
(010) 217 17 07 / fax (010) 411 62 15
info@rpho.nl / www.rpho.nl

Rotterdamse Vereniging voor Amateur Toneel
Van der Sluysstraat 156
3033 SR Rotterdam
(010) 243 03 03 / fax (010) 243 73 42
r.v.a.@hetnet.nl

Rotterdams Volkstheater
Postbus 2065 / 3000 CB Rotterdam
(010) 476 89 22 / fax (010) 476 34 61
info@volkstheater.nl / www.volkstheater.nl

Rotterdams Wijktheater
Jan Ligthartstraat 63 / 3083 AL Rotterdam
(010) 423 01 92 / fax (010) 423 01 92
festival@rotterdamswijktheater.nl
www.rotterdamswijktheater.nl

Scapino Ballet Rotterdam
Boomgaardstraat 69 / 3012 XA Rotterdam
(010) 414 24 14 / fax (010) 413 22 50
info@scapinoballet.nl
www.scapinoballet.nl

Stichting Al-Kantara
Postbus 23167 / 3001 KD Rotterdam
(010) 412 20 57 / fax (010) 411 17 39

Stichting Galip Theaterproducties
Randweg 6b III / 3074 MB Rotterdam
(010) 484 16 02 / (06) 28 87 59 69

Stichting No Can Do
Oliviastraat 2 / 3051 NA Rotterdam
(010) 461 29 16

Stichting De Rode Kijkdoos
Almondestraat 195 / 3032 CD Rotterdam
(010) 466 90 24 / fax (010) 467 90 23
wnoordergraaf@wxs.nl

Stichting Piet Rogie & Compain
Voorhaven 21 / 3025 HC Rotterdam
(010) 244 09 68 / fax (010) 244 09 69
bulcaen@ipr.nl / www.sdansr.nl/r-c

Stichting Sahne
Postbus 8074 / 3009 AB Rotterdam
(010) 414 04 87 / fax (020) 865 89 83
linde@mediaport.org

Stichting Tar
Graaf Florisstraat 50 / 3021 CJ Rotterdam
(010) 477 73 61 / fax (010) 476 41 15
mewit@xs4all.nl

Belasting & Douane Museum
Parklaan 16 / 3016 BB Rotterdam
(010) 436 56 29 / fax (010) 436 12 54
info@belasting-douanemus.nl
www.belasting-douanemus.nl

Chabot Museum
Museumpark 11 / 3015 CB Rotterdam
(010) 436 37 13 / fax (010) 436 03 55
mail@chabotmuseum.nl
www.chabotmusum.nl

De Dubbelde Palmboom
(Historisch Museum Rotterdam)
Voorhaven 12 / 3024 RM Rotterdam
(010) 476 15 33 / fax (010) 478 23 76
algemeen.info@hmr.rotterdam.nl
www.hmr.rotterdam.nl

Kralingsmuseum
Hoflaan 62 / 3062 JJ Rotterdam
(010) 213 19 48 / fax (010) 213 19 86
www.kralingsmuseum.nl

Kunsthal Rotterdam
Postbus 23077 / 3001 KB Rotterdam
Bezoekadres: Westzeedijk 341
(010) 440 03 00 / fax (010) 436 71 52
communicatie@kunsthal.nl
www.kunsthal.nl

Mariniersmuseum
Rotterdam Tromphuis
Wijnhaven 7-13 / 3011 WH Rotterdam
(010) 412 96 00 / fax (010) 433 36 19

Maritiem Buitenmuseum
Postbus 21191 / 3001 AD Rotterdam
Bezoekadres: Leuvehaven 50-72
(010) 404 80 72 / fax (010) 404 95 08
maritiem@buitenmuseum.nl
www.buitenmuseumdemon.nl

Maritiem Museum Rotterdam
Postbus 988 / 3000 AZ Rotterdam
Bezoekadres: Leuvehaven 1
(010) 413 26 80 / fax (010) 413 73 42
publ@mmph.nl / www.mmph.nl

Museum Boijmans Van Beuningen
Postbus 2277 / 3000 CG Rotterdam
Bezoekadres: Museumpark 18-20
(010) 441 94 00 / 441 94 28
fax (010) 436 05 00 / 441 95 53
info@boijmans.rotterdam.nl
www.boijmans.rotterdam.nl

Museum Hillesluis
Riederlaan 200 / 3074 CL Rotterdam
(010) 419 86 98 / fax (010) 432 20 91

Museum voor Keramiek
Pablo Rueda Lara
Aelbrechtskolk 10 / 3024 RE Rotterdam
(010) 476 02 83 / fax (010) 476 08 38

Museumschip 'Buffel'
Postbus 988 / 3000 AZ Rotterdam
Bezoekadres: Leuvehaven 1
(010) 413 26 80 / fax (010) 413 73 42
publ@mmph.nl / www.mmph.nl

Museumwoning De Kiefhoek
Hendrik Idoplein 2 / 3073 RC Rotterdam
(010) 436 99 09 / 485 31 59
fax (010) 436 98 96
ac@vvv.rotterdam.nl /www.vvv.rotterdam.nl

Nationaal Schoolmuseum
Postbus 21536 / 3001 AM Rotterdam
Bezoekadres: Nieuwe Markt 1a
(010) 404 54 25 / fax (010) 233 18 01
info@schoolmuseum.nl
www.schoolmuseum.nl

Nationaal Veerdienstmuseum
Postbus 111 / 3150 AC Hoek van Holland
(0174) 38 35 71
Bezoekadres: Badweg 2a
(0174) 38 36 89 / fax (0174) 38 36 89

Natuurmuseum Rotterdam
Postbus 23452 / 3001 KL Rotterdam
Bezoekadres: Westzeedijk 345
(010) 436 42 22 / fax (010) 436 43 99
natuurmuseum@nmr.nl / www.nmr.nl

Nederlands Architectuurinstituut (NAi)
Postbus 237 / 3000 AE Rotterdam
Bezoekadres: Museumpark 25
(010) 440 12 00 / fax (010) 436 69 75
Info@nai.nl / www.nai.nl

Nederlands Foto Instituut
Witte de Withstraat 63
3012 BN Rotterdam
(010) 213 20 11 / fax (010) 414 34 65
info@nfi.nl / www.nfi.nl

Het Nederlands
Kustverdedigingsmuseum
Fort aan den Hoek van Holland
Stationsweg 82
3150 AA Hoek van Holland
(0174) 38 28 98 / fax (0174) 31 01 28

Nederlands Kustverlichtingsmuseum
in De Vuurtoren
Willem van Houtenstraat 102
3151 AC Hoek van Holland
(0174) 38 35 71

Openbaar Vervoer Museum
Oostplein 165 / 3011 KZ Rotterdam
(010) 433 07 62 / fax (010) 214 00 82

Openlucht Binnenvaartmuseum
Postbus 22241 / 3003 DE Rotterdam
Bezoekadres: Koningsdam 1
(010) 411 88 67 / fax (010) 411 89 19

Oorlogs Verzets Museum Rotterdam
Veerlaan 82-92 / 3072 ZZ Rotterdam
(010) 484 89 31 / fax (010) 485 93 26
ovmrotterdam@hetnet.nl

Reddingmuseum Jan Lels
Paviljoensweg 39
3151 HK Hoek van Holland
Bezoekadres: Badweg 2a
(0174) 38 38 02

Rotterdams Radiomuseum
Ceintuurbaan 104 / 3067 GM Rotterdam
(010) 461 85 85 / fax (010) 461 85 67

Rotterdams Trammuseum
Nieuwe Binnenweg 362
3023 ET Rotterdam
(010) 476 51 49

Het Schielandshuis
(Historisch Museum Rotterdam)
Korte Hoogstraat 31 / 3011 GK Rotterdam
(010) 217 67 67 / fax (010) 433 44 99
info@hmrrotterdam.nl www.hmrrotterdam.nl

Stichting Vesting Hoek van Holland
Badweg 1 / 3151 HA Hoek van Holland
(0174) 38 56 13

ToyToy Museum
Groene Wetering 41 / 3062 PB Rotterdam
(010) 452 59 41 / fax (010) 452 40 14

Wereldmuseum
Postbus 361 / 3000 AJ Rotterdam
Bezoekadres: Willemskade 25
(010) 270 71 72 /fax (010) 270 71 82
secr@wereldmuseum.rotterdam.nl
www.wereldmuseum.rotterdam.nl

Wijkmuseum Katendrecht
Rechthuislaan 1/A / 3072 LB Rotterdam
(010) 484 33 87

Witte de With
Centrum voor hedendaagse kunst
Witte de Withstraat 50
3012 BR Rotterdam
(010) 411 01 44 / fax (010) 411 79 24
info@wdw.nl / www.wdw.nl

African Art
Watergeusstraat 115b
3025 HN Rotterdam
(010) 425 64 27 / fax (010) 477 82 66
africanart@hetnet.nl / www.africanart.nl

Blik Kunstbemiddeling
Postbus 4075 / 3006 AB Rotterdam
Bezoekadres: Oostzeedijk Beneden 193
(010) 282 91 55 / fax (010) 282 91 56
kunst@blik.net/ www.blik.net

Brutto Gusto
Nieuwe Binnenweg 160 a
3015 BH Rotterdam
(010) 436 59 35 / fax (010) 436 23 50
bruttogusto@hetnet.nl

Centrum Beeldende Kunst /
Artoteek Rijnmond
Nieuwe Binnenweg 75
3014 GE Rotterdam
(010) 436 02 88 / fax (010) 436 74 46
com@cbk.rotterdam.nl

De Brieder, kunst op locatie
Provenierssingel 42 / 3033 EM Rotterdam
(010) 452 05 66 / fax (010) 452 05 66

Galerie Aelbrecht
Aelbrechtskolk 2 / 3024 RE Rotterdam
(010) 477 16 37 / fax (010) 476 92 82
galerieaelbrecht@planet.nl
www.delfshaven.nl

Galerie Atelier Herenplaats
Schiedamse Vest 56
3011 BD Rotterdam
(010) 214 11 08 / fax (010) 213 38 96
herenplaats@luna.nl
www.luna.nl/~herenplaats.nl

Galerie Cieremans & Cie
Benthuizerstraat 60
3036 CK Rotterdam
(010) 467 93 91 / fax (010) 467 93 89

Galerie Clarart St. Claraziekenhuis
Olympiaweg 350 / 3078 HT Rotterdam
(010) 291 19 11 / 291 14 75
fax (010) 291 10 68
endeb@clarazhs.nl
www.galerieplatformijsselmonde.nl

Galerie Cokkie Snoei
Mauritsweg 55
3012 JX Rotterdam
(010) 412 92 74 / fax (010) 412 92 74

Galerie Delta
Oude Binnenweg 113 / 3012 JB Rotterdam
(010) 413 17 07

Galerie Duo Duo
Mathenesserlaan 304
3021 HW Rotterdam
(010) 477 85 29 / fax (010) 477 85 29
duoduo@xs4all.nl / www.duoduo.nl

Galerie ECCE
Witte de Withstraat 17a-19a
3012 BL Rotterdam
(010) 413 97 70 / fax (010) 413 28 31
info@galerie-ecce.nl / www.galerie-ecce.nl

Galerie Erasmus-Hoboken
Dr. Molewaterplein 50
3015 GE Rotterdam
(010) 408 11 44 / fax (010) 408 90 88
stg@stg.eur.nl / www.eur.nl/studium

G@lerie Van Eijck
Witte de Withstraat 21/3012 BL Rotterdam
(010) 412 50 17 / fax (010) 411 36 34
galerievan@eijck.nl / www.eijck.nl

Galerie Honingen
Oostzeedijk Beneden 27b
3062 VK Rotterdam
(010) 213 03 09 / fax (010) 213 03 09

Galerie Hubrecht Kranse
Burg. Meineszlaan 18b
3022 BJ Rotterdam / (010) 425 70 53
info@potterycraft.nl / www.potterycraft.nl

Galerie Kralingen
Gashouderstraat 9 / 3061 EH Rotterdam
(010) 413 54 54 / 220 18 18
fax (010) 220 01 16

Galerie Leo de Jong
Hillegondastraat 19 / 3051 PA Rotterdam
(010) 285 02 40 / fax (010) 285 02 41
galerie@leodejong.nl / www.leodejong.nl

Galerie Liesbeth Lips
Rochussenstraat 81a / 3015 EE Rotterdam
(010) 436 00 15 / fax (010) 436 00 15

Galerie Maas
Kortekade 14-16 / 3062 GR Rotterdam
(010) 412 40 48 / fax (010) 412 40 48
info@galeriemaas.nl / www.galeriemaas.nl

Galerie RAM Foundation
Hoornbrekerstraat 8 / 3011 CL Rotterdam
(010) 476 76 44 / fax (010) 476 76 44
ram@luna.nl / www.ramart.com
Contactpersoon: Mevrouw B. Koedam

Galerie Serruys Antonius Binnenweg
Nieuwe Binnenweg 33
3014 GC Rotterdam
(010) 241 28 06 / fax (010) 241 28 18
anton.binnenweg@verpleeghuis.net
www.antoniusbinnenweg.verpleeghuis.net/

Galerie Vip's
Witte de Withstraat 2
3012 BP Rotterdam
(010) 206 22 80 / 06 290 241 39
fax (010) 206 22 85
info@vipsart.nl / www.vipsart.nl

Galerie Zonneschande
Schilderstraat 59a / 3011 ER Rotterdam
(010) 412 67 64 / fax (010) 436 70 68
galerie@zonneschande.demon.nl
www.zonneschande.nl

Gil & Moti Homegallery
Witte de Withstraat 44
3012 BR Rotterdam
(010) 425 37 94 / fax (010) 425 37 94
gilandmoti@netscape.net

Goethe-Institut Rotterdam
Westersingel 9 / 3014 GM Rotterdam
(010) 209 20 90 / fax (010) 209 20 99
goethe-progr@luna.nl /goethe-cult@luna.nl
www.goethe.de/be/rot

Hilton Art Gallery
Weena 10 / 3012 CM Rotterdam
(010) 710 80 00/ 710 80 98
fax (010) 710 80 95
gm_rotterdam@hilton.com

**MAMA Showroom for
media and moving art**
Witte de Withstraat 31
3012 BC Rotterdam
(010) 433 06 95 / fax (010) 433 06 95
mama@ooo.nl / www.mama.ooo.nl

MK Expositieruimte
Witte de Withstraat 53
3012 BM Rotterdam
(010) 213 09 91 / fax (010) 213 09 91
mkgalerie@freehosting.nl www.mkgalerie.nl

Noname Galerie
Hoogstraat 32 / 3011 PR Rotterdam
(010) 413 70 73 / fax (010) 413 70 73

De Politiegalerie
Witte de Withstraat 25
3012 BL Rotterdam
(010) 274 79 66 / fax (010) 275 03 60

Roodkapje
Witte de Withstraat 13a
3012 BK Rotterdam
(010) 243 98 00 / fax (010) 243 98 01
roodkapje@roodkapje.nl
www.roodkapje.nl

Stichting 1/2
Mathenesserdijk 369a
3026 GT Rotterdam
(010) 477 51 61 / fax (010) 477 51 61
1half@worldonline.nl

TEN I.
Witte de Withstraat 50
3012 BR Rotterdam
(010) 413 54 98 / fax (010) 413 55 21
info@cbk.rotterdam.nl
www.cbk.rotterdam./tent./nl

**Tramhuis Kunst-
en Ontmoetingscentrum**
Rosestraat 123 / 3071 JP Rotterdam
(010) 484 67 35 / fax (010) 484 67 40
rotterdam@tramhuis.nl / www.tramhuis.nl

Vivid Vormgevingsgalerie
Willem Boothlaan 17 a
3012 VH Rotterdam
(010) 413 63 21 / fax (010) 413 63 21
info@vormgevingsgalerie.nl
www.vormgevingsgalerie.nl

Festivals/Evenementen
Alle genoemde data zijn onder voorbehoud

International Film Festival Rotterdam
24 januari – 4 februari 2001
Diverse locaties
Postbus 21696 / 3001 AR Rotterdam
(010) 890 90 90 / fax (010) 890 90 91
info@filmfestivalrotterdam.com of
tiger@filmfestivalrotterdam.com
www.filmfestivalrotterdam.com

ABN-AMRO Tennistoernooi
19–25 februari 2001
Ahoy' Rotterdam
Spomark b.v.
Postbus 5552 / 3008 AN Rotterdam
(010) 293 33 00 / fax (010) 293 33 09
wim@spomark.com

Rotterdam Marathon
22 april 2001
Binnenstad
Postbus 9412 / 3007 AK Rotterdam
(010) 417 28 86 / 432 32 66
fax (010) 432 50 50
info@rotterdammarathon.nl
www.rotterdammarathon.nl

Dunya Festival
26 en 27 mei 2001
Het Park bij de Euromast
William Boothlaan 4 / 3012 VJ Rotterdam
(010) 233 09 10 / fax (010) 433 24 63
info@dunya.nl / www.dunya.nl

Poetry International
16–22 juni 2001
Concert- en congrescentrum De Doelen
William Boothlaan 4 / 3012 VJ Rotterdam
(010) 282 27 77 / fax (010) 282 27 75
Poetry@luna.nl / www.poetry.nl

Metropolis Festival
1 juli 2001
Zuiderpark
St. Memphis
(010) 282 19 19 / fax (010) 282 19 10
info@metropolisfestival.nl
www.metropolisfestival.nl

De Parade
22 juni – 1 juli 2001
Museumpark
(033) 465 45 77 / fax (033) 465 62 46
info@deparade.nl / www.deparade.nl

**Rotterdam Baseball – 9th World Port
Tournament**
28 juni – 8 juli 2001
Neptunus Stadion
K.P. van der Mandelelaan 110
3062 MB Rotterdam
(010) 880 87 88 / fax (010) 452 28 80
info@bonthuis.nl
www.worldporttournament.nl

Koninginneverkiezing
7 juli 2001
Binnenstad
William Boothlaan 4 / 3012 VJ Rotterdam
(010) 414 17 72 / fax (010) 404 96 30
events@ducos.com
www.solerozomercarnaval.com

Dag van de Architectuur
6–8 juli 2001
Binnenstad
Museumpark 25 / 3015 CB Rotterdam
(010) 436 99 09 / fax (010) 436 98 96
ac@vvv.rotterdam.nl
www.vvv.rotterdam.nl

Zomerpodium
8 juli –26 augustus 2001
(010) 425 32 92 / fax (010) 425 68 19
mail@loederevents.nl
www.loederevents.nl

Solero Zomercarnaval
27 juli 2001
Binnenstad
William Boothlaan 4 / 3012 VJ Rotterdam
(010) 414 17 72 / fax (010) 404 96 30
events@ducos.com
www.solerozomercarnaval.com

Rotterdams Solero Straatparade
28 juli 2001
Binnenstad
William Boothlaan 4 / 3012 VJ Rotterdam
(010) 414 17 72 / fax (010) 404 96 30
events@ducos.com
www.solerozomercarnaval.com

FFWD Heineken Dance Parade
11 augustus 2001
Binnenstad
Postbus 1739 / 3000 BS Rotterdam
(010) 433 13 00 / fax (010) 413 46 22
info@ffwdheinekendanceparade.nl
www.ffwdheinekendanceparade.nl

Mr Zapp Pleinbioscoop
15 – 26 augustus 2001
Museumpark
(010) 425 32 92 / fax (010) 425 68 19
mail@loederevents.nl/ www.loederevents.nl

Wereldhavenfestival
31 augustus – 2 september 2001
Postbus 23508 / 3001 KM Rotterdam
(010) 436 48 44 / fax (010) 436 45 80
wereldhavenfestival@wereldhavenfestival.nl
www.werelhavenfestival.nl

CHIO Rotterdam
30 augustus – 2 september 2001
Rotterdamsche Manege
Postbus 4266
3006 AG Rotterdam
(010) 452 67 29 / fax (010) 453 15 55
info@chio.nl / www.chio.nl

September in Rotterdam
September 2001
Diverse locaties
Postbus 21362 / 3001 AJ Rotterdam
(010) 433 25 11 / fax (010) 213 11 60
rf@rotterdamfestivals.nl
www.rotterdamfestivals.nl

Cultuurparade
2e weekend september 2001
Diverse pleinen
Loeder EventsBeukelsweg 72a
3022 GL Rotterdam
(010) 425 32 92 / fax (010) 425 68 19
info@loederevents.nlwww.loederevents.nl

Open Monumentendag
9 september 2001
Diverse locaties
Museumpark 25 / 3015 CB Rotterdam
(010) 436 99 09 / fax (010) 436 98 96
ac@vvv.rotterdam.nl /www.vvv.rotterdam.nl

Geen Daden Maar Woorden
September 2001
Rotterdamse Schouwburg
St. Passionate
Postbus 25264 / 3001 HG Rotterdam
(010) 276 26 26 / fax (010) 2762607
passionate@passionate.nl
www.passionate.nl

Adressen

Lezersfeest
10 november 2001
Centrale Bibliotheek
(010) 413 54 88 / fax (010) 281 62 97

Dunya On Stage
Eind november 2001
Diverse locaties
William Boothlaan 4 / 3012 VJ Rotterdam
(010) 233 09 10 / fax (010) 433 24 63
info@dunya.nl / www.dunya.nl

Arboretum Trompenburg
Honingerdijk 86
3062 NX Rotterdam
(010) 233 01 66 / fax (010) 233 01 71
Arboretum@trompenburg.nl
www.trompenburg.nl

Asklepion (vanaf najaar 2001)
Postbus 19131
3001 BC Rotterdam
Bezoekadres: Leuvehaven 75
(010) 213 08 19 / fax (010) 213 08 21
mail@asklepion.nl / www.asklepion.nl

Croosboot
Crooswijksestraat 126
3034 AR Rotterdam
(010) 414 97 51 / fax (010) 414 32 16

Cultuurhistorische Plantentuin
Brammerstraat 10 / 3084 RV Rotterdam
(010) 428 10 36 / fax (010) 429 32 11

Diergaarde Blijdorp
Postbus 532 / 3000 AM Rotterdam
Bezoekadres: Van Aerssenlaan 49
(010) 443 14 31 / fax (010) 467 78 11
info@rotterdamzoo.nl
www.rotterdamzoo.nl

Euromast & Space Adventure
Parkhaven 20 / 3016 GM Rotterdam
(010) 436 48 11 / fax (010) 436 22 80
euromast@euromast.com
www.euromast.com

Feyenoord Stadion / Home of History
Postbus 9649 / 3007 AP Rotterdam
Bezoekadres: Van Zandvlietplein 1
(010) 492 94 44 / fax (010) 419 00 32
sales@dekuip.nl / www.dekuip.nl

Holland Casino Rotterdam
Postbus 2540 / 3000 CM Rotterdam
Bezoekadres: Weena 264
(010) 206 82 06 / fax (010) 206 85 00
rotterdam@hollandcasino.nl
www.hollandcasino.nl

Imax
Leuvehaven 77 / EA Rotterdam
(010) 201 03 00 / fax (010) 404 66 46
info@imax.nl / www.imax.nl

Het Keringhuis
Nieuw Oranjekanaal 139
3151 XL Hoek van Holland
(0174) 51 12 22 / fax (0174) 54 03 24
keringhuis@podium.nl
www.minvenw.nl//rws/dzh/stk

Kijk-Kubus
Overblaak 70 / 3011 MH Rotterdam
(010) 414 22 85 / fax (010) 414 47 97

Paviljoen Waterwegcentrum
Postbus 55 / 3150 AB Hoek van Holland
Bezoekadres: Koninging Emmaboulevard,
Hoek van Holland
(0174) 38 74 94 / fax (0174) 38 76 40
abaljon@obr.rotterdam.nl
www.waterwegcentrum.nl

Plaswijckpark
Ringdijk 20 / 3053 KS Rotterdam
(010) 418 18 36 / fax (010) 461 47 69

**Rebus Special Events/
Bootexcursie Kinderdijk**
Elektroweg 11b / 3051 NB Rotterdam
(010) 218 31 31 / fax (010) 218 32 95
info@rebus-organisatiebureau.nl

Spido Havenrondvaarten
Postbus 815 / 3000 AV Rotterdam
Bezoekadres: Leuvehoofd 5
(010) 275 99 88 / fax (010) 412 47 88
www.spido.nl / spido@spido.nl

Tropicana
Maasboulevard 100 / 3063 NS Rotterdam
(010) 402 07 08 / 402 07 32
fax (010) 413 63 93

Overig

Academie van Bouwkunst
G.J. de Jonghweg 4–6
3015 GG Rotterdam
(010) 241 49 75 / fax (010) 241 48 55
http://avbr.hro.nl

Alliance Française
Westersingel 14 / 3014 GN Rotterdam
(010) 436 04 21 / fax (010) 436 00 88
afrotterdam@compuserve.com
www.alliance-francaise.nl

ANWB / VVV Rotterdam
Postbus 108 / 3000 AC Rotterdam
Bezoekadres: Coolsingel 67
(010) 402 32 34 / fax (010) 413 31 24
info@vvv.rotterdam.nl
www.vvv.rotterdam.nl

Archiefwinkel
Coolsingel 91 / 3012 AE Rotterdam
(010) 404 59 95
info@gemeentearchief.rotterdam.nl
www.gemeentearchief.rotterdam.nl

Berlage Institute
Botersloot 25 / 3011 HE Rotterdam
(010) 403 03 91 / fax (010) 403 03 90
info@berlage-institute.nl
www.berlage-institute.nl

City Informatie Centrum
Coolsingel 197 / 3012 AG Rotterdam
(010) 413 40 11 / fax (010) 413 36 78
info@cic.rotterdam.nl
www.cic.rotterdam.nl

**Coordinatiepunt
2e Podium Wijkgebouwen**
Theater Bureau Entree
(010) 425 64 82

DS+V
Postbus 6699 / 3002 AR Rotterdam
Bezoekadres: Marconistraat 2
(010) 489 51 50 / fax (010) 489 51 00
hooijschuur@dsv.rotterdam.nl

Erasmus Universiteit Rotterdam
Postbus 1738 / 3000 DR Rotterdam
(010) 408 11 11 / www.eur.nl

Gemeentelijke Archiefdienst
Hofdijk 651 / 3000 AN Rotterdam
(010) 243 45 67 / fax (010) 243 46 66
info@gemeentearchief.rotterdam.nl
www.gemeentearchief.rotterdam.nl

Goethe-Institut
Westersingel 9 / 3014 GM Rotterdam
(010) 209 20 90 / fax (010) 209 20 72
goether@luna.nl / www.goethe.de/be/rot

Grote / St. Laurenskerk
Grote Kerkplein 27 / 3011 GC Rotterdam
(010) 413 14 94 / fax (010) 413 00 71
laurenskerk@wxs.nl

Hogeschool Rotterdam
Postbus 25053 / 3001 HA Rotterdam
Bezoekadres: Museumpark 40,
kamer ML01.55
(010) 241 41 29 / fax (010) 241 45 00
lobby2001@hro.nl

Industrieel Toerisme
's Lands Werf 20–21
3063 GA Rotterdam
(010) 411 98 55 / fax (010) 413 50 22
info@industrieeltoerisme.rotterdam.nl
www.industrieeltoerisme.rotterdam.nl

Infocentrum Kop van Zuid
Stieltjesstraat 21 / 3071 JV Rotterdam
(010) 213 01 01 / fax (010) 213 00 91
info@kopvanzuid.rotterdam.nl
www.kopvanzuid.rotterdam.nl

Kamer van Koophandel
Postbus 30025 3001 DA Rotterdam
(010) 405 77 77 / fax (010) 414 57 54
dvergeer@rotterdam.kvk.nl
www.rotterdam.kvk.nl

Kuub 3
Postbus 1309 / 3000 BH Rotterdam
(010) 436 29 29 / huub@kuub3.nl

OntwikkelingsBedrijf Rotterdam
Postbus 6575 / 3002 AN Rotterdam
(010) 489 69 44 / fax (010) 489 71 36
a.jong@obr.rotterdam.nl
www.obr.rotterdam.nl

Projectbureau Las Palmas
Stieltjesstraat 34 / 3071 JX Rotterdam
(010) 484 88 46 / fax (010) 484 88 59
laspalmas@obr.rotterdam.nl
www.kopvanzuid.rotterdam.nl/laspalmas

Rotterdams Congres Bureau
Postbus 30207 / 3001 Rotterdam
(010) 405 44 30 / fax (010) 405 50 72
rcb.convention@tip.nl
www.conventions.rotterdam.nl

Rotterdam Festivals
Postbus 21362 / 3001 AJ Rotterdam
(010) 433 25 11 / fax (010) 213 11 60
rf@rotterdamfestivals.nl
www.rotterdamfestivals.nl

Rotterdamse Kunststichting
Mauritsweg 35 / 3012 JT Rotterdam
(010) 433 58 33 / fax (010) 413 51 95
rks@rks.nl / www.rks.nl

Rotterdam Marketing & Promotie
Postbus 30235 / 3001 DE Rotterdam
(010) 205 33 61 / fax (010) 205 53 66
info@rotterdam-marketing.nl
www.rotterdam-marketing.nl

Rotterdam Roze 2001
Postbus 1401 / 3000 BK Rotterdam
(010) 412 69 01 / fax (010) 414 65 17
info@rotterdamroze.nl
www.rotterdamroze.nl

Rotterdam Topsport
Postbus 9475 / 3007 AL Rotterdam
(010) 497 12 12 / fax (010) 497 12 21
rts@topsport.rotterdam.nl
www.topsport.rotterdam.nl

Sport & Recreatie Rotterdam
Coolsingel 6 / 3011 AD Rotterdam
(010) 417 27 87 / fax (010) 417 20 07
w.nijhuis@recreatie.rotterdam.nl

**Stichting AIR
(Architecture International Rotterdam)**
Posthoornstraat 12a / 3011 WE Rotterdam
(010) 280 97 00 / fax (010) 280 96 90
air@archined.nl / www.archined/air

Stichting City Rotterdam
Postbus 30033 / 3001 DA Rotterdam
(010) 404 63 40 / fax (010) 411 79 27

**Stichting Kunstzinnige Vorming
Rotterdam**
Postbus 23260 / 3001 KG Rotterdam
(010) 436 13 66

Stichting Promotie Hoek van Holland
Strandweg 32 / 3151 XV Hoek van Holland
(0174) 31 00 80 / fax (0174) 31 00 83
hvh@vvv.rotterdam.nl
www.hoekvanholland.nl/vvv

V2-Organisatie
Eendrachtstraat 10 / 3012 XL Rotterdam
(010) 206 73 73 / fax (010) 206 72 71
christine@v2.nl

Stichting VVV Rotterdam
Postbus 21550 / 3001 AN Rotterdam
Bezoekadres: Coolsingel 67
(010) 401 32 00 / fax (010) 413 01 24
info@vvv.rotterdam.nl
www.vvv.rotterdam.nl

VVV Archicenter
Postbus 21550 / 3001 AN Rotterdam
Bezoekadres: Museumpark 25
(010) 436 99 09 / fax (010) 436 98 96
ac@vvv.rotterdam.nl / www.vvv.rotterdam.nl

Waterstad
Parklaan 9 / 3016 BA Rotterdam
(010) 436 22 24 / fax (010) 436 30 57
info@waterstad-rotterdam.nl

Kaartverkoop en informatie

Voor verschillende voorstellingen en tentoonstellingen die in het kader van Rotterdam 2001, Culturele Hoofdstad van Europa worden gehouden en georganiseerd is het mogelijk uw toegangsbewijs in de voorverkoop via Ticket Service Nederland (TSN) te verkrijgen.

Dat geldt voor:

- **6,5 miljoen woningen, Las Palmas**
  Van 11 febr. t/m 23 sept.
- **Zonder uitnodiging...een reis als geen andere, Las Palmas**
  Van 1 apr. t/m 30 juni
- **Parasites, Las Palmas**
  Van 1 apr. t/m 30 sept.
- **City van Mini en Maxi, het Luxor Theater**
  Van 27 apr. t/m 31 juli
- **Hartstocht en Heimwee in Rotterdam, Calypso 2001**
  Van mei t/m nov. 2001
- **Jheronimus Bosch, museum Boijmans Van Beuningen**
  Van 1 sept. t/m 11 nov.
- **Interbellum, Las Palmas**
  Vanaf 1 sept.
- **Unpacking Europe, Las Palmas**
  Vanaf 1 sept. (o.v.b.)

Wijzigingen en aanvullingen voorbehouden.

Daarvoor kunt u bellen het nummer 0900– 3001250 (f 0,99 per minuut) of gaan naar de vermelde voorverkoopadressen of surfen naar www.ticketservice.nl Ook aan de kassa van de theaters en musea kunt u natuurlijk terecht (raadpleeg pagina 280–292 voor de telefoonnummers van de kassa).

(Ticket)-Postkantoren

AALSMEER
Stationsweg
LELYSTAD
Stadshuisplein
ALKMAAR
Houttil
MAARSSEN
Bisonspoor
ALMELO
Rosa Luxemburgstraat
MAASSLUIS
Koningshoek
ALMERE
Spoordreef
MAASTRICHT
Statenstraat
ALPHEN A/D RIJN
Julianastraat
MEPPEL
De Swaenenborgh
AMERSFOORT
Utrechtseweg
MIDDELBURG
L Noordstraat
AMSTELVEEN
Binnenhof
MIDDELHARNIS
Langeweg
AMSTERDAM – ZUIDOOST
Hoogoorddreef
NAALDWIJK
Havenplein
AMSTERDAM – CENTUM SINGEL
Singel
NIEUWEGEIN
Poststede
AMSTERDAM – NOORD
Buikslotermeerplein
NIJMEGEN
v Schevichavenstraat
AMSTERDAM – OUD WEST
Hoofdweg
NUNSPEET
Dorpsstraat
AMSTERDAM – PLEIN 40 45
Plein 40 45
OLDENZAAL
Langestraat
AMSTERDAM – WATERLOOPLEIN
Waterlooplein
OOSTERHOUT NB
Torenstraat
AMSTERDAM – ZUID
G. Terborgstraat
OSS
Kruisstraat
APELDOORN
Stationsstraat
OUD BEIJERLAND
Doormanstak
ARNHEM
Jansplein
PURMEREND
Gedempte Where
ARNHEM
Kronenburgpromenade
RIDDERKERK
Ridderhof
ASSEN
Forum
RIJSWIJK ZH
Pr. Irenelaan
BARENDRECHT
Binnenlandse Baan
ROERMOND
Kloosterwandstraat

BERGEN OP ZOOM
J Obrechtlaan
ROOSENDAAL
Roselaar
BEVERWIJK
Beverhof
ROTTERDAM
Coolsingel
BOXTEL
Bernhardstaete
ROTTERDAM-IJSSELMONDE
Keizerswaard
BREDA
Oude Vest
ROTTERDAM
Pegasusweg
BUNSCHOTEN SPAKENBURG
Kerkstraat
ROTTERDAM-WEST
Schiedamseweg
BUSSUM
Poststraat
ROTTERDAM
Zuidplein
CAPELLE A/D IJSSEL
Duikerlaan
S GRAVENHAGE
Badhuisstraat
CULEMBORG
Het Jach
S GRAVENHAGE
De Stede
DELFT
Hippolytusbuurt
S GRAVENHAGE
Kerkplein
DELFZIJL
Schoolstraat
S GRAVENHAGE
Tak v Poortvlietstraat
DEN HELDER
Middenweg
S GRAVENHAGE
Theresiastraat
DEVENTER
Diepenveenseweg
S HERTOGENBOSCH
Kerkstraat
DIEMEN
Wilhelminaplantsoen
SCHIEDAM
L Nieuwstraat
DOETINCHEM
Hofstraat
SCHIJNDEL
Mr Michelsstraat
DORDRECHT
J. de Wittstraat
SITTARD
Engelenkampstraat
DRACHTEN
Markt
SNEEK
Martiniplein
DRIEBERGEN RIJSENBURG
Hoofdstraat
SOEST
Steenhoffstraat
DRONTEN
Schans
SPIJKERNISSE
Marrewijklaan
EDE GLD
Molenstraat
STADSKANAAL
Navolaan
EINDHOVEN
Vestdijk

TERNEUZEN
Alvarezlaan
EINDHOVEN
Winkelcentrum Woensel
TIEL
Hoogeinde
EMMELOORD
Kon Julianastraat
TILBURG
Heuvelpoort
EMMEN
Hoofdstraat
UTRECHT
Godebaldkwartier
ENKHUIZEN
Molenweg
UTRECHT
Hammarskjoldhof
ENSCHEDE
Boulevard 1945
UTRECHT
Neude
EPE
Wildforstlaan
UTRECHT
Roelantdreef
ETTEN LEUR
Hof vd Houte
VALKENSWAARD
Valkenierstraat
GELEEN
Mauritslaan
VEENDAM
Beneden Oosterdiep
GOES
Grote Markt
VEENENDAAL
J G Sandbrinkstraat
GORINCHEM
Haarstraat
VEGHEL
Markt
GOUDA
Ronsseweg
VELDHOVEN
Bree
GRONINGEN
Munnekeholm
VELP GLD
Hoofdstraat
HAARLEM
Ged. Oude Gracht
VENLO
Keulsepoort
HEEMSTEDE
Binnenweg
VENRAY
Patersstraat
HEERENVEEN
Burg. Kuperusplein
VLAARDINGEN
Waalstraat
HEERHUGOWAARD
Middenwaard
VLISSINGEN
A Dekenstraat
HEERLEN
Honigmanstraat
VOORSCHOTEN
Voorstraat
HELLEVOETSLUIS
Struytse Hoeck
WAALWIJK
Grotestraat
HELMOND
Watermolenwal
WAGENINGEN
Plantsoen

HENGELO OV Pr. Beatrixstraat WASSENAAR Gravestraat HILLEGOM Hoofdstraat WEERT Wilhelminasingel HILVERSUM Kerkbrink WEESP Oude Gracht HOENSBROEK Mgr Nolensstraat WIJCHEN Oude Klapstraat HOOFDDORP Kruisweg WIJK BIJ DUURSTEDE K de Grotestraat HOOGEVEEN V Echtenstraat WINSCHOTEN Burg. Venemastraat HOOGVLIET ROTTERDAM N Middenbaan WINTERSWIJK Balinkesstraat HOORN NH De Huesmolen WOERDEN Rijnstraat HOUTEN Onderdoor WORMERVEER Esdoornlaan HUIZEN Kerkstraat ZAANDAM Dam KAMPEN Oudestraat ZEIST Het Rond KATWIJK ZH Baljuwplein ZEVENAAR Markt KERKRADE Hoofdstraat ZIERIKZEE Poststraat KRIMPEN A/D IJSSEL Raadhuisplein ZOETERMEER Zuidwaarts LEEUWARDEN Oldehoofsterkerkhof ZUTPHEN Molengracht LEIDEN Schipholweg ZWIJNDRECHT Hof van Holland LEIDEN Breestraat ZWOLLE Nieuwe Markt LEIDSCHENDAM Weigelia	**GWK Stationskantoren** AMSTERDAM AMSTEL Julianaplein1 HAARLEM Stationsplein 11 zw AMSTERDAM CS Stationsplein HEERLEN Stationsplein 1a AMSTERDAM SLOTERDIJK Orlyplein 107 HENGELO Stationsplein 1 ALKMAAR Stationsweg 43a HILVERSUM Stationsplein 10 ALMERE Stationsplein 23 LEIDEN Stationsplein 1 AMERSFOORT Stationsplein 41 LELYSTAD Stationsplein 5 ARNHEM Stationsplein NS MAASTRICHT Stationsplein 27 BREDA Stationsplein 20 NIJMEGEN Stationsplein DELFT Van Leeuwenhoeksingel 43 ROOSENDAAL Stationsplein 1 DEN BOSCH Stationsplein 26 ROTTERDAM CS Stationsplein DEN HAAG CS Kon. Julianaplein 10 SCHIPHOL PLAZA Aankomstpassage 23 DEN HAAG HS Stationsplein 24 c TILBURG Spoorlaan 41 DORDRECHT Stationsplein 1 UTRECHT Stationstraverse EINDHOVEN ZUID Stationsplein 22 VENLO CS Stationsplein 1 ENSCHEDE Stationsplein 33 VLISSINGEN Stationsplein 7 GOUDA Stationsplein 11 ZWOLLE Stationsplein 22 GRONINGEN Stationsplein 4	**VVV Kantoren** AMSTERDAM CS Stationsplein ENSCHEDE Oude Markt ARNHEM Willemsplein GRONINGEN Ged. Kattendiep BREDA Willemstraat LEIDEN Stationsweg DEN HAAG CS Kon. Julianaplein NIJMEGEN Keizer Karelplein DEN HAAG SCHEVENINGEN Gevers Deynootweg UTRECHT Vredenburg EINDHOVEN Stationsplein	**Overige voorverkoopadressen** Naam Adres Woonplaats Calypso 2001 Mauritsweg 5 3012 JR Rotterdam reserveringsnummer (010) 402 20 19 calypso@rotterdam01.nl www.calypso2001.nl Nighttown Shop Westkruiskade 26 ROTTERDAM www.ticketservice.nl Internetsite Bespreekburo Rotterdams Dagblad Westblaak 180 3012 KN ROTTERDAM Bespreekbureau Haagse Courant Spuistraat 71 2511 BG DEN HAAG Het Kaartenhuis Heilige Geestkerkhof 2 2611 HP DELFT FAME Music BV Kalverstraat 2-4 1012 PC AMSTERDAM Tracks Multitronics Schiphol Schiphol Plaza SCHIPHOL NOZ Jaarbeursplein 6 3521 AL UTRECHT Van Leest Hermanus Boekxstraat 12-14 5611 AJ EINDHOVEN Plato Oude Ebbingstraat 41-43 9712 HB GRONINGEN

Have fun

Aan Rotterdam 2001, Culturele Hoofdstad van Europa, werken mee:

Academie van Bouwkunst | ACT 2001 | stichting Adrift | AFVR | Ahoy' Rotterdam | stichting AIR | Albeda College | C. Aphenaar | Arboretum Trompenburg | ArchiCenter | stichting Archiprix | Atheaneum-Polak & van Gennep | stichting Beelden in Vervoering | Belastingmuseum | Bent Produkties | Berlage Instituut | W.F. van Beuningen | T. Bevers | Bibliotheektheater | Rinie Biemans | Binnenstadfestival Spijkenisse | Bisdom Rotterdam | Blauw Vier | Bond van Nederlandse Architecten kring Rijnmond | Laurence Bourgeois | Museum Boijmans Van Beuningen | stichting Bonheur | V.O.F. De Boompjes | B-Produkties | BSW Rotterdam | stichting Buitenlandse Werknemers Rijnmond | Bunnik Plants B.V., Bureau De Goede Bromberg | Buro Binnenstad | Buro Kunstzaken | Buro Mooi Gedaan | Buro van Hattem | stichting Buurthuis Cool | stichting Camaretten | Stef Kamil Carlens | Carnavalsverband Rijneinde | Catharsis Producties | Cell – 'Initiators of incidents' | Centrum Beeldende Kunst | Centrum Educatieve Dienstverlening Rotterdam | Centrum voor Onderzoek en Statistiek | Chabot Museum | stichting Cineac 2001 productiegroep | CIRE | stichting Cococon | Companions | stichting Con Rumore | Conny Janssen Danst | Criss Cross Consultancy | Cultureel Centrum De Stoep | Cosbo Rotterdam | stichting Culturele Initiatieven Delfshaven | Culturele Raad Barendrecht | Culturele Raad Maassluis | Cultuurschok | I. Dalmeyer | Damaged Goods | Dansateliers | stichting Danskaravaan | DAS Theater | Deelgemeente Delfshaven | Deelgemeente Feijenoord | Deelgemeente Hoek van Holland | Deelgemeente Noord | De Denk Industrie | stichting Designprijs | Hans van Dijk | Disck | Dodorama | Concert- en Congresgebouw de Doelen | dr. E. van der Does | Donner Boeken N.V. | stichting Dosti | stichting Droogdok Jan Blanken | stichting Droomtheater | dienst Stedebouw + Volkshuisvesting | stichting Dunya | uitgeverij Duo Duo | Egmond Theater | Emmaus College | G. Engbersen | Erasmus Kamerkoor | Erasmus Universiteit Rotterdam | C. Erens | Euro Japan Theatre Organization | stichting Evenementen Albrandswaard | stichting Europan | Eye Eye Produkties | stichting Fact | Fanfarecorps De Volharding | Faya Productions | C. Feijen | W.J. Fikken | Clubhuis de Gaffel | Galerie Tramhuis | stichting Galip Theaterprodukties | stichting Geld-Bankmuseum | Gemeente Albrandswaard | Gemeente Archief Rotterdam | Gemeente Barendrecht | Gemeente Berkel en Rodenrijs | Gemeente Bergschenhoek | Gemeente Bernisse | Gemeentebibliotheek Rotterdam | Gemeente Bleiswijk | Gemeente Capelle aan den IJssel | Gemeente Dordrecht | Gemeente Hellevoetsluis | Gemeente Maassluis | Gemeente Ridderkerk | Gemeente Rozenburg | Gemeente Schiedam | Gemeente Spijkenisse | Gemeente Vlaardingen | Gemeente Westvoorne | Gemeente Zwijndrecht | Gezamenlijke Rotterdamse loges van Vrijmetselaren | Goethe-Institut | stichting Going Dutch | Kees de Gruijter | Hal 4 | Harkes/Ten Wolde | Harmonievereeniging La Bona Futura | Humanistische Omroep | Galerie Atelier Herenplaats | Uitgeverij de Harmonie | C. van Hees | K. Hekman | Het Nationale Ballet | F. Herzen | Historisch Museum Rotterdam | Hivos | Hellevoetsluis Openlucht Theater | Hoflaankerk | Hogeschool Rotterdam | Hogeschool voor Economische Studies | Hogeschool voor Muziek en Dans | Holland Dancefestival | Holland House | Hotel Modern | André van der Hout | ir. I. Hulshof | Humanistisch Vredesberaad | Ideëel Organiseren | International Film Festival Rotterdam | Internationaal Instituut voor Sociale Geschiedenis | Interpresario | Isodoor en Schadek | stichting Jade | Jazz & Wereldmuziek Kollektief | Jeugdtheatergezelschap Het Waterhuis | Jeugtheater Hofplein | Jeugdtheaterschool Zuid-Holland | Jenneke | K. de Jong | KAAP3 Ontwerpbureau | Kasteel van Rhoon | stichting Kinderkunsthal | stichting Kleurrijk Rotterdam | H. Kloos | E. Kolpa | Koninklijke Bond van Zang- en Oratoriumverenigingen | H. Koolmees | Koppel Uitgeverij | stichting het Kralisch Museum | Kunstcentrum Artihove | Kunst en Complex | stichting Kunst en Milieu | de Kunstbende | Kunstenaarsinitiatieven | stichting Kunstfestival Schiebroek | stichting Kunstgebouw | Kunst en Cultuur | Kunsthal Rotterdam | Kunsttoer | stichting Kunstzinnige Vorming Rotterdam | Kuub3 | LABOR | theater Lantaren/Venster | stichting de Laurens | uitgeverij Lemniscaat | K van Lier | Atelier van Lieshout | W. Linden | M. van der Lippe | Loeder Events | Luxor Theater | de Maaskoepel | Maaskring | Mager & Van der Vlis | Showroom MAMA | Marat TV | Maria | Maritiem Museum Rotterdam | Mattmo Concept & Design | Meekers | Metropole Orkest | Mojo Comedy | Mojo Concerts | Mooi's TV | P. Muller | stichting Multimagazine | Multi Media | Muziektheater Hollands Diep | het Nationaal Schoolmuseum | Nederlands Architectuurinstituut | Nederlands Foto Archief | Nederlands Foto Instituut | het Nederlands Platform Ouderen en Europa | J. Neggers | NGN Produkties | stichting Live at Nighttown | A. Niks | NIROV | stichting No Cando | NPS Televisie | Nucleo de Experimentaçao Coréográfica | stichting Occupying Space | Onafhankelijk Toneel | One & Only Productions | Ontwikkelingsbedrijf Rotterdam | Openbare Bibliotheek Ridderkerk | Paassen Consultants | Pacific Enterprises | stichting Palaver (voorheen Rabarber), Het Paleis | stichting Parasite Foundation | Passionate | stichting Peter Bulcaen Rotterdam | Pluspunt | Porto 2001 | stichting Products of Imagination | Projectbureau Dordtselaan – Millinxbuurt | Projectbureau IBT Rotterdam – Hoogvliet | Projectbureau ICP | stichting Promotie Hoek van Holland | Provincie Zuid-Holland | Prix de Rome | Pueri Cantores Nederland | RAM Foundation | Reclassering Rotterdam | Mike Redman | A. Rees | E. de Reus | stichting de Reus van Rotterdam | Rhein & Totem | stichting Rheumaverpleeghuis | R. Rizzo | ro theater | stichting de Rode Kijkdoos | Roosjen & Van der Veere | Rotterdam Festivals | stichting Rotterdam Films | stichting Rotterdam Roze | Rotterdams Centrum voor Theater | Rotterdams Conservatorium | Rotterdams Congres Bureau | Rotterdam Jazzerall 2001 | Rotterdams Philharmonisch Orkest | stichting Rotterdams Wijktheater | Rotterdamse Dansacademie | Rotterdamse Filatelistenvereniging | Rotterdamse Opera | Rotterdamse Schouwburg | Rotterdamse Vereniging voor Amateur Theater | stichting Rotterdam West | P. de Ruiter | stichting Saenredam | Samenwerkende Fotoclubs Rotterdam | SBWR | Scapino Ballet Rotterdam | stichting Schat Producties | Christiaan van Schermbeek | J. Semah | Servicebureau Vrijwilligers | stichting Sewa | Sis Josip | S.I.P., Cokkie Snoei | Otto Snoek | P. Sonneveld | Sophia Kinderziekenhuis | S.O.S. telefonische hulpdienst | S.P.I.O.R. | stichting Spare Rib Foundation | Stadtkunst e.V. Köln | Stap | stichting de Sterke Stad | Stimuleringsfonds voor Architectuur | STOA Utrecht | Stichting Strotbrock Industrie | Studio IS | Studium Generale | stichting Sustainable Journey | SV Interieurgroep | Swedero | stichting TAR | stichting Taurus Art | TENT. | M. Teunissen | Theater de Evenaar | Theater Maatwerk | Theater Musica | Theater Zuidplein | Theaterbureau Steps | Theaterbureau Movilé | Theatergroep Maccus | Theatergroep Mixed | stichting Thrift | stichting Tref | stichting Uit Alle Windstreken | Use It Rotterdam | V2_Organisatie | Van Es Stadsprojecten | Veelkleurige Stad | H. Venhuizen | Willem Verbon | K. Verhagen | De Versnelling | stichting Verhalenboot | F. Villanueva | E. Vloeimans | Vluchtelingen Organisatie Nederland | stichting Vluchtelingen Organisaties Rijnmond | Vluchtelingen Werk Nederland | stichting Vrienden van Hoogvliet | stichting Vormlust | Rien Vroegindeweij | Vrouwenhuis Rotterdam | P. Warnaar | WaterprojectCie. | stichting We Are Concerned | Webkracht | stichting Welzijn Alexander | stichting Welzijn Feyenoord | stichting Welzijn Hoogvliet | stichting Welzijnsbevordering Antillianen en Arubanen | Wereld Produkties | Wereldmuseum Rotterdam | Werf Verolme Botlek | Werkgroep Ridderkerk | Willem de Kooning Academie | Witte de With | WORM | Yehudi Menuhin Foundation Nederland | stichting Zuidhollandse Milieufederatie | En vele anderen.

Colofon

**Stichting Rotterdam 2001,
Culturele Hoofdstad van Europa**

Projectcoördinatie

Stichting Rotterdam 2001,
Culturele Hoofdstad van Europa;
Marjolein Hoogeveen en Xandra Nibbeling

Redactiecoördinatie

Coebergh Communicatie en PR

Eindredactie

Renée Dannis, Rotterdam

Vertaling

Global Translation Services, Venlo

Concept & redactie kunstenaarsbijdragen

Mevis & Van Deursen

Vormgeving

Christine Alberts i.s.m. Mevis & Van Deursen

Drukker

PlantijnCasparie Vlaardingen

Uitgever

Uitgeverij Bis, Amsterdam

Beeldbijdragen

75 B, Tariq Alvi, Atelier van Lieshout,
Céline van Balen, Carel van Hees,
Jan Kempenaers, Dana Lixenberg,
Harmen Limburg & Richard Niessen,
Johannes Schwartz, Nasrin Tabatabai,
Daniël van der Ven.

Oplage

65.000

Aan deze uitgave kunnen geen rechten
worden ontleend. Wijzigingen voorbehouden.

ISBN 90-72007-82-4

December 2000

Directie

Han de Bruijne, zakelijk directeur/

Monica van Steen, directeur
programmastaf/

Intendant

Bert van Meggelen

Programmastaf:

Jongeren

Harry Hamelink

Fysiek domein

Jan Duursma

Debat en Vertoog

Liesbeth Levy

Multicultureel domein

Naïma Azough

Podiumkunsten

Klemens Wannenmacher

Sociaal-cultureel domein

Carolien Dieleman

Visuele kunsten

Mira Kho

Satellieten

Marly Drummen, Projectbureau Thuisstad
Connie Eggink, Perifere Stad
Havens & Heerlijkheden
Sven Gutker de Geus,
Erasmus*Rotterdam*2001
Guus Vreeburg, Lobby2001

Sponsoring

Wendela Sandberg

Marketing & Communicatie

Ap van der Pijl

Bestuur

de heer A. Aboutaleb
mevrouw mr. N. Albayrak
drs. J.C. Blankert
de heer D. Brands
dr. W.M. van den Goorbergh
de heer H.J.A.M. van Haaren
mr. F. Korthals Altes
dr. H.J. van der Molen
mevrouw J. van Nieuwenhoven
mr. P. A. Nouwen
ir. W. Patijn
de heer M.I. Platschorre
mevrouw drs. M. van Rossen
drs. C.O.A. baron
 Schimmelpenninck van der Oije
prof. A.J. van der Staay
mr. C.J. de Swart